21世纪法学系列教材

诉讼法系列

律师法学

（第二版）

主　　编　　马宏俊
执行主编　　程　滔
副 主 编　　王迎龙

北京大学出版社
PEKING UNIVERSITY PRESS

图书在版编目(CIP)数据

律师法学/马宏俊主编. —2版. —北京:北京大学出版社,2021.12
21世纪法学系列教材.诉讼法系列
ISBN 978-7-301-32820-0

Ⅰ.①律… Ⅱ.①马… Ⅲ.①律师法—法的理论—中国—高等学校—教材
Ⅳ.①D926.5

中国版本图书馆CIP数据核字(2021)第279258号

书　　　名	律师法学（第二版）
	LÜSHI FAXUE(DI-ER BAN)
著作责任者	马宏俊　主编
责 任 编 辑	郭薇薇　邓丽华　吴佩桢
标 准 书 号	ISBN 978-7-301-32820-0
出 版 发 行	北京大学出版社
地　　　址	北京市海淀区成府路205号　100871
网　　　址	http://www.pup.cn
电 子 信 箱	law@pup.pku.edu.cn
新 浪 微 博	@北京大学出版社　@北大出版社法律图书
电　　　话	邮购部 010-62752015　发行部 010-62750672　编辑部 010-62752027
印 刷 者	北京溢漾印刷有限公司
经 销 者	新华书店
	730毫米×980毫米　16开本　21.75印张　426千字
	2013年4月第1版
	2021年12月第2版　2021年12月第1次印刷
定　　　价	58.00元

未经许可，不得以任何方式复制或抄袭本书之部分或全部内容。
版权所有，侵权必究
举报电话：010-62752024　电子信箱：fd@pup.pku.edu.cn
图书如有印装质量问题，请与出版部联系，电话：010-62756370

第二版序言

感谢读者的青睐，本教材第二版顺利出版。从第一版到第二版，近十年间，《刑事诉讼法》《民事诉讼法》《行政诉讼法》都作了修改，2021年8月《法律援助法》也正式出台。近十年也是律师队伍飞速发展的时期，目前全国律师人数已达60余万，律师事务所3.7万家，律师行业正在形成内部分工细致、自治自律的格局。但各类新问题也随之接踵而来，例如如何对律师以及律师事务所进行进一步的规范与管理，值班律师如何实质性地参与到认罪认罚从宽的案件中，如何进一步切实保障律师特别是刑事辩护律师执业权利的有效行使，等等。

中国政法大学自1990年起就给本科生和研究生开设了"律师学"课程，但是当时绝大多数的法学院校没有开设此课程。相当一部分法学专业学生毕业后从事律师职业，他们不仅对我国的律师制度不了解，而且没有掌握律师的基本思维方式和执业技能，缺乏律师职业素养，院校教育和实际需求严重脱节。有鉴于此，我们编写了《律师法学》这本教材。与以往有关律师学的书籍不同，本书每章都设有六个版块，即：基本理论，立法背景，热点前沿问题，法律实践，案例评析，问题与建议。本书体例新颖，视角独特，内容既充分反映学科特点、把握司法实践脉搏，又从律师视角表达了律师行业的诸多发展需求，并且高瞻远瞩地指出了律师制度未来的发展方向。本教材既可满足法学本科生、法学硕士与法律硕士的学习需求，又可供理论研究人士及律师实务人士参考阅读。

本书主编由中国政法大学法学院马宏俊教授担任。中国政法大学法学院程滔教授担任执行主编，负责此次全书修订与统稿工作；副主编中国政法大学法学院王迎龙副教授对本书进行审稿。各章节分工如下：

第一章：马宏俊；

第二章：马宏俊、马芸芸（北京市房山区南窖乡人民政府平安建设办公室司法助理员）；

第三章：杨云善（中国政法大学宪法行政法专业博士生）、吕颖（北京观韬中茂律师事务所律师）；

第四章：程滔、李宇迪（中国政法大学法律职业伦理专业硕士生）；

第五章：程滔；

第六章：孟婕（中国政法大学法学院讲师，诉讼法专业博士）、程滔；

第七章：孟婕；

第八、九章:许身健(中国政法大学法律硕士学院教授);

第十章:王迎龙;

第十一章:刘金华(中国政法大学民商法学院教授)、隋璐阳(黑龙江省人民检察院第一检察部检察官助理)、唐恒(中国科学技术大学党政办法务科职员)。

最后,本书是我国民事诉讼法已故著名学者、中国政法大学杨荣馨教授生前策划的系列丛书中的一本,遗憾的是杨老师没有能够看到本书出版就去世了,希望本书的完成与再版能告慰其在天之灵。

本书如有不尽人意之处,敬请读者批评指正。

编者

目 录

第一章 律师的性质与种类 …………………………………………………… 1
- 第一节 基本理论 ……………………………………………………………… 1
- 第二节 立法背景 ……………………………………………………………… 16
- 第三节 热点前沿问题 ………………………………………………………… 23
- 第四节 法律实践 ……………………………………………………………… 28
- 第五节 案例评析 ……………………………………………………………… 30
- 第六节 问题与建议 …………………………………………………………… 34

第二章 律师事务所 …………………………………………………………… 37
- 第一节 基本理论 ……………………………………………………………… 37
- 第二节 立法背景 ……………………………………………………………… 41
- 第三节 热点前沿问题 ………………………………………………………… 44
- 第四节 法律实践 ……………………………………………………………… 49
- 第五节 案例分析 ……………………………………………………………… 53
- 第六节 问题与建议 …………………………………………………………… 56

第三章 律师协会 ……………………………………………………………… 59
- 第一节 基本理论 ……………………………………………………………… 59
- 第二节 立法背景 ……………………………………………………………… 66
- 第三节 热点前沿问题 ………………………………………………………… 70
- 第四节 法律实践 ……………………………………………………………… 76
- 第五节 案例评析 ……………………………………………………………… 77
- 第六节 问题与建议 …………………………………………………………… 80

第四章 律师的权利和义务 …………………………………………………… 83
- 第一节 基本理论 ……………………………………………………………… 83
- 第二节 立法背景 ……………………………………………………………… 92
- 第三节 热点前沿问题 ………………………………………………………… 96
- 第四节 法律实践 ……………………………………………………………… 101
- 第五节 案例评析 ……………………………………………………………… 103
- 第六节 问题与建议 …………………………………………………………… 107

第五章　律师的职业道德与执业行为规范……113
第一节　基本理论……113
第二节　立法背景……123
第三节　热点前沿问题……125
第四节　法律实践……129
第五节　案例评析……133
第六节　问题与建议……136

第六章　律师收费……141
第一节　基本理论……141
第二节　立法背景……145
第三节　热点前沿问题……150
第四节　法律实践……155
第五节　案例评析……160
第六节　问题与建议……163

第七章　律师法律援助……170
第一节　基本理论……170
第二节　立法背景……178
第三节　热点前沿问题……181
第四节　法律实践……186
第五节　案例评析……190
第六节　问题与建议……194

第八章　刑事诉讼中的辩护与代理……198
第一节　基本理论……198
第二节　立法背景……202
第三节　热点前沿问题……205
第四节　法律实践……209
第五节　案例评析……215
第六节　问题与建议……220

第九章　民事诉讼中的律师代理……225
第一节　基本理论……225
第二节　立法背景……229
第三节　热点前沿问题……231
第四节　法律实践……240
第五节　案例评析……247

第六节　问题与建议…………………………………… 251

第十章　行政诉讼中的律师代理…………………………… 253
　　第一节　基本理论……………………………………… 253
　　第二节　立法背景……………………………………… 256
　　第三节　热点前沿问题………………………………… 258
　　第四节　法律实践……………………………………… 270
　　第五节　案例分析……………………………………… 276
　　第六节　问题与建议…………………………………… 279

第十一章　申诉和再审中的律师代理……………………… 283
　　第一节　基本理论……………………………………… 283
　　第二节　立法背景……………………………………… 286
　　第三节　热点前沿问题………………………………… 288
　　第四节　法律实践……………………………………… 291
　　第五节　案例评析……………………………………… 301
　　第六节　问题与建议…………………………………… 303

第十二章　仲裁中的律师代理……………………………… 306
　　第一节　基本理论……………………………………… 306
　　第二节　立法背景……………………………………… 308
　　第三节　热点与前沿问题……………………………… 315
　　第四节　法律实践……………………………………… 324
　　第五节　案例评析……………………………………… 329
　　第六节　问题与建议…………………………………… 332

第一章 律师的性质与种类

【内容提要】

本章重点介绍律师的性质、职业属性、法律职业资格,展示中外律师制度的发展,阐述公职律师、公司律师以及公益律师的各自含义,分析律师执业许可的完善、律师执业责任保险等热点前沿问题,并对律师概念的界定、律师的分类管理提出建议。

【关键词】 律师 公职律师 公司律师 公益律师

第一节 基本理论

一、律师的性质与属性

(一)律师的性质

几乎每一本关于律师职业的著作都以较大的篇幅来探讨"律师是什么"的问题,然而由于概念都具有内涵和外延,并且随着主观、客观世界的发展而变化,迄今国内外对"律师"尚没有一个统一的界定。我国律师的性质经历了从国家的法律工作者到社会的法律工作者,再到为当事人提供法律服务的执业人员的转变,这是一个不断"去行政化"而走向律师制度本质定位的过程。

1. 国家的法律工作者

我国律师职业定位的变迁反映了新中国成立后中国社会的剧烈变化,我国律师法规中对于律师概念的界定就是这个剧变过程的反映。1982年实施的《律师暂行条例》第1条规定:"律师是国家的法律工作者,其任务是对国家机关、企业事业单位、社会团体、人民公社和公民提供法律帮助,以维护法律的正确实施,维护国家、集体的利益和公民的合法权益。"该概念所规定的律师具有三层含义:首先,律师是法律工作者。其次,律师是国家法律工作者。最后,律师作为国家法律工作者,是司法行政机关的内部在编人员。《律师暂行条例》对于律师的界定存在下列问题:(1)把律师的性质界定为国家的法律工作者,难以体现律师向社会提供法律服务的职业特点,不利于把律师同公检法机关的工作人员区别开来。(2)把律师的性质界定为国家的法律工作者,不利于律师队伍的迅速发展。(3)把律师的性质界定为国家的法律工作者,不利于律师管理体制的进一步完善。(4)把律师的性质界定为国家的法律工作者,不利于与国外律师界的交流。①

2. 社会的法律工作者

1997年实施的《律师法》第2条规定："本法所称的律师,是指依法取得律师执业证书,为社会提供法律服务的执业人员。"学术界认为该条对律师性质的重新界定有一定进步意义:首先,其符合中国法律服务市场的现实国情。其次,其有利于体现当时律师制度改革的成果。最后,其有利于按照律师业的本质特点来设计律师业的发展轨道。

3. 为当事人提供法律服务的执业人员

2007年修订后的《律师法》第2条第1款规定："本法所称律师,是指依法取得律师执业证书,接受委托或者指定,为当事人提供法律服务的执业人员。"改革开放以来,中国进入转型社会,整个社会的价值观念、经济生活及政治生态都发生了重大的变化。司法体制回应社会改革的现实要求,自身也在改革,而律师制度也反映了社会变革的状况,不断变革、发展。

从《律师法》对律师的界定,可以看出律师概念的以下几个特点:

（1）不再沿用"社会"一词。以往的概念,强调律师是为社会提供法律服务的执业人员,但早在2002年,司法部就分别颁布了开展公职律师和公司律师试点工作的相关意见。由于此两类律师执业主体特殊,和现行法律冲突,使得公职律师、公司律师的试点工作缺少了法律上的依据,并因此成为建立公职律师制度和公司律师制度的障碍。为了涵盖所有执业律师的形态,新的概念不再沿用"社会"一词。

（2）强调律师提供法律服务的前提是接受委托或指定,这就明确了律师执业权利的来源,澄清律师提供法律服务的行为不具有任何国家公权力的色彩,其最直接的目的是维护当事人的合法权益。

（3）律师的职责是维护当事人合法权益,维护法律正确实施,维护社会公平和正义。

（二）律师的职业属性

所谓属性,一般是指事物本身所固有的性质、特点。具体到律师职业的属性,也就是将律师职业这一整体作为考察对象,来探究它固有的、不同于其他法律职业的性质。作为法治社会必然存在的专业群体,律师蓬勃发展的现状和前景也必然引来学界和实务界越来越多的关注和研究,对于律师职业属性的界定也有着不同的观点和看法。有学者曾把我国律师制度恢复以来对律师职业性质的学术认识进行梳理、归纳,总结出以下几种学说,具体有:律师职业二性说、三

---

① 陈光中主编:《中国司法制度的基础理论问题研究》,经济科学出版社2010年版,第285页。

性说、四性说、五性说、六性说和八性说。① 可以肯定的是,上述界定都各有道理,但也有失之偏颇之处,本书认为,可以从以下几个方面来界定和分析律师职业的属性。

1. 法律性

法律性是律师职业存在的前提和基础,离开法律,律师职业将成为无源之水、无本之木。这主要表现在以下几个方面:首先,社会对于法律服务的需求催生了律师这一职业,律师以自己掌握的法律知识和技能为当事人提供帮助从而获得报酬。对于法律专业知识的掌握不仅是从事律师职业的必备条件,也是律师工作的内容,律师是依靠法律而展开工作的。其次,法律是律师职业得以生存的保障,无论是律师职业和执业资格的获得,还是律师权利义务的规定,或是律师的管理和惩戒,都需要国家以法律的形式确定下来。最后,强调法律性,是将律师职业置于和法官、检察官职业相同地位的同时,也把它和社会其他职业区别开来。所以,法律性是律师职业最基本的属性。

2. 社会性②

首先,律师职业的主体具有社会性,也就是律师不具有国家工作人员的身份,不隶属于任何机构和组织。其次,社会需求的广泛性决定了律师的执业活动涉及社会生活的各个方面,服务对象包含社会的各阶层。最后,律师执业活动方式具有社会性:一方面,律师的业务来源是社会需求的自然表现,是社会主体的自主选择;另一方面,律师的执业活动不具有强制性,这一点完全不同于法官、检察官行使国家公权力的职务行为。

律师职业的社会性也决定了它的服务性和有偿性,律师的执业活动源于当事人的授权,他们之间是平等的契约关系,律师利用其掌握的法律知识和技能满足委托人对于法律服务的需求,委托人则必须支付获得帮助的对价。所以,服务性和有偿性是律师职业社会性的应有之义。

3. 独立性

独立性是律师职业最本质的属性,也是西方大多数国家将律师定性为自由职业者的原因,同时,制衡功能也必然要求律师职业保持其自身的独立性。律师的执业活动基于当事人的信任,律师只有独立于其他任何机关、团体和个人的时候才能够不受任何外界的干扰,才能够独立地作出判断,从而才能够真正代表和维护当事人的合法权益。在我国,律师职业的独立性是随着律师业的不断发展而逐步获得认可的。律师制度恢复之初,《律师暂行条例》将律师定位为"国家

---

① 陈光中主编:《中国司法制度的基础理论问题研究》,经济科学出版社2010年版,第114—123页。

② 有观点将社会性、服务性和有偿性作为律师职业同一层次的属性加以论述,但笔者以为,这三种属性并非处于同一个层面,服务性、有偿性可以看作是社会性的派生属性。

的法律工作者",这一定性的错位导致律师不能获得社会主体的信任,影响律师作用的发挥,从而阻碍了律师业的健康发展。

律师职业的独立性主要表现在以下几个方面:首先,律师独立于国家公权力。国家公权力被认为是公民权利最有力的保障,但同时,其也最容易危害公民权利,因为权力都具有无限扩张的本性,而律师的功能就是要利用自己的力量来抑制公权力的膨胀,在公权力与私权利之间寻求平衡。因此,律师在执业的过程中就必须与公权力划清界限,以保证职业的独立性,当国家权力和公民权利发生冲突时,才能通过独立的判断来维护当事人的合法权益。其次,律师独立于法官、检察官。虽然律师和法官、检察官同属于法律职业共同体的组成部分,但由于分工不同,他们承担着不同的职责。律师以维护当事人的合法权益为中心;法官承担着居中裁判者的角色,以实现公平、公正的司法权为己任;而检察官则承担着维护公共利益、国家利益的重任。所以,为了履行各自的职责,他们三者必须要保持相互的独立。最后,律师独立于当事人。尽管律师执业活动的权利来源于当事人的授权,执业活动的目的在于维护当事人的合法权益,律师执业活动应该以当事人为中心,但是律师必须不从属于任何意志,始终以独立的人格履行职责。当事人出于对自身利益的考量,有时候可能要求律师利用法律的漏洞、对方的疏忽和错误来为自己赢得利益,甚至要求律师通过规避法律的方法来维护其非法的利益,此时,律师就要对当事人的需求作出独立的判断,对其错误的想法施以正确的引导和纠正,而不能为了一己私利和当事人串通一气,或者对当事人作出虚假的承诺。

律师职业的自治性和自律性是律师职业独立性的必然要求,也是律师职业独立性的内涵之一。[①] 自治性就是"律师脱离行政机关的领导,由律师协会管理,律师协会是由律师组成的具有法人资格的自治团体。律师自治是现代法治国家普遍采取的律师管理形式,它极大地促进了西方国家律师制度的繁荣和社会的进步,使律师群体在社会中起着日益重要的作用"。[②] 尽管律师执业活动受到律师协会的监督和管理,但是由于律师肩负着三重重任,严格的自我约束、自我管理、自我监督和自我教育还是必不可少的,这不仅有利于律师职业素质的提高和职业形象的改变,更有利于法律秩序的维护以及律师制度的发展。

4. 专业性

律师职业的专业性是律师得以生存的保障。由于律师提供法律服务的方式是运用其掌握的法律知识和专业技能维护当事人的合法权益,其服务的内容关

[①] 司莉:《律师职业属性论》,中国政法大学出版社2006年版,第167页。
[②] 谢佑平、闫自明:《律师角色的理论定位与实证分析》,载《中国司法》2004年第10期。

系到国家法律的正确实施,关系到政治、经济和社会生活各领域的法律秩序,这也就必然要求律师职业具有高度的专业性。同时,这也意味着,律师职业并非每个人都能从事的,只有具备专门的法律知识、相应的职业资格、必要的执业能力以及职业素养的人才可以从事这一职业。从现实性来讲,法律已经成为社会正常运转的组成部分,而法律规范的日益复杂和庞大决定了不可能每一社会成员都精通法律,因此,就需要有一个专门的社会群体来研究法律、运用法律,这就是律师。

二、律师学与律师法学的概念及特征

(一) 律师学与律师法学的概念

"律师学"这一概念是由我国著名的法学家徐静村教授所创立,他于1980年代末编写了我国第一部《律师学》教材,并对其进行了定义:从广义上说,律师学是关于律师这一社会分工产生、发展、存在条件及其功能的学科。从狭义上说,律师学是以律师制度、律师实务、律师职业道德、律师执业艺术和律师作用为研究对象的科学。[1]

"律师法学"这一概念最早出现在谭世贵教授所著的《律师法学》一书中,是《律师法》制定和颁布后才正式提出的概念。该书中认为,律师法学是一门以律师法及相关问题为研究对象的学科。具体来说就是研究律师制度与律师实务的科学,是随着我国律师制度和律师实务的不断发展而逐步建立起来的。[2]

"律师学"与"律师法学"虽然只有一字之差,但是二者存在着根本的区别。"律师学"以律师和律师职业为研究对象,而"律师法学"以律师制度和律师实务为研究对象。"律师学"是一个很大的概念,因为,要研究律师职业,除了研究律师的概念、特征、职能、业务、权利义务和法律责任等问题外,还要研究律师进行业务活动的手段、依据等问题,还应当研究刑法、民法、行政法、经济法等实体法和刑事诉讼法、民事诉讼法、行政诉讼法等程序法;而律师法学主要研究律师法。所以,相较于"律师法学","律师学"更适合作为一个专业,而不适合作为一门课程。在《律师法》颁布以后,"律师法学"的概念比"律师学"更为妥帖、准确和名副其实。

(二) 律师法学的特征

律师法学因研究律师法及相关问题而成为法学体系中一个重要的分支。作为一个独立的法学分支,律师法学具有与其他学科不同的特定性,具体表现为下面几个方面的特点:

---

[1] 谭世贵:《律师法学》,法律出版社1997年版,第11页。
[2] 石峰主编:《律师法学》,上海大学出版社2007年版,第6页。

1. 律师法学是一门应用性的法学学科

律师法学作为一门应用性学科,主要在于它的研究目的是为律师实践服务,其理论研究材料也来源于实践。律师法学的研究对象之一就是律师实务。可以说,律师法学的研究离开了律师的工作实践,就会变成无源之水、无本之木,也就失去了实际意义,因此,律师法学的研究永远离不开律师实务。

2. 律师法学是一门综合性的法学学科

法律是社会关系的调整器,现代社会各个领域无不涉及法律调整,而只要有法律调整的地方,就必然涉及律师业务,无一不与律师的职业活动有关。律师法学与其他部门法学包括实体法学、程序法学都有着不可分割的联系,除此之外,律师法学还与其他社会科学及自然科学交叉,在律师实务中,经常需要运用哲学、逻辑学、心理学、社会学和自然科学知识。可见,综合性强是律师法学这门学科的一个显著特征。

3. 律师法学是一门职业法学学科

职业法学是以研究某一特定的职业部门在司法活动中的规律性的专门学科,是近几年来新兴的学科。如审判学、检察学、侦查学、预审学、劳改劳教学、公证学、人民调解学等都是职业法学。律师法学是从刑事诉讼法学、民事诉讼法学、行政诉讼法学、人民调解学等学科中分化而来,专以律师为研究主体,以律师的活动为研究客体,以律师法和律师实务为研究对象的专门性学科,因此,职业性是律师法学的又一特征。[①]

三、中外律师制度的历史发展

律师制度是国家的一项法律制度,与其他法律制度既有相同之处,又有不同的地方。相同之处是,它们都不是自古就有的,而是社会发展到一定历史阶段的产物。不同之处是,作为一项法律制度,律师制度并不是与国家和法律同时产生的,而是在国家和法律出现之后,经历了相当长的时期,才逐渐形成和发展起来的。在世界范围内,国家和法律的产生已有六千余年,但作为法律从业人员的律师的出现仅有两千余年的历史。律师制度产生以后,不断发展,已成为法治社会不可缺少的一部分。它在保护当事人的合法权益,保障民主与法制,促进公民法律素质的提高和法律意识的增强等方面都发挥着重要作用。因此,研究古今中外的律师制度,也是律师法学的重要任务之一。

(一)外国律师制度的演进

西方国家的律师制度最早起源于古希腊和古罗马。当时,古希腊雅典的航海业和工商业相当发达,商业和贸易繁荣。与此相适应,人们在彼此贸易和交往

[①] 林绍庭:《当前律师法学和律师制度状况综述》,载《法律文献信息与研究》1995年第2期。

中纠纷随之增加。当时解决纠纷的途径是诉讼,所以能否在诉讼中获胜,对商人来说关系重大。但是,商人忙于商务,又无暇顾及,于是便委托他人在法庭上代言或者代为诉讼。一些熟悉法律、娴于辞令的演说家便接受委托出庭辩护,代理诉讼,于是便产生了"代言人"和"代理人"。

古罗马的商品经济比雅典更为繁荣。罗马统治者制定了许多的法律、法令和规定来维护商品经济的秩序,保护私有财产权利和财产关系。法律形式的完备促成了一些专门研究法律的阶层。这些人为平民百姓解答法律问题,并且提供法律意见。在罗马帝政时期,出现了律师这一称呼,当时法律规定,担任律师者必须是法学家,并且品行端正,善于辞令。到公元5世纪末,法律规定,充当辩护人的人要求必须在主要城市学过法律,取得资格;这些人逐渐形成了一个行业,建立起辩护人团体。他们分属于各地区法庭,收取报酬,执行辩护职务,受执政官监督。这种叫作"阿多克梯斯"(Advocates)的辩护人制度成为西方律师制度的雏形。

公元476年,西罗马帝国灭亡。从此,西方进入封建社会。在封建社会,政治上长期军事割据,经济上实行自给自足的农奴庄园经济,财产上是农奴主占有绝大部分财产及不完全占有农奴人身的简单关系。此外,中世纪采取纠问式诉讼模式,法官主导案件的进程。刑事案件盛行刑讯逼供,律师制度基本上失去了应有的作用。有的国家,如中世纪的法国,虽然保留了律师制度,却规定只有僧侣才能执行律师职务,且主要是在宗教法院执行律师职务。公元12世纪至13世纪,随着国王势力的上升和教会势力的下降,僧侣参与世俗法院诉讼活动被禁止,律师制度才得以恢复和发展,各国相继成立了自己的律师组织。

近代律师制度是17、18世纪资产阶级反对封建主义,要求民主和自由革命胜利的产物。当时一批著名的资产阶级启蒙思想家,如洛克、伏尔泰、卢梭等人,在提出反对封建专制制度,建立民主、平等、自由的资产阶级政治制度的理论与口号的同时,主张在司法制度上建立公平的诉讼制度,实行公开审判和辩论原则,并且极力主张废除中世纪纠问式的野蛮审判。这些要求适应了当时资本主义经济发展的需要,许多建议和主张被资产阶级采纳,资产阶级律师制度从此得到发展。17世纪英国资产阶级革命以后,沿用历史上形成的所谓二元主义律师制度:"巴律师"(Barrister)即辩护律师、法庭律师或者大律师,其业务是出庭辩护,在高等法院诉讼中,必须有这种资格的律师才能出庭;"沙律师"(Solicitor)即事务律师、庭外律师或者小律师,其业务是撰写诉状、拟制合同,对当事人进行法律指导,在下级法院进行辩护等。美国1791年《宪法修正案》第6条规定:被告人在一切刑事诉讼中"享有法庭律师为其辩护的协助";各州立法也对律师的资格、职责、组织机构作出相应的规定。与此同时,法国宪法也确立了自己的律师制度。1808年的法国《刑事诉讼法典》将律师制度更加系统化、法律化。其后,德国、奥地利、日本等国相继仿效法国建立了自己的律师制度。随着资本主义的发展,资产阶级国家律师的业务范围也日臻广泛,分工越来越细,律师间的联合、合作也越来越普遍。律师除了参与民事诉讼、刑事诉讼外,更多的是直接为企业家办理经济法律事务。而且,律师业务日益渗透到国家的政治、经济管理之中,许多律师成为政治、经济方面颇具影响力的人物,律师的队伍也有了突飞猛进的发展。

(二) 我国律师制度的演进

在我国春秋时期,出现了律师的萌芽。公元前632年(鲁僖公二十八年)冬,卫侯与卫国大夫发生诉讼,卫侯因不便与其臣下同堂辩论,委派大士(即司法官)士荣代理出庭,而自己不出庭。在法庭上,经过一场唇枪舌剑的激烈辩论,士荣败诉,被杀。当然,这种辩护体现的是奴隶主贵族在诉讼过程中所享有的特权。而到了公元前6世纪,郑国大夫邓析不仅广招弟子,聚众讲学,传授法律知识和诉讼方法,还在法庭内外帮助新兴地主和平民进行诉讼。邓析是我国古代历史上第一个为私人代理诉讼的法律家。元明清时期也曾出现过诉讼代理制度的某些规定。此外,在中国的封建社会中,还有一些私下帮人写诉状、打官司的人,即民间的讼师,又称"刀笔先生",其活动形式类似于现代律师的代书,但他们的法律地位一直未得到当政者的承认。但是,古老的中华法系始终未能孕育出律师和律师制度,究其原因,主要有以下几个方面:

第一,我国古代长久以来处于农业社会,商品经济不发达,不具备律师制度产生的经济基础。在自给自足的小农经济条件下,社会结构简单,资源流动性小,而封建社会又实行家长制,许多纠纷依家规或者地方惯例均可解决,相比之下国家法遥不可及,故无需专职司法人员贯彻、执行。

第二,我国曾长期实行高度中央集权的专制统治,缺乏民主传统。律师制度的出现,要以民主的"辩论式"诉讼为前提。中国古代历史文献中尽管也有一些家臣、家奴代理诉讼的记载,但这通常只反映了贵族在诉讼中的特权,而不具有普遍意义。而在古罗马,情形则大不相同。古罗马有共和制的传统,人数众多的自由民在政治上不断抗争导致其权利逐步扩大,市民法和万民法调整主体日益广泛,这些都使平等、民主的诉讼在古罗马逐渐得以普遍化和制度化,为古罗马律师的产生提供了制度上的基础。

第三,"重刑轻民,重实体轻程序"的思想是律师制度未能产生的又一个原因。在这种思想的指引下,制度上使司法权和行政权合二为一,行政长官同时兼为各级法官,法官与当事人之间形成了直接的管制与被管制关系,因此即使有"讼师"帮助诉讼,作用也必然是有限的。

第四,我国古代法律知识不受重视,没有形成学科意义上的"法学"和作为一个阶层的"法律家"群体。自汉朝以后的千年中,儒术在知识界占统治地位,法律方面的知识为文人所不屑,即使是在统治阶级内部,法律知识也从未受到过应有的重视。出于制定和解释律例的需要,中国古代士大夫中也曾出现过一些精通法律的人,他们的目的仅在于强化封建统治,却没能形成"法学"。这样,律师制度成了无源之水,百呼而无一应。古罗马私法程序的发达掀起了学习、研究法律知识的热潮,这在古代中国是从未出现过的。

我国近代律师制度初萌于清末变法。鸦片战争以后,随着帝国主义的武装入侵和势力扩张,封建中国逐步沦为半殖民地半封建社会,固有的旧法已难以适应急剧变化的社会关系,为了缓和国内矛盾,清政府不得不变法修律。至此,律师制度才如同其他司法制度一样在中国得以引进和发展。1906年,清政府起草了《大清刑事民事诉讼法》;1910年,清政府再度拟定《刑事诉讼律草案》和《民事诉讼律草案》,其中作出了有关律师参与刑事、民事诉讼的规定,但由于辛亥革命的爆发,这些法律未及颁布执行,清王朝即告覆灭。

1911年辛亥革命之后,南京临时政府仿照西方确立全新的法律制度,其中包括律师辩护制度。1912年9月16日,民国政府公布实施《律师暂行章程》,标志着律师制度在近代中国正式确立。1940年制定、颁布的《律师法》基本确定了民国律师制度,即以司法监督与行业监督双重管理体制为核心,包括律师准入资格条件、考试、甄拔、职责、义务、惩戒等的律师制度体系。民国法律制度实际上是在清末变法的基础上进一步引入近代西方律师制度。

中华人民共和国成立后,人民政权在废除了国民党《六法全书》,确定了解放区司法原则的基础上,取消了国民党的律师制度,解散了旧律师组织,取缔了黑律师活动,建立了新中国的人民律师制度。1950年7月,中央人民政府政务院公布的《人民法庭组织通则》规定,人民法庭"应保障被告有辩护及请人辩护的权利"。从1949年12月开始,在最高人民法院和上海市等地方法院陆续建立"公设律师室"。1954年7月,司法部在北京、天津、上海等大城市开始试办律师工作机构。同年9月,新中国第一部宪法将"被告人有权获得辩护"作为宪法原则加以规定。1956年1月,国务院批准了司法部《关于建立律师工作的请示报告》,到1957年6月,全国已有19个律师协会筹备会,八百多个法律顾问处,兼职律师三百多人,刚刚建立的社会主义律师制度显示了重要作用,受到了广泛欢迎。

1957年,反右斗争的扩大化使律师制度受到了极大破坏,十年动乱期间,律师制度更是荡然无存,我国历史上出现了长达二十余年没有律师的空白时期。

党的十一届三中全会以后,随着社会主义民主的建设法制的加强,律师制度得到了恢复和重建。1980年8月,第五届全国人大常委会第十五次会议讨论通过了《中华人民共和国律师暂行条例》(以下简称《律师暂行条例》),新中国第一个律师立法的颁布实施,使我国社会主义的律师制度跨出了崭新而富有建设意义的一步。

党的十四大提出建立社会主义市场经济体制的目标后,我国社会主义民主与法制建设进一步加强,对发展律师事业提出了更多的要求。1993年12月26日,国务院批准了《司法部关于深化律师工作改革的方案》;同年12月27日,司法部又发布了《律师职业道德和执业纪律规范》。1996年5月15日第八届全国人大常委会第十九次会议通过的《中华人民共和国律师法》更被称为我国律师制度发展史上的里程碑。2001年12月29日第九届全国人大常委会第二十五次会议通过《关于修改〈中华人民共和国律师法〉的决定》,修订了律师执业资格的规定:"取得律师资格应当经过国家统一的司法考试。具有高等院校法律专业本科以上学历,或者高等院校其他专业本科以上学历具有法律专业知识的人员,经国家司法考试合格的,取得资格。适用前款规定的学历条件确有困难的地方,经国务院司法行政部门审核确定,在一定期限内,可以将学历条件放宽为高等院校法律专业专科学历。"2007年10月28日,第十届全国人大常委会第三十次会议修订《律师法》,该次修订是为适应新时期我国律师工作改革和发展的需要,对原《律师法》作了较大调整、补充和修改,新增、修订条款四十余条。此次修订后的《律师法》分7章60条,从律师执业许可、律师事务所组织形式、律师执业权利和义务、律师业务和律师执业监督管理、法律责任等诸多方面进一步改革和完善了我国律师制度。2012年10月26日,根据第十一届全国人大常委会第二十九次会议《关于修改〈中华人民共和国律师法〉的决定》,《律师法》第二次修正;根据2017年9月1日第十二届全国人大常委会第二十九次会议《关于修改〈中华人民共和国法官法〉等八部法律的决定》,《律师法》第三次修正。随着律师制度的不断健全,我国律师和律师事务所的数量也迅速增长起来,律师制度也在不断地完善。

律师制度恢复四十多年来不断发展完善,根据司法部《全面深化司法行政改革纲要(2018—2022年)》,律师的法律服务活动在国家政治、经济、文化、体育等各个领域和层面无所不在,成为依法治国战略中的一支重要力量。2022年,全国律师总数约62万人,全国每万人拥有律师数约4.2名。今后律师不论是在国内还是国际舞台上都将大展宏图、大放异彩。

四、法律职业资格

我国法律职业资格制度经历了一个漫长的发展过程,总体上可以作如下划分:考核取得律师资格阶段、以律师资格考试为代表的三大考试并行阶段、国家统一司法考试阶段以及统一法律职业资格考试阶段。

(一)考核取得律师资格阶段

这一阶段我国正处于律师制度恢复重建、法律人才缺乏的时期,为了保障相关工作的顺利进行,《律师暂行条例》第 8 条规定了较为宽松的考核取得律师资格的制度:对取得律师资格的学历要求比较低,甚至不要求具有高等院校的文化水平,受过法律专业训练即可,但由于律师工作开展的迫切性,这一阶段比较重视实践上的能力要求。从 1979 年至 1986 年,全国有 1.3 万人通过考核被授予律师资格。① 该制度一直保留至今,但是考核取得律师资格的要求却大大提高。现行《律师法》第 8 条规定:具有高等院校本科以上学历,在法律服务人员紧缺领域从事专业工作满 15 年,具有高级职称或者同等专业水平并具有相应的专业法律知识的人员,申请专职律师执业的,经国务院司法行政部门考核合格,准予执业。

(二) 三大考试并行阶段

在统一司法考试制度设立之前,法律职业的准入表现为律师资格考试、初任法官考试以及初任检察官考试分立并行的局面,这三大考试分别由司法部、最高人民法院和最高人民检察院组织实施,其中影响最大的要数律师资格考试。

1. 律师资格考试

根据 1996 年《律师法》的规定,我国取得律师资格的途径有两种:一种是通过参加全国律师资格考试取得(以下简称"考试取得"),另一种是符合《律师法》规定条件的人员由司法部考核授予律师资格(以下简称"考核授予取得"),由于考核授予取得的条件比较高,在我国取得律师资格最主要的途径还是考试取得。

全国律师资格考试始于 1986 年,截至 2000 年共举行了 12 次,110 万以上人次参加了这一考试,18 万人通过考试取得律师资格证书。② 这一考试及格率保持在 10% 左右,由于及格率低,难度大,这一考试在各行业从业资格考试中已经出了名,能够通过考试者,非下一番功夫不可。③ 司法部于 1992 年 3 月制定颁布了《律师资格考试暂行规定》,规定凡准备从事律师工作的人员,需参加律师资格考试,通过考试者才有资格从事执业律师工作。已经在律师事务所从事律师业务工作的人员,未取得律师资格的,也应当参加考试,取得律师资格。律师资格考试每两年举行一次。于双数年的八、九月间举行。凡符合下列条件的有选举权和被选举权的中华人民共和国公民,均可报名参加律师资格考试:(1) 热爱中华人民共和国,拥护《中华人民共和国宪法》;(2) 身体健康,品行端正;(3) 年满 23 周岁;(4) 具有法律专业大学专科毕业或非法律专业本科毕业以上学历;(5) 在国家机关、社会团体、企业事业单位、军队的现职人员。此外,前二年从普通高等院校法律专业应届毕业生和非法律专业本科应届毕业生参加

---

① 陈卫东主编:《中国律师学》(第四版),中国人民大学出版社 2014 年版,第 78 页。
② 马宏俊:《〈律师法〉修改中的重大理论问题研究》,法律出版社 2006 年版,第 175 页。
③ 张建伟:《统一司法资格考试:观察与省思》,载《政法论坛》2011 年第 1 期。

报考,可不受第 3 项和第 5 项规定的限制。

2. 初任法官、检察官考试

由于取得律师资格要通过律师资格考试,而要成为法官和检察官却反而缺乏相应的资格要求,这一状况受到了社会各界的质疑。因此,1995 年同时出台的《法官法》和《检察官法》推行了"初任法官考试"和"初任检察官考试"。1995 年 7 月 1 日实施的《法官法》对法官任职条件作出规定,尤其是对学历作出限制,即"高等院校法律专业毕业或者高等院校非法律专业毕业具有法律专业知识"。从此法官任职的学历条件必须达到专科毕业以上。从这一年的 7 月 1 日开始,初任审判员、助理审判员必须通过全国统一考试取得任职资格。1995 年最高人民法院组织了全国第一次初任法官考试,这是人民法院对初次任审判员、助理审判员的首次资格考试。1995 年 8 月,最高人民法院政治部编印了《1995 年全国法院系统初任审判员助理审判员考试复习大纲》。考试通过者随后取得最高人民法院法官考评委员会颁发的"中华人民共和国初任审判员、助理审判员考试合格证书",有效期为 3 年。最高人民检察院也组织了全国初任检察官统一考试,考试办法、初任检察官的资格取得与法院系统相似。该考试制度实施后,法院系统和检察院系统尚未获得法官、检察官职称者报名参加了这一考试。与律师资格考试比较,最高人民法院、最高人民检察院命题的初任法官考试和初任检察官考试难度小得多,这种考试主要目的不在淘汰,起不到提升法官和检察官素质的作用。

(三) 国家统一司法考试阶段

2001 年 6 月 30 日,第九届全国人大常委会第二十二次会议审议通过了新的《法官法》和《检察官法》。新法规定国家对初任法官、初任检察官实行统一的考试制度。在此背景下,国务院司法行政部门会同最高人民法院、最高人民检察院共同制定了《国家司法考试实施办法(试行)》,并于 2001 年 10 月 31 日向社会公布,该办法由国务院司法行政部门负责实施。由此,过去的初任法官考试、初任检察官考试和律师资格考试由国家统一司法考试所取代,我国的国家司法考试制度正式建立。国家司法考试作为保障司法公正的一项基础性制度,改变了法律专门人才的培养、选择方式,促进了法律从业人员的职业化、同业化和精英化,为建设高素质的司法队伍和法律服务队伍提供了重要的制度保障。

国家司法考试是国家统一组织的从事特定法律职业的资格考试,根据相关法律规定,初任法官、初任检察官、申请律师执业和担任公证员必须通过国家司法考试,取得法律职业资格。通过国家司法考试的人员,由司法部颁发《法律职业资格证书》。

此外,司法部与最高人民法院、最高人民检察院共同商定成立了国家司法考试协调委员会,其主要工作职责和工作内容是:就确定、调整国家司法考试的有关政策、原则进行协商、协调,就国家司法考试制度的健全、完善提供咨询。司法部成立了司法考试司,对外称国家司法考试办公室,作为司法部的职能部门,具体负责国家司法考试工作。

2008年修订后的《国家司法考试实施办法》第15条规定,符合以下条件的人员,可以报名参加国家司法考试:(1) 具有中华人民共和国国籍;(2) 拥护《中华人民共和国宪法》,享有选举权和被选举权;(3) 具有完全民事行为能力;(4) 高等院校法律专业本科毕业或者高等院校非法律专业本科毕业并具有法律专业知识;(5) 品行良好。

(四) 统一法律职业资格考试

2015年6月5日,中央全面深化改革领导小组第十三次会议审议通过了《关于完善国家统一法律职业资格制度的意见》(以下简称《意见》),12月20日,中共中央办公厅、国务院办公厅印发了该《意见》,正式确立了完善国家统一法律职业资格制度的目标任务和重要举措,明确了新制度必须遵循的基本原则,规定了法律的职业范围和取得法律职业资格的条件,要求建立国家统一法律职业资格考试制度和改革法律职业资格考试内容,提出建立职前培训制度。

《意见》规定,法律职业人员是指具有共同的政治素养、业务能力、职业伦理和从业资格要求,专门从事立法、执法、司法、法律服务和法律教育研究等工作的职业群体。担任法官、检察官、律师、公证员、法律顾问、仲裁员(法律类)及政府部门中从事行政处罚决定审核、行政复议、行政裁决的人员,应当取得国家统一法律职业资格。国家鼓励从事法律法规起草的立法工作者、其他行政执法人员、法学教育研究工作者,参加国家统一法律职业资格考试,取得职业资格。

此外,《意见》规定,取得国家统一的法律职业资格必须同时具备下列条件:拥护中华人民共和国宪法,具有良好的政治、业务素质和道德品行;具备全日制普通高等学校法学类本科学历并获得学士及以上学位,或者全日制普通高等学校非法学类本科及以上学历并获得法律硕士、法学硕士及以上学位或获得其他相应学位从事法律工作三年以上;参加国家统一法律职业资格考试并获得通过。法律法规另有规定的除外。

《意见》区分了法律职业人员和法律职业资格两个概念,从外延上看法律职业人员的范围要大于具备法律职业资格者。因为同样作为法律职业人员而从事法律法规起草的立法工作者、其他行政执法人员、法学教育研究工作者并不是必须具备法律职业资格。但是考虑到立法工作者和其他行政执法人员作为公务员在考录上的学历学位要求,以及对于法学教育研究工作人员在学历上相对于普通法律职业人员往往会提出更高要求,可以确定的是,在法律职业准入条件上,《意见》基本上排除了不具备法学学位的人取得法律职业资格的可能性。这种准入条件上的限制,确立了法学教育培养法律职业人员的主导地位。而且相比狭义界定中法律职业人员仅仅包括法官、检察官和律师而言,《意见》对法律职业人员采取了一种最广义的界定方式。并且,其在将取得法律职业资格的人员范围主要限缩为接受法学教育的人员的同时,又扩大了法律职业资格的适用范围。相比过去仅要求法官、检察官、律师、公证员等必须具备法律职业资格,《意见》还要求政府部门中从事行政处罚决定审核、行政复议、行政裁决的人员,也应当取得国家统一法律职业资格,这一要求将倒逼我国政府部门的人员提升法律素养。

五、律师的法律责任

（一）律师的民事法律责任

律师的民事责任又称律师赔偿责任,是指律师在执行职务过程中违法执业或因自己的过错,给委托人或第三人的合法权益造成损失时而应承担的民事赔偿责任。《律师法》第54条规定,律师违法执业或者因过错给当事人造成损失的,由其所在的律师事务所承担赔偿责任。律师事务所赔偿后,可以向有故意或者重大过失行为的律师追偿。律师的民事责任具有以下特征:(1)律师承担民事责任的前提基于律师事务所与当事人之间签订了委托合同;(2)律师的民事责任产生于律师执业过程中;(3)律师的民事责任是由于律师的违法执业或自身的过错行为导致的。

民事的赔偿责任应当由律师事务所承担,而律师本人不能作为责任主体。这是因为《律师法》第25条规定,"律师承办业务,由律师事务所统一接受委托,与委托人签订书面委托合同,按照国家规定统一收取费用并如实入账";第40条第1款规定,"律师在执业活动中不得私自接受委托、收取费用,接受委托人的财物或者其他利益"。从这些规定来看,尽管委托人所需要的法律服务是由律师直接提供的,但是,律师与委托人之间形成的事实上的委托代理关系是以委托人与律师事务所签订委托代理合同的形式出现的,也就是说,律师的执业活动基于委托代理合同却并不是合同的当事人。所以,基于委托合同产生的法律责任,其责任的承担必定是作为合同一方当事人的律师事务所。至于律师事务所对受委托律师的追偿,那是基于律师事务所和律师之间的雇佣关系而产生的。此外,由律师事务所作为赔偿主体,也有利于对委托当事人合法权益的保护,并且能够督促律师事务所加强对本所律师的监督、管理,从而使得律师事务所的经营更加规范化。

（二）律师的行政法律责任

相对于民事责任和刑事责任而言,律师的行政责任在现实中具有更为广泛的适用性。由于我国律师管理实行司法行政机关与律师协会的"两结合"模式,因此律师的行政责任中涉及的一个重要问题就是律师协会的职业惩戒权和司法行政机关的行政处罚权的划分问题。然而现有律师"两结合"管理体制中一个比较突出的问题是,司法行政机关与律师协会二者之间的关系定位不准、职能不清。这导致在律师惩戒这一问题上,律师协会的行业惩戒和司法行政机关的行政处罚在内容上呈现出极大的相似性,两者的区别仅仅呈现为严重程度以及处罚方式的不同。根据司法部2010年颁布的《律师和律师事务所违法行为处罚办法》(以下简称《处罚办法》),律师和律师事务所有违法行为,司法行政机关给予行政处罚。

《律师法》第六章规定了律师的法律责任,司法部颁布的《处罚办法》第5—22条对《律师法》中第47—49条律师的法律责任进行了细化。律师事务所承担责任有两个方面,一方面是由于律师隶属于某个律师事务所,因此律师违法或违规时,律师事务所在特定的情况下要承担责任,从而加强律师事务所的管理;另一方面,律师事务所在执业过程中违反法律和行业规定,也要承担法律责任。《处罚办法》第23—30条对《律师法》中第50条律师事务所的法律责任进行了细化。

(三) 律师的刑事法律责任

律师刑事责任是指律师对其违反《律师法》及《刑法》的行为所应承担的法律后果。律师刑事责任主体只能是律师,即取得律师执业证书的人,非律师实施犯罪,只是一般的刑事犯罪。这里的律师刑事责任与其执业活动密切相连,即律师在执业活动中产生的刑事责任。律师承担刑事责任是因其违反《律师法》的规定并触犯了《刑法》,律师因故意犯罪,不仅要被吊销执业证书,还要被追究刑事责任。与律师这一职业相关的刑事犯罪主要包括《刑法》第398条故意泄露国家秘密罪,《刑法》第229条第2款提供虚假证明文件罪,《刑法》第389条行贿罪,《刑法》第219条侵犯商业秘密罪,《刑法》第306条辩护人、诉讼代理人毁灭证据、伪造证据、妨害作证罪,《刑法》第307条虚假诉讼罪。

其中争议最大的是辩护人、诉讼代理人毁灭、伪造证据、妨害作证罪。《刑法》第306条规定:在刑事诉讼中,辩护人、诉讼代理人毁灭、伪造证据,帮助当事人毁灭、伪造证据,威胁、引诱证人违背事实改变证言或者作伪证的,处3年以下有期徒刑或者拘役;情节严重的,处3年以上7年以下有期徒刑。

有学者指出,这一罪名也可称为律师伪证罪,而伪证罪本质上就是妨碍司法罪的特殊形式。在欧陆法系有的国家直接将伪证罪划归为妨碍司法罪,我国则专门设置了伪证罪。然而,其他现代国家一般没有专门针对律师的伪证罪的立法,而我国却是此类立法模式的少数代表。[①] 这一规定受到了法学界的质疑,因为我国实务中警察和检察人员犯伪证罪的并不在少数,而法律却单单针对律师作了专门规定,这是否是一种对于律师的歧视,值得探讨。

---

① 宋远升:《律师论》,中国政法大学出版社2014年版,第215页。

第二节 立法背景

一、《中华人民共和国律师暂行条例》

(一) 立法背景

1978年12月,党的十一届三中全会召开,确立了解放思想、实事求是的思想路线,作出了党的工作重点向经济建设转移的战略决策,并提出了发展社会主义民主、健全社会主义法制的历史任务。会议强调:为了保障民主,必须加强社会主义法制,使民主制度化、法律化,使这种制度和法律具有稳定性、连续性和极大的权威性,做到有法可依,有法必依,执法必严,违法必究。从此,社会主义法制建设逐步展开。

1979年7月,第五届全国人民代表大会第二次会议通过了第一批七部重要法律,其中《刑事诉讼法》和《人民法院组织法》都明确规定被告人享有辩护权,并可以委托律师辩护。这两部法律的颁布,为律师制度的恢复拉开了序幕。与此同时,鉴于律师制度与发扬社会主义民主、加强社会主义法制关系紧密,恢复、建立人民律师制度也提上了议事日程。在此情况下,制定一部律师条例把律师的性质、任务、活动原则、资格条件、组织体制等用法律的形式确定下来,使各地有所依据,就成了迫切需要。①

1980年8月26日,第五届全国人大常委会第十五次会议通过了《中华人民共和国律师暂行条例》,为我国律师制度的恢复提供了法律上的依据,标志着我国律师制度的建设进入了新的阶段。

(二) 内容

第一章"律师的任务和权利":《律师暂行条例》第1条把我国律师的性质明确规定为"国家的法律工作者",明确规定我国律师负有维护法律正确实施的职责,律师进行业务活动,必须以事实为根据,以法律为准绳,忠实于社会主义事业和人民的利益。第二章"律师资格":对律师资格的取得规定了较低的条件。第三章"律师的工作机构":明确规定律师执行职务的工作机构是法律顾问处。法律顾问处是事业单位,受国家司法行政机关的组织领导和业务监督。第四章为"附则"。

《律师暂行条例》的确立有利于律师制度的建立和律师工作的开展,符合当

---

① 李运昌:《关于〈中华人民共和国律师暂行条例(草案)〉的说明》,载《中华人民共和国国务院公报》1980年第10期。

时的实际情况。但是,《律师暂行条例》具有明显的过渡性。之所以叫"暂行条例"也就是因为当时条件还不够成熟,立法者考虑等条件成熟以后再进一步制定法典化的法律文件。因此,《律师暂行条例》不可避免地带有时代的局限性。

二、《中华人民共和国律师法》

(一) 立法目的

《律师暂行条例》实施以来,对我国律师事业的发展起了巨大的推动作用。但是,一方面,由于《律师暂行条例》是在当时的社会背景下制定的,随着改革开放的深入,我国的政治、经济和文化生活已经发生了巨大的变化。原有《律师暂行条例》中的一些内容已经不能适应形势的发展,甚至在某些方面已经滞后于律师事业的现实发展。另一方面,制定《律师暂行条例》时,律师制度刚刚恢复,中国律师事业处于起步阶段,尚未积累起丰富的经验,加上受当时社会条件的限制,律师工作中的许多重要的问题尚未暴露出来,因此作为"暂行条例",在许多问题上只能作原则规定,也不宜过于详尽。律师事业发展过程中,出现了一些新问题。但是,这些新问题尚未有法律依据。为完善律师制度,规范律师的执业行为,迫切需要制定一部新的律师法律。1996 年 5 月 15 日,第八届全国人大常委会第十九次会议通过了《中华人民共和国律师法》,自 1997 年 1 月 1 日起施行。

(二) 1996 年《律师法》与《律师暂行条例》的比较

1996 年《律师法》对律师的性质、律师的执业条件、律师的执业机构、执业律师的业务范围和权利义务、律师协会、法律援助以及律师的惩戒和法律责任都作了明确的规定,在许多方面实现了对《律师暂行条例》的突破。

1. 律师的性质和律师执业活动的基本原则

1996 年《律师法》增设了总则作为第一章。总则包括四条:第 1 条明确了 1996 年《律师法》的立法宗旨,这是《律师暂行条例》不具备的内容。对于律师的性质,《律师暂行条例》第 1 条将其界定为"国家的法律工作者",即律师所从事的业务活动视为国家的管理活动。实际上,律师既不是国家执法人员,也不是国家管理人员。1996 年《律师法》第 2 条规定,律师是为"社会提供法律服务的专业人员"。第 3 条规定了律师执业的基本原则,要求律师依法执业,恪守职业道德和执业纪律,接受国家、社会和当事人的监督,并规定律师依法执业受法律保护。与《律师暂行条例》相比,这部分更具体。第 4 条规定国务院司法行政部门依照本法对律师、律师事务所和律师协会进行监督、指导。

2. 关于律师的执业条件

1996 年《律师法》第二章第 5—14 条对律师的执业条件作了明确的规定,确立了律师资格全国统一考试制度。它取代了《律师暂行条例》第 8 条关于符合条件的公民"经考核合格取得律师资格,担任律师"的规定。1996 年《律师法》

还在学历上排除了非法律专业和法律专业大专以下学历的人员取得律师资格的可能性。

1996年《律师法》较《律师暂行条例》的重要突破还在于其规定了取得律师资格仅是作为申请律师执业的前提条件,从而消除了《律师暂行条例》中相关规定的模糊性与滞后性。同时,它规定了律师只有在:(1)泄露国家秘密的。(2)向法官、检察官、仲裁员以及其他有关工作人员行贿或者指使、诱导当事人行贿的。(3)提供虚假证据,隐瞒重要事实或者威胁、利诱他人提供虚假证据,隐瞒重要事实这几种情况下,省、自治区、直辖市人民政府司法行政部门可以吊销律师执业证书;构成犯罪的,依法追究刑事责任。这摒弃了《律师暂行条例》的规定:律师严重不称职的,得经省、自治区、直辖市司法厅(局)决定,报司法部批准,取消其律师资格。对《律师暂行条例》规定人民法院、人民检察院、人民公安机关的现职人员不得兼做律师工作,1996年《律师法》扩大为国家机关的现职工作人员不得兼任执业律师。

3. 关于律师执业机构和律师协会

1996年《律师法》第15条规定"律师事务所是律师的执业机构",从而明文废止了《律师暂行条例》所确立的"法律顾问处"这一机构名称。1996年《律师法》舍弃了《律师暂行条例》中对律师管理体制的这一界定,确立了司法行政部门对律师、律师事务所及律师协会的监督和指导职能。

1996年《律师法》第五章对律师行业的自律性组织——律师协会进行了专章规定,克服了《律师暂行条例》对律师协会规定过于简单的缺陷,确认律师协会为社会团体法人,明了律协的成立程序、各项职责及活动原则等,肯定了司法行政机关的管理同律师协会管理相结合,并逐步向行业管理过渡的律师管理体制。

4. 关于执业律师的业务范围和权利义务

《律师暂行条例》对律师业务及权利义务的规定主要见于第一章"律师的任务和权利",1996年《律师法》在《律师暂行条例》基础上做了一些修改,增加了律师代理行政诉讼、代理各类诉讼案件的申诉等项业务,以单列方式突出了律师办理非诉讼法律事务的重要性,符合在市场经济体制下律师非诉业务日益增多的现实要求,并与"律师接受当事人的委托,参加调解、仲裁活动等"过去所称的非诉业务相互独立开来;进一步明确,增加了律师"接受刑事案件犯罪嫌疑人的聘请,为其提供法律咨询,代理申诉、控告,申请取保候审"等业务内容。

1996年《律师法》第32条增加了律师在执业活动中的人身权利不受侵犯的规定。另外,第36条增加了"曾担任法官、检察官的律师,从人民法院、人民检察院离任后两年内,不得担任诉讼代理人或者辩护人"的规定。

5. 关于法律援助

这是1996年《律师法》从我国实际情况出发,并且在借鉴国外律师立法的有益经验的基础上增加的新内容,规定"公民在赡养、工伤、刑事诉讼、请求国家赔偿和请求发给抚恤金等方面需要获得律师帮助,但是无力支付律师费用的,可以按照国家规定获得法律援助"。律师必须尽职尽责,为受援人提供法律服务,体现了国家对公民权利的充分重视和切实保障。

(三) 2001 年《律师法》的修改

2001 年《律师法》修改了第 6 条,将以前的律师资格考试改为国家统一司法考试,规定:"取得律师资格应当经过国家统一的司法考试。具有高等院校法律专业本科以上学历,或者高等院校其他专业本科以上学历具有法律专业知识的人员,经国家司法考试合格的,取得资格。适用前款规定的学历条件确有困难的地方,经国务院司法行政部门审核确定,在一定期限内,可以将学历条件放宽为高等院校法律专业专科学历。"该条是对参加司法考试的申请者学历的规定,法学专业与非法学专业都要求本科以上,但是也有例外:对确有困难的地方,经司法部审核,在一定期限内放宽到法律专业专科学历。

(四) 2007 年《律师法》的修订

1. 重新定义律师职业性质

2007 年《律师法》将律师明确定位为"依法取得律师执业证书,接受委托或者指定,为当事人提供法律服务的执业人员",这更加符合律师的专业属性,有助于增强律师的职业责任感、使命感,有助于提高社会对律师社会角色的认识和尊重。

2. 增加特殊的普通合伙形式的律师事务所和个人律师事务所

1996 年《律师法》规定,我国律师事务所的组织形式包括合伙、合作、国资三种,但是随着律师事业的发展,这一规定已经不能完全符合实际。因此,2007 年《律师法》规定了特殊的普通合伙形式律师事务所,个人也可以设立律师事务所。

3. 证明犯罪嫌疑人、被告人有罪的责任由控方承担,辩方不承担相关的责任

2007 年《律师法》第 31 条规定的律师担任辩护人的职责,仅是"根据事实和法律,提出犯罪嫌疑人、被告人无罪、罪轻或者减轻、免除其刑事责任的材料和意见,维护犯罪嫌疑人、被告人的合法权益",删除了"证明"二字,明确了辩护律师的职责并不是一种证明责任,证明责任只能由控方承担。

4. 改善律师执业环境

律师执业中会见难、阅卷难、调查取证难的问题由来已久。2007 年《律师法》在推动"三难"问题的解决方面取得了实质性进展。首先,保障了律师会见权:2007 年《律师法》除规定"犯罪嫌疑人被侦查机关第一次讯问或者采取强制措施之日起,受委托的律师凭律师执业证书、律师事务所证明和委托书或者法律

援助公函,有权会见犯罪嫌疑人、被告人并了解有关案件情况"外,还特别强调了"律师会见犯罪嫌疑人、被告人,不被监听";其次,保障了律师阅卷权:2007年《律师法》规定,"辩护律师自人民检察院审查起诉之日起,可以查阅、摘抄、复制与案件有关的诉讼文书及案卷材料";最后,保障了律师调查取证权:2007年《律师法》规定,受委托的律师根据案情的需要,可以申请人民检察院、人民法院收集、调取证据或者申请人民法院通知证人出庭作证。律师自行调查取证的,凭律师执业证书和律师事务所证明可以向有关单位或者个人调查与承办法律事务有关的情况。

5. 保障律师辩论、辩护权

2007年《律师法》保证了律师在法庭上发表的合法的代理、辩护意见不受法律追究。同时还规定了律师在参与诉讼活动中涉嫌犯罪被依法拘留、逮捕的,拘留、逮捕机关应当在拘留、逮捕实施后的24小时内通知该律师的家属、所在的律师事务所以及所属的律师协会,切实地保障了律师的人身权利。

6. 扩大律师保密义务

由于律师具有知悉委托人有关情况的执业便利,对此,2007年《律师法》除规定"律师应当保守在执业活动中知悉的国家秘密、商业秘密,不得泄露当事人的隐私"外,还特别规定:"律师对在执业活动中知悉的委托人和其他人不愿泄露的情况和信息,应当予以保密。但是,委托人或者其他人准备或者正在实施的危害国家安全、公共安全以及其他严重危害他人人身、财产安全的犯罪事实和信息除外。"

7. 律师特许执业制度被保留

2007年《律师法》第8条规定,律师特许执业除要"具有高等院校本科以上学历""具有高级职称或者同等专业水平并具有相应的专业法律知识"等限制条件外,还特别限定了要"在法律服务人员紧缺领域从事专业工作满十五年""经国务院司法行政部门考核合格"等,才能"准予执业"。①

8. 拒绝提供法律援助将受罚

2007年《律师法》第50条规定,律师如果拒绝履行法律援助义务的将受到处罚。律师必须担当维护社会弱势群体的合法权益的社会责任,履行法律援助的法定义务。

9. 公务员不得兼任执业律师

2007年《律师法》第11条规定,公务员不得兼任律师,对于律师担任各级人民代表大会常务委员会组成人员的,则修改为"任职期间不得从事诉讼代理或者辩护业务",可以从事法律咨询等非诉讼业务。

---

① 许灿:《新〈律师法〉,新在何处?》,载《中国律师》2008年第1期。

（五）2012 年《律师法》的新变化

此次《律师法》修改是为了与 2012 年修订的《刑事诉讼法》相互协调。

1. 明确律师在侦查阶段的辩护人身份

2012 年《律师法》的修改主要是为了跟进 2012 年《刑事诉讼法》的修改而展开的，该次修法将第 28 条第 3 项修改为："接受刑事案件犯罪嫌疑人、被告人的委托或者依法接受法律援助机构的指派，担任辩护人，接受自诉案件自诉人、公诉案件被害人或者其近亲属的委托，担任代理人，参加诉讼。"由于在这之前《刑事诉讼法》没有明确律师在侦查阶段的身份，只是规定律师在侦查阶段为犯罪嫌疑人提供法律咨询以及代理申诉、控告，律师应有的作用受到了限制。然而在侦查阶段为犯罪嫌疑人提供法律帮助的律师，实质上就是在行使辩护权，因而新法明确赋予律师在侦查期间的辩护人身份。

2. 增加了维护犯罪嫌疑人、被告人"诉讼权利"的规定

本次修法明确了律师在侦查阶段的辩护人身份，因此律师在审前阶段主要是维护犯罪嫌疑人、被告人诉讼权利。

3. 加强了律师人身权利的保护

新法将第 37 条第 3 款修改为："律师在参与诉讼活动中涉嫌犯罪的，侦查机关应当及时通知其所在的律师事务所或者所属的律师协会；被依法拘留、逮捕的，侦查机关应当依照刑事诉讼法的规定通知该律师的家属。"扩大了侦查机关通知义务的适用范围，不再限于过去律师被依法拘留、逮捕的情况，而是只要出现律师涉嫌犯罪，侦查机关就有义务通知其所在的律师事务所或者所属的律师协会。

4. 扩大了律师保密义务范围

新法将第 38 条第 2 款修改为："律师对在执业活动中知悉的委托人和其他人不愿泄露的有关情况和信息，应当予以保密。但是，委托人或者其他人准备或者正在实施危害国家安全、公共安全以及严重危害他人人身安全的犯罪事实和信息除外。"原除外条款中的危害他人财产安全的犯罪事实和信息被删除，这意味着新法将财产犯罪的情况和信息纳入律师保密义务范围，扩大了律师保密义务范围。

（六）2017 年《律师法》的新变化

1. 律师会见嫌疑人不需经司法机关批准

2017 年《律师法》第 33 条规定，律师担任辩护人的，有权持律师执业证书、律师事务所证明和委托书或者法律援助公函，依照刑事诉讼法的规定会见在押或者被监视居住的犯罪嫌疑人、被告人。

2. 律师法明令禁止律师事务所间、律师间的不正当竞争

2017 年《律师法》第 26 条规定：律师事务所和律师不得以诋毁其他律师事务所、律师或者支付介绍费等不正当手段承揽业务。

三、《律师法》体例的完善①

（一）现行《律师法》体例

1. 从 1996 年《律师法》到 2017 年《律师法》，我国《律师法》的体例没有发生变化，其主要内容有：

第一章　总则。本章主要规定了律师的定义、律师的执业原则和两结合管理体制等事项。

第二章　律师执业许可。本章主要规定了申请律师执业的条件和程序、律师执业证书的撤销、特许执业制度、兼职律师制度等事项。

第三章　律师事务所。本章主要规定了设立律师事务所应当具备的条件、律师事务所的组织形式、律师事务所的设立程序、律师事务所的制度等事项。

第四章　律师的业务和权利、义务。本章主要规定了律师的业务领域、律师的会见权、阅卷权、调查取证权、言论豁免、保密义务等事项。

第五章　律师协会。本章主要规定了律师协会的性质和职责。

第六章　法律责任。本章主要规定了律师和律师事务所的行政违法行为和行政处罚措施。

第七章　附则。本章主要规定了军队律师制度、外国律师事务所在中华人民共和国境内设立机构从事法律服务活动的管理办法、律师收费等事项。

（二）今后《律师法》体例的完善

《律师法》是律师行业组织法，例如该法第二章规定了律师的准入制度，第三章规定了律师事务所的组织形式，第五章规定了律师协会的性质及其职能。在附则中，该法还对军队律师制度、外国律师事务所在中华人民共和国境内设立机构从事法律服务活动进行了规定。

我国现行《律师法》鉴于律师权利屡被侵犯，特别是刑事辩护律师的权利得不到保障的情况，对律师权利做了诸多规定，但同时也规定了律师的许多义务，因此，《律师法》到底是一部权利法还是管理法一直存有争议。

本书认为，今后《律师法》体例需要从以下方面进行完善：

首先，重点完善律师的职业性权利和义务，对职业特免权和豁免、保密义务等问题作出科学、系统的规定。

其次，在律师执业机构的管理上应当加强制度建设，即强化律师事务所的内部管理和外部管理规范。

再次，应当加强对律师协会的规定。律师协会将在律师行业管理方面发挥越来越重要的作用。因此，关于律师协会的组织机构、上下级关系、运作程序等

---

① 王进喜：《律师法实施与再修改问题研究》，知识产权出版社 2020 年版，第 39 页。

方面,应当在立法中加以统一。

最后,应当就律师职业行为规则的制定作出授权性规定,由律师协会制定详尽、系统的律师职业行为规范。今后,《律师法》应回归行业组织法,并专门制定《律师职业行为法》。

第三节 热点前沿问题

司法部2019年1月发布的《全面深化司法行政改革纲要(2018—2022年)》指出,到2022年公职律师将达3.5万人,公司律师达1.5万人。

一、公职律师

(一) 公职律师的内涵和资格取得

过去,我国的学者在讨论公职律师时一般使用"政府律师"这一称谓,试图以此区别供职于政府之外其他公职部门的律师。随着相关党政文件都开始使用"公职律师"一词,本书也统一使用公职律师一词。

公职律师[①]是指依法取得律师执业证书,并且具有公务员资格,为政府提供法律服务,以保障政府依法行政、维护政府合法权益,促进政府法制建设为使命的政府专业法律工作者。[②] 我国关于公职律师的工作试点开始于司法部2002年发布的《关于开展公职律师试点工作的意见》。依据该文件的规定,公职律师的任职条件或者说内涵包括:(1) 具有中华人民共和国律师资格或司法部颁发的法律职业资格;(2) 供职于政府职能部门或行使政府职能的部门,或经招聘到上述部门专职从事法律事务的人员。中共中央办公厅、国务院办公厅于2016年印发了《关于推行法律顾问制度和公职律师公司律师制度的意见》,该文件对于我国公职律师的发展具有划时代的意义。依据该文件,"公职律师是依照本意见第二十五条、第二十六条规定取得公职律师证书的党政机关公职人员"。而在迄今为止相关的试点方案中,在网上公布的只有住建部的改革文件《全国住房城乡建设系统公职律师试点工作方案》。该方案规定申请担任住房城乡建设系统公职律师的,应当符合以下条件:(1) 具有中华人民共和国律师资格或者法律职业资格;(2) 从事住房城乡建设有关的法律事务工作2年以上;(3) 正式在编人员;(4) 最近两年年度考核等次均为"称职"以上;(5) 住房城乡建设部和省(自治区、直辖市)人民政府住房城乡建设主管部门规定的其他条件。

---

① 这里的公职律师是狭义的概念。
② 严军兴:《政府律师的性质及职责》,载《中国司法》2004年第9期。

(二) 公职律师的职责与管理

1. 公职律师的特征与职责

公职律师不得从事有偿法律服务,不得在律师事务所等法律服务机构兼职,不得以律师身份办理所在单位以外的诉讼或者非诉讼法律事务。这是公职律师的公职身份所提出的要求,即公职律师作为公务员是为国家服务的,公务员对国家负有勤勉忠诚义务,其不应为社会提供法律服务。公职律师的职责主要包括:(1) 参与法律、法规、规章以及其他规范性文件的起草、审查、修订和清理工作;(2) 提供法律咨询意见和建议;(3) 代理参加有关行政诉讼、行政复议、仲裁等法律事务;(4) 代理办理有关行政赔偿等法律事务;(5) 其他可以由公职律师承担的工作。

2. 公职律师的管理

在英美法系国家,公职律师仍被视为执业律师。公职律师同其他执业律师及公司律师等,均可以加入同一个律师协会。公职律师和公司律师等作为国家职员或公司雇员的律师,没有独立的行业组织。一般来说,律师行业组织内部也不设立专门负责公职律师和公司律师管理的部门。

在大陆法系国家,一般认为公职律师不再具有法律上的独立性,不属于执业律师,有关律师的统计数字中也不包括他们,公职律师也不得加入执业律师组织。因此,公职律师大都有自己独立的行业组织——政府律师协会,与执业律师组织并存,并相互独立。①

英美法系和大陆法系在公职律师的管理上呈现不同模式的原因为其对公职律师的定位不同。英美法系在公职律师的定位上将律师性摆在第一位,而大陆法系则将公务员身份作为公职律师的主要属性。因此公职律师的定位将直接决定公职律师的管理模式。

根据我国过去的改革经验以及新出台的文件,我国将来的公职律师与其说是律师,不如说是具有律师法律技能和律师执业权利的公务员,即本质属性应当是公务员,所谓律师仅仅是对其法律知识和资格上的要求,因此我国将来的律师管理模式将更为接近大陆法系的政府管理模式。而对于公司律师至关重要的调查取证等律师执业权利,对公职律师而言并非迫切需要。因为公职律师的公务员身份使得其具备相关行政权力,其行政权力当然包括调查取证等律师才有的特权。

---

① 严军兴:《政府律师的性质及职责》,载《中国司法》2004 年第 9 期。

二、公司律师

（一）公司律师的内涵

所谓的公司律师,是指拥有律师资格或法律职业资格,受雇于企业,对企业内部的法律事务进行专门管理,为企业提供法律服务,并不对社会提供有偿法律服务的专业人员。[①] 为了应对入世后的挑战,探索建立公司律师制度,司法部于2002年颁布了《关于开展公司律师试点工作的意见》。依据该意见,公司律师的人选应具备以下条件:(1) 具有中华人民共和国律师资格或司法部颁发的法律职业资格;(2) 在企业内部专职从事法律事务工作;(3) 所在企业同意其担任公司律师。同样的,《关于推行法律顾问制度和公职律师公司律师制度的意见》第21条规定:"公司律师是与企业依法签订劳动合同,依照本意见第二十五条、第二十六条规定取得公司律师证书的员工。"

然而,我国过去探索设立公司律师的试点工作因为相关制度瓶颈而屡屡受挫。根据《律师法》规定,我国实行的是律师资格与律师执业分离的制度,除取得律师资格外,申请人还必须在律师事务所执业才能成为律师。公司律师作为公司雇员,恰恰无法满足在律师事务所执业这一条件,因而无法取得律师地位和律师特权。然而,公司律师最大的制度优势就在于其律师特权,包括调查取证、出庭应诉等,一旦缺乏律师地位和律师特权,公司律师将无法发挥其预期的作用和功能。

与公职律师一样,中共中央办公厅、国务院办公厅于2016年印发的《关于推行法律顾问制度和公职律师公司律师制度的意见》这一文件也给公司律师带来了空前的发展契机。不同于过去司法部层面的改革,本次公司律师制度的推行得到中央层面的认同,相信相关的制度障碍将很快得以扫除,配套的法律制度将很快得以设立。

（二）公司律师的权利和职责

依据现行的政策文件,公司律师具有以下权利:(1) 在执业活动中享有依法调查取证、查阅案件材料等律师法规定的权利;(2) 加入律师协会,享有会员权利;(3) 可以参加律师职称评定;(4) 可以直接转换为社会律师。公司律师申请转为社会律师时,按换发证件程序进行,担任公司律师的年限计入执业年限。

公司律师具有以下义务:(1) 接受所在地司法行政机关的业务指导和监督;(2) 不得从事有偿法律服务、不得在律师事务所和法律服务所兼职;(3) 不得以

[①] 陶澎:《公司律师制度的"前世今生"》,载《中国律师》2015年第12期。

律师身份办理本公司以外的诉讼与非诉讼案件。公司律师应当履行以下职责：（1）参与企业章程、董事会运行规则的制定；（2）对企业重要经营决策、规章制度、合同进行法律审核；（3）为企业改制重组、并购上市、产权转让、破产重整、和解及清算等重大事项提出法律意见；（4）组织开展合规管理、风险管理、知识产权管理、外聘律师管理、法治宣传教育培训、法律咨询；（5）组织处理诉讼、仲裁案件；（6）所在企业规定的其他职责。

三、公益律师

（一）公益律师的内涵

与公司律师和公职律师不同，公益律师在我国尚未表现为一项法律上的制度，仍停留于理论研究阶段。对公益律师的定义，理论上和实践上都尚未形成共识，可谓众说纷纭。例如，有学者认为应当通过界定"公益"来界定公益律师，将公益理解为既体现在对公共利益的维护方面，也体现在法律服务的非营利性方面。[1] 也有律师认为公益律师与私人律师的主要区别在于"公益"，即为公共利益而诉讼，他们有强烈的社会责任感，并能通过公益诉讼的扩散性影响社会公众和政府公共决策，从而推动法制变革，或是通过诉讼发现问题，及时对立法提出建议，并广泛参与社会政治经济生活，等等。[2] 另有学者认为，公益律师的内涵需满足三个必备要件：其一，必须是律师（有律师执业资格证，以保证专业性）；其二，在公益法律机构从业（有固定服务场所，出于职业化规范管理的需要）；其三，有特定的服务群体（即不特定的多数人）。[3]

上述观点一和观点二主要从公益行为的角度对公益律师进行框定，即只要参与公益行为便成为公益律师，这两种界定方式相对宽泛；而观点三则将公益律师界定为一种固定的身份，比如有固定的服务场所，其对律师提出了专职要求，即否定偶尔从事公益的社会律师也是公益律师，而最严格意义上的公益律师是指在民间公益组织专职从事公益法律服务的律师。本书采广义的定义，以便将律师为公益的活动都纳入视野之中。

（二）公益律师的发展现状

目前学界对于公益律师的研究几乎为零。个别学者从社会学的角度对于公

---

[1] 谢海定：《中国公益法律服务的网络化——北京青少年法律援助与研究中心调查》，载北京市东方公益法律援助律师事务所编：《公益诉讼》（第三辑），中国检察出版社2007年版，第247页。
[2] 陈岳琴：《公益律师的定义、主要工作和职业模式》，载《规划·规范·规则——第六届中国律师论坛优秀论文集》，中国政法大学出版社2006年版。
[3] 周晓霞：《僭越与规范：我国公益律师群体形成机制研究》，法律出版社2016年版，第67页。

益律师的形成机制进行了研究,其根据性质将公益律师分为三类,即政府法律援助律师、民间社会公益律师和兼做公益的商业律师。

政府法律援助律师是指政府部门以及八大人民团体从事法律援助的法律工作者,包括基层法律工作者。① 本书认为,在政府机构供职的法律援助律师也属于公益律师,而非公职律师,因为从职责范围的角度来看,公职律师所从事的是行政公务,即行使的是行政权力,而区别于法律援助律师所从事的法律援助事务。

民间社会公益律师包括民间专职法律援助律师、兼做公益法律事务的专家学者、独立公益诉讼人以及一些人权律师。

(1) 民间专职法律援助律师

例如,佟丽华创建的北京致诚农民工法律援助与研究中心、北京青少年法律援助与研究中心,侧重于农民工、青少年群体的权益保护;郭建梅创建的北京众泽妇女法律咨询服务中心(北京大学法学院原妇女法律研究与服务中心),侧重妇女权益保护;黄乐平创建的北京义联劳动法援助与研究中心,侧重劳动权利保护;陆军创建的北京益仁平中心,侧重乙肝病人、艾滋病患者、残疾人等受歧视群体的权益保护。

(2) 兼做公益法律事务的专家学者

例如王灿发创建的中国政法大学污染受害者法律帮助中心,侧重环境污染赔偿案件;林莉红带领的武汉大学社会弱者权利保护中心,致力于保护各类社会弱势群体;社科院法学所的专家学者参与的北京东方公益法律援助律师事务所。

(3) 独立公益诉讼人

例如,丘建东、郝劲松等独立公益诉讼人,侧重于行政诉讼及法律建言。从2004年夏天开始,郝建东先后7次提起带有公益性质的诉讼,其中3次针对铁路售货、用餐、退票拒开发票,2次针对税务机关拒绝"查处不开发票"的工作人员,另2次针对地铁公司未设计公厕及收费不开发票。其希望通过个案诉讼唤起公众对关系全体公民权益问题的关注,促进问题的解决。②

(4) 人权律师

人权律师的特点在于政治主张比较鲜明,试图通过公益诉讼和政治动员来推动政治制度的变革,因此其往往同政府之间的关系比较紧张,不受政府欢迎,在公益律师中处于边缘地位,也往往难以获得其他公益律师的认同。

---

① 周晓霞:《僭越与规范:我国公益律师群体形成机制研究》,法律出版社2016年版,第63页。
② 同上书,第73页。

第四节 法 律 实 践

一、律师执业许可的完善

《律师法》第二章专门规范律师执业许可,第 5—13 条分别规定律师执业的条件,申请律师执业的程序,不予颁发律师执业证书的情形,律师执业特许,注销律师执业证书的规定,对律师执业场所、地域、兼职、兼任的规定,以及对非律师从事法律服务业务的限制性规定。

有一段时期,我国律师准入门槛太低,数量的发展和质量上的发展不匹配。党的十八届四中全会决定指出,要强化律师准入管理。强化律师准入管理的核心,就是强化律师的执业适当性管理。现行律师准入条件之一是"品行良好",对该条件的考察,往往由申请人户籍所在地派出所开具"无违法犯罪记录"的证明文件来进行。这种考察方式是一种不公开审查方式,未能调动整个社会参与到对律师准入申请人员的考察中;这种考察方式,在考察的内容上标准过低、范围过窄。将无违法犯罪记录等同于品行良好,大大降低了对律师这种有着特殊权利和职责的职业的要求,甚至低于对某些从事商业活动的人员的要求。这样的标准,显然与律师职业的公共性和承担的职责不相称。鉴于律师准入的重要性,在《律师法》再修改时,应当将"品行良好"的考察修改为"具有执业适当性"考察,并制定详细审查标准。在准入机关进行初步审查后,向社会公布,由社会进行公开审查。[①]

二、律师执业责任保险

(一) 概况

我国最早的律师执业责任保险合同是 1994 年上海市建纬律师事务所率先与美国友邦保险公司签订的。随后,上海市司法局在全市大力推广律师执业责任保险,并在 1998 年为全市律师投保,与平安保险公司达成了律师执业责任保险统保协议书。这份协议书被称为我国内地第一份律师责任保险合同,开创了内地开展律师责任保险的先河,并开启了中国律师执业责任保险的发展篇章。根据广东省律师协会 2008 年 11 月份的统计数据:广东省 21 个地级以上市律协中,有 20 家律协先后组织了本市律师参加律师执业责任保险,律师参保人数为 14798 人,占全省律师人数的 90.5%。[②] 2014 年,广东省已经实现了由广东省律

[①] 王进喜:《40 年来我国律师事业取得的成就及未来展望》,载《中国司法》2019 年第 11 期。
[②] 杨日华、吕雪娟:《关于完善律师执业责任保险的思考》,载《中国律师》2010 年第 4 期。

协作为投保人同平安保险公司签订保险协议,而深圳市律协更是要求全体律师参与保险。①

我国《保险法》第 65 条第 4 款规定:"责任保险是指以被保险人对第三者依法应负的赔偿责任为保险标的的保险。"根据保险法原理,传统的财产保险的保险标的是被保险人的财产及相关利益。尽管律师执业责任保险属于广义的财产保险的范畴,但其保险标的与传统的财产保险的保险标的还是有所区别。律师执业责任保险的保险标的仅以被保险人对委托人造成的民事损害赔偿责任为限。因此,律师执业责任保险的保险标的可具体表述为律师事务所或执业律师因过失执业行为给委托人造成的民事损害赔偿责任。

(二) 律师责任保险发展遭遇的问题

1. 保险种类单一,无法满足实际需要

律师业务是很广泛的,现行律师责任保险条款并没有约定或规定可以就某一单独业务或单一标的投保的问题,保险公司也没有针对律师业的特点和需求,开发多种可供律师选择的保险产品,例如现行的律师责任保险一般将责任范围限于律师对其委托人造成的经济损失,而不包括对第三人的经济损失。

2. 保险合同除外责任多,无法真正起到保险作用

目前的保险合同除外责任条款非常多,忽略了律师业的实际情况和需求,致使律师执业责任保险无法真正发挥作用。例如,根据《中国人民财产保险股份有限公司律师职业责任保险条款》②,其除外责任包括"被保险人无有效律师执业证书,或未取得法律、法规规定的应持有的其他资格证书办理业务的"。然而现实中,律师事务所中有大量协助律师办理委托业务的律师助理和实习律师。除外责任将律师助理和实习律师协助办理委托业务的情形排除在外,不符合律师业的实际情况。

3. 不利于控制律师流动过程中的执业风险

律师执业责任险投保在现阶段呈现出以下特点:(1) 各地律师执业责任险投保发展不平衡,经济欠发达地区投保率低;(2) 除了几个直辖市以及个别省份外,律师执业责任保险大多是在各个地级市律师协会的组织下购买,投保情况较为分散,缺乏统一性和协调性。一旦律师在流动过程中脱离原投保单位,就会导致其在这期间招致的执业责任无法获得理赔,其执业过程缺乏全方位的风险保障。

---

① 深圳市律师协会网站,http://www.szlawyers.com/info/0e6022f009734454abdb2a18ccc2c95d,最后访问日期 2017 年 6 月 3 日。

② 参见 http://www.iachina.cn/upload/product/20091207075629703.html,最后访问日期 2017 年 6 月 3 日。

第五节 案例评析

一、律师执业责任保险索赔案

【案情】

2012年4月20日,白塔公司委托明显律师事务所代理白塔公司与日松公司关于借款合同纠纷一案。委托合同签订后,明显律师事务所指派该所执业律师郑某和实习律师金某担任该案的诉讼代理人,并于同年4月23日向法院起诉。法院受理后,根据白塔公司的申请,依法于同年4月25日裁定冻结日松公司的银行存款50万元。该院于同年7月19日对该案作出一审判决,日松公司应返还白塔公司借款45万元,并赔偿利息。日松公司不服,提起上诉。该案二审经调解,达成协议:日松公司返还白塔公司借款人民币45万元,此款于2012年11月6日前一次性付清。到期后,因日松公司未履行上述调解协议确定的义务,白塔公司申请法院强制执行。法院立案执行后,经向银行查询后得知,上述被执行人日松公司被冻结的款项50万元于2012年10月29日因到期未续行冻结被该行以收回贷款本息为由分三次收回,该银行账户存款余额为零。后白塔公司向法院起诉要求明显律师事务所赔偿损失45万元及利息损失5万元。该院经审理后作出判决确定,明显律师事务所应赔偿白塔公司借款本金及利息损失共计35万元。因保险公司未赔付上述款项,明显律师事务所对保险公司提起了诉讼。法院同时查明,浙江省司法厅于2012年8月4日向金某核发律师执业证。另查明,2011年12月14日,明显律师事务所在保险公司处投保了律师执业责任保险,约定每次事故赔偿限额为250万元。后明显律师事务所等11家律所2014年度亦在该保险公司处投保了律师执业责任保险,约定内容与2012年度一致。

一审法院审理认为:保险公司辩称本案所涉案件保全不属于原告受托律师的委托授权范围,本案产生的赔偿责任并非本案保险合同约定的保险责任,但是未能提供有效证据予以证明,法院对此不予采纳。保险公司辩称原告提出索赔的时间已超过保险期限故其有权依据合同条款不予赔付,但首先双方对于保险事故发生于保险期间的事实并无异议,其次保险公司现要求索赔请求亦在保险期限内提出显然属于加重原告责任,最后相应条款系格式条款,保险公司又未对此进行提示并作出合理说明,据此相应格式条款应属无效,对于保险公司该项辩称,法院不予采纳。综上,法院判决保险公司实际应赔偿原告保险赔偿金318080元。保险公司不服一审法院判决,提起上诉。

二审法院认为该案焦点集中在以下两个方面：

一、案涉事故是否存在因被保险人的非正式在册注册律师办理的委托业务所引起的赔偿责任,保险公司免责的情形。保险公司主张案涉事故系由不具备律师职业资格的代理人金某代理案件所致,但在已经生效的白塔公司向明显律师事务所请求赔偿一案民事判决书中对相关事实进行了认定,案外人白塔公司与明显律师事务所签订的委托代理合同中明确约定,明显律师事务所接受白塔公司的委托,指派郑律师为白塔公司涉案案件的一审诉讼代理人。合同签订后,明显律师事务所指派执业律师郑某和实习律师金某担任案件的诉讼代理人。二审期间,白塔公司与明显律师事务所签订的委托代理合同中也明确约定,明显律师事务所接受白塔公司的委托,指派郑律师和实习律师金某担任案件的第二审诉讼代理人。同时,金某在2012年8月4日已取得律师执业证。保险公司在对郑某作为执业律师代理委托业务时所引起的案涉责任保险事故未提出异议的情况下,仅以金某在代理诉争事故案件时非注册律师为由拒赔显然缺乏充分的依据,本院不予采纳。

二、本案是否存在明显律师事务所未在保险期限内提出赔偿请求,保险公司不承担保险责任的情形。首先,保险公司主张根据保险条款第3条规定,当事人或其代表应在保险期限内首次以书面形式向被保险人提出赔偿请求。但该格式条款属于排除投保人、被保险人或者受益人依法获得保险赔偿的情形,其性质上属于免除保险人责任条款的范围,根据《中华人民共和国保险法》第17条第2款之规定,保险公司对上述格式条款的内容应当履行明确说明义务,否则该免责条款不产生效力。本案中,保险公司没有举证证明已就该免责条款向明显律师事务所作出了明确说明,保险公司提供的责任免除明确说明书中也未显示有相关条款,故保险公司主张的该免责条款对明显律师事务所不产生效力。其次,明显律师事务所未在保险期间内提出索赔请求系基于赔偿数额尚未确定,故不存在明显律师事务所故意或者因重大过失未及时通知保险公司的情形,明显律师事务所没有在该保险条款约定的保险期间内通知保险公司的行为,也未至使保险事故的性质、原因、损失程度难以确定的情形,保险公司以此拒赔依据不足。

二审法院作出判决,驳回保险公司的上诉,维持原审判决。

【评析】

本案涉及律师执业责任保险条款的责任范围问题,实践中的责任范围条款往往规定：因被保险人的非正式在册注册律师办理的委托业务所引起的赔偿责任,保险公司免责。本案二审法院的判决在这一问题上的说理不是非常清晰,本书认为首先可以确定的是,本案中引发律师民事责任的委托业务是款项冻结业务,即由于律师过失未续行冻结到期的款项而导致委托人的损失。那么本案事实是否构成这一保险公司免责事由,取决于是否因为非正式在册律师的过失未续行冻结银行款项引发民事责任。然而根据本案事实,实习律师金某于款项冻结到期之日即10月25日已经取得律师执业证书,因此并不构成保险公司免责事由。保险公司的抗辩理由不能成立。

二、律师声明侵权案

【案情】

2003年12月1日,被告艺术学院下属的产业开发部与原告李某签订协议,聘用李某为艺术学院下属培训中心的副主任,主管美术培训。次年5月1日,双方续签协议书,并约定李某每年上缴艺术学院无形资产使用费15000元。2005年10月28日,艺术学院单方决定终止与李某签订的上述协议。此后,李某仍然在艺术学院培训中心从事美术培训工作。2006年7月7日,双方发生矛盾,艺术学院培训中心向李某发出书面通知,要求李某办理移交手续。当月15日,艺术学院又委托被告振泽律师事务所发表涉案律师声明。该所律师仅依据艺术学院的单方陈述,未经向原告作必要的了解、核实,即在《扬子晚报》发布了公开声明,其内容如下:"南京艺术学院常年法律顾问李某、赵(某)律师受南京艺术学院艺术培训中心委托,发表律师声明如下:南京艺术学院艺术培训中心是由南京艺术学院申请设立、经江苏省教育厅备案的高校培训机构。南艺培训中心对外招生收费均开具加盖艺术学院财务专用章的江苏省行政事业性收费收据,对外签订合同均加盖南艺培训中心公章。李某既非艺术学院人员也非南艺培训中心人员,南艺培训中心从未授权李某个人代表南艺培训中心对外开展活动,对李某个人以南艺培训中心名义对外开展的任何活动均不予认可。特此声明!江苏振泽律师事务所律师李某、赵(某)律师。"后该声明又被艺术学院培训中心网站转载,截止到开庭之日尚未被删除。

南京市鼓楼区人民法院一审认为:

(一)被告艺术学院、振泽律师事务所发布的律师声明,构成对原告李某名誉权的侵犯。首先,原告李某通过与被告艺术学院下属的产业开发部签订协议,由艺术学院聘请原告担任艺术学院下属培训中心副主任,负责美术培训工作。从2003年12月1日至2005年10月28日间,原告一直担任该培训中心副主任。此后,艺术学院虽于2005年10月28日单方决定终止与原告签订的上述协议,但直至2006年7月7日间,在长达9个月的时间里,原告仍然在该培训中心从事美术培训工作。因此可以认定,艺术学院及被告振泽律师事务所共同发布的律师声明中关于"李某既非艺术学院人员也非南艺培训中心人员"的内容,与事实不符。根据2003年12月1日被告艺术学院下属产业开发部与原告李某签订的《协议书》,产业开发部聘李某为艺术学院下属培训中心的副主任,主管美术培训,李某自筹资金、场地、设备,自主经营、自负盈亏,财务独立核算,对外债务亦由李某自行负责,与培训中心无关。可见,该协议从本质上属于挂靠协议,李某与艺术学院产业开发部签订该协议的目的,在于以艺术学院培训中心的名义对外开展培训活动。因此,该协议的签订,即应视为艺术学院产业开发部同意李某使用艺术学院培训中心的名义对外开展业务。该协议还约定,艺术学院产业开发部向李某提供省财政厅监制的统一收费票据,对外使用全称为"艺术学院培训中心"。这也说明艺术学院产业开发部同意李某在对外开展培训业务活动中使用艺术学院培训中心的名义。双方在2004年5月1日又续签一份《协议书》,其中约定"李某每年向艺术学院上缴学院无形资产使用费15000元,李某有权自主用人,并签订劳动合同,办理养老保险",更是进一步证明艺术学院产业开发部授权李某以艺术学院培训中心的名义对外开展培训业务活动。鉴于产业开发部、培训中心都只是艺术学院的下属部门,都不具有独立的法人资格,且艺术学院对上述两份协议的合法有效性均无异议,故艺术学院产业开发部与李某签订的上述两份协议,其效力直接约束艺术学院。艺术学院产业开发部关于"李某可以以艺术学院的名义对外开展培训业务活动"的授权,可视为艺术学院对李某的授权。综上可以认定,涉案律师声明中关于"南艺培训中心从未授权李某个人代表南艺培训中心对外开展活动,对李某个人以南艺培训中心名义对外开展的任何活动均不予认可"的内容,与事实不符。

(二)被告振泽律师事务所接受被告艺术学院的委托发布涉案律师声明,构成共同侵权,应当承担连带侵权责任。

律师声明是律师事务所或者律师按照委托人的授权,基于一定的目的,为达到一定的效果,以律师事务所或者律师的名义,通过媒体或者以其他形式向社会公开披露有关事实,或对相关法律问题进行评价的文字材料。由于律师声明是以律师事务所或者律师的名义对外发表,其内容必然会被社会公众认为是作为法律专家的律师所发表的专业意见,所以律师声明往往具有较高的公信度,对社会公众的影响程度也较大。社会公众基于对律师职业的信赖,对律师声明的内容也容易接受并信以为真。因此,律师事务所或者律师在接受委托人的委托,对外公开发布律师声明时,对于声明所涉及的事实应当尽到必要的审查义务。律师事务所或者律师未尽必要的审查义务,即按照委托人的要求发布署名律师声明,如果该律师声明违背事实,侵犯他人名誉权,律师事务所或者律师构成共同侵权,应承担连带侵权责任。

【评析】

本案涉及的是律师对于委托人之外的第三人的民事责任问题,即律师声明造成律师与委托人承担共同侵权责任。法院在判决理由中就律师在出具律师声明时所承担的特别义务进行了专门论述,即"律师声明是以律师事务所或者律师的名义对外发表,其内容必然会被社会公众认为是作为法律专家的律师所发表的专业意见,所以律师声明往往具有较高的公信度,对社会公众的影响程度也较大"。这也是律师职业独立性的内在要求,律师在执业过程中应当保持一定的独立性,根据案件客观事实作出自身独立而专业的法律判断,避免为委托人的单方面诉求背书。

第六节 问题与建议

一、律师概念的界定

现行《律师法》规定,律师是指依法取得律师执业证书,接受委托或者指定,为当事人提供法律服务的执业人员。该条较1996年《律师法》已有进步,但是该规定还是存在着缺陷。

首先,律师本身既包括在律师事务所执业的律师,也包括试点的公职律师、公司律师以及军队律师。对于这些律师,律师的定义都应当适用。但是,公职律师和公司律师都未再予以规定,军队律师仍规定在了《律师法》附则中。这种规定没有考虑到律师业未来的发展和资源配置,是不符合科学发展观的。

其次,律师身份的取得和律师执业权没有进行分离。在律师管理中事实上存在律师身份和执业权的分离问题,如被暂停执业的律师,身份仍然是律师,只不过被限制了执业权。对于这一问题,法律没有作出规定。

再次,应改为"法律职业人员","执业"是动词,强调的是业务活动,而"职业人员"说明律师与法官、检察官共同构成法律职业共同体。

最后,律师的职能界定为"为当事人提供法律服务",忽视了公职律师的作用。从西方一些国家来看,公职律师在政府中的作用并不局限于提供法律咨询,还具有一定的决策职权。如果仅将公职律师的作用限定为服务,是不利于公职律师队伍发展和法治政府的构建的。

因此,本书建议将《律师法》第2条修改如下:

本法所称的律师,是指依法取得律师执业证书的法律职业人员。

律师应经司法行政机关注册,并且没有被处停止执业的处罚,方得在律师执业机构执业。

律师可以在律师事务所、政府职能部门或行使政府职能的部门、企事业单位内部法律部门等机构以及军队法律部门执业。

在政府职能部门或行使政府职能的部门、企事业单位内部法律部门等机构执业的律师的管理办法,由国务院制定;在军队法律部门执业的律师的管理办法,由国务院和中央军事委员会制定。

二、律师的分类管理

（一）我国律师分类执业的现状和规定

《律师法》第2条对律师的界定由以前的"为社会提供法律服务的执业人员"改为"接受委托或指定，为当事人提供法律服务的执业人员"。之所以做这样的修改，很大程度上是由于以往的表述不能涵盖所有的律师形态。目前，我国的执业律师并非都是为社会提供法律服务的社会律师，还包括政府律师、军队律师以及公司律师。

与公职律师和公司律师制度相比，军队律师制度因1996年《律师法》第50条的规定而得以正式确立，现行《律师法》沿袭了这一规定，即"为军队提供法律服务的军队律师，其律师资格的取得和权利、义务及行为准则，适用本法规定。军队律师的具体管理办法，由国务院和中央军事委员会制定"。

公职律师和公司律师制度于2002年开始在全国推行试点工作，经过多年的尝试，已经积累了大量的经验，也取得了一定的成绩。但是我国《律师法》对此却没有任何的表述和规定。即便说《律师法》对律师的定义已经涵盖了所有的律师形态（社会律师、军队律师、公职律师、公司律师），但是由于除社会律师以外的律师形态均存在不同程度的特殊性，因此，应该在《律师法》中对其进行明确的规定。

（二）对我国律师分类管理的立法建议

首先，应建立我国的律师分类管理体制，在《律师法》中明确将律师划分为社会律师、公职律师、军队律师以及公司律师四种类型，规定统一的资格取得方式和履行律师职责的权利义务等有关律师制度的根本问题，成为有关律师工作的基本法。

其次，由于各类律师的服务领域和主体不同，势必决定了他们执业的权利、义务、行为规范和执业管理等的不同，因此，有必要建立《律师法》下位层次的法规，规定各类型律师具体的业务范围、执业工作场所，以及与其类型特点相应的执业中的特殊权利、义务等内容，以此重新架构我国的律师体制。

三、消除对律师伪证行为的歧视规定

1996年修订《刑事诉讼法》时，立法者担心随着诉讼权利的扩展，律师有更多的机会实施伪证或者其他妨碍司法公正的行为，因此，法律增加条文"强调"了辩护人的义务。1996年《刑事诉讼法》第38条规定，辩护律师和其他辩护人不得帮助犯罪嫌疑人、被告人隐匿、毁灭、伪造证据或者串供，不得威胁、引诱证人改变证言或者作伪证以及进行其他干扰司法机关诉讼活动的行为。继而，随后修正的《刑法》第306条以律师为犯罪主体单列罪名。

法律层面而言，有关律师伪证刑事责任探讨的命题应当有三：第一，在实体上，应确定对律师与"伪证"相关联的哪些行为需要被追究刑事责任，其中关键的问题是如何界定这些行为，使之明确化，且具有可操作性。第二，在程序上，设置哪些制度、规则避免律师被滥诉。应当说，在防止律师被不合理追诉、定罪的整个体系中，程序问题处于核心的地位。因为即使实体法的相关规定合理，但是，一旦司法机关启动追诉程序，即使辩护律师最后被证明为无辜，消极后果仍不可避免。第三，在形式上，刑法究竟有无必要以律师为犯罪主体独立设置罪名，刑事诉讼法有无必要单列法条强调律师此方面的义务。此问题虽然不直接关系律师是否被不公正定罪量刑，但凸显律师执业的整体环境和氛围。因此，立法形式也应受到重视。

2012年《刑事诉讼法》修改时，将原第38条修订为第42条：辩护人或者其他任何人，不得帮助犯罪嫌疑人、被告人隐匿、毁灭、伪造证据或者串供，不得威胁、引诱证人作伪证以及进行其他干扰司法机关诉讼活动的行为。2018年《刑事诉讼法》修改时仅将条数变为了第44条，保留了该内容。关于此内容的修改非常有限，为从立法形式上消除对辩护律师的歧视，在再次修改刑事诉讼法时建议应将第44条删除。其实，该条本身并无实质性内容，只是一条威慑性的警告语，其功能是提醒律师们不要跨越雷区。如果立法者确实认为此种威慑性宣言不可少，修改后的刑事诉讼法可规定：任何人不能隐匿、毁灭、伪造证据或者串供，不得威胁、引诱证人作伪证以及进行其他有碍司法公正的行为。与此种精神相对应，《刑法》也不应将律师伪证单列罪名。立法应有两种选择，辩护人或与普通主体构成妨碍作证罪，或与公安司法人员同为该罪主体，以示对两类主体一视同仁。①

【问题与思考】

1. 中共中央政法委书记在2017年1月12日召开的中央政法工作会议上强调，要深化律师制度改革，尤其着重提到"开展律师分级出庭试点，提高辩护代理工作质量"。2017年3月31日，司法部印发《关于建立律师专业水平评价体系和评定机制的试点方案》。文件透露，该方案已经中央司法体制改革领导小组审议通过，将在内蒙古、上海、安徽、陕西等省份先行试点。文件一经发出即引起热议，人们认为早前曾引起律界争议的"律师分级"终于来了，但细读文件方知，这只是试点评定"专业律师"，"律师分级"只是试点之后的终极目的。

请对"律师分级"和"专业律师"的评定作出评价。

2. 在英美法系国家，律师是法官的摇篮，即法官都是从律师中选拔，而我国一些法官、检察官"下海"做了律师，你怎样看待这种现象？

---

① 汪海燕：《律师伪证刑事责任问题研究》，载《中国法学》2011年第6期。

第二章　律师事务所

【内容提要】

本章介绍律师事务所的概念及其设立、终止和变更的基本程序,分析和研究律师事务所的发展历程,对国资所的存废以及律师事务所跨国商业模式等热点问题进行探讨,介绍公司制律师事务所、个人律师事务所和有限责任合伙所,以及有代表性的律师事务所。

【关键词】　国资所　合伙所　个人所

第一节　基　本　理　论

一、律师事务所的设立、变更和终止

《律师法》第 14 条规定,律师事务所是律师的执业机构。律师事务所是依法设立,组织律师开展业务活动,具有独立财产并且能够承担民事责任的机构。律师事务所是律师执业的组织形式之一。律师必须是某律师事务所的成员,才能接受当事人的委托,开展律师业务活动。

(一) 律师事务所的设立

1. 设立条件

设立律师事务所应当具备一定的条件,并经省、自治区、直辖市以上司法行政机关审核登记。《律师法》第 14 条和《律师事务所管理办法》(以下简称《管理办法》)第 8 条规定,设立律师事务所应当具备下列基本条件:

(1) 有自己的名称、住所和章程

律师事务所的名称,是指经过批准设立的、在执业活动中使用的供公众识别的称谓。《律师事务所名称管理办法》规定,律师事务所只能选择、使用一个名称。该《管理办法》第 7 条规定,律师事务所名称中的字号,不得含有下列内容和文字:① 有损国家利益、社会公共利益或者有损社会主义道德风尚的,不尊重民族、宗教习俗的;② 政党名称、党政军机关名称、群众组织名称、社会团体名称及其简称;③ 国家名称,重大节日名称,县(市辖区)以上行政区划名称或者地名;④ 外国国家(地区)名称、国际组织名称及其简称;⑤ 可能对公众造成欺骗或者误解的;⑥ 汉语拼音字母、外文字母、阿拉伯数字、全部由中文数字组成或者带有排序性质的文字;⑦ "中国""中华""全国""国家""国际""中心""集

团""联盟"等字样;⑧ 带有"涉外""金融""证券""专利""房地产"等表明特定业务范围的文字或者与其谐音的文字;⑨ 与已经核准或者预核准的其他律师事务所名称中的字号相同或者近似的;⑩ 字号中包括已经核准或者预核准的其他律师事务所名称中的字号;⑪ 与已经核准在中国内地(大陆)设立代表机构的香港、澳门、台湾地区律师事务所名称中的中文字号相同或者近似的;⑫ 与已经核准在中国境内设立代表机构的外国律师事务所名称中的中文译文字号相同或者近似的;⑬ 其他不适当的内容和文字。

律师事务所的住所是指律师事务所的执业场所,律师事务所的登记住所只能有一个。通常律师事务所的住所与其场所是一致的。

律师事务所的章程是指律师事务所依法制定的,其活动应当遵循的准则,申请设立律师事务所必须要有章程。《管理办法》第16条规定,章程应当包括以下内容:① 律师事务所的名称和住所;② 律师事务所的宗旨;③ 律师事务所的组织形式;④ 设立资产的数额和来源;⑤ 律师事务所负责人的职责以及产生、变更程序;⑥ 律师事务所决策、管理机构的设置、职责;⑦ 本所律师的权利与义务;⑧ 律师事务所有关执业、收费、财务、分配等主要管理制度;⑨ 律师事务所解散的事由、程序以及清算办法;⑩ 律师事务所章程的解释、修改程序;⑪ 律师事务所党组织的设置形式、地位作用、职责权限、参与本所决策、管理的工作机制和党建工作保障措施等;⑫ 其他需要载明的事项。对律师事务所章程需要注意的是:设立合伙所的,其章程还应当载明合伙人的姓名、出资额及出资方式;律师事务所章程的内容不得与有关法律、法规、规章相抵触;律师事务所章程自省、自治区、直辖市司法行政机关作出准予设立律师事务所决定之日起生效。

(2) 有符合《律师法》和《管理办法》规定的律师

《律师法》允许了个人律师事务所的成立。这对于降低法律服务成本无疑具有重要意义。

(3) 设立人应当是具有一定的执业经历并能够专职执业的律师,且在申请设立前三年内未受过停止执业处罚

《律师法》第15条第1款规定,设立合伙律师事务所,除了满足上述条件外,还必须有3名以上的合伙人,设立人还应当是具有3年以上执业经历的律师。《律师法》第16条规定,设立个人律师事务所,除了满足上述条件外,设立人还应当是具有5年以上执业经历的律师。

(4) 有符合国务院司法行政部门规定数额的资产

申请设立律师事务所,必须拥有法定数额的资产,包括流动资产和固定资产。因为律师事务所作为一个独立的法人,拥有一定的资产是其开展业务活动的基础,也是其承担民事责任,取信社会的必要条件。1996年《律师法》规定了律师事务所必须具有10万元以上人民币的资产,2007年《律师法》尽管没有规

定律师事务所具体的资产数额,但也强调了律师事务所应当有符合国务院司法行政部门规定数额的资产。

2. 设立程序

《律师法》第18条规定,设立律师事务所,应当向设区的市级或者直辖市的区人民政府司法行政部门提出申请,受理申请的部门应当在自受理之日起20日内予以审查,并将审查意见和全部申请材料报送省、自治区、直辖市人民政府司法行政部门。省、自治区、直辖市人民政府司法行政部门自收到报送材料之日起10日内予以审核,作出是否准予设立的决定。准予设立的,向申请人颁发律师事务所执业证书;不准予设立的,向申请人书面说明理由。

《律师法》第17条规定,申请设立律师事务所,应当提交下列材料:(1)申请书;(2)律师事务所的名称、章程;(3)律师的名单、简历、身份证明、律师执业证书;(4)住所证明;(5)资产证明。设立合伙律师事务所,还应当提交合伙协议。

(二)律师事务所的变更和终止

1. 律师事务所的变更

律师事务所在执业过程中,变更名称、负责人、章程、合伙协议的,应当报原审核部门批准。律师事务所变更住所、合伙人的,应当自变更之日起15日内报原审核部门备案。

2. 律师事务所的终止

律师事务所有下列情形之一的,应当终止:(1)不能保持法定设立条件,经限期整改仍不符合条件的;(2)律师事务所执业证书被依法吊销的;(3)自行决定解散的;(4)法律、行政法规规定应当终止的其他情形。律师事务所终止的,由颁发执业证书的部门注销该律师事务所的执业证书。

二、律师事务所的类型

根据《律师法》的规定,我国的律师事务所的类型分为国资所、合伙所和个人所。

(一)国家出资设立的律师事务所

国家出资设立的律师事务所,简称国资所,是指司法行政机关根据国家需要设立的,以其全部资产承担法律责任的律师事务所。《律师法》第20条规定,国家出资设立的律师事务所,依法自主开展律师业务,以该律师事务所的全部资产对其债务承担责任。该条规定了国资律师事务所的出资者、开展业务的方式以及责任承担方式。国资律师事务所是我国较早出现的一种律师事务所形式,由国家提供经费和编制。

国资所的特征有以下几点:(1)国资所在性质上属国家事业单位,人员属司法局行政事业编制,经费列入国家预算,收费上交国家。国资所的资产归国家所有,债务以国资所的全部资产承担,律师个人既不能分配节余资产,也不承担事务所债务。按照《管理办法》的规定,需要国家出资设立律师事务所的,由当地县级司法行政机关筹建,申请设立许可前须经所在地县级人民政府有关部门核拨编制、提供经费保障。其负责人由本所律师推选,经所在地县级司法行政机关同意。(2)国资所在管理上有其特色。有权对国资所内部事务进行管理的是设立它的司法行政机关、律师会议和律师事务所主任。国资所的主任是律师事务所的法定代表人,对设立该所的司法行政机关负责,并向其报告工作。①

由于国资所固有的经费和编制上的限制,实践中国资所的数量相对较少,随着我国市场经济的发展和律师人数的增加,国资所呈现衰退之势,主要分布在中西部贫困落后地区。在其发展的过程中,国资所已从主流组织形式演变为一种为保障"老、少、边、穷"地区最低限度的法律需求的补充形式,绝大部分改成了合伙所,小部分改为了合作所作为过渡形式。② 2012年的《律师法》仍然将国资所作为律师事务所组织形式之一。

(二) 合伙制律师事务所

合伙律师事务所是指由律师自愿组合,财产归合伙人所有的律师事务所,是法定的律师执业机构之一,也是律师事务所最重要的组织形式。《律师法》第15条第2款规定,合伙律师事务所可以采用普通合伙或者特殊的普通合伙形式设立。合伙律师事务所的合伙人按照合伙形式对该律师事务所的债务依法承担责任。所谓的特殊的普通合伙是指由两个或者两个以上的普通合伙人组成,依法注册的实体。根据《管理办法》第53条第2款规定,特殊的普通合伙律师事务所一个合伙人或者数个合伙人在执业活动中因故意或者重大过失造成律师事务所债务的,应当承担无限责任或者无限连带责任,其他合伙人以其在律师事务所中的财产份额为限承担责任;合伙人在执业活动中非因故意或者重大过失造成的律师事务所债务,由全体合伙人承担无限连带责任。特殊的普通合伙属于普通合伙的一种特殊类型,主要是部分地改变传统的普通合伙中合伙人对合伙债务负有无限连带责任的机制。

合伙人必须是专职律师,有3年以上律师执业经历,品行良好。合伙律师事务所实行民主管理,由全体合伙人建立合伙人会议,合伙人会议为合伙律师事务所的决策机构,所有重要事项必须由合伙人会议通过,如决定律师事务所的发展规划;决定事务所分配方案;合伙人入伙、退伙;修改合伙协议或章程;决定律师的终止等。合伙律师事务所的负责人,应当从本所合伙人中经全体合伙人选举

---

① 马宏俊主编:《〈律师法〉修改中的重大理论问题研究》,法律出版社2006年版,第277页。
② 王进喜、陈宜主编:《律师职业行为规则概论》,国家行政学院出版社2002年版,第267页。

产生。

(三) 个人律师事务所

个人律师事务所是指由一名律师开办的律师事务所。设立人对律师事务所的债务承担无限责任。设立个人律师事务所是国外比较通行的一种做法。

1996年的《律师法》只规定了国家出资、合作、合伙三种律师事务所的组织形式。实际上,1993年发布的《司法部关于深化律师工作改革的方案》规定,在自愿结合、民主管理的前提下,鼓励律师事务所根据市场经济的需要,自行选择组织形式、内部管理及分配办法。以个人名字命名的个人律师事务所开始出现。2001年,一些省市开展个人律师事务所试点工作,探索和完善律师执业的组织形式,让法律服务更贴近社区,更好地满足普通百姓对法律服务的需求。2007年《律师法》开始将个人律师事务所列为法定的律师执业组织形式。根据《律师法》第16条的规定,设立个人律师事务所,除应当具备本法第14条规定的条件外,设立人还应当是具有5年以上执业经历的律师。设立人对律师事务所的债务承担无限责任。

个人律师事务所有如下特征:(1) 个人律师事务所是由个人出资、个人进行经营管理,自负盈亏、独担风险、自负责任;(2) 个人律师事务所的财产是个人独有,并且是完全的所有权关系;(3) 在经营管理上,实行自主决策;(4) 设立人以个人财产对律师事务所债务承担无限责任。①

第二节 立法背景

一、合作制律师事务所的出现

1949年新中国成立之后,我国律师制度进入初创时期,借鉴苏联的做法,称作"法律顾问处"。至1957年6月,全国已有法律顾问处817个,专职和兼职律师2800多人。30万人口以上的城市和中级人民法院所在地一般都设有法律顾问处。"文化大革命"期间,"砸烂公检法",实行"群众专政",律师制度荡然无存,当然也就不存在律师执业机构。

1979年我国开始重建、恢复律师制度。在当时,律师执业机构仍然称为法律顾问处,而组织形式以"国资所"("占编所")为主。各地先后组建了一批占有国家行政编制的"占编所",同时,也允许一些部委、省、市(经司法主管部门批准),组织成立属于部门管理的律师事务所。1980年《中华人民共和国律师暂行条例》(以下简称《律师暂行条例》)明确规定了律师执行职务的工作机构是法律

---

① 石峰主编:《律师法学》,上海大学出版社2007年版,第85页。

顾问处。法律顾问处是事业单位,受国家司法行政机关的组织领导和业务监督。但是,这一时期的律师执业机构——国资所,由于是国家建立,既加重了国家负担,又使律师事务所缺乏财务方面的自主权。律师事务所在分配制度上实行工资制,使律师缺乏积极性。从1983年开始,国家逐步尝试对国资所进行改革,1984年决定实行"自收自支,结余留用或分成""收支单核算""承包责任制"等。律师事务所的收入除按规定上交外,其余可以自主决定。1989年开始,在人事上,除了律师事务所主任要报司法厅批准外,其余人员可以由律师事务所自行决定。但这些改革都没有从根本上解决国资所存在的问题,不能使国资所走出困境。

1988年,司法部开始举行合作制律师事务所的试点工作。司法部下发了《合作制律师事务所试点方案》。合作制律师事务所不占国家编制、不要国家经费,由合作律师共同集资,自愿组合,民主管理,独立核算,自负盈亏,接受司法行政机关的监督管理。自此,我国出现了一种新型的律师事务所——合作制律师事务所。

二、三种形式律师事务所的并存

随着改革开放的深入发展和社会主义市场经济的确立,"占编所""合作所"以及部门管理的律师事务所,各自都暴露出一些弊端,都不同程度地阻碍了律师业的发展。因此,有必要认真总结经验,并借鉴国外有益的经验,采取措施,加大律师工作改革力度,积极探索律师事务所组建的新形式。

1993年12月,国务院批准了司法部《关于深化律师工作改革的方案》,这一改革方案提出了律师工作改革的指导思想是进一步解放思想,放手发展律师队伍,大胆突破以生产资料所有制模式以及行政级别制度套用于律师机构的束缚,使律师数量迅速增长,律师素质明显提高。1996年10月,司法部颁布了《合伙律师事务所管理办法》,规定合伙律师事务所必须具备的各种条件。1996年《律师法》规定了律师事务所的三种组织形式,即国家出资设立的律师事务所、合作律师事务所和合伙律师事务所。至此,合伙律师事务所正式在法律上确立起来,标志着其进入一个新的发展阶段。[①] 合伙制律师事务所的出现,打破了国办律师事务所一元模式,是改变国家包办律师事务体制的重要一步。由于合伙制律师事务所更能调动律师和合伙人的工作积极性,且设立简便、形式灵活(可大可小),很快它便成为律师事务所的主流和主要组织形式。

1996年《律师法》第16—18条规定了三种形式的律师事务所,这本身就是针对过去国办律师事务所单一形式无法满足社会法律服务需求的问题而进行的

---

① 马宏俊主编:《〈律师法〉修改中的重大理论问题研究》,法律出版社2006年版,第281页。

一次重要调整。例如,从合作所的设立思想来看,尽管仍然没有摆脱公与私的思想藩篱,但是在当时的历史背景下,合作所与国办所相比,在人、财、物等管理制度上具有比较显著的优势:

第一,律师事务所具有高度的自主权。在管理上实行律师会议制,重大问题须经集体讨论决定,充分体现了事务所内部的民主管理原则,彻底改变了行政化管理的旧模式。

第二,实行全员合同制。优胜劣汰,来去自由,改变了占国家编制进人出人都受限制的人事体制,便于实现人员的优化组合。

第三,实行效益浮动工资制。真正体现按劳分配,多劳多得,克服了干和不干一个样、平均主义大锅饭的弊端,可充分调动律师的积极性。

第四,自律性高。合作制律师事务所的人员都辞去了原职,有较大风险,因此,特别重视律师事务所的声誉,注意职业道德和纪律,有比较严格的自律意识。[1]

总之,合作所在我国律师业发展中发挥了承前启后的作用,尽管它已经被合伙所、个人所等组织形式所取代,但是其历史作用是不能否定的。

三、特殊普通合伙律师事务所的增设

随着市场经济体制的逐步建立和改革开放的深化,尤其是加入 WTO 以后,我国律师业面临着与国际同行的激烈竞争,律师制度也必须与国际接轨,原有法律规定的部分内容在相当程度上已不能适应、亦无法满足我国律师业发展的需要。就执业机构组织形式的规定而言,律师事务所"该大的不能做大,该小的不能做小"是对其弊端的高度概括。司法部从 2004 年 6 月起正式开始了对《律师法》的修订工作,2007 年《律师法》对律师事务所组织形式作出了如下修改:

1. 增设承担有限责任的特殊的普通合伙形式的律师事务所

2007 年《律师法》第 14 条既规定了普通合伙,也规定了特殊的普通合伙形式的设立,并且规定"合伙人按照合伙形式对该律师事务所的债务依法承担责任",这为那些想承担有限责任的律师加入合伙律师事务所提供了便利。特殊的普通合伙是在 2006 年 8 月《合伙企业法》修订时增加的一种合伙形式,其实质就是有限责任合伙。有限责任合伙律师事务所按债务形成的原因将债务承担方式分为两类:其一,一个或数个合伙人因为故意或重大过失造成的事务所债务,由造成债务的合伙人承担无限连带责任,而其他合伙人仅以其在事务所中的财产份额承担有限责任;其二,合伙人非因故意或重大过失造成的事务所债务,由全体合伙人承担无限连带责任。

---

[1] 王进喜:《法律职业行为法》(第 2 版),中国人民大学出版社 2014 年版,第 119 页。

2. 增设个人律师事务所

2007年《律师法》增设了个人律师事务所。早在2002年10月,北京就成立了首批5家个人开业律师事务所;同年11月,上海成立了第一家个人开业律师所;随后广东等省份也相继开始了个人开业律师事务所的试点工作,并以地方政府的规范性文件规范个人开业所,如北京的《个人开业律师事务所试点方案》和上海的《上海市司法局关于个人开业律师事务所管理的规定(试行)》。作为律师个人出资且以个人全部资产对律师事务所的债务承担无限责任的律师执业机构,个人所既符合律师行业的实际状况和业务活动特点,也因其责任明确,运行成本低,而有利于促进律师提供更好的法律服务。

3. 保留国家出资设立的律师事务所

国资所由于所有权缺位等弊端,在市场竞争中呈现明显弱势,时至今日,其数目已经屈指可数。许多学者建议取消这种律师事务所组织形式,但修订后的《律师法》仍对其进行了保留,而且除了放开注册资本的要求外并未作出任何新的规定。[①]

4. 取消合作制律师事务所

2007年《律师法》取消了合作所。合作所是特定历史时期的产物,不可避免地带有历史的印记,如产权不明晰、财产不分割等问题,限制了合作所的进一步发展。所以,合作所在这三种组织形式中数量最少、规模较小且发展缓慢。合作所在1988年出现之后不久,就纷纷开始转制为合伙所。合作所向合伙所转制,使得其本身成为一种历史的过渡,成为律师事务所组织形式由国资所到合伙所的中间形态,淡出市场是其最终的归宿。

第三节 热点前沿问题

一、对国资所存废的思考

现行《律师法》保留了国资所,对此,有些学者提出异议,认为《律师法》不应当再保留国资所,应当用法律援助制度来取代。持有该观点的人认为:(1)在市场经济条件下,国资所已经失去存在的理论依据,它并不能实现"自主开展业务,以其全部资产对债务承担责任",理应退出这一竞争性服务领域;(2)国际上,一般都没有由国家设立律师事务所这一组织形式;(3)国家出资设立的律师事务所,是律师制度恢复阶段的一种组织形式,实践中,国资所已普遍被改制为

---

① 谢蓉、周之翔:《律师执业机构组织形式的变革与完善——以〈律师法〉的修改为视点》,载《社会科学研究》2007年第6期。

合伙所。① 就宏观的、长远的趋势而言,国资所将会逐渐消亡。应当说,国资所对中国的律师业作出了历史性的贡献,培养了大批的律师人才。但由于其自身的性质无法适应市场经济条件下的执业环境,无法充分体现律师对个人价值的追求,因而落入困境。②

本书认为,国资所应当保留,对国资所的存废不能以西方国家的标准来衡量,而应当从我国现实的国情来思考,"一刀切"的做法与我国的国情不相适应,因为在我国,各地经济和社会发展很不平衡,在"老、少、边、穷"等欠发达地区,由于落后,其他类型的律师事务所根本不愿意前往投资,律师业缺乏自我发展的环境和条件。然而,这些落后地区的纠纷又是层出不穷,如果没有政府出资设立律师事务所,当事人的辩护权得不到很好的实现,这样很可能引发社会动荡,不符合我国社会主义的性质。我国法律服务市场发展的不平衡,决定了国资所在一定范围和程度上还有存在的必要性。③

二、中国律师事务所跨国商业存在问题

(一) 中国律师事务所建立商业存在的必要性

服务业跨国商业存在(Commercial Presence)是 GATs 语境下的措辞,根据《服务贸易总协定》,"商业存在"是指任何形式的商业或专业机构,包括通过:(1) 组建、获得或维持一个法人;(2) 创立或维持一分支机构或代表处,以在一成员境内提供服务。商业存在既是连接服务贸易体系和国际投资法体系的纽带,也是服务贸易四种方式[其他三种是跨境提供(Cross-border Supply)、境外消费(Consumption Abroad)、自然人流动(Presence of Natural Persons)]结合中国律师事务所对外发展过程中,最具重要性的一种方式,能有效解决中国律师业对外发展问题。

中国律师事务所走出国门,在其他国家和地区建立商业存在,实际上是外资进入东道国和地区(以下均简称东道国)的投资行为。④ 中国律师要"走出去",中国律师事务所也要"走出去",学界研究不能再仅限于中国国内律师服务市场如何对外开放,如何适应 WTO 和 GATs 或如何规制的宏观性论述。中国律师事务所应当对外发展,如何对外发展,具体怎么在他国建立商业存在,会遇到各国哪些针对性承诺或法律法规及政策规定,如何应对可能出现的问题,这些都是我们应该关注的重点。

---

① 马宏俊主编:《〈律师法〉修改中的重大理论问题研究》,法律出版社 2006 年版,第 295 页。
② 王进喜、陈宜:《律师职业行为规则概论》,国家行政学院出版社 2002 年版,第 267 页。
③ 马宏俊主编:《〈律师法〉修改中的重大理论问题研究》,法律出版社 2006 年版,第 295 页。
④ 龚楚:《中国律师事务所跨国商业存在研究》,法律出版社 2015 年版,第 26 页。

(二) 中国律师事务所跨国商业存在形态

1. 中国律师事务所在母国的形态

中国律师事务所的形态特指其组织形式和组织结构。自 2007 年《律师法》实施至今,中国律师事务所的形态在法律上就规定为国资所、合伙所和个人所三种。根据《管理办法》,合伙所又细分为普通合伙和特殊的普通合伙。但是,中国的律师事务所是企业还是非企业,是法人还是非法人,却无法从相关法律法规中得到明确答案,学术界也是众说纷纭。有学者认为,企业的表现形式,可以是"business",也可以是"company";事业单位具有从事公益服务,不以营利为目的的特点①;而法人,按照主流观点,是指按法定程序设立的,有一定的组织机构和独立的财产,并能以自己的名义享有权利和承担义务的社会组织。②

据此,可以认为,个人律师事务所应属于企业的范畴,至于是否属于个人独资企业,能否以一人有限责任公司定性还有待商榷。理论上讲,个人独资企业等同于个人无限责任公司,无需验资,而设立个人律师事务所必须提供资产证明并由会计师事务所出具验资报告。③ 最低资产要求是有限责任公司与无限责任公司的关键区别。普通合伙律师事务所应当属于合伙企业,虽然普通合伙律师事务所相较普通合伙在出资和人员方面都提出了更高要求④,但这是基于律师行业的特殊性,不能否认其合伙企业的性质。有学者指出,中国目前的律师事务所结构,如果按照《管理办法》《合伙企业法》,大多是畸形的合伙形式,纯正的普通合伙日渐减少,达不到特殊的普通合伙律师事务所条件却实际上以特殊的普通合伙律师事务所方式运营的合伙律师事务所大量存在。《管理办法》明确规定国资所是事业单位,主要因为其经费完全来自财政拨款,并无任何盈利或亏损的压力,且以实现行政目的为要旨,而营利不是其目的。

为带动法制的完善和法治的前进,有学者认为,律师事务所在中国应具有以下形态:律师工作室;个人独资律师事务所;一人有限责任公司形式的律师事务所;两人合伙律师事务所;普通合伙律师事务所;特殊的普通合伙律师事务所;有限责任律师事务所或律师有限责任公司;非律师投资参股的律师事务所;国办律

---

① 龚楚:《中国律师事务所跨国商业存在研究》,法律出版社 2015 年版,第 51 页。
② 余劲松主编:《国际投资法》(第 4 版),法律出版社 2014 年版,第 18 页。
③ 《中华人民共和国个人独资企业法》第 8 条、第 10 条仅提及个人独资企业有申报的出资额和出资方式,并没有强行规定数额。《律师事务所管理办法》第 11 条第 2 项规定:设立个人律师事务所必须有 10 万元以上的资产。
④ 《合伙企业法》第 14 条仅提及设立合伙企业"有合伙人认缴或者实际缴付的出资",并没有规定最低限额,其第 1 款仅规定:设立合伙企业,应有 2 名以上的合伙人。而《律师事务所管理办法》第 9 条第 2 项规定,设立普通合伙律师事务所必须有 3 名以上设立人。第 4 项规定,设立合伙律师事务所至少应有 30 万元人民币的资产。

师事务所;其他形式的律师事务所。①

2. 中国律师事务所跨国商业存在形态

世界律师制度在 2500 多年间,从仅有的律师单独执业、合伙执业两种形式发展到有限合伙、有限责任合伙、有限责任公司、有限责任有限合伙、专业公司、律师联盟、多专业联合机构、非律师投资或律师与非律师合资的律师机构等多种形式。由于世界各国的法律传统、国家结构形式、政治制度、律师制度等各有不同,律师事务所的形式并不是均匀地分布在世界各国。总的说来,中国律师事务所在其他国家或地区建立的商业存在主要有以下几种形态:

(1) 办公室

办公室是中国律师事务所跨国商业存在的雏形,中国律所最初在对外交流中,为发展业务在东道国先以自然人流动的方式进行考察,在东道国的宾馆、公寓或相关单位里取得一个房间,成立办公室。办公室作为单位的一个原始承载体,对内处理特定事务,对外进行律所跨国发展。规模可大可小,可发展为办公设备齐全甚至人员较为完备的准律师事务所形式,也可在完成特定任务后被撤销。

办公室并不一定证照齐全,还不是一种真正的跨国商业存在形式,却是中国律所走出去,在东道国立足的必由之路。原因如下:首先,外国律师事务所进入东道国,需要时间和机会了解该国关于外国律所投资设立商业存在的法律规定;其次,东道国的国际承诺和本国法律法规对外国律师事务所限制较多,一时难以达到要求;最后,在东道国发展业务的可能性和前景,需要通过办公室实地"试点"。

(2) 代表处

代表处是律师事务所跨国存在的基本形式之一,是律所在外国设立的办事机构。GATs 中一些成员方允许代表处这种商业存在形式存在,并做了相关承诺。其与律师事务所分所的区别有二:其一,代表处的组成人员中,没有被东道国承认为执业律师的人员,而律所分所有被东道国承认为执业律师的人员;其二,代表处一般仅被允许进行联络,而分所则完全可以进行经营活动。中国的岳成律师事务所在美国纽约设有代表处即为实例。②

(3) 分所

分所是律师事务所最典型的一种分支机构形式。目前中国几个主要的外向型律师事务所及大型律师事务所,均宣称在其他国家和地区开设了分所。比如德恒律师事务所分所有西雅图、纽约、奥兰多、佛罗里达等 13 处。盈科律师事务

---

① 参见龚楚:《中国律师事务所跨国商业存在研究》,法律出版社 2015 年版,第 61—68 页。
② 参见 http://www.yuecheng.com/,访问日期:2017 年 2 月 12 日。

所分所有纽约、伦敦、首尔等9处。大成律师事务所、德和衡律师事务所、中伦文德律师事务所、金杜律师事务所、君合律师事务所等都有在外设立分所。①

实践中,中国律所的外国分所具有以下几种建立方式:一是中国律所派遣拥有两国律师资格的律师作为负责人,以东道国律师身份在东道国建立律师事务所,这种律所分所在法律性质上属于东道国律所,但由中国律师总所实际控制和管理。二是中国律所通过签订并购协议、收购股权、提供出资等方式,将已在东道国存在的律师事务所及其律师收编、改组,取得该所承认,成为中国律所分所。该分所在法律性质上依然是东道国律所,但受中国律所控制。三是中国律所将已在东道国一律所执业的律师或刚取得律师执业资格、尚未正式执业的律师,通过吸收人才方式,委任为执行合伙人等名义的负责人,申请设立新律所。此情况一般都冠以总所字号,分所在性质上是东道国律所。四是中国律所与已在东道国成立的律所仅签订战略合作协议,建立联营或联盟关系,以可互派或不互派执业律师的方式进行运营,从而取得东道国律所承认,被称为分所。五是中国律所与其律师达成协议,由律所或律师个人出资,律师负责具体事务,到东道国发展东道国律所或东道国律师,建立"中国律师事务所某国分所"形式的律所。六是中国律所以字号授权、商标许可等形式,允许某外国律所冠以中国律所名称,规定一定限制条件,取得该外国律所承认,为其分所,分所律师全部为中国律师。七是东道国为招商引资,在一定时期内鼓励中国律所随中国资本进入,在当地建立商业存在,提供各种便利,允许设立分所。八是中国律所和一家或一家以上的其他中国律所在外国联合建立当地律所。九是中国的国有法律服务公司在香港和澳门开设法律服务公司,服务项目包括律师服务、公证服务,等等。②

以上分所的组织形式在各地呈现以下形态:单独执业的律师事务所、个人独资律师事务所、合伙律师事务所、有限合伙律师事务所、有限责任合伙律师事务所、有限责任有限合伙律师事务所、律师有限责任公司(合股公司)、律师股份有限公司、上市律师公司。

(4) 非律师执业机构类型的公司

此处的公司分类,与以东道国执业律师身份进行的律师服务组织不同,是以非东道国执业律师身份,在东道国建立的商业存在形式。2009年,泰和泰香港服务有限公司正式成立,作为泰和泰律师事务所的香港办事处,提供法律服务。③ 2012年初,盈科律师事务所在巴西圣保罗成立咨询公司,由巴西律师负责

---

① 参见 http://www.dhl.com/ 等各大律所网站,访问日期:2017年2月12日。
② 中国法律服务(香港)公司官方网站:http://www.chinalegal.com.hk/;中国法律服务(澳门)公司官方网站:http://www.chinalegal.com.mo/index.php,访问日期:2017年2月12日。
③ 参见 http://www.kensanzai.com/tahota-legal-services-hong-kong-company-limited%20-bcqpexl/,访问日期:2017年2月17日。

管理。①

（5）律师执业机构的创新模式——LDP 与 MDP

英国《2007 年法律服务法》允许设立 LDP（Legal Disciplinary Practices），即法律行业执业机构，允许不同类型的法律职业人员一起拥有和管理律师事务所，例如事务律师和出庭律师可以一起在 LDP 中执业，而这在以前是不允许的。②

MDP（Multi-disciplinary Practice）是跨行业合伙，是一种多行业联合执业形式，又称为"混合经营"。MDP 是由律师、会计师、专利代理人、审计人员、公证员或其他专业人士联合对外提供法律及其他业务服务。这种形式的出现最初是欧洲"六大"会计师事务所，它们利用欧洲对"混合经营"限制较少的优势，为拓宽业务范围、增强竞争力、为客户提供一站式服务，对律师事务所进行兼并或雇用律师。对于 MDP 的态度，德国是起源国，英国、加拿大、澳大利亚等国比较开放，美国则持保留态度。

第四节　法　律　实　践

一、公司制律师事务所

（一）公司制律师事务所的界定

律师事务所是律师的执业机构，不同国家规定了不同的执业组织。例如，美国就规定了七类律师事务所的组织形式，有个人开业、普通合伙、普通公司、专业公司、有限合伙、有限责任公司和有限责任合伙，其中，有限责任公司就是一种公司制的律师事务所。所谓的公司制的律师事务所就是由律师股东和其他股东共同出资，股东以其出资额为限对公司承担责任，公司以其全部资产对公司的债务承担责任的从事法律服务经营的法人实体。它是根据公司的模式，建立符合公司制要求的组织机制、责任机制、管理机制、经营机制和分配机制的一种法人实体。

（二）特征

1. 公司制的律师事务所是以追求高额利润为其经营目标

正是因为公司制的经营方式能带给资本家巨大的利润，所以资本主义的企业普遍采取公司制度。以公司形式建立的律师事务所，其所有制度和管理方法都会围绕追求高额利润这一目标，因为没有利润，公司在市场上就没有竞争力，在激烈的市场竞争中，很可能被淘汰。为了追逐高额利润，律师就会像其他行业

---

① 龚楚：《中国律师事务所跨国商业存在研究》，法律出版社 2015 年版，第 86 页。
② 王进喜：《律师法实施与再修改问题研究》，知识产权出版社 2020 年版，第 236 页。

的资本家一样,以商业性来衡量一切业务,如此,律师就成为纯正的商人了。

2. 投资主体来源多元化,非律师参与律师事务所的投资

为了扩大规模,提高劳动生产力,公司需要大量的资金注入。因此,公司化管理模式下的律师事务所,肯定会打破原来合伙条件下对投资人条件的限制,不限于原有的执业律师才能作为出资人,国家、组织和个人即任何所有制性质的主体均能够成为公司制律所的出资者或股东。因为,只有这样,律师事务所才可能吸收多元化的投资,扩大自己的规模。

(三) 实践难题

1. 律师业务的不平衡性

律师业务可以分为诉讼业务和非诉讼业务。所谓的非诉讼业务就是律师接受公民、法人或其他组织的委托,在其职权范围内依照国家有关法律法规的规定,不进入诉讼程序,直接为委托人办理某种法律事务的业务活动。诉讼业务与非诉讼业务有不同的运行模式,非诉讼业务主要依靠团队运作,客户倾向于"认所不认人""业务跟着所走",所以,非诉讼业务主要需要专业性强、规模较大的公司制律师事务所,但是我国目前80%—90%的律师事务所,以传统的诉讼业务为主。可见,非诉讼业务尚未成为律师事务所主要开拓的领域,大部分的律师事务所把主要精力放在传统的诉讼业务领域,这是目前限制我国推行律师事务所公司化的原因之一。

2. 公司制律师事务所的双重纳税问题

公司制下,律师事务所是依照公司法组建并登记的以营利为目的的企业法人。它具有独立的人格,是独立的纳税单位,在盈利时,律师事务所要缴纳所得税,而作为律师事务所股东的投资者,还要缴纳个人所得税。所以,公司制不能避免双重征税。如此,律师事务所将会加重律师的负担。我国目前的律师事务所很多,但是真正能走出国门,在各国建立分所的机构却不多。这说明我国律师事务所与世界大所的差距还是很大。如果合伙所转制成公司所,试问有多少律师事务所和律师有实力承担起双重税收? 践行公司制律师事务所,不能不考虑这个问题。

3. 高端市场的不成熟性

按照市场客户的特征,可以把法律市场分为三个层次:传统市场、中端市场和高端市场。传统市场的法律服务层次较低,绝对量较大,并且标的额不高,所需要的法律服务技巧并不复杂,只要考取律师资格或法律职业资格,或者干脆从事过法律工作的人,甚至是经历过几次诉讼的人,都可以从事传统市场的法律服务工作。中端市场的法律服务对象主要是市场经济中的大量中小企业。一般是规模较小的律师事务所占据中低端市场。高端市场的服务对象主要是一些规模比较大的集团企业、股份公司。公司制律师事务所,由于成本和利润的原因,其

主要服务于高端市场。在我国,80%以上是中低端法律服务市场,20%左右是高端法律服务市场。可见,我国高端市场的市场份额低,尚未发育成熟。如果允许公司制律师事务所大量存在,难保不会产生供过于求的后果,这反而制约了律师事务所的发展。我们始终认为,规模化并不等于公司制律师事务所,有限责任合伙完全可以发展成跨国大所。

二、个人律师事务所

(一) 个人律师事务所的优势

第一,个人开业具有成本低、效率高等特点,能够适应个人服务的发展,方便快捷地提供法律服务。因为个人所运行成本低,所以它可以以较低的收费为普通百姓提供法律服务。这有利于解决某些并不复杂的法律服务收费较高且不灵活的弊端。个人所的出现也有利于净化法律市场,在一定程度上遏制了黑律师的活动。

第二,个人所有助于律师进入社区、深入基层,促进县域律所的发展。2005年全国人大常委会执法检查组在检查《律师法》实施情况时指出,我国西部12省区市的律师总数不过2.4万人,全国还有206个县没有律师。这一状况在今天仍未得到缓解,且同一城市中,城区与郊区的律师服务业的差别也很大。北京市80%的律所集中在东城、西城、朝阳、海淀四个区,10个远郊区县的律所只占全市律师事务所总数的5%。2002年北京市个人所试点时的定位即是服务于社区,要求在郊区设立。广东省中山市约30个律师事务所设在城区,镇区仅小榄、古镇和黄圃设有律师事务所。[①] 个人所的开设可以让很多县域消除没有或只有一家律师事务所的困境。

第三,个人所的存在符合法律服务市场专门化的需求,随着市场对律师服务专门化要求的不断提高,很多大型律师事务所都注重培养自己提供某类法律服务的品牌,但是由于其人员众多,服务领域广阔,在这个专门化过程中,要经历一个过程,而在这个漫长的过程中,个人所正好具备专门化的条件,其发展有助于满足市场的这一要求,易于打造品牌。

第四,发展个人所符合律师执业的特点,有利于提高律师的执业水平,正如前面所说,个人所在打造自己品牌的同时,必然努力提高自己在某个领域的业务水平,这样不仅提高了自身的素质,而且将会提供更高质量的法律服务。[②]

(二) 个人律师事务所的弊端

首先,个人经营力量有限,无法涉足复杂性的高端法律业务(如证券、公司

---

① 《中山首家个人律师事务所领牌》,参见"中国法律信息网",载http://service.law-star.com/cac-new/200812/225027813.htm,访问日期:2017年2月17日。

② 马宏俊主编:《〈律师法〉修改中的重大理论问题研究》,法律出版社2006年版,第327页。

重组等)。个人所难以建立强大的律师团队承办大型的法律事务,人员、业务范围、抗风险能力的局限性,使得个人所无法与较大的合伙制事务所抗衡。

其次,管理不足与高风险的矛盾。主要的法律业务与内部管理事务,往往由律师事务所负责人一人包办,负责人甚至无暇顾及管理,有些负责人认为个人所的一个优势就是管理的低成本,不用把大量金钱和精力投入到管理中。而管理不善往往成为律师违规收费,私自接案,遭到投诉甚至承担赔偿的一大原因。个人所负责人承担的是无限责任,这对规范化管理提出了更高的要求。

最后,个人所的零散化、小规模分化,不利于律所做大做强。2007年《律师法》颁布后,个人所纷纷成立,有业内人士对律师业的零散化、小型化发展产生担忧。

总之,个人律师事务所在我国刚刚发展,其本身具有一定的优势和存在的必要性,发挥着补充律师执业组织形式、提供面向基层的法律服务、带动专业化发展模式、促进合伙所进一步完善的作用。所以,我们应当充分发挥个人所的优势,配合其他组织形式,促进法律服务市场的发展。

三、有限责任合伙律师事务所

(一) 有限责任合伙的界定

有限责任合伙制度是指一个专业合伙中的合伙人对不是由其直接监督或指导下的另一个合伙人在提供专业服务时的错误、不作为、疏忽、缺乏能力或者渎职等过错行为,除其在合伙中的利益外,不承担个人责任,而有过错的合伙人以其个人财产承担个人无限责任。《律师法》第15条规定,合伙律师事务所可以采用普通合伙或者特殊的普通合伙形式设立。合伙律师事务所的合伙人按照合伙形式对该律师事务所的债务依法承担责任。据此,《律师法》中确立了特殊的普通合伙制度。

有限责任合伙源于20世纪80年代末的美国,集普通合伙和有限责任公司的优点于一身,解决了美国一系列针对专业服务行业的渎职诉讼问题。1991年,美国得克萨斯州首开了有限责任合伙立法的先河,实现了有限责任合伙和律师事务所的第一次结合。按照学界对特殊普通合伙的界定(特殊的普通合伙是指由两个或两个以上的合伙人组成,当一个合伙人或者数个合伙人在执业活动中因故意或者重大过失造成合伙企业债务时,应当承担无限责任或者无限连带责任,其他合伙人以其在合伙企业中的财产份额为限承担责任。合伙人在执业活动中非因故意或者重大过失造成的合伙企业债务以及合伙企业的其他债务,由全体合伙人承担无限连带责任),我国的特殊普通合伙就是美国等西方国家的有限责任合伙。有学者提出,同时出现"有限合伙"和"有限责任合伙",容易混淆,公众难以区分。因此,将"有限责任合伙"改为"特殊的普通合伙",会给公众更为清晰的认识。但是,英文仍然使用 Limited Liability Partnership(简称 LLP,缩写 L.L.P.),即有限责任合伙。

(二) 有限责任合伙律师事务所

在 2007 年《律师法》颁布之前,1996 年《律师法》第 18 条规定,律师可以设立合伙律师事务所,合伙人对该律师事务所的债务承担无限责任和连带责任。律师违法执业或者过错给当事人造成损失的,由其所在的律师事务所承担赔偿责任。也就是说,假如合伙律师事务所的一名合伙人因违法执业或者过错给当事人造成损失时,先由其所在的律师事务所承担赔偿责任。若律师事务所的财产不足以赔偿当事人的损失时,每个合伙人都负有以自己的财产清偿全部合伙债务的责任,不受合伙人按照出资比例或者协议规定的债务承担比例的限制。这样对合伙人来说风险较大,很多人因此而放弃投资律师事务所。有限责任合伙与普通合伙最大的区别在于全体合伙人不再对合伙的所有债务均承担无限和连带的责任。因合伙人过错行为造成的债务由该合伙人自己承担,其他合伙人仅在一定程度上负有限责任,由此,将严格的无限责任转变为有限责任,从而降低合伙人的风险。2006 年修订的《中华人民共和国合伙企业法》专设"特殊的普通合伙企业"一节,为我国律师事务所采用有限责任合伙制提供了契机。

第五节 案 例 分 析

一、个人律师事务所——赵天庆律师事务所

基本情况:北京赵天庆律师事务所是个人所,其专业领域集中在银行及金融机构法律服务,公司企业专项或常年法律顾问服务,影视文化及知识产权服务等。赵天庆律师在人力资源和社会保障部调解仲裁管理司、北京市海淀区司法局、北京市律协及海淀区律协等单位的协助下,于 2012 年 9 月设立了全国首家劳动人事争议预防调解中心。在参与北京市各民主党派重点支持门头沟区发展暨"8+1"行动中,北京赵天庆律师事务所劳动人事争议预防调解中心落地门头沟区。该所获得"2011 年度优秀律师事务所""2012 年度法制宣传优秀律师事务所""2013 年度海淀区优秀律师事务所"。创始人赵天庆律师荣获"2010 年海淀区优秀法律服务工作者""2010 年、2011 年北京市司法局、北京市律师协警示教育活动优秀律师事务所主任""2010—2011 年度北京市律师行业党建之友"等多项荣誉。

分析:赵天庆律师在执业近三十年间,为很多行业和国家政府部门提供过法律服务,积累了丰富的办案经验,赢得了很高的社会信誉。据赵天庆律师介绍,个人所在我国律所中所占比例很低,申请设立条件严格,国家把控力度很

大。律所的运行主要靠自己来操作,身兼管理、办案的双重压力,也独自承担法律风险。

个人律师事务所在国外已十分普遍,我国 2007 年《律师法》首次将个人律师事务所作为律师事务所的法定形式。由于设立人对律师事务所的债务承担无限责任,《律师法》《管理办法》及相关规定对个人所的住所、资产、律师资格都作出了严格限制。另外,个人所由于规模较小,很难在行业里立稳脚跟,负责人也难以独自承担沉重负担。这些都限制着个人所的发展。但是,个人律师事务所运作成本低,运营管理更灵活,能以更低的收费,为老百姓提供更贴近生活的服务,在服务品质上也有望做到更专业、更单一对口。随着个人律师事务所的增多和进驻镇区,将与具有规模优势的大型律师事务所形成互补,同时对镇区的法律"黑代理"、超出经营范围的法律咨询公司等,也有一定遏止作用。

二、合伙制律师事务所——盈科律师事务所模式①

基本情况:盈科律师事务所总部设在北京,于 2001 年成立,其发展可分为两个阶段:第一阶段是 2001 年至 2008 年,有律师约 30 人;第二阶段是 2008 年至今,其业务范围涵盖国际贸易、海外投资、公司、资本证券、两岸事务、私募、投融资与并购、知识产权、房地产、环境保护、海商海事等专业领域,成为一家全球化法律服务机构,包括北京总部在内,截至 2022 年在中国本土有 108 家分所,执业律师已过 1 万人,全球法律服务联盟已覆盖 89 个国家、158 个国际城市。

分析:盈科所有着先进的管理制度,建立科学、完善的规章制度体系,以制度管理、控制各种风险;建立专职管理人制度,实现律所现代化管理;建立有效合理的管理决策机制,如鼓励律师事务所员工积极参与决策,扩大决策人的范围;合理筛选决策建议,由律师事务所的最高决策者进行最终决策。其专职管理人模式,不仅有利于更好地配置律师事务所的人力资源,发挥管理效能,而且有利于律师事务所的规范化建设,维护管理的统一性和公平性。②

盈科律师事务所是中国律师业新锐,后来居上,短短 10 年间发展极为迅速和惊人。盈科的现有规模已经可以和世界上最为大型的律师事务所平起平坐。至少从规模上和形式上来看,盈科模式一举打破了中国律师事务所无法和国际大律师事务所抗衡的固有思维。

对这种超常规发展模式,也有人提出质疑,如何对分所进行管理?盈科所对分所施行制度化的矩阵式管理,总部和各地分所有完整的运营团队,分所各职能部门由分所和总部垂直部门双重领导,不会因为任何一个岗位人员的离开而产

---

① 龚楚:《中国律师事务所跨国商业存在研究》,法律出版社 2015 年版,第 203 页。
② 梅向荣:《如何做中国最好的律师事务所》,法律出版社 2009 年版。

生影响。分所并不是像人们所说的采用"加盟"或"挂牌"的形式,而是直投直管,即分享利益,共担亏损。

中国的商务型律师事务所中,盈科是代表。法律商业主义盛行的今天,如果中国律师事务所不采取同样的战略方式,就无法和欧美大所对抗,中国的法律服务贸易在全球市场的份额,不但无法维持,还有减少的危险。盈科模式在将来几十年的中国律师事务所跨国商业存在的发展中,具有重大参考价值。同时,中国律师事务所不能只在数量上发展,还要在业务质量和总体业务收入及人均创收上,向英美大所看齐。

当然,由于过于快速的扩张,需要大量律师的加入,盈科所在国内律师业四处招兵买马,影响了其他一些律所的稳定,引起了一些律师业同行的非议。这种"大跃进"和粗放型的扩张,是否能够做到规模和质量相适应、是否具有可持续性还有待观察。

三、律师事务所的公司化模式——北京中银律师事务所[①]

基本情况:中银律师事务所(以下简称"中银")是全国十大律师事务所之一,是以金融、证券法律服务和企业法律风险管理为主业的大型综合性律师事务所。2008年6月1日,中银由原中银律师事务所和原证泰律师事务所合并成立,也是中国最早实行特殊普通合伙制的律师事务所之一,现已服务完成IPO上市的客户100多家,曾经或正在服务的上市公司超过300家。中银现有律师等各类专业人员超过700人,大部分律师拥有博士、硕士学历。中银总部设在北京,在上海、深圳、杭州、厦门、成都、贵阳、南宁、法兰克福等十几个城市设立了分支机构及办事处。与马来西亚、约旦、乌干达、日本、韩国、澳大利亚、开曼等地律师事务所建立了战略合作关系。中银北京总部设有十大法律业务中心:金融证券法律服务中心、法律风险管理服务中心、贸易救济及WTO法律服务中心、公司业务法律服务中心、房地产与建筑工程法律服务中心、知识产权法律服务中心、国际业务法律服务中心、刑事法律服务中心、不良资产法律服务中心和争议解决法律服务中心。

分析:北京中银律师事务所有"上市公司的缔造者"的美誉,卓著的国内业绩和业务能力使中银律师树立了享有盛誉的"中银律师"品牌。中银发展坚持人才战略和品牌战略。人才战略定位是吸纳人才、聚集贤良、培养精英的集英人才战略。品牌战略定位是:为企业家提供金融证券法律服务,解决企业家打造盈利模式中组织资金方面的问题;为企业家提供专业的法律风险管理服务,帮助企业家防范在经营过程中出现的法律风险。同时,走专业化、规模化和国际化

[①] 龚楚:《中国律师事务所跨国商业存在研究》,法律出版社2015年版,第203页。

道路。

中银虽是律所上市的成功典范,但难以摆脱中国式律所的特点。从管理理念看,中银致力于为律师同仁搭建一流的发展平台,做中国最强、最大的法律服务提供机构,将着眼点放于国内,似乎缺乏国际视野。从业务范围看,中银涉及证券、法律风险管理、金融、税务、投资、知识产权、资产重组、反倾销等错综复杂的非诉讼业务和传统诉讼业务。当然,中国律所"走出去"并非一日之功,需要时间和机会加以历练,律所实行公司化治理也有诸多需要适应和解决的问题。值得指出的是,中国律师事务所在走向商业化的道路中,会更多地关注为律所及其律师盈利,在法律服务过程中实现的社会责任也会相对欠缺。

第六节 问题与建议

一、通过中外合资、中外合作的形式合作办所

通过中外合资、中外合作的形式合作办所该如何发展的问题值得我们关注。因为这种形式本身在当前的实践中已有所涉及,并有一定争议,对它的出现公众有一定的心理预期;另外,企业法中的中外合资、中外合作模式已实行多年,为我国吸引外资、学习国外先进技术和管理经验创造了良好条件。律师事务所虽不完全同于企业,但目前律师业整体服务水平较低,迫切需要学习国外先进经验,这一点却与企业界无异。同时,允许外国律师和本国律师合作、合伙也有两大明显优势:一是对提高本国律师的竞争力和事务所的管理水平起着相当重要的作用;二是对本国经济的繁荣也起着很大的促进作用。[1]

二、关于 MDP

本章第三节已经提到,MDP 是一种由律师、会计师、专利代理人、审计人员、公证员或其他专业人士联合对外提供法律及其他业务服务的多行业联合执业形式。MDP 模式新颖,中国还没有兴起,现以德国法合联合律师事务所模式为例详细介绍。

基本情况:德国法合联合律师事务所是一家由律师、会计师、税务顾问等不同领域专业人员组成的律师事务所,在德国本土有 9 家分支机构,在欧洲各国及亚洲各国有 13 家分支机构。该所一共聘用约 700 名专业人士。德国法合联合律师事务所在并购业务上独树一帜,两次被列为德国十大并购律师事务所之一。

---

[1] 吕宫思:《开放有利于律师业的发展——司法部外国律师管理制度考察团赴德、英考察的启示》,载《中国律师》2000 年第 3 期。

其业务范围是：(1) 企业重组、兼并、分立、收购、转让、破产、清算。(2) 欧盟及欧洲各国进出口政策调查、行业产品标准调查。(3) 国际贸易合同与代理、产品责任、反不正当竞争。(4) 双边税收协议调查、公司税务、国际税务策划。(5) 国际贸易仲裁与诉讼。该所上海代表处宣称其拥有中国律师、法国律师、德国律师。

分析：德国法合联合律师事务所在中国上海的代表处，依法只能从事：关于德国法的咨询，以及有关国际条约和国际惯例的咨询；接受当事人或中国律师事务所的委托，办理德国法律事务；代表外国当事人，委托中国律师事务所办理中国法律事务（包括作为代理人参加在华国际仲裁业务）；与中国律师事务所订立合同保持长期委托关系，以办理法律事务；提供有关中国法律环境影响的信息。据此，该所服务于在中国投资的德国及欧洲当事人，也为中国企业到欧洲投资等事宜提供咨询意见，业务范围集中在投资政策分析、投资环境调查、与投资有关的尽职调查等。

德国法合联合律师事务所是 MDP 的典型表现形式，且运营非常成功。该所在全球设有多家分支机构，包括中国。那么，它的这种机构形式是否违反中国的规定呢？因为按照《外国律师事务所驻华代表机构管理条例》第 1 条、第 3 条的规定，外国律师事务所驻华代表处也应符合中国《律师法》的规定；而《律师法》第 14 条规定，律师事务所是律师的执业机构，并没有允许律师事务所可以由注册会计师、审计师、税务顾问等其他专业人士组成。总的来讲，对 MDP 表示质疑集中在"律师—当事人特权"原则和"律师独立性原则"受到威胁的问题上。具体从 MDP 的集中组织形式来看，我们应区别对待：第一，在我国本土，律师的社会地位和职业定性尚不稳固，应以突出律师独立性、提高律师法律地位为优先，拒绝完全融合模式，不鼓励雇佣模式，默许松散合作模式，鼓励律师支配和控制模式，争取律师事务所更多地开拓附属业务模式（商标代理、专利代理等）。第二，在其他国家和地区，中国律师事务所投资设立跨国商业存在，应鼓励和支持我国律师事务所根据东道国的法律规定，根据实际情况采取和发展雇佣模式、松散合作模式、律师支配和控制模式、附属业务模式，甚至实行完全融合模式。比如，一个类似的例子是，大成律师事务所加入了世界最大的、汇集全球顶级律师事务所、会计师事务所、投资机构、金融机构等专业性服务公司的独立专业服务组织 World Service Group（WSG，世界服务集团）。

【问题与思考】

1. 在我国恢复律师制度的四十余年里，律师业飞速发展，律师事务所也从单一的国办所发展为现在的多样化组织形式和多样化管理模式。但是随着我国市场经济的不断深化及加入 WTO，我国经济与世界经济融合的进程逐步加快。

这为我国律师业的发展提供了前所未有的机遇,也给其带来了严峻的挑战。我国现存合伙管理模式下的律师事务所已不能完全适应当前律师业的发展需要,请探讨律师事务所公司化的管理模式。

2. 在我国,中小律师事务所占了全国律师事务所数量的90%以上,这些事务所目前面临国内和国际大所的巨大压力,请探讨中小律师事务所的发展方向。

第三章 律师协会

【内容提要】
本章重点介绍了律师协会的性质、设置、组织机构和职责以及国外律师管理体制和改革动态,重点分析我国律师管理体制的演变和目前存在的问题,并主要就如何协调司法行政管理与律师协会自治管理之间的矛盾冲突提出建议。

【关键词】 律师协会 行业自治 司法行政管理

第一节 基本理论

律师制度恢复至今的四十年左右的时间里,律师行业的管理经历了从最早的顶着"国家法律工作者"帽子的"官办官管"的他治模式,到"建立司法行政机关的行政管理与律师协会行业管理相结合的管理体制"的"官民结合"的混治模式这样一个略显漫长但意义深远的过程。[①] 其中,成立专门性、专业化的律师组织对于实现律师行业自治管理具有重要意义。在不同国家,虽然律师组织的称谓并不完全一致,绝大多数国家将其称为律师协会,也有部分国家叫作律师公会或者律师联合会。但纵观世界各国相关立法可以发现其设立的目的均有一致性,即一方面将律师协会作为其组织内成员的利益代表,使其担负起维护内部成员合法权益的职能;另一方面,又赋予其对律师以及律师执业机构进行外部监督和管理的职责。因此,可以说律师协会是司法行政机关和律师之间的桥梁和纽带,是实现对律师队伍有效管理的中坚力量。

一、律师协会的性质

2016年11月29日司法部发布的《关于进一步加强律师协会建设的意见》中指出:"律师协会是法定的律师行业自律性组织,是承担特殊职能的行业协会,发挥着党和政府联系广大律师的桥梁纽带作用。"2017年修订通过的《律师法》第43条规定:"律师协会是社会团体法人,是律师的自律性组织。"2018年修订通过的《中华全国律师协会章程》第2条规定:"中华全国律师协会是由律师、律师事务所组成的社会团体法人,是全国性的律师自律组织,依法对律师行业实

---

① 程滔:《从自律走向自治——兼谈律师法对律师协会职责的修改》,载《政法论坛》2010年第4期,第179页。

施管理。"结合上述意见、章程和法律规定,具体可以从以下两个方面明确律师协会的性质。

(一)律师协会是社会团体法人

首先,法律界定我国律师协会为法人,这就明确了律师协会在民法上的独立性。《民法典》第57条规定:"法人是具有民事权利能力和民事行为能力,依法独立享有民事权利和承担民事义务的组织。"因此,在我国,律师协会是具有民事权利能力和民事行为能力,能够独立承担民事法律责任的民间组织。律师协会接受国家司法行政机关的指导、监督和管理,但并不隶属于司法行政机关。[①]法人的性质定位凸显了律师协会的独立性。

其次,社会团体法人的定位决定了律师协会属于非营利法人。《民法典》第87条第1款规定:"为公益目的或者其他非营利目的成立,不向出资人、设立人或者会员分配所取得利润的法人,为非营利法人。"律师协会作为社会团体法人,应遵循《民法典》第90条规定:"具备法人条件,基于会员共同意愿,为公益目的或者会员共同利益等非营利目的设立的社会团体,经依法登记成立,取得社会团体法人资格;依法不需要办理法人登记的,从成立之日起,具有社会团体法人资格。"因此,律师协会不同于企业法人,其设立后应当依据法人章程和宗旨从事与律师有关的非营利性活动。

最后,律师协会也不同于一般社团法人。主要表现在二者成立的原因不同,一般社会团体的成立具有自愿性,而律师协会是依据法律规定而成立的,其成立体现法定性。《律师法》第43条第2款规定:"全国设立中华全国律师协会,省、自治区、直辖市设立地方律师协会,设区的市根据需要可以设立地方律师协会。"第45条第1款规定:"律师、律师事务所应当加入所在地的地方律师协会。加入地方律师协会的律师、律师事务所,同时是全国律师协会的会员。"除此之外,律师协会也不具有同一般社会团体法人一样的解散的自由。

(二)律师协会是律师的自律性组织

律师协会的关键特点在于"自律性"。《律师法》和《中华全国律师协会章程》均表明律师协会是律师的自律性组织。

首先,律师协会的自律性与律师本身的性质定位具有密切关系。1980年《律师暂行条例》将律师视为国家的法律工作者,1996年《律师法》则改为"为社会提供法律服务的执业人员"。律师的性质定位完成了由"国家化"向"行业化"的转变。对此,1996年我国《律师法》颁布之初便将律师协会定位为"自律组织",首次将行业管理与政府管理进行了区分。所谓自律,就是自我管理、自我约束。对内部而言,律师协会有权对律师成员进行奖励和惩罚。对外部而言,律

---

① 刘健主编:《中华人民共和国律师法释义》,中国法制出版社2007年版,第174页。

师协会为委托律师的当事人提供了投诉渠道,也是对司法权和行政权进行监督的一支力量。

其次,回看律师协会的产生可以发现,其本身就是一个由自发到自觉的过程:律师行业产生后,一方面由于律师们从事共同的职业活动、具有相近的教育经历、存在接近的职业习惯和特征,这使他们存在结成共同体的客观基础。另一方面规范同行竞争、调整执业行为以及加强交流合作等保护自身利益的需求,也使其有成立统一性组织的主观意愿。至此,原本的律师个体便成了一种群体的合力,律师个人的轨迹便纳入行业的秩序,一种组织,一种律师自己的行业组织——律师协会,就在律师"群居"的强烈意愿下应运而生。[①]

最后,随着社会和律师行业的发展,律师协会拥有了越来越多的职责、权限,这其中很多都由自律而生。诸如制定职业道德规范,审查律师执业资格,惩戒律师违法行为,等等,这些几乎全世界所有国家律师协会都享有的职责都是律师协会自律性的体现。当然,也有学者主张区分"自律"和"自治",认为自律是一种消极自由,自治具有积极主动地自我完善的意旨,认为我国应强调律师协会的自治性[②],但仅从目前法律规定层面对律师协会的性质界定而言,自律仍是目前我国律师协会的核心属性。

二、律师协会的设置及其组织机构

(一) 律师协会的设置

律师协会的设置分为组织设立和成员构成。在组织设立上,我国律师协会分为中华全国律师协会和地方律师协会两级。《律师法》第43条第2款规定:"全国设立中华全国律师协会,省、自治区、直辖市设立地方律师协会,设区的市根据需要可以设立地方律师协会。"在成员构成上,律师协会实行会员制,《律师法》第45条第1款规定:"律师、律师事务所应当加入所在地的地方律师协会。加入地方律师协会的律师、律师事务所,同时是全国律师协会的会员。"2018年《中华全国律师协会章程》第7条第1款和第2款规定:"本会会员分为团体会员和个人会员。依照律师法取得律师执业证书的律师,为本会个人会员;依法批准设立的律师事务所为本会团体会员。"对此,我们可以从中总结出以下两点:

第一,律师协会的组织设立以行政区划为划分标准。全国性的律师协会只设一个,即中华全国律师协会;地方性的律师协会主要以省一级行政区划为单位设置。设区的市也可以根据需要设立地方律师协会。中华全国律师协会有指导

[①] 青锋著:《中国律师制度纲论》,中国法制出版社1997年版,第537页。
[②] 蒋超:《通往依法自治之路——我国律师协会定位的检视与重塑》,载《法制与社会发展》2018年第3期,第99页。

地方律师协会做好律师、律师机构的等级、公告等工作的职责,同样,地方律师协会应该接受中华全国律师协会的指导。①

第二,中华全国律师协会会员分为两类:团体会员和个人会员,地方律师协会和律师事务所为团体会员,律师为个人会员,并且对会员实行强制入会制。

(二) 律师协会的组织机构

《中华全国律师协会章程》规定,全国律师协会的组织机构主要有全国律师代表大会、理事会与常务理事会、秘书处、专门委员会与专业委员会。

1. 全国律师代表大会

根据《中华全国律师协会章程》第四章第13条规定:"全国律师代表大会是本会的最高权力机构。代表由个人会员组成。全国律师代表大会每四年举行。必要时,经常务理事会决定,可以提前或者延期举行。全国律师代表大会必须有超过半数的代表出席始得举行。"作为律师协会的最高权力机关,全国律师代表大会的代表存在三种产生方式:第一是选举或推举,全国律师代表大会代表由省、自治区、直辖市律师协会从个人会员中选举或推举产生;第二是当然代表,各省、自治区、直辖市律师协会中担任会长的执业律师为全国律师代表大会的当然代表;第三是特邀代表,根据需要,全国律师协会可以邀请有关人士作为特邀代表参加全国律师代表大会。

在权利与义务上,全国律师代表大会的主要职权包括:制定、修改中华全国律师协会章程;讨论并决定协会的工作方针和任务;听取和审议理事会的工作报告和工作规划;选举、罢免本会理事会理事;审议会费收取标准等。

2. 理事会与常务理事会

《中华全国律师协会章程》第五章对理事会和常务理事会作出了规定。理事会作为全国律师代表大会的常设机构,由全国律师代表大会产生,对其负责。理事会通过全体会议选举会长、副会长及常务理事若干名共同组成常务理事会。每届常务理事的更新应不少于三分之一,会长可以连选连任,但连续任期不得超过两届。理事会的主要职权包括:召开全国律师代表大会;选举会长、副会长、常务理事;在全国律师代表大会闭会期间,讨论决定重大事项;增补或更换理事;审议、批准常务理事会年度收支报告和工作报告,等等。

3. 秘书处与专门委员会、专业委员会

《中华全国律师协会章程》第六章对秘书处与专门委员会、专业委员会作出了规定。中华全国律师协会设秘书处负责实施全国律师代表大会、理事会、常务理事会的各项决议、决定,承担本会日常工作。专门委员会则是本会履行职责的专门工作机构。律师协会下设维护律师执业合法权益委员会、律师纪律委员会、

---

① 石峰主编:《律师法学》,上海大学出版社2007年版,第142页。

规章制度委员会、财务委员会等专门委员会。除此之外,经常务理事会决定,律师协会也可以设立其他专门委员会。律师协会还可以设立若干专业委员会,常务理事会可以聘请专家、学者和有关领导担任专业委员会的顾问,专业委员会按照其活动规则,组织开展理论研究和业务交流活动,起草律师有关业务规范。

三、律师协会的职责

《律师法》第46条对律师协会的职责作出了规定,其中包括保障律师依法执业,维护律师的合法权益;总结、交流律师工作经验;制定行业规范和惩戒规则;组织律师业务培训和职业道德、执业纪律教育,对律师的执业活动进行考核;组织管理申请律师执业人员的实习活动,对实习人员进行考核;对律师、律师事务所实施奖励和惩戒;受理对律师的投诉或者举报,调解律师执业活动中发生的纠纷,受理律师的申诉;法律、行政法规、规章以及律师协会章程规定的其他职责。《中华全国律师协会章程》第6条除未规定受理律师的申诉外,与《律师法》第46条的规定完全一致。概括起来,主要表现在以下四方面:

(一)权益保障

保障律师权益是法治社会的必然要求。2015年最高人民法院、最高人民检察院、公安部、国家安全部、司法部联合出台了《关于依法保障律师执业权利的规定》。这是深化律师制度改革、促进律师事业发展的重要举措,对保障律师执业权利、充分发挥律师作用,建立中国特色社会主义律师制度具有重要意义。《关于依法保障律师执业权利的规定》强调,人民法院、人民检察院、公安机关、国家安全机关、司法行政机关应当尊重律师,健全律师执业权利保障制度,依照有关法律规定,在各自职责范围内依法保障律师知情权、申请权、申诉权,以及会见、阅卷、收集证据和发问、质证、辩论等方面的执业权利,不得阻碍律师依法履行辩护、代理职责,不得侵害律师合法权利。2021年最高人民检察院发布的首批保障律师执业权利典型案例中显示,据统计,2020年1月至12月,全国检察机关共计审查办理侵犯律师执业权利控告申诉案件2000余件。其中,已办结1600余件。从受理案件情况看,反映"限制律师会见通信"的,共计600余件;反映"未送达文书或告知移送情况"的,共计300余件;反映"不允许律师查阅摘抄复制案卷材料"的,共计200余件。各地在办案中,依法履行监督职能,查实侵犯律师执业权利案件1200余件。在查实的案件中,通知纠正700余件,发出检察建议500件。

律师协会是代表着律师成员的组织体,《关于依法保障律师执业权利的规定》第44条规定:"律师认为办案机关及其工作人员阻碍其依法行使执业权利的,可以向其所执业律师事务所所在地的市级司法行政机关、所属的律师协会申请维护执业权利。情况紧急的,可以向事发地的司法行政机关、律师协会申请维护执业权利。事发地的司法行政机关、律师协会应当给予协助。司法行政机关、律师协会应当建立维护律师执业权利快速处置机制和联动机制,及时安排专人负责协调处理。律师的维权申请合法有据的,司法行政机关、律师协会应当建议有关办案机关依法处理,有关办案机关应当将处理情况及时反馈司法行政机关、律师协会。司法行政机关、律师协会持有关证明调查核实律师权益保障或者违纪有关情况的,办案机关应当予以配合、协助,提供相关材料。"因此,保障律师的合法权益是律师协会最为基本的职责。律师在依法执业过程中,享有法律所赋予的执业权利,任何机关、团体和个人都无权侵犯或者剥夺。律师协会作为律师行业的自律组织必须要承担起保障律师依法执业,维护律师的合法权益的重要职责。

(二) 业务指导

根据《律师法》第46条的规定,律师协会在业务指导方面的职责包括:总结、交流律师工作经验,组织律师业务培训,组织律师开展对外交流,开展律师职业道德和执业纪律教育。全国律师协会根据业务工作的分类,设立包括民事、刑事、涉外业务、经济、知识产权、金融证券、海事海商等专门委员会,并选举既有实践经验又有理论水平的执业律师做委员。专业委员会定期总结各项律师业务的开展情况,有规划、有针对性地交流和推广工作经验,吸取失误的教训,并且针对新拓展的业务领域和专业工作带有倾向性的问题,举办业务讲座,组织会员开展律师业务研讨会。2021年出台的《中华人民共和国法律援助法》第7条规定:"律师协会应当指导和支持律师事务所、律师参与法律援助工作。"

(三) 监督管理

对律师进行日常管理是律师协会的一项重要职权。法律服务的职业属性,要求律师在严格遵守国家法律、促进司法公正的同时,还必须规范自身行为,树立良好的社会形象。如果律师违背职业手册和道德要求,势必会损害整个律师队伍的形象,造成不良的社会影响。① 因此,律师协会作为自律性的行业组织不仅可以表彰、奖励优秀律师和律师事务所,惩戒违规、违法律师和律师事务所,同时还具有调解律师执业活动中的纠纷的职能。如《律师法》第46条第1款规定:"律师协会应当履行下列职责,受理对律师的投诉或者举报,调解律师执业活动中发生的纠纷,受理律师的申诉。"这对于树立良好的律师职业形象,保障律师行业的执业秩序,维护律师的执业环境有着积极意义。

(四) 制定规范和规则

律师协会在管理过程中必然会遇到许多现实的问题,对于行业内的职业行为规范、惩戒规则该如何制定,律师协会最有发言权。例如《法律援助法》第60

---

① 石峰主编:《律师法学》,上海大学出版社2007年版,第138页。

条规定:"律师协会应当将律师事务所、律师履行法律援助义务的情况纳入年度考核内容,对拒不履行或者怠于履行法律援助义务的律师事务所、律师,依照有关规定进行惩戒。"因此,法律将制定行业规范和惩戒规则的权利赋予律师协会,是十分恰当和必要的。需要注意的是《律师法》第46条第2款规定:"律师协会制定的行业规范和惩戒规则,不得与有关法律、行政法规、规章相抵触。"

事实上,律师协会的职责范围不但反映着我国律师协会的地位变迁,同时也反映出我律师管理体制的改革方向。从规范层面上律师协会日益全面化的职责范围可以看出,我国越来越注重和强化律师协会的地位和作用,我国律师管理体制也正朝着更加规范化的方向迈进。

四、律师协会与司法行政机关、律师事务所之间的关系

(一)律师协会与司法行政机关的关系

律师协会与司法行政机关之间主要包括监督关系、指导关系和协作关系。

第一,监督、指导关系。司法行政机关与律师协会之间存在明确的监督与被监督、指导与被指导的关系。《律师法》第4条规定:"司法行政部门依照本法对律师、律师事务所和律师协会进行监督、指导。"该条从宏观上确立了司法行政机关对律师协会的监督、指导原则。在监督关系中,最为典型的当属律师协会章程的备案制度,如《律师法》第44条规定:"全国律师协会章程由全国会员代表大会制定,报国务院司法行政部门备案。地方律师协会章程由地方会员代表大会制定,报同级司法行政部门备案。地方律师协会章程不得与全国律师协会章程相抵触。"这种章程备案制度体现了司法行政机关与律师协会之间的监督关系。

第二,协作关系。司法行政机关与律师协会之间又存在相互协作的关系。在律师管理的问题上,我国司法行政机关的行政管理与律师协会的行业管理形成了由司法行政机关和律师协会共同管理的模式。在这种共同管理模式之下,律师协会与司法行政机关之间的关系主要表现为:司法行政机关只进行宏观管理,并不具体代替律师协会进行行业管理。律师协会仍具有自律性,即独立管理、独立负责。但这并不意味着律师协会的行业管理可以脱离国家和政府的宏观管理。在这种模式中,律师协会本身的监管活动需要接受司法行政机关的指导与监督。例如《关于依法保障律师执业权利的规定》第41条第3款规定:"办案机关应当对律师的投诉及时调查,律师要求当面反映情况的,应当当面听取律师的意见。经调查情况属实的,应当依法立即纠正,及时答复律师,做好说明解释工作,并将处理情况通报其所在地司法行政机关或者所属的律师协会。"第45条规定:"人民法院、人民检察院、公安机关、国家安全机关、司法行政机关和律师协会应当建立联席会议制度,定期沟通保障律师执业权利工作情况,及时调查处理侵犯律师执业权利的突发事件。"《刑事诉讼法》第 44 条规定:"辩护人或者其他任何人,不得帮助犯罪嫌疑人、被告人隐匿、毁灭、伪造证据或者串供,不得威胁、引诱证人作伪证以及进行其他干扰司法机关诉讼活动的行为。违反前款规定的,应当依法追究法律责任,辩护人涉嫌犯罪的,应当由办理辩护人所承办案件的侦查机关以外的侦查机关办理。辩护人是律师的,应当及时通知其所在的律师事务所或者所属的律师协会。"由此可见,司法行政机关的行政管理与律师协会的行业管理相结合,不是简单地相加,而是有机地结合,即司法行政机关主要负责宏观管理,而由律师协会对律师和律师执业机构进行日常管理,二者在明确分工的基础上密切合作。

2021 年 11 月 3 日中国检察官协会与中华全国律师协会共同发布了《关于加强检律良性互动、共同维护司法公正的倡议书》,其中明确倡议:"检察官和律师应当积极探索检律深度交流合作模式,建立规范、公开、透明、畅通的沟通会商机制,及时研究解决检律协作互动中的问题。"

(二) 律师协会与律师事务所的关系

律师协会与律师事务所之间存在管理与服务的关系。律师协会对律师事务所的管理主要表现为,第一,律师事务所必须加入所在地的律师协会,即管理的强制性。第二,律师协会有权制定行业规范和规则,对律师和律师事务所实施奖励和惩戒,即管理的实效性。第三,律师协会还应对律师事务所的执业律师和实习人员进行考核,即管理的具体化。律师事务所应履行律师协会章程规定的义务,具体包括:"遵守律师协会章程;遵守律师协会制定的行业规则,执行本协会决议;按规定交纳或代收会费;承担律师协会委托的工作。"与此同时,律师协会也应承担服务律师事务所的职责。加入地方律师协会的律师事务所,同时是全国律师协会的会员。作为律师协会的会员,律师事务所依法应当享有律师协会章程规定的权利,主要包括:参加律师协会举办的会议和其他活动;使用律师协会的信息资源;对律师协会的工作进行监督,提出意见和建议。律师协会也应当履行服务职责,如为律师事务所提供对其合法执业权利的保护,以及对其进行业务上的指导,组织律师的培训和交流工作,解决律师执业纠纷,行使好对律师事务所实施奖励和惩戒的权利等。

第二节 立法背景

纵观我国律师协会相关立法的发展,可以看出,我国的律师协会经历了由司法行政机关统一管理到司法行政机关和律师协会共同管理这样一种相互协作、共同履行管理职责的发展过程。

一、司法行政机关的统一管理

新中国成立后首先废除了国民党时期的旧律师制度,解除了旧律师组织。自1954年《宪法》规定了被告人辩护权以后,全国各地开始逐步建立新中国自己的律师制度,律师的执业机构为法律顾问处,法律顾问处受律师协会的管理。但当时的律师协会隶属于司法行政机关,作为司法行政机关的一个组成部门代表政府对律师进行行政性管理。[①] 1980年颁布的《中华人民共和国律师暂行条例》(以下简称《暂行条例》)第一次从法律上确立了律师协会作为律师行业性组织的地位、组织机构和作用,虽然仍由司法行政机关进行管理,但这为进一步发挥律师协会的行业管理职能奠定了初步的基础。

《暂行条例》第13条规定:"律师执行职务的工作机构是法律顾问处。法律顾问处是事业单位,受国家司法行政机关的组织领导和业务监督。"《暂行条例》第19条对律师协会的性质进行了界定:"为维护律师的合法权益,交流工作经验,促进律师工作的开展,增进国内外法律工作者的联系,建立律师协会。律师协会是社会团体。组织章程由律师协会制订。"1986年中华全国律师协会正式成立。

由此可见,我国最初对律师行业实行的是司法行政机关单一管理的模式,这种管理模式在律师制度的恢复初期,发挥着迅速恢复和发展律师队伍,提高律师的社会地位和待遇等积极作用。但随着经济的飞速发展,人民的生活方式也发生了诸多改变,法律纠纷的复杂性日益凸显。由政府权力主导的司法行政机关统一管理模式使得律师协会能够发挥作用的空间过于狭小,律师行业管理的灵活性不足。尽管中华全国律师协会和地方律师协会在20世纪80年代陆续建立,但在很长的时期内,律师协会都只是作为政府律师管理机构的一个附属品而存在的。[②] 当时全国各地建立的律师协会大多设立在司法行政部门内的律师管理机构之中,律师行政管理与律师行业管理呈现出"一套人马,两块牌子"的实践态势。

二、司法行政机关和律师协会的共同管理

1985年7月25日中央书记处第221次会议决定成立中华全国律师协会,该协会在司法部指导下进行工作。1986年7月5日,第一次全国律师代表大会在北京举行。至此,我国律师协会的发展也进入了新的阶段。尽管在之后的一段时期内,律师协会的职责仍仅限于开展律师业务指导、组织交流工作经验、维

---

① 石峰主编:《律师法学》,上海大学出版社2007年版,第147页。
② 青锋:《中国律师制度纲论》,中国法制出版社1997年版,第512页。

律师权益等少数方面,但律师协会在参与律师管理工作中的表现相较从前而言,明显更加积极、主动。特别是在进入20世纪90年代之后,随着国家经济体制改革的不断深入,作为律师行业自律性组织的律师协会,其管理作用越来越受到国家层面的重视和律师的支持。与此同时,我国律师也逐渐从司法行政机关的公务员编制中退出来,各地律师事务所也逐步实现由事业单位向国办所、合作所、合伙所等形式的转型。因此,律师行业要求自治管理的呼声也越来越大。

1993年司法部向国务院提交《关于深化律师工作改革的报告》和《关于深化律师工作改革的方案(送审稿)》,同年国务院批准了司法部《关于深化律师工作改革的方案》。在该方案中"努力建设有中国特色的律师管理体制,加强对律师队伍的管理"成为律师行业未来发展的重点,其中明确提出"从我国的国情和律师工作的实际出发,建立司法行政机关的行政管理与律师协会管理相结合的管理体制,经过一个时期的实践后,逐步向司法行政机关宏观管理下的律师协会管理体制过渡"。具体而言,司法行政机关对律师工作主要实行宏观管理。其职责是:(1)制定律师行业发展规划,起草和制定有关律师工作的法律草案、法规草案和规章制度;(2)批准律师事务所及其分支机构的设立;(3)负责律师资格的授予和撤销;(4)负责执业律师的年检注册登记;(5)加强律师机构的组织建设和思想政治工作。律师协会是律师的行业性群众组织。进一步加强律师协会的建设,提高其专业素质,增强协会活力。协会应由执业律师组成,领导成员从执业律师中选举产生。律师协会的主要职责是:(1)总结律师工作经验,指导律师开展业务工作;(2)组织律师的专业培训;(3)维护律师的合法权益;(4)开展律师的职业道德教育,对律师遵守执业纪律的状况进行监督检查;(5)按照国家有关规定,组织与外国、境外律师民间团体的交流活动。从而确立了宏观管理和行业管理的二元化区分。为了尽快建立这一体制,司法部对律师协会进行了改革,首先进一步完善了中华全国律师协会内部组织机构,同时结合律师的自身职能,全国律协重新规划了所属的专业委员会。一系列新举措实施,使得律师协会的职责得到明确和加强,律师协会行业管理职能日益突显出来。[①] 1994年司法部针对律师工作改革发布《关于深化律师工作改革中应注意的几个问题的通知》,再次表明:"律师工作改革,要进一步解放思想,在观念上实现'四个转变',即不再使用生产资料所有制模式套用律师事务所;不再用单一的形式发展律师队伍;不再用行政级别和行政官员的概念界定律师的性质;不再实行单纯的行政管理模式。"

1996年《律师法》以"律师协会"为单独章节明确了律师协会的性质、设置、职责权限,将司法行政机关监督指导和律师协会行业管理相结合的"两结合"管

---

① 李本森:《中国律师业发展问题研究》,吉林人民出版社2001年版,第269—271页。

理体制以法律形式固定了下来。从法律上理顺了司法行政机关与律师协会之间的关系,把司法行政机关的行政管理职能和律师协会的行业管理职能结合在一起,充分调动了司法行政机关和律师协会在律师管理工作中的积极性,对建立适应我国律师工作发展的律师管理体制发挥了十分积极的作用。

2002年5月,第五次全国律师代表大会再对"两结合"管理体制的内涵进行了界定,即"所谓两结合的管理是指以司法行政机关的宏观管理为核心、律师协会的行业管理为主体、律师事务所的自律性管理为基础、政府宏观调控部门的调控管理为保障的一种管理体制"①。这进一步确定了我国司法行政机关和律师协会共同管理的模式。因此,在我国,律师协会与司法行政部门的关系是:律师协会应当受司法行政部门的指导与监督。②

三、律师协会的自律性发展

2007年修改后的《律师法》第46条赋予律师协会两项重要的职责:制定行业规范和惩戒规则,对律师、对律师事务所实施奖励和惩戒。这是《律师法》修改的一大突破。具体表现为:

1. 在具体的职责内容方面,2007年《律师法》增加了律师协会享有对实习人员的考核、制定行业规范和惩戒规则、受理对律师的投诉和举报的职责的规定。这三项职责的增加体现了律师协会作用和地位的加强,而法条中增加的"应当"二字,也强调了律师协会履行职责的义务性。

2. 规定了地方律师协会章程制定权,但地方律师协会章程不得与全国律师协会相抵触。《律师法》第44条第2款规定:"地方律师协会章程由地方会员代表大会制定,报同级司法行政部门备案。地方律师协会章程不得与全国律师协会章程相抵触。"在章程的制定方面,不再由律师协会全国会员代表大会统一制定,而是将地方律师协会章程的制定权放给地方律协。但同时强调"地方律师协会的章程不得与全国律师协会相抵触"。③

3. 2007年《律师法》将律师事务所纳入会员范围内。《律师法》第45条第2款规定:"律师、律师事务所应当加入所在地的地方律师协会。加入地方律师协会的律师、律师事务所,同时是全国律师协会的会员。"

该法对于律师协会的规定的几处修改之中,最为引人注目的当属"制定行业规范和惩戒规则"这一项权限的增加,可以说是在推动律师行业自治方面的

---

① 李芳:《锐意求新,再创辉煌——访第五届中华全国律师协会秘书长贾午光》,载《法律服务时报》2002年5月24日第6版。
② 陈光中主编:《公证与律师制度》,北京大学出版社2006年版,第232页。
③ 李晓冉:《新律师法视野下提升律师协会作用的思考》,载《江西青年职业学院学报》2008年第2期。

一个进步。

然而在律师协会自律性的问题上，2007年《律师法》的修改并没有给人们带来太多的惊喜。首先，律师在律师协会中的会员资格是因其具有律师执业资格而当然取得的，律师的执业证则是由司法行政部门授予的。所以只要司法行政部门不吊销律师的执业证书，律师协会无法直接取消律师的会员资格。其次，当律师出现违反法律、律师职业道德和律师执业纪律等行为时，是由司法行政部门给予处罚，这就使得律师协会的惩戒权显得十分薄弱。最后，尽管国务院办公厅早就在《关于深化律师工作改革的方案》中指出"从我国的国情和律师工作的实际出发，建立司法行政机关的行政管理与律师协会行业管理相结合的管理体制。经过一个时期的实践后，逐步向司法行政机关宏观管理下的律师协会行业管理体制过渡"。然而2007年《律师法》修改并没有将上述建议兑现，虽然在律师协会的职责部分增加了"制定行业规范和惩戒规则"一项，但仍没有触及这一领域的实质问题。对此，有人评价2007年《律师法》仍然没有摆脱"鸟笼"体制，强调自律、回避自治，律师管理上行政管制的观念占了上风。从两者的权限来看，司法行政部门完全掌握着对律师管理的绝对大权，而作为行业管理的律师协会的作用是有限的，律协在保护律师权益方面不能真正地起作用。[①]

虽然《律师法》后续又经历了2012年和2017年两次修订，但关于律师协会的内容规定基本同2007年《律师法》完全一致，这说明到目前为止我国仍采取司法行政机关与律师协会共同管理的模式。

第三节　热点前沿问题

一、外国律师的管理模式

（一）美国、英国律师管理模式

美国采取的是律师协会和法院共同管理律师的模式，但主要以律师协会为主。美国律师协会主要从法学教育、从业资格、惩戒等几个方面对律师进行管理。全美律师协会虽然是全国性的法律职业协会，但是它在律师的管理中所起的作用十分有限，主要负责起草关于律师法律、法规及全国范围内会员的一些日常事务。律师管理的主体主要是各州律师协会，各州律协有权依据各州标准负责律师资格的考试，还负责律师的年度注册登记等具体事项。[②]美国法院在监督律师上也发挥着重要作用，二者相互分工、相互制约。法院所享有的职权主要

---

① 赵国君：《律师法修改的亮点与缺憾》，载《南方周末》2007年11月1日。
② 青锋：《美国律师制度》，法制出版社1995年版，第19、21页。

是:(1) 负责颁发律师执照;(2) 对律师进行惩戒;(3) 行使司法权监督管理律师。若律师认为律师协会的行为危害其自身的合法权益,有权向法院起诉,这也体现了法院对律师协会的制约。

英国2007年颁布了《法律服务法》,其律师管理体制已经从自我规范变成了共同规制,这种共同规制采用了二阶制的治理结构。法律服务理事会是原规制者,核准规制者是一线规制者。法律服务理事会由下列成员组成:(1) 上议院首席大法官任命的主席;(2) 理事会首席执行官;(3) 7名以上10名以下由上议院首席大法官任命的其他人员。在任命理事会首席执行官之外的普通成员时,上议院首席大法官必须确保理事会成员的大多数是外行人员,且主席必须是外行人员。核准规制者是法律服务理事会就每一类持照的法律服务提供者批准的第一线的规制者。核准规制者包括事务律师协会、出庭律师公会、大主教特别主事官、法律行政官协会、持照产权转让人理事会、特许专利律师协会、商标律师协会和法律成本评估人协会。

(二) 日本、澳大利亚律师管理模式

日本律师管理体制的最大特点是律师自治。日本《律师法》在明确"律师以维护基本人权、实现社会正义为使命"的基础上,确立了律师自治的原则。根据此原则,律师协会对律师行业进行监督和管理,基本上不受国家机关的控制。[①]日本《律师法》规定,日本各法院管辖区均须设有地方律师协会,全国应设立律师协会联合会,所有律师都必须加入律师协会。律师协会下设审查委员会、纲纪委员会和惩戒委员会,直接对律师进行领导与监督。日本律师协会联合会领导日本全国律师协会及律师,具体负责律师的准入、惩戒;指导和联络律师与地方律师协会;回答和答复各种建议和咨询;推荐律师、司法修习生的修习和法律扶助等事务。2014年澳大利亚颁布了《法律职业统一法》,其法律职业规制方面的特点是确立了法律职业共同规制的框架。首先,从投诉处理、争端解决和职业惩戒角度看,这是由法律服务专员和职业协会共同规制的。其次,《法律职业统一法》规定由机构进行宏观管理,地方规制机构负责法律职业的日常规制。最后,《法律职业行为规则》《法律执业活动规则》和《继续职业发展规则》都是由澳大利亚出庭律师协会与澳大利亚法律理事会所拟定的。

(三) 德国律师管理模式

德国的律师组织为州律师协会和联邦律师协会,受联邦司法部长的指导和监督。律师可以自由选择是否加入律师协会。律师协会的管理职能主要表现为促进律师互助,维护律师权益,指导业务,解决争端,进行训诫等。律师事务主要由律师名誉法院管辖,律师之间的争端、律师的惩戒等均由律师名誉法院进行裁

[①] 朱伟:《律师协会与国家机关之间的关系论述》,载《理论导刊》2007年第7期。

判。律师惩戒的起诉权由检察官垄断,有权对律师实施惩戒的法院分为地区律师名誉法院、州律师名誉法院和联邦律师名誉法院三级。州司法机关对律师协会实行国家监督,监督的范围仅限于律师协会遵守法律和章程的情况,尤其是履行职责的情况。

(四)小结

从以上外国管理模式的介绍中,可以看出律师的管理模式大致分为以下三种:(1)律师协会行业管理,典型代表国家就是日本;(2)律师协会的行业管理与法院或特别设立的机构的监督相结合,典型代表国家是美国;(3)司法行政机关监督、指导下的律师协会管理模式,典型代表国家是德国。以上这三种模式都不同于我国的"两结合"律师管理模式。虽然各国采取的律师管理模式存在些许差异,但总体而言,律师协会均享有较大的自治权,司法行政机关无权参与律协对律师的具体管理工作,只是起到监督作用或者为律师提供救济途径,二者形成一种相互制约的关系。

二、我国律师协会的自治管理

纵观世界各国的律师管理体制,既有如日本一样实行完全自治的国家,也有如美国一样由法院和律师协会共同进行管理的国家。各国律师协会的自治程度虽然并不完全相同,但律师协会均享有较大的自治权。结合我国律师管理的现状,学术界和实务界一直有呼声要求律师协会应对律师进行自治管理,但我们认为,我国目前尚不具备完全实行行业自治管理的条件。司法行政机关和律师协会共同管理的模式在一段时间内继续存在有其客观必然性。但我们要增加律师协会的自治因素,具体原因如下:

(一)我国律师协会的民主基础不同于外国

根据律师组织产生方式的差异,可以将其分为"内生型律师组织"和"建构型律师组织"。所谓"内生型律师组织"是指在公权力以法律的形式确立律师组织合法地位之前,社会之中已经产生了较为成熟的律师团体,而法律只是确认了这一事实,并进行制度上的管理和完善。[①] 外国律师协会是"自下而上"产生的"内生型律师组织",其最初往往是通过所有律师成员达成一致契约从而实现行业内部的联合。律师协会对律师行业进行管理的权力产生于组织内部,其基础在于律师的一致同意,而不是外部主体赋予。因此,外国律师协会拥有民主的治理结构。

相对而言,"建构型律师组织"则是指在公权力以法律形式建立律师组织之

---

① 蒋超:《通往依法自治之路——我国律师协会定位的检视与重塑》,载《法制与社会发展》2018年第3期,第92页。

前,社会之中并未形成成熟的律师团体,甚至没有与现代律师组织相协调的法律文化。这类律师组织并非自发结成,而是经由行政权力从外部建构起来的。我国律师协会就是以这种方式设立的,因此属于"建构型律师组织"。[①] 1980 年制定的《律师暂行条例》仅仅是恢复了一度被废止的人民律师制度,将律师定性为国家法律工作人员,律师协会的功能被限缩在"维护律师的合法权益,交流工作经验,促进律师工作的开展,增进国内外法律工作者的联系"等辅助性工作的范围内。1987 年 7 月第一届全国律师代表大会通过了《中华全国律师协会章程》,产生了中华全国律师协会。但当时律师行政管理机构与律师协会仍属于"一套人马,两块牌子",律师协会的领导大都由司法行政部门的领导兼任,律师协会并非行业管理的主体。直到 1996 年《律师法》的出台,我国律师协会才获得了法律上的独立地位,组织上也逐渐脱离了司法行政机关。

我国律师协会的产生和发展历程决定了其内部的运作管理无法避免地带有行政色彩,民主治理机构在其中的推行较为困难。健全的民主机制是一个组织实行自治的前提。民主的治理机构以及与之相适应的民主议事程序,可以保证组织决策体现多数成员的意志,从而避免少数独裁。相反地,若人为地、简单地把一个组织推向自治,只能导致这个组织更加混乱,既无法有效发挥自治组织的功能,也无法达到预期的自治目标。显然,目前我国律师协会尚不具备完全自治的条件,因此,共同管理模式的存在具有现实必要性。

(二)律师协会所代表的利益具有局限性

《律师法》第 43 条将律师协会明确定位为律师的自律性组织。作为一个行业的自律性组织,律师协会自然要承担着维护律师利益,代表行业利益的重任。而无论是什么行业,其行业本身的利益总会有与国家利益、社会利益发生冲突的时候。在实践中,如果实行完全行业自治的话,首先遇到的就是如何协调公共利益与律师行业利益冲突的问题。律师协会更多地是代表律师行业利益,在这样的前提下,任由其享有完全的行业自治权就难免会在利益衡量问题上存在失衡的风险。因此,在我国的律师管理问题上,尤其是在涉及行业利益与公共利益衡量的事项上,司法行政机关的指导和监督是极为重要的,甚至在一些重要规则的制定方面(例如,限制律师的入门条件,防止律师行业形成垄断),司法行政机关应该超越抽象监督指导,直接参与到规则制定当中,以代表并保护公共利益。[②]

(三)强调律师协会增加自治因素的原因

我国采取的虽然是由司法行政机关和律师协会共同管理的模式,但对于律

---

① 蒋超:《通往依法自治之路——我国律师协会定位的检视与重塑》,载《法制与社会发展》2018 年第 3 期,第 92 页。

② 马宏俊主编:《〈律师法〉修改中的重大理论问题研究》,法律出版社 2006 年版,第 93 页。

师行业来讲,增加律师协会的自治因素,有其必要性。纵观国际社会,很多国家将律师协会定位为"自治组织",强调律师职业的自治性。如 1969 年美国律师协会颁布的《律师职业责任准则》(Model Code of Professional Responsibility)在导言部分,就强调"文明开化的自治正是对个人尊严和能力的尊重"。[①] 一方面,过多的行政干预存在理念局限性,由代表国家权力的司法行政部门对自律组织进行管理,容易降低律师的执业热忱。另一方面,律师协会本身的理论定位也应从自律逐步走向自治。由于律师提供的是专业性极强的法律服务,律师协会这种专业性组织相较于司法行政机关而言,更加了解律师执业中所遇到的问题,其机构设置的人员也更能理解某种问题产生的原因,对成员利益也能实现最大程度的保护。因此,增强律师协会的自治性因素是未来律师协会的发展趋势和改革方向。

三、强化我国律师协会的惩戒权

现行《律师法》第 46 条规定了律师协会的惩戒权,具体包括惩戒规则的制定权,即有权制定行业规范和惩戒规则,实施惩戒权,即有权对律师、律师事务所实施奖励和惩戒。然而,《律师法》第六章的"法律责任"部分又将大量惩戒权的实施主体规定为司法行政机关。由此可见,我国目前是由律师协会和司法行政机关共同对律师行使惩戒权,而且是以司法行政机关为主。对这种权力分配方式的合理性,学界和实务界一直存在分歧。我们认为,未来应当将惩戒权完全交给律师协会行使。

首先,在国外的律师管理制度中,惩戒权大多由律师协会或主要由律师协会行使。具体分为两种类型:一种是律师协会单独行使惩戒权,另一种是律师协会和法院共同行使惩戒权。律师协会单独行使惩戒权,是大陆法系国家的普遍做法。根据法国《关于改革若干司法职业和法律职业的第 71—1130 号法律》的规定,对律师的惩戒权由律师公会行使。[②] 在日本,惩戒权是由地方律师协会和日本律师联合会行使的,各地方律师协会和日本律师联合会中的惩戒委员会是执行惩戒的机构。在英美法系国家,由于法律赋予了法院监督法律事务活动的权力,因此法院也享有惩戒权。但是,从具体实践情况来看,自 18 世纪以来美国法院已经很少行使律师惩戒权,律师惩戒逐渐以律师协会为主。相似的是,英国也已经将律师惩戒权转交给律师协会。该协会下设纲纪委员会负责惩戒工作,而出庭律师的惩戒权则由四大律师学院组成的出庭律师协会行使,其具体办事机构为"律师纪律惩戒法庭"。[③] 由此可见,域外各国都不约而同地将全部或部分

---

① 〔美〕蒙罗·H·弗里德曼、〔美〕阿贝·史密斯:《律师职业道德的底线》,王卫东译,北京大学出版社 2009 年版,第 9 页。
② 朱伟:《律师协会的权力及其有效制约》,载《苏州大学学报》2007 年第 4 期。
③ 同上。

惩戒权交由律师协会行使。

其次,我国的目前惩戒权分配现状较为混乱,应予以明确。由于我国在律师管理体制上采用的是司法行政机关和律师协会共同管理的模式,相关立法自然将惩戒权在律师协会和司法行政机关之间进行分配,这导致实践中我国对律师的惩戒存在职能重叠和缺位的情况。根据《律师法》以及《律师和律师事务所违法行为处罚办法》的规定,律师违法要承担行政责任;根据2017年全国律协修订的《律师协会会员违规行为处分规则(试行)》,律师违纪要承担行业责任。由此看出,律师协会和司法行政机关对律师均有处罚权,两种处罚权的性质又存在区别。根据2004年《律师协会会员违规行为处分规则(试行)》第10条的规定:"律师协会认为会员违规行为需由司法行政机关给予行政处罚的,应及时提请司法行政机关调查处理。"由此可以看出,律师协会的纪律处分实际上比行政处罚要轻。然而,由于两者的处罚事由基本一致,因此如何区分纪律处分和行政处分的界限就变成一个棘手问题。从《律师协会会员违规行为处分规则(试行)》及《中华全国律师协会章程》关于律协对惩戒的相关规定可以看出,律师协会对会员可作出训诫、通报批评、公开谴责、取消会员资格这四类行业处分。相较于《律师法》规定的司法行政机关可以作出警告、罚款、没收违法所得、停止执业、吊销执业证书等处罚而言,律师协会明显缺乏实质性的惩戒权。并且按照《律师法》的规定:"对律师的违反法律、律师职业道德和律师执业纪律的行为,由司法行政部门给予处罚。"这导致律师协会的训诫、通报批评的惩戒权就显得很薄弱。

当前律师协会的惩戒权比较形式化,例如2021年10月中华全国律师协会发布了《关于禁止违规炒作案件的规则(试行)》,其第11条规定:"律师、律师事务所违反本规则规定的,律师协会应当通知律师和律师事务所限期改正,并根据《律师执业行为规范》《律师协会会员违规行为处分规则(试行)》等行业规范给予相应的纪律处分。律师、律师事务所有相关违法行为应当予以行政处罚的,律师协会应当书面建议司法行政机关作出相应行政处罚,并移交相关证据材料。"仍是采取纪律处分和行政处罚的双轨制。所以,在我国尽快确立惩戒权的单一行使主体有其客观必要性。惩戒权作为律师行业管理的必然要求,同时也是行业规范得以落实的重要保证。在综合考量我国司法行政部门和律师协会职能的基础上,我们认为在行使惩戒权的问题上,由律师协会作为主体无疑是更适合的。一方面,律师协会作为律师行业自律性组织,在管理、监督律师和律师事务所执业的过程中,比司法行政机关有更多的机会了解到行业中存在的违法、违规行为现状,因此由律师协会来制定惩戒规则、行使惩戒权可以更加具有针对性。另一方面,律师协会自治管理权逐步扩大,并最终实现自律与自治的结合是我国律师行业管理的发展趋势,因此,将惩戒权交由律师协会行使也是顺应律师制度发展趋势的。律师协会与司法行政部门的改革前景是,加强司法行政部门对律师工作的客观管理职能,同时保障律师协会行业管理职能的充分发挥。[①]

第四节 法律实践

一、"黑律师"的管理

所谓"黑律师",是指无执业资格或有执业资格而未在当地律师管理机构注册的从事律师执业的人。这些"黑律师"往往没有通过法律职业资格考试或者没有经过实习律师考核,法律水平低下,法律职业道德欠缺。在与当事人交流的过程中,"黑律师"往往是通过名片或自制的"律师工作证"蒙骗当事人获取其信任。这些"黑律师"不仅扰乱了法律服务市场,败坏了律师的形象,损坏了当事人的合法权益,更严重的是他们在业务能力不足的情况下,往往通过拉关系、"走后门"和行贿等拉拢腐蚀政法干警的手段来打赢官司,加剧了司法腐败。

"黑律师"现象的产生除了司法行政机关的监管力度不够以外,最重要的是立法上有缺陷。例如,公安机关仅能处理冒充律师从事法律服务的人员,对于未取得律师执业证而从事有偿法律服务的人员则只能由司法行政机关进行处理。并且,对于"黑律师"的违法行为,一般是通过没收其非法所得进行制裁,管理部门在为当事人追回被骗财物后也只能对其进行训诫教育。由于违法成本较低,一些"黑律师"并不以此为戒,而是采取更加隐蔽的方式逃避监管,这就导致了这些"黑律师"屡禁不止。因此,要治理"黑律师"现象,需要司法行政机关加大惩罚力度,严厉打击"黑律师"冒充律师从事法律服务和未取得律师执业证而从事有偿法律服务的行为。首先,司法行政部门要加强与公安机关的联系,利用公安机关的力量来打击上述行为。其次,加强司法行政部门与公、检、法等机关的信息共享,及时掌握这些"黑律师"的动向。再次,司法行政部门还应当把已处理过的"黑律师"名单在报纸等公共媒体上公示,防止群众受骗上当,并公布举报电话及处罚办法。最后,司法行政机关还要从自身抓起,严厉打击法律援助律师和司法所工作人员收费办案的行为。

二、律师会费

根据《中华全国律师协会章程》第 33 条的规定,律协经费来源主要包括会费、财政拨款、社会捐助及其他合法收入。由于律师协会是自律性行业组织,收取会费是保证其经费来源的主要渠道,也符合行业的惯例。但是,在具体操作的

[①] 陈光中主编:《公证与律师制度》,北京大学出版社 2006 年版,第 232 页。

过程中,律师协会收取律师会费的方式存在一些问题,有的地方是按本地区所有律师的人均收入来征收,所有的律师都一刀切;有的地方则是以律所为单位,以律所的人均收入为标准对不同的律所实施不同的标准,而同一个律所内部各个律师缴纳的律师会费则是相同的。这两种方法都忽视了一个最基本的问题,即我国目前律师收入严重不均,在经济学中通常表述为"二八现象":20%的律师做了80%的业务,而另外80%的律师只做了20%的业务。在这种情况下,不考虑律师收入的个体差异,显然是不公平的。此外,重复收费问题也比较严重。在实践中,地方律师协会除向律师个人收缴个人会费外,还向律所收缴团体会费,造成了律所合伙人的重复交费。

针对上述问题,一方面要提高律师会费制度的公平性。比如,美国律师的会费不仅对新律师予以照顾(一般律师是 500 美元,而新律师是 150 美元),而且视律师收入、执业时间、年龄等因素而定。我们也可以设计多种形式的灵活的会费制度,区分新旧会员律师、专兼职律师以及不同地区的律师或不同收入的律师,对其收缴不同标准的会费。另一方面,要减轻律师负担。我国律师行业并不发达,尚处于初级阶段,过重的会费负担会给广大律师特别是基层律师带来很大的经济压力,影响了律师队伍的稳定和壮大。因此,必须降低律师会费负担。具体应根据律师的收入和社会经济发展水平来确定会费数额,坚决禁止针对律师的变相收费。

第五节 案例评析

一、律师协会给予律师事务所及律师处分案[①]

【案情】

孙某的母亲李某委托 JH 律师事务所为其立遗嘱见证,但是该律师事务所指派的律师只是对李某在遗嘱上签字、盖章行为的真实性进行见证,也没有告知李某"为其立遗嘱见证"的是仅对其在遗嘱上签字的行为见证而非对遗嘱进行见证。法院认为 JH 律师事务所接受李某的委托制作遗嘱并出具见证书,应当对遗嘱效力负有直接责任,由此判定律师事务所赔偿孙某损失 25 万元。

北京市律协认为,王律师、刘律师由于工作不细致导致遗嘱中存在诸多瑕疵,在承办遗嘱见证业务中存在明显过错。JH 所明知王律师、刘律师执业年限较短、执业经验不足,未对其所承办业务尽到必要的审核监督责任,在没有严格审查的情况下就在律师见证书上加盖了公章,直接导致所出具的法律文书存在

[①] 北京市律师协会:《北京律师执业警示录》,中国政法大学出版社 2005 年版,第 144—151 页。

重要瑕疵,也存在一定的过错。依据《律师协会会员违规行为处分规则(试行)》的相关规定,给予 JH 所、王律师、刘律师训诫的行业处分。

【评析】

本案中,由于律师的不负责任和工作疏忽导致了见证书的瑕疵,从而造成了孙某的损失。虽然赔偿了当事人孙某的损失,但是,两位律师的行为给律师团队的形象造成了不良影响,律师事务所对律师应承担管理、监督的职责,要对律师的业务进行基本的审核与监督。本案中 JH 所未能尽到完全的监督管理义务,导致出现了工作上的瑕疵,理应受到律师协会的处罚。

律师事务所要加强对年轻律师的执业技能培训和业务的审核监督,以防此类现象的发生。律师协会依据相关法律法规对两位律师及律所作出训诫的处分,一方面通过惩戒律师、律所促使律师和律师事务所进行改正;另一方面,也有利于其他律师和律师事务所吸取经验教训,以规范自身的执业行为及管理制度。

二、律师协会给予律师事务所处分案

【案情】

2007 年 8 月份,宁夏回族自治区企业家协会开展"宁夏诚信经营优秀企业、宁夏诚信经营杰出企业家"的评比活动。活动期间,嘉禾律师事务所向宁夏回族自治区企业家协会填报了"宁夏诚信经营优秀企业、诚信经营杰出企业家"的评比申请表,企业名称栏内填写"北京市大成律师事务所银川分所(嘉禾律师事务所)",企业家姓名栏内填写"刘亚平"。经评选,北京市大成律师事务所银川分所(嘉禾律师事务所)被评为"宁夏诚信经营优秀企业",刘亚平被评为"宁夏诚信经营杰出企业家"。

后经查,北京市大成律师事务所确已决定在银川设立分所,但嘉禾律师事务所在司法行政部门登记的名称从未变更。同时,嘉禾律师事务所属于合伙制性质的律师事务所,根据《民办非企业单位登记暂行办法》的规定,合伙制性质的律师事务所属于民办非企业单位。因此,嘉禾律师事务所根本不具备参加"宁夏诚信经营优秀企业"评选活动的资格。

银川市律师协会决定对嘉禾律师事务所给予训诫的处分。①

【评析】

上述案例中,银川市律师协会对嘉禾律师事务所使用未经核定的律师事务所名称从事活动并以企业的名义参加诚信经营优秀企业评奖一事进行了处分。根据 2018 年全国律协《律师执业行为规范》第 16 条的规定,律师和律师事务所

---

① 银川律师协会:《关于给予刘亚平律师通报批评处分决定书》,参见"银川市律师协会"网站,http://www.nxyclawyer.com/news/html/? 1500.html,2012 年 4 月 30 日访问。

推广律师业务,应当遵守平等、诚信原则,遵守律师职业道德和执业纪律,遵守律师行业公认的行业准则,公平竞争。嘉禾律师事务所的行为明显违反了律师职业道德和执业纪律。对作为会员的律师和律师事务所进行律师职业道德和执业纪律的教育、检查和监督是律师协会的一项重要职责。唯有维护好律师职业道德和执业纪律,律师业才能健康有序地发展。另外,银川市律师协会在对嘉禾律师事务所作出处分决定后,通知嘉禾律师事务所,如对该处分决定不服,可在收到决定书后30个工作日内向宁夏回族自治区律师协会申请复查。从这一点可以看出,律师和律师事务所如果对银川市律师协会的惩戒不服或有异议,可以向其上一级律师协会即宁夏回族自治区律师协会寻求救济。建立律师协会行业内部的监督和制约机制,不失为一种很好的保护律师和律师事务所合法权益的举措。

三、受处分律师状告律师协会案

【案情】

2004年1月到7月,北京市律师协会两次向外界发布了对律师纪律处分的"黑榜",九众律师事务所负责人李坤受到七次律师纪律处分。

2004年12月26日,李坤将北京市律师协会告上海淀区人民法院,请求法院依法宣告北京市律协给他出具的处分决定书无效,北京市律协在其网站首页及《北京律师》杂志首页上以正常字体刊登致歉信,赔偿因侵害名誉权给他造成的精神损失5万元。

此案为全国首例律师状告律协的诉讼,北京市海淀区人民法院公开审理后认为,李坤起诉北京市律师协会侵犯其名誉权,依据其起诉理由和诉讼请求,属于对北京市律师协会作出的决定提起诉讼。根据有关法律和律师协会章程的规定,北京市律师协会对李坤作出谴责的处分属于社会团体对其管理人员作出的处理决定,不符合人民法院受理案件的条件,故当庭裁定驳回了原告的起诉。[①]

【评析】

这是律师协会会员不服律师协会的处分决定而向法院提起诉讼的案件,也是全国第一起律师状告律师协会的案件。法院认为"北京市律师协会作出涉及李坤的决定,属于社会团体对其管理人员作出的处理决定,不符合人民法院受理案件的条件"。可以看出,法院认为律师协会对其会员作出纪律处分属于律师协会作为社会团体对其会员的管理行为,也就是说,这是律师协会内部的事情,法院不应该予以审查。的确,依据《律师法》和《北京市律师协会会员纪律处分

---

① 参见李京华:《北京市首例律师状告律师协会案被驳回》,参见"新华网",http://news.xinhuanet.com/newscenter/2005-05/20/content_2981722.htm,2012年4月30日访问。

规则》，北京市律师协会纪律委员会有权对会员作出训诫、警告、批评、谴责、中止会员权利、终身取消会员资格等6种处分。但是，相关法律、规则都没有规定对这些处分有异议时的救济途径，这就存在制度不健全的问题，谁来监督律师协会，律师受处分后还应该有什么救济渠道，这些都应该有明确规定。对于靠市场吃饭的律师而言，最重要的可能就是名誉，如果多次受到律师协会的处分并被公之于众，作为一名律师就可能很难再从事这一职业。

但是按照《行政处罚法》的规定，除了行政机关，法律、法规授权的具有管理公共事务职能的组织可以在法定授权范围内实施行政处罚。再根据2007年修改后的《律师法》第46条的规定，律师协会对律师、律师事务所实施奖励和惩戒。律师协会的处罚权属于法律、法规授权，即律师协会的处罚就是行政处罚，被处罚的律师或者律师事务所对处罚不服是可以提起行政诉讼的。

第六节　问题与建议

一、扩大律师协会的权力

从1993年至今，我国"两结合"的律师管理体制已经实践了二十多年。虽然从我国当前的实际情况来看，"两结合"的共同管理模式是契合我国国情的，但司法行政机关和律师协会的权力分配需要进行协调。

在目前针对律师行业的权力规制体系中，律师职业资格审查权、律师行业规章制定权以及律师惩戒权无疑是其最为重要的组成部分。笔者认为，我国可以吸纳德国的律师管理模式，将职业资格授予权归司法行政机关，惩戒权则归律师协会，即法律职业资格考试报名、判卷、录取等工作以及法律职业资格的授予、律师执照的颁发之权仍属司法行政机关。处罚权则由律师协会单独行使，但律师协会不能直接吊销律师的执业资格，律师协会在作出取消律师会员资格的决定后报请司法行政机关吊销其职业证书。[①]

二、完善律师协会的惩戒规范

1999年中华全国律师协会颁布了《律师协会会员违规行为处分规则（试行）》（以下称《处分规则》），2017年1月8日进行了第二次修改。该处分规则规定了惩戒委员会的组成、职责；纪律处分的种类、适用；违规行为与处分的适用；纪律处分的程序等。

---

① 程滔：《从自律走向自治——兼谈新〈律师法〉对律师协会职责的修改》，载《政法论坛》2010年第4期。

（一）规定惩戒委员会委员的组成与职责

《处分规则》第 12 条规定,惩戒委员会由具有 8 年以上执业经历和相关工作经验,或者具有律师行业管理经验,熟悉律师行业情况的人员组成。

《处分规则》第 14 条详细规定了惩戒委员会的如下职责:

1. 参与起草投诉受理查处相关规则和制度;
2. 接待投诉举报;
3. 对投诉举报进行初审,对于符合规定的投诉提交惩戒委员会受理;
4. 负责向惩戒委员会转交上一级律师协会交办、督办的案件;
5. 负责向下一级律师协会转办、督办案件;
6. 负责与相关办案机关、司法行政机关和律师协会间的组织协调有关工作,参与投诉案件调查、处置、反馈工作;
7. 定期开展对投诉工作的汇总、归档、通报、信息披露和回访;
8. 研究起草惩戒工作报告;
9. 其他应当由投诉中心办理的工作。

（二）纪律处分的情形

《处分规则》第 20 条至第 42 条对利益冲突行为、代理不尽职行为、泄露秘密或隐私行为、违规收案、收费行为、不当竞争行为、妨碍司法公正行为、以不正当方式影响办理案件行为、违反司法行政管理行为、其他应处分的违规行为给予什么处罚作了非常详尽的规定。

（三）纪律处分的种类

纪律处分的种类增加了警告和中止会员权利 1 个月以上 1 年以下。《处分规则》第 15 条对纪律处分的种类和适用也作了明确规定。

1. 训诫,是一种警示性的纪律处分措施,是最轻微的惩戒方式,适用于会员初次因过失违规或者违规情节显著轻微的情形。训诫采取口头或者书面方式实施。采取口头训诫的,应当制作笔录存档。
2. 警告,是一种较轻的纪律处分措施,适用于会员的行为已经构成了违规,但情节较轻,应当予以及时纠正和警示的情形。
3. 通报批评、公开谴责适用于会员故意违规、违规情节严重,或者经警告、训诫后再次违规的行为。
4. 中止会员权利 1 个月以上 1 年以下,是指在会员权利中止期间,暂停会员享有律师协会章程规定的全部会员权利,但并不免除该会员的义务。

除口头训诫外,其他处分均需作出书面决定。

律师协会决定给予警告及以上处分的,可以同时责令违规会员接受专门培训或者限期整改。专门培训可以采取集中培训、增加常规培训课时或者律师协会认可的其他方式进行。限期整改是指要求违规会员依据律师协会的处分决定或者整改意见书履行特定义务,包括:(1)责令会员向委托人返还违规收取的律师服务费及其他费用;(2)责令会员因不尽职或者不称职服务而向委托人退还部分或者全部已收取的律师服务费;(3)责令会员返还违规占有的委托人提供的原始材料或者实物;(4)责令会员因利益冲突退出代理或者辞去委托;(5)责令会员向委托人开具合法票据、向委托人书面致歉或者当面赔礼道歉等;(6)责令就某类专项业务连续发生违规执业行为的律师事务所或者律师进行专项整改,未按要求完成整改的,另行给予单项处分;(7)律师协会认为必要的其他整改措施。

训诫、警告、通报批评、公开谴责、中止会员权利1个月以上1年以下的纪律处分由省、自治区、直辖市律师协会或者设区的市律师协会作出;取消会员资格的纪律处分由省、自治区、直辖市律师协会作出;设区的市律师协会可以建议省、自治区、直辖市律师协会依本规则给予会员取消会员资格的纪律处分。

(四)理清纪律处分与行政处罚的关系

如前所述,在律师惩戒中纪律处分和行政处罚的界限并不清晰。《处分规则》第17条第2款规定,省、自治区、直辖市律师协会或者设区的市律师协会拟对违规会员作出中止会员权利1个月以上1年以下的纪律处分决定时,可以事先或者同时建议同级司法行政机关依法对该会员给予相应期限的停业整顿或者停止执业的行政处罚;会员被司法行政机关依法给予相应期限的停业整顿或者停止执业行政处罚的,该会员所在的律师协会应当直接对其作出中止会员权利相应期限的纪律处分决定;省、自治区、直辖市律师协会拟对违规会员作出取消会员资格的纪律处分决定时,应当事先建议同级司法行政机关依法吊销该会员的执业证书;会员被司法行政机关依法吊销执业证书的,该会员所在的省、自治区、直辖市律师协会应当直接对其作出取消会员资格的纪律处分决定。

【问题与思考】

1.2004年XX省XX区司法局出台一份"红头文件",要求各律师事务所不得接收涉及XX地区特大污染事故索赔一方的委托代理,司法行政机关的这一做法是否正确?司法行政机关应该如何对律师和律师事务所进行管理?

2.修改后的《律师法》将对律师事务所的年检注册改为年度考核,请评析我国对律师和律师事务所的年度考核制度。

第四章 律师的权利和义务

【内容提要】

本章介绍律师执业中享有的权利与应当履行的义务,分析辩护律师执业中的取证难、阅卷难、会见难以及律师执业中特别是刑事辩护中行使权利的障碍,结合国外的规定论述律师的调查取证权、豁免权、在场权的完善,探讨律师是否拥有强制调查取证权,律师的在场权以及值班律师的权利义务等焦点与热点问题,最后对热点案件进行评析,提出赋予律师的职业豁免权,律师职业秘密特权等。

【关键词】 会见权 阅卷权 调查取证权 在场权 律师豁免权 律师职业秘密权 律师拒绝辩护、代理权

第一节 基本理论

一、律师的权利

维护权利成为现代社会一个时髦的话语。在法治完善的国家,也越来越重视人权及对权利的保障。律师权利是律师制度的核心,也是律师执业的根本,律师权利得不到落实,必将危及律师业的存续和发展。律师以维护他人的权利为己任,律师权利受到侵犯,最终使委托人的合法权益得不到法律应有的保护,不仅会使法律规定的"维护当事人合法权益"只停留在纸面上,还会使得社会和公民对律师作用和律师制度产生怀疑,最终使公民失去对司法公正的信仰。如果律师自己的权利难保,也就谈不上律师功能的发挥,因此,维护律师权利,是现代法治国家的必然要求,也是保障司法公正的重要途径。

（一）律师权利的概念与特征

律师权利是指律师在执业活动中依法享有的权利。律师权利是由法律规定的,具有两个特点:第一是当事人享有的法律权利在一定程度上也是律师的权利,律师代为当事人行使权利,律师有些权利来源于当事人的权利,如刑事辩护律师的辩护权和辩论权实际上都是被追诉人的权利;第二是为了保障律师行使职务的便利,法律赋予律师某些特权,如查阅案卷权、调查取证权、保密权、豁免权等。律师权利得以实现,有时需要单位和个人的配合,也需要有关机关提供便利。

（二）律师权利的类型

关于律师权利类型,根据不同的标准有不同的划分:

1. 根据律师权利的来源将之分为法定权利、约定权利和继受权利。所谓法定权利，是指法律规定律师所享有的权利，包括调查的权利、查阅案卷材料的权利、同被限制人身自由的人会见和通信的权利、出席法庭并参与诉讼的权利、拒绝辩护与代理的权利等。约定权利是指律师事务所与委托人在双方签订的委托律师承办法律事务的合同中，为具体承办法律事务的律师所确定的权利，包括要求委托人陈述案件事实的权利，要求委托人向律师提交其所掌握的有关本案的证据材料的权利，要求委托人提供必要的工作条件和经费的权利。约定权利除了须在法定范围内约定外，其内容不具有确定性。继受权利是指律师根据委托人的授权而享有的委托方当事人依法或依合同享有的权利，包括代为承认权、放弃或变更诉讼请求权、进行和解权、提起反诉权、提起上诉权、法庭辩论的权利等。继受权利实质上隶属于法定权利，如提起上诉权、法庭辩论权等。

2. 根据业务范围划分为诉讼权利和非诉讼权利。诉讼权利指律师在办理刑事诉讼、民事诉讼及行政诉讼案件中享有的权利；非诉讼权利是指律师代理非诉讼法律事务中的权利。诉讼权利和非诉讼权利在内容上部分是重合的。

3. 根据律师权利的性质不同，可将之分为人身权利、财产权利和执业权利。律师的人身权利又可分为人格权和身份权，其中人格权包括物质性人格权和精神性人格权。律师享有的物质性人格权主要有：生命权、身体权、健康权等；律师享有的精神性人格权主要有：人身自由权、肖像权、商号权、名誉权等。身份权包括配偶权、亲权、亲属权等。律师的财产权利主要指与律师业务活动紧密相关的债权，即合同之债权。律师服务是有偿服务，律师向委托人提供法律服务，依法享有从委托人处获取一定报酬的权利。除了律师的业务报酬以外，律师在提供法律服务过程中所需的鉴定费、翻译费、资料费、复印费、通讯费以及其他必须开支的费用，律师有权要求委托人按报销单据支付。对于异地办案的，律师有权要求委托人按合理标准负担食宿、交通等费用。律师执业权利包括代理权和辩护权。代理权即律师在诉讼中和非诉讼业务中担任代理人时所享有的代理权限。律师的辩护权，根据《律师法》和《刑事诉讼法》的规定，主要包括以下辩护权限：知情权、会见权、通信权、代理申诉、控告权、申请取保候审权、请求解除强制措施权、取证权、阅卷权、提出意见权、举证权、质证权、辩论权、代行上诉权等权利。

(三) 律师的法定权利

律师权利[①]是律师依法执行职务、正常开展工作的保障，各国法律对律师权利都作了明确规定。我国《律师法》《刑事诉讼法》《民事诉讼法》《行政诉讼法》以及最高人民法院、最高人民检察院、司法部颁布的规范性文件中对律师权利作

---

① 这里律师的权利主要是指律师在诉讼中的权利，因律师在刑事诉讼中的权利问题比较突出，因此这一部分重点探讨辩护律师的诉讼权利。

了规定。根据这些规定,律师主要享有以下诉讼权利:

1. 阅卷权

律师参加诉讼活动,为了全面、详细地了解案情,有权查阅案卷材料。辩护律师阅卷权,是指在刑事诉讼过程中,法律赋予辩护律师为履行其辩护职责查阅、摘抄、复制有关案件材料,了解案件情况并收集证据的权利。《律师法》第34条和《刑事诉讼法》第40条都规定,辩护律师自案件审查起诉之日起,有权查阅、摘抄和复制与案件有关的诉讼文书及案卷材料。

在我国,刑事辩护律师自案件审查起诉之日起,享有阅卷权,不仅可以查阅,还可以复制、摘抄案卷材料,复制案卷材料还可以采用复印、拍照、扫描、电子数据拷贝等方式。案卷材料包括案件的诉讼文书和证据材料。根据相关法律的规定,对讯问过程应当进行同步录音录像的,辩护律师、代理律师可以根据案件需要依法要求查阅、复制。

2. 调查取证权

调查取证是律师最基本的职责之一,律师承办案件无论是诉讼案件还是非诉讼案件,都要在掌握事实的基础上,事实又需要证据加以支撑,因此律师调查、收集必要的材料是律师开展业务活动的基本前提。辩护律师调查取证权是指在刑事诉讼中,辩护律师为了进一步了解、核实案情,有权依照有关规定向有关单位、个人进行调查,收集证据材料。

《律师法》第35条、《刑事诉讼法》第41、43条规定了辩护律师的调查取证权与申请调查取证权,具体包括以下内容:(1)律师凭律师执业证书和律师事务所的证明向有关单位和个人调查,无须经有关单位和个人的同意;(2)辩护律师有权申请人民检察院、人民法院调取证据;(3)律师调查取证,有关单位和个人应当予以支持。

3. 会见权和通信权

会见权与通信权是律师与被追诉人见面并相互交流的权利。《律师法》第33条和《刑事诉讼法》第39条规定了辩护律师的会见权与通信权。根据法律规定,辩护律师的会见权与通信权包含以下内容:(1)辩护律师持律师执业证书、律师事务所证明和委托书或者法律援助公函要求会见在押的犯罪嫌疑人、被告人的,看守所应当及时安排会见,至迟不得超过48小时。(2)危害国家安全犯罪、恐怖活动犯罪案件,在侦查期间辩护律师会见在押的犯罪嫌疑人,应当经侦查机关许可。上述案件,侦查机关应当事先通知看守所。(3)辩护律师会见在押的犯罪嫌疑人、被告人,可以了解案件有关情况,提供法律咨询等;自案件移送审查起诉之日起,可以向犯罪嫌疑人、被告人核实有关证据。(4)辩护律师会见犯罪嫌疑人、被告人时不被监听。

4. 申请取保候审权与强制措施超期要求解除权

为了保障诉讼的顺利进行,防止犯罪者实施逃跑、隐藏或伪造、毁灭证据及串供等妨碍刑事诉讼的行为,公安司法机关对被追诉人采取在一定期限内暂时限制或剥夺其人身自由的法定强制方法。我国的强制措施有:拘传、取保候审、监视居住、拘留和逮捕。其中拘留和逮捕是较为严厉的强制措施,因为不同程度地限制公民权利,因此各国法律都规定了适用时的条件和程序。但是我国拘留、逮捕制度不完备,执法观念及执法水平参差不齐,导致公安司法机关对犯罪嫌疑人、被告人滥用强制措施或超期羁押的现象时有发生。根据《刑事诉讼法》第97条和第99条的规定,辩护律师有权申请变更或者解除强制措施。

5. 得到人民法院适当的开庭通知权和申请延期审理权

根据诉讼法有关规定,人民法院确定开庭日期,应当给律师留有准备出庭所需要的时间;律师因案情复杂、开庭日期过急,有权申请延期审理,人民法院应在不影响法定结案时间内予以考虑;人民法院应当用通知书通知律师到庭履行职务,不得使用传票传唤律师;人民法院的开庭通知书至迟应在开庭3日以前送达;案件开庭后,如果改期继续审理,再次开庭前,人民法院也应适时通知承办律师。

6. 申请非法证据排除的权利

非法证据即侦查人员违反法定程序所获取的证据,2010年最高人民法院、最高人民检察院、公安部、国家安全部、司法部联合制定的《关于办理刑事案件排除非法证据若干问题的规定》,对刑事案件非法证据排除的范围和进行法庭调查的具体程序作了规定。2012年修改后的《刑事诉讼法》明确了非法证据排除程序,因此,律师具有申请非法证据排除的权利。

对于非法证据,辩护律师可以提出将非法证据排除,即不得作为起诉意见、起诉决定和判决的依据。刑事诉讼中应当排除的非法证据有两类:第一类是采用刑讯逼供等非法方法收集的犯罪嫌疑人、被告人供述和采用暴力、威胁等非法方法收集的证人证言、被害人陈述,即采用非法方法收集的言词证据。第二类是收集程序不符合法定程序的物证、书证。法律规定刑事诉讼每个阶段的办案机关都有排除非法证据的义务,因此律师在每个阶段都可以提出非法证据排除。

7. 出席法庭、参与诉讼的权利

律师参加诉讼活动,依照诉讼法律规定,可以出席法庭,参与诉讼以及享有诉讼法律规定的其他权利。律师在法庭审理阶段主要享有下列权利:

(1) 发问权,即在庭审过程中,经审判长许可,律师有向证人、鉴定人、勘验人或者被告人发问的权利。

(2) 质证权,即在法庭调查阶段,律师对出示的物证和宣读的未到庭的证人笔录、鉴定人的鉴定结论、勘验笔录和其他作为证据的文书,有提出自己意见的权利;对到庭的证人进行质证的权利。

(3)提出新证据的权利,即在法庭上,律师有申请通知新的证人到庭,调取新的证据,申请重新鉴定或勘验的权利。

(4)参加法庭辩论的权利,是指律师在诉讼进行中,在人民法院的主持下,就争议的问题、案件事实和适用法律,进行辩驳和论证的权利。无论在民事诉讼、行政诉讼中,还是在刑事诉讼中,律师都享有辩论权。律师通过行使辩论权,提出和证明自己的主张,反驳对方的主张,帮助法院核实证据、查明案情,从而作出正确的裁判。

8. 拒绝辩护、代理权

《律师法》第32条赋予了委托人以拒绝权,同时规定律师拒绝辩护、代理是例外。通常情况下,律师接受当事人委托后,应当尽职尽责地为当事人提供法律服务,不得随意拒绝辩护或者代理,只有在特别情形下,即委托事项违法、委托人利用律师提供的服务从事违法活动或者委托人故意隐瞒与案件有关的重要事实的,律师有权拒绝辩护或者代理。第一,委托的事项违法。比如,委托律师草拟规避法律的合同;委托律师毁灭、假造证据或为其串供,威胁、引诱证人改变证言作伪证。第二,委托人利用律师提供的服务从事违法活动,如委托人让律师办关系案、金钱案等。第三,委托人故意隐瞒与案件有关的重要事实。律师代理委托人委托事务的基础是充分了解委托事务的事实情况。如果委托人故意隐瞒与案件有关的重要事实,律师将无法开展工作,在此情况下,律师可以拒绝辩护或者代理。上述三种情况都是委托人有重大失误,不但使律师在诉讼或非诉讼活动中容易陷入被动境地,而且破坏了律师与当事人之间的信任关系。在这种情况下,律师如果继续为当事人提供法律服务,有违律师职业道德,所以,律师拒绝为其辩护或代理是理所当然的。

9. 代行上诉权

代行上诉权是指律师认为地方各级人民法院的一审判决、裁定有错误时,经当事人同意或授权,代其向上一级人民法院提起上诉,要求对案件重新进行审理。我国《刑事诉讼法》第227条规定,被告人的辩护人经被告人同意,可以提出上诉。《民事诉讼法》第62条规定,诉讼代理人提起上诉,必须有委托人的特别授权。由此看来,律师没有独立的上诉权。律师的上诉权是基于当事人的同意或授权。司法实践中,有些当事人明知裁判有错误,但出于各种原因不愿上诉,鉴于这种情况,律师应当向当事人解释法律,提出建议,如果当事人仍坚持不上诉的,律师也无权提起上诉。

10. 获取本案诉讼文书副本的权利

这里的诉讼文书主要是指人民法院的判决书、裁定书、调解书以及人民检察院的起诉书、抗诉书。凡属公诉案件,检察院应当附起诉书副本一份,交由法院转发辩护律师。有律师辩护的第一审案件，检察院如提起抗诉，也应附抗诉书副本交由法院转发辩护律师；凡有律师参加诉讼的刑民案件，无论一审、二审，法院所作的判决书、裁定书，都应将副本发给承办律师。此外，凡有律师参加的仲裁案件，仲裁机构的裁决书副本也应转送承办律师。

11. 依法执行职务受法律保障的权利

《律师法》第3条第4款规定，律师依法执业受法律保护，任何组织和个人不得侵害律师的合法权益。在我国，律师，特别是刑辩律师执业的人身权益容易受到侵害，一方面是来自司法机关的阻挠，个别执法人员对律师工作存在偏见，认为律师为被告人辩护就是"替坏人说话"，为被告人"开脱罪责"，把律师的代理、辩护工作视为障碍，进行压制、责难、训斥，直至侵犯律师的人身权益；另一方面是来自对方当事人，少数公民法制观念淡薄，发生纠纷时惯于搞私了，动私刑，置法律于不顾，恃强凌弱，并对律师的人身权益任意地加以侵犯。

为了保障律师履行职责，更好地维护律师的合法权益，《律师法》在总则中特别强调律师依法执业受法律保护，任何组织和个人不得侵害律师的权利。在律师的权利与义务一章中再次强调律师在执业活动中的人身权利不受侵犯。从这些规定看，首先，律师依法执业受法律保护。这既是一项基本的权利，也是律师行使其他权利的保障性规定。这一规定说明，律师依法执业（包括诉讼业务和非诉讼业务），任何单位、个人不得非法侵害、干涉；律师在执业中享有的权利，受法律保护，禁止非法阻碍、干扰、剥夺、侵犯。其次，律师在执业活动中的人身权利不受侵犯。人身权是法律赋予每个公民的权利，法律禁止对公民的人身权利进行非法侵害。《律师法》针对实践中出现侵犯律师人身权益的恶性事件，特别强调了这一权利。以上这些规定，对于保障律师的人身权利，为律师执业创造一个良好的执业环境，具有重要的意义。再次，《律师法》第37条规定，律师在参与诉讼活动中涉嫌犯罪的，侦查机关应当及时通知其所在的律师事务所或者所属的律师协会；被依法拘留、逮捕的，侦查机关根据《刑事诉讼法》的规定，被拘留的除无法通知或者涉嫌危害国家安全犯罪、恐怖活动犯罪通知可能有碍侦查的情形以外，应当在拘留后24小时以内，通知被拘留人的家属。有碍侦查的情形消失以后，应当立即通知被拘留人的家属。被逮捕的除无法通知的以外，应当在逮捕后24小时以内，通知被逮捕人的家属。2017年《律师法》对本条做了技术上的处理，也是对律师保护措施的完善，即当司法机关认为律师涉嫌犯罪时应首先通知律所和律协，给律师增加了一层保护膜。

12. 律师豁免权

《律师法》第37条规定："律师在执业活动中的人身权利不受侵犯。律师在法庭上发表的代理、辩护意见不受法律追究。"赋予辩护和代理律师的豁免权，即律师在诉讼中的言论不受追究。西方一些国家在法律中明确规定律师的辩护豁免权,当律师为一位有罪的人作无罪辩护时,法院是绝不会追究其任何法律责任的。律师的这一权利是由律师所执行职务的特殊性决定的,是律师履行其职责,实现其使命的必备条件。赋予律师庭审中言论责任豁免权,可以保障律师充分履行诉讼代理人或者辩护人的职责,在法庭上大胆陈述代理或辩护意见而不必担心会因此受到侵权、诽谤、伪证、包庇等民事或刑事责任追究,从而最大限度地发挥法院庭审的功能,维护法律的正确实施,维护犯罪嫌疑人、被告人及其他诉讼委托人的合法权益,达到维护司法公正的目的。

除此之外,辩护律师还享有申请回避、复议的权利和发表意见权等。

二、律师的义务

律师享有法律赋予的权利,同时也要承担法律规定的义务。作为一个律师必须认真履行职责,不得进行任何有损律师名誉,有损委托人合法权益的活动。律师的义务,有对国家、社会的义务;有对当事人的义务;有对司法人员的义务。《律师法》第 38 条至第 42 条规定了律师的义务,包括保守秘密的义务;禁止代理有利益冲突的案件;法律援助的义务①;回避的义务和执业的禁止性规定。本部分仅论述律师执业的禁止性规定和回避义务。《律师法》规定律师在执业活动中不得有下列行为:

(一) 不得私自接受委托、收取费用,接受委托人的财物或者其他利益

律师承办业务,由律师事务所统一接受委托,这一规则虽然未被各国法律明确规定,但实践中,律师接受案件都是通过律师事务所来进行的。《律师法》第 25 条规定:"律师承办业务,由律师事务所统一接受委托,与委托人签订书面委托合同,按照国家规定统一收取费用并如实入账。"律师承办案件,由律师和委托人一起到律师事务所办理委托手续,签订委托合同。律师事务所派专人负责,接待委托人、受案登记、收取费用。法律禁止律师私下收案、私自收费的目的在于:(1) 防止乱收费现象的产生。我国目前律师服务收取报酬实行的是低费原则。律师事务所按国家规定标准统一收费或减免收费。如果允许律师私自收费,会出现律师乱收费的现象。某些律师从个人私利出发,不按国家标准,多收诉讼费,从而损害委托人的合法权益。(2) 防止不正当竞争。随着社会主义市场经济的发展和律师工作改革的深化,律师行业发展得很快,竞争也日益激烈。某些律师为了多办案,特别是多办标的较大的案件,采取少收费的办法,搞恶性竞争,败坏了律师的声誉。另外,委托人除要交纳代理费外,有时还要交纳差旅费、通讯费等其他费用,这些费用也应由律师事务所统一收取。律师不得私下收取委托人的费用。

---

① 有关保密、利益冲突、法律援助见本书其他章节。

此外,律师还不得接受委托人的财物或其他利益。这是许多国家和地区对律师的普遍性要求。虽然具体规定并不相同,但中心意思是一致的。如日本规定,律师承办案件不得接受赠送的金钱或物品。我国台湾地区"律师法"规定,律师收取酬金,不得违背法令与律师公会章程,不得向当事人索取额外的报酬。这里的"其他利益",是指财物以外的其他不正当的好处,如接受委托人的安排,进行各种娱乐,等等。律师不得在律师事务所正常业务收费外索要、收受报酬或实物礼品。有的当事人认为打官司就是打"钱",只要打赢官司,愿意花钱,在这种情况下,律师更应保持清醒头脑,自觉抵制金钱物质的诱惑,不吃请、不收礼,更不得向当事人索要财物。

(二) 不得利用提供法律服务的便利牟取当事人争议的权益

律师接受当事人的委托,为当事人提供法律帮助是律师的职责,律师不能用国家法律赋予的职责牟取私利,更不得牟取当事人争议的权益。当事人委托律师为其提供法律服务,就表明其存在困难,需要帮助,其付出的不仅是金钱,更多的是信任。律师不能趁当事人有求于自己,借机牟取当事人争议的权益。这不仅与律师的职业规范不符,而且也破坏了律师与当事人之间的信任关系。

(三) 不得接受对方当事人的财物或者其他利益,与对方当事人或者第三人恶意串通,侵害委托人的权益

律师要忠诚于自己的委托人,接受委托后竭尽全力为委托人提供法律上的帮助。律师提供法律服务时,如果接受与委托人有利益冲突的对方当事人的金钱、物品,往往会导致律师背弃委托人的利益,背弃自己的职责,也就谈不上为委托人尽职尽责、独立公正地办理法律事务。有时,对方当事人在"理亏"的情况下,想贿赂他方的律师,目的是要求其"手下留情";即使对方当事人没有恶意,律师也不能接受。如果律师接受对方当事人的财物,就会损害己方当事人的权益,这是绝对不允许的。律师更不得与对方当事人或者第三人恶意串通,侵害其委托人的权益。

(四) 不得违反规定会见法官、检察官、仲裁员以及其他有关工作人员

律师为了顺利地办理案件,与法官进行适当的沟通是可以的,但是律师不得私下与法官、检察官、仲裁员会见或者与他们进行不正常的接触。如日本《律师职业道德规范》第14条规定:"律师不得为了有利于案件,而与审判官、检察官等进行私人方面的接触和交涉活动等。"我国也规定,律师不得违反规定会见法官、检察官、仲裁员。

(五) 不得向法官、检察官、仲裁员以及其他有关工作人员行贿,介绍贿赂或者指使、诱导当事人行贿,或者以其他不正当方式影响法官、检察官、仲裁员以及其他有关工作人员依法办理案件

律师应凭借娴熟地掌握法律知识和灵活地运用证据的技巧,为当事人提供法律帮助,维护其合法权益,而不能采用请客送礼、行贿受贿等手段去影响法官、

检察官、仲裁员以及其他工作人员,从而作出对自己有利的判决。为了禁止律师滥用权利,不少国家立法都不允许律师与执法人员非正常的接触。如英格兰和威尔士规定,出庭律师无论向谁支付佣金或送礼以得到辩护要点,都是严重违反职业道德的行为。在我国,目前社会上一些人认为,不花钱办不了事,请客送礼之风盛行。律师在这种情况下更应抵制不正之风,不请客送礼或行贿,更不得指使或诱导当事人行贿。否则就会助长社会的歪风邪气,产生极坏的影响,玷污律师的声誉。

(六)不得故意提供虚假证据或者威胁、利诱他人提供虚假证据,妨碍对方当事人合法取得证据

证据是指能够证明案件真实情况的一切事实。刑事公诉案件中,法院在公诉方提出充分、确实的证据的基础上对被告人定罪量刑;刑事自诉案件中,如果自诉人提不出证据,人民法院则裁定驳回自诉;民事、行政案件中,当事人对自己的主张有提供证据的义务,否则承担败诉的后果。现在法院审理案件采用抗辩式庭审方式,法院审理案件的过程实际上就是证据的质证过程。由此可见,证据在案件审理中占着重要的地位。因此,律师在一个案件中要想获胜的话,也必须有充分确凿的证据,但是,律师不能为达到胜诉的目的,提供虚假的证据或者隐瞒事实;更不得威胁、利诱他人提供虚假证据或者隐瞒事实;也不得妨碍对方当事人合法取得证据。

(七)不得煽动、教唆当事人采取扰乱公共秩序、危害公共安全等非法手段解决争议

该款是2007年《律师法》增加的内容。此处的"煽动"是指以激起当事人的仇恨、歧视、情绪为目的,公然以语言、文字等方式诱惑、鼓动群众采取扰乱公共秩序、危害公共安全的非法行为;"教唆"是指唆使或怂恿他人采取扰乱公共秩序、危害公共安全等非法行为。有些律师在当事人争议无法解决或者有关机关没有能够满足其委托人的要求时,煽动或教唆当事人采用闹事、扰乱公共秩序等非法手段,试图把事情闹大、引起重视以解决其纠纷,这是违反职业道德的,作为律师应当协助当事人采取合法手段解决争议。

(八)不得扰乱法庭、仲裁庭秩序,干扰诉讼、仲裁活动的正常进行

案件审理是在法官或者仲裁员的主持下进行的,在案件审理的过程中,律师应与法庭或者仲裁庭合作,尊重法庭,遵守法庭的纪律。比如,律师按照法庭通知的时间准时参加诉讼,未经审判长或仲裁员许可不得发问等。律师不得以拖延诉讼为目的进行攻击或防御,而且必须严格遵守出庭时间及其他职务上的纪律。实践中,有些律师因自己的意见与合议庭或仲裁庭的意见不同,就哄闹法庭或仲裁庭,或者挑动当事人对法官、仲裁员进行侮辱、谩骂,扰乱庭审秩序,甚至采用不正当手段拖延诉讼,这非但不利于案件的解决,还损害了律师的形象。

(九) 曾经担任法官、检察官的律师,从人民法院、人民检察院离任后二年内,不得担任诉讼代理人或者辩护人

实践中,一些法官和检察官离开法院或检察院后,当了执业律师,他们在办理案件过程中容易利用原来的一些工作便利和人事关系而影响公正办案。为了保证办案的公正性,也为了防止、杜绝社会上的一些不正当关系影响办案的质量,许多国家和地区都禁止法官、检察官离任做律师后马上承办案件。我国法律规定法官、检察官在离任后二年内不得从事诉讼业务,但可从事非诉讼业务。

(十) 律师和律师事务所依法纳税的义务

律师作为法律的践行者,依法纳税是其义不容辞的责任。自 20 世纪 90 年代律师事务所改制以来,一直没有如同其他经营主体的清晰定位,而是作为无法取得营业执照的其他组织形式存在。至 2022 年年初,全国律师行业从业人员超过 57 万人;律师事务所形成除海南省允许设立公司制律师事务所以外的合伙制所、个人所、全国所分所等组织形式。2002 年以前律师事务所大多核定征收税收,2002 年由核定征收变更为查账征收以后,许多律师事务所在财务处理、记账、计税基础等方面认识模糊,无法客观真实地进行财务记录,并真实反映律师服务的收入和成本支出,导致税收认识上的混乱和错误频出,增加了律师事务所以及律师的税收负担。因此,律师事务所及律师做好税收整体规划与统筹安排,重视自身税务合规体系建设,提前有效识别各种税收法律风险,已经成为当务之急。

第二节 立法背景

一、律师诉讼权利的行使从"旧三难"到"新三难"

我国律师权利散见于律师法、诉讼法等法律法规、规范性文件中。虽然法律法规和规范性文件规定了律师的许多权利,但在我国律师的权利行使状况并不乐观,在刑事诉讼中可谓举步维艰。律师感叹办案难,尤其是办理刑事案件难。律师执业中有"旧三难"与"新三难"的说法。"旧三难"主要是指取证难、阅卷难、会见难,"新三难"是指发问难,质证难,辩论难。但是律师遇到重重的阻隔也不仅仅限于这几难,还有申请取保候审难、非法证据排除难、律师的正确意见被采纳难、维护律师在诉讼中的合法权益难,等等。"旧三难"实际上是庭前的诉讼权利的行使,"新三难"是法庭上的诉讼权利。此外,针对这些问题,2007 年的《律师法》扩充和完善了律师的权利,2012 年《刑事诉讼法》对辩护律师的诉讼权利进行了"三完善、三增加",即完善了会见权、阅卷权和调查取证权,增

加了保密权、申诉控告权和进行辩护的权利。① 2017 年修改后的《律师法》又做了修正。

（一）解决会见难问题

会见犯罪嫌疑人是律师在侦查阶段了解案情的重要途径。因此，侦查阶段律师的会见权，不论对律师还是对犯罪嫌疑人而言都是一项十分重要的诉讼权利。在押的犯罪嫌疑人只有和律师会见，才能切实得到律师的帮助；而律师只有会见到犯罪嫌疑人，才能向他们了解案件情况，以获取履行职责所需要的材料。

针对律师会见犯罪嫌疑人遭遇的侦查机关的种种刁难，2007 年修改的《律师法》做了完善：第一，会见时间提前。由犯罪嫌疑人被侦查机关第一次讯问后提前至犯罪嫌疑人被侦查机关第一次讯问时。第二，会见无需批准。律师凭"三证"，即律师执业证书、律师事务所证明和委托书或者法律援助函便可会见。第三，强调律师会见犯罪嫌疑人、被告人，不被监听。

2012 年修改后的《刑事诉讼法》第 37 条首先认可了《律师法》的规定，即律师持"三证"即可会见犯罪嫌疑人、被告人，且会见不被监听；其次，看守所应当在 48 小时内安排会见；再次，对于危害国家安全、恐怖活动犯罪，辩护律师会见需要经过侦查机关许可；最后，案件审查起诉后，辩护律师会见可以核实证据。

2017 年的《律师法》将第 33 条修改为："律师担任辩护人的，有权持律师执业证书、律师事务所证明和委托书或者法律援助公函，依照刑事诉讼法的规定会见在押或者被监视居住的犯罪嫌疑人、被告人。辩护律师会见犯罪嫌疑人、被告人时不被监听。"②该修改与《刑事诉讼法》修改中律师工作的位置前移是有关的，后一处修改强调了《刑事诉讼法》的规定，不仅是技术性完善，同时也是理念进步。

（二）解决阅卷难问题

律师阅卷难体现在：律师阅卷范围狭窄、律师阅卷的时间缺乏保障、法院给律师阅卷能够提供的场地和技术支持等十分有限。鉴于此，2007 年修改后的《律师法》扩大了阅卷范围：将以前的"只可查阅诉讼文书、技术性鉴定材料"扩大为"与案件有关的诉讼文书及案卷材料"，并明确律师可以复制与案件有关的材料。

2012 年《刑事诉讼法》在律师阅卷权问题上取得了进展，即在审查起诉阶段

---

① 汪海燕、付奇艺：《辩护律师诉讼权利保障的法治困境》，载《中国司法》2014 年第 1 期。
② 原《律师法》第 33 条规定，犯罪嫌疑人被侦查机关第一次讯问或者采取强制措施之日起，受委托的律师凭律师执业证书、律师事务所证明和委托书或者法律援助公函，有权会见犯罪嫌疑人、被告人并了解有关案件情况。律师会见犯罪嫌疑人、被告人，不被监听。

和开庭审判前,辩护律师获得了查阅、摘抄、复制公诉方案卷笔录的权利。阅卷分为两个阶段,第一阶段:根据2012年《刑事诉讼法》第38条,辩护律师自人民检察院对案件审查起诉之日起,可以查阅、摘抄、复制本案的案卷材料。这可以理解为律师对公诉机关掌握的全部案卷材料都可以查阅。第二阶段,2012年《刑事诉讼法》恢复了1979年全部案卷材料移送法院的制度。因此在审查起诉阶段和法院开庭审理前,律师获得了两次查阅、摘抄、复制控方案卷笔录的机会,在理论上可以称之为双重阅卷权。

2017年《律师法》将第34条修改为:"律师担任辩护人的,自人民检察院对案件审查起诉之日起,有权查阅、摘抄、复制本案的案卷材料。"此处的修改曾引起人们的担心,修改后的条文似乎是缩小了律师的权利,法院、检察院可能会以此为由不让律师复印有关诉讼文书,但是对于律师来说,可以主张凡是案卷中有的材料便可依法调取。

(三) 解决调查取证难问题

2012年《刑事诉讼法》较之1996年《刑事诉讼法》在调查取证权方面有了很大的进步和完善,新增的第39条和第40条的规定,与未做改动的第41条共同构成了关于律师调查取证权的法律规范。2012年《刑事诉讼法》规定了律师在侦查阶段的辩护人身份和地位,即律师在侦查阶段即可行使辩护权利,这也包括了调查取证权。这扭转了侦查阶段律师调查取证权缺失的局面,更加完善了律师的辩护权利,使得弱小的被追诉方相对于强大的侦查机关达到一种控辩平衡的状态。但是,法律规定辩护律师行使调查取证权必须经有关单位和个人同意或者经人民法院、人民检察院许可,律师向保护人一方调查取证则要经过"双重许可"。由于有关人员的不配合,使得律师的调查取证显得格外被动与艰难;此外,律师向检察院、法院提出调取证据的申请,很少被同意,并且法律没有规定律师行使权利遇到障碍时的救济程序。这使得此类问题没有得到根本的解决,有待法律和实践的进一步发展。

(四) 新增加权利

2012年的《刑事诉讼法》增加了一些权利,包括:(1) 保密权。在我国,律师的保密一直被当作一项义务,律师的职业秘密既是一项权利,也是一项义务。《刑事诉讼法》第46条规定,除特殊情况下,辩护律师对在执业活动中知悉的委托人的有关情况和信息,有权予以保密。(2) 增加申诉、控告权。《刑事诉讼法》第47条规定,辩护人认为公安机关、人民检察院、人民法院及其工作人员阻碍其依法行使刑事诉讼权利的,有权向同级或者上一级人民检察院申诉或控告。(3) 在审查批捕、侦查终结、审查案件、死刑复核时提出意见的权利。(4) 申请非法证据排除的权利。(5) 申请复议的权利。

二、律师执业权利受到侵害

虽然近年来,先后修订的《律师法》《刑事诉讼法》《民事诉讼法》和《行政诉讼法》等法律增加了律师的申请权、申诉权,加强了律师会见、阅卷、收集证据、发问、质证、辩论等执业权利的保障,律师的执业环境有所好转,但是对于一些重大的、敏感的案件,以上情形仍然存在。特别是律师因办理案件遭受暴力,有来自当事人的,也有来自办案人员的,有的还因刑事辩护被追究伪证罪等罪名,且律师维权都很艰难。针对这种状况,相关部门采取了一系列有针对性的措施:

第一,出台细则,落实律师权利保障。2015年9月16日最高人民法院、最高人民检察院、公安部、国家安全部、司法部印发了《关于依法保障律师执业权利的规定》的通知;2017年3月20日中华全国律师协会颁布了《律师协会维护律师执业权利规则(试行)》(以下简称《维权规则》),明确了各部门在保障律师权利方面的责任。

第二,完善律师执业权利保障的救济机制。没有救济就没有权利,法律必须为权利提供救济渠道,使权利实现受到阻碍或侵害的人能够依法维权,律师执业权利也是如此。《维权规则》第18条至第32条规定了律师个人提出投诉、申诉、控告以及司法行政部门和律师协会协助律师维权的程序,确保了律师权利的救济途径。

第三,多措并举,为律师行使执业权利提供便利和条件。2015年12月,最高人民法院开通律师服务平台,为律师参加诉讼活动提供网上立案、网上阅卷、案件查询、电子送达、联系法官等更加便捷的法律服务。

2017年4月14日最高人民法院、最高人民检察院、公安部、国家安全部、司法部、中华全国律师协会《关于建立健全维护律师执业权利快速联动处置机制的通知》(以下简称《通知》)对快速受理律师合法权益申请、联动处置方面作出了要求。

第一,《通知》详细列举了侵犯律师执业权利的具体情形,包括会见、通信、阅卷、收集证据和发问、质证、辩论、提出法律意见等合法执业权利受到限制、阻碍、侵害、剥夺,受到侮辱、诽谤、威胁、报复、人身伤害,在法庭审理过程中被违反规定打断或者制止按程序发言,以及被违反规定强行带出法庭等。

第二,《通知》还列明律师维权的三种具体渠道,即向办案机关或者其上一级机关投诉,向同级或者上一级检察院申诉、控告,向注册地的市级司法行政机关、所属的律师协会申请维护执业权利。

第三,《维权规则》将律师维权从原来的专门委员会工作规则上升到了全国性的行业规范。其中,律师在执业过程中"被违反规定强行带出法庭"的,向所属律师协会申请维护执业权利,律师协会应当受理。

第四,《维权规则》还界定了全国律协和地方律协在维护律师执业权利工作方面的主要职责及分工,明确律师人身权利受到侵害、情况紧急时,律协应当启动快速处置机制,切实保障律师人身安全,必要时可申请有关机关对律师采取保护措施;并且应当建立健全维护律师执业权利快速处置机制,做到及时受理、调查、处理、反馈。

第三节　热点前沿问题

一、国外律师的调查取证权

在我国,律师不仅调查取证难,而且律师稍有不慎,会因调查取证被追究伪证罪等,有些律师为了规避风险不调查取证,而国外对于律师调查取证权都有较完善的规定。

（一）美国

美国《联邦刑事诉讼规则》第四章"传讯和准备审判"中,第15条证据保全规则规定了何时采证、通知采证、支付费用、怎样采证、使用、对保全证据提出异议和不妨碍协议保全证据的内容。这些规定包括:由于特殊情况,从司法利益考虑,一方当事人预备提供的证人证词需要先行采证并保存至审判中使用时,法院可以根据该当事人的申请和对有关当事人的通知,并对此类证人的证词采证,并将有关书籍、纸张、文件、记录、录音或其他不属于特权保密范围的材料进行展示。申请采证的一方当事人应当向所有当事人发出适当的书面通知,告知采证的时间、地点。当被追诉人不能负担采证费用时,由政府支付。双方当事人也可协商一致并经法庭同意后保全证据。

第16条规定,被告方可以掌握、保管或控制部分证据,包括:(1) 书籍、纸张、文件、照片、有形物品或者其复制件;(2) 与案件本身有关的身体或精神检查的结果或报告,或者科学检测或试验的结果;(3) 被告人所作的陈述,由政府方或者辩方证人或预期的政府方或辩护方证人对被告人、被告人的律师或代理人所作的陈述。该条说明律师拥有调查取证权。

第17条对传票作了一系列规定,主要有:书记官应签发传票,签名盖章,其他留空白给请求签发传票的当事人,由当事人在送达前填写。在任何时候,根据被告人单方面申请,如果被告人的说明能令法庭相信他经济上无力支付证人的费用,而该证人的出庭作证对于有效地辩护是必要的,法庭应当命令对确定的证人送达传票。如果法庭命令签发传票,送达传票的费用和被传唤证人的费用,应当和以政府名义传唤证人同样的标准和方式支付。传票也可以命令被送达人提供书籍、纸张、文件或其他指定的物品。法庭根据及时的申请,如认为执行该传票可能不合理或滥用权力,可以撤销或更改传票。法庭可以指示,将传票确定的书籍、纸张、文件或物品在审判前或者作为证据出示前提交法庭,然后允许当事人及其律师对这些书籍、纸张、文件或物品,或者其中某一部分进行检查。一项保全证据的命令授权采证地法院的书记官对命令中确定或描绘的人签发传票。传票可以要求证人到审判法院为证人和当事人便利着想所指定的地点接受采证。任何人无正当理由却未按照被送达的传票执行,可以被视为蔑视签发传票的法院而受到惩罚。从以上规定可以得出以下结论:

(1) 美国以强制手段取得对被告人有利证据的权利,受到《宪法第六修正案》的保护。[①] 强制程序包括强制那些不愿出庭的证人出庭作证的权利,被告人也可以要求传讯一方当事人并强制其作证。传票是法院要求某人出席法庭诉讼活动并就特定事项提供证词的命令。携证传票是一种要求被传讯人携带文件、音像磁带等证据以便在这类法庭活动中予以展示的法院命令。

(2) 如果法官对辩护方证人作威胁性的评论实际造成其不敢如实作证的后果,或者排除至关重要的辩护证据,均构成对被告人辩护权的严重侵犯。[②]

(3) 如果某人不能遵守作证传票所定的义务,将受到处罚。

(二) 德国

德国《刑事诉讼法典》在第二编第二章"公诉之准备"中规定了被追诉人的申请调查证据的权利;在第五章"准备审判"中规定了被告人的查证申请及自行传唤;在第六章"审判"中又规定了法官的证据调查。这些规定包含以下内容:

(1) 被追诉人请求收集对他有利的证据时,如果它们具有重要性,应当收集。[③]

(2) 被告人的查证申请。[④] 被告人要求传唤证人、鉴定人参加法庭审判或者收集其他证据时,应当向法庭审判长提出申请,申请要阐明需要对此收集证据

[①] 美国宪法修正案的起草人詹姆斯·麦迪逊在《宪法第六修正案》中这样规定:被告人有以强制程序取得对其有利的证据的权利。美国通过一系列的案例扩大强制取证权。在1976年的华盛顿诉得克萨斯案中这一权利得到进一步发展。审理该案的联邦法官将被告人的强制程序权与辩护权等进行类比,认为强制程序权与第六条修正案规定的其他权利,如对质的权利、获得律师帮助的权利、获得及时和公开审判的权利一样,都是建立在同样的根基之上的,都是正当程序的基本要素,都属于《宪法第十四修正案》的正当程序的基本内容,应当适用于各州,从而将强制程序的适用范围由联邦扩大到各州。转引自陈永生:《论辩护方以强制程序取证的权利》,载《法商研究》2003年第1期。

[②] 例如,在韦布诉得克萨斯 (Webb v. Texas, 409 U.S. 95: 1992) 一案中便发现了一起违反强制程序的事例,这是一起涉及法官对辩护方证人进行威胁的案件。正在为此前的一项判罪而服刑的这位证人受到了主审法官的告诫,法官告诉他伪证的危险,对一桩伪证行为的定罪如何意味着实质性地加重正在进行的服刑,伪证将如何减少获得假释的机会。该证人遂决定不出庭作证,韦布辩称他唯一的证人由于该法官的胁迫而不作证。最高法院同意此点。它引述该法官"威胁性"的评论,指出这种评论有效地转变了证人的态度,从而导致对韦布的损害。

[③] 德国《刑事诉讼法典》第163条a款规定。

[④] 德国《刑事诉讼法典》第219条。

的事实。对申请后法院的安排决定,应当通知被告人。

(3) 被告人自行传唤。① 审判长拒绝某人的传唤申请时,被告人可以对该人员直接传唤。即使无先行的申请,被告人也有权直接传唤。

(4) 只要不是非法所得的证据,则法院依职权应对所有经法院传唤并出庭的证人、鉴定人以及对由法院或检察机关收集的物证,均加以证据调查。对这种证据的放弃需经检察机关、被告及辩护人的同意。

(5) 法院对证据调查的义务的扩张只限于当被告或检察机关提出查证申请时,但对于以下情形,法官将拒绝调查的申请:

首先,对证人及文书证据申请的拒绝。

① 不许可性。如作证的为法官、公务员或其他公职人员,当他们就作证的事项负有保密义务时,法官将拒绝其申请。

② 多此一举的不必要情形。待证的事实已被证明或公开,或者是无意义的。如待证事实是众所周知的或已被证实。

③ 不具目的性。例如当证据完全不适当或不能获取。

④ 有意拖延诉讼程序。申请人明知事实上不可能经由该举证而造成对诉讼程序的有利影响。

其次,对鉴定人的询问申请的拒绝。

如果法庭本身具备必要的专门知识,可以拒绝询问鉴定人的查证申请。如果经先前的鉴定已经表明所主张的事实实际上是完全相反时,也可以拒绝请求对另外的鉴定人听证的查证申请;但是,如果先前鉴定人的专门知识值得怀疑,其鉴定是从不正确的事实前提条件出发,鉴定结论含有矛盾,或者新的鉴定人拥有比先前鉴定人更先进的鉴定方法的,不适用前述规定。法院根据裁量,认为勘验对于查明事实真相并非必要时,可以拒绝要求勘验的申请。在同样的前提条件下,也可以拒绝请求询问要在国外传唤的证人的查证申请。拒绝查证申请时,需有法庭裁定。

从以上规定可以得出以下结论:

(1) 被告方因自身的原因不能调取证据时,在审查起诉期间可以向检察官提出申请,在审判期间可以向法院提出查证申请。

(2) 被告人有自行传唤的权利。自行传唤可委托法院的执行员送达。审判中如果被告人表明被直接传唤人员有助于查明案情的,依申请法院应当裁判由国库向被直接传唤人员支付法定的补偿费。

(3) 法官基于职权也有义务对案件的事实加以澄清,并且其对证据进行调查的时候,不能排除被告人的参与。法典对在什么情况下拒绝查证申请作了明

---

① 德国《刑事诉讼法典》第220条。

确的规定,如对收集书证、勘验,传唤证人、鉴定人的申请的拒绝都作了详细的规定,并规定不得因申请过迟而拒绝。法官拒绝要阐述理由,而且对"欠缺关联性""无意义"作严格的解释,即只有在当证据实在完全不具重要性、无关联时,申请才会被拒绝。如果该证据对案件只具有轻微的重要性、关联性,不能成为拒绝申请的理由。对拖延诉讼的拒绝,同样必须充分地证明,而且是客观上,只有当造成的诉讼拖延可预见将为很长时间时,才能将其视为有拖延诉讼的意图。

(4)法院对拒绝查证的申请,要作出裁定。如果违反该条,法官所作的决定将被撤销;该裁定还要附具体理由,并在判决之前作出,以便诉讼参与人再一次获得机会并提出申请。如果法院对证据申请不合法地加以拒绝,辩方可以提出第三审的上诉。

(三) 日本

日本《刑事诉讼法》第179条规定,被告人、犯罪嫌疑人或者辩护人,在不预先保全证据将会使该证据的使用发生困难时,以在第一次公审期日前为限,可以请求法官作出扣押、搜查、勘验、询问证人或者鉴定人的处分。法官接到请求后实施搜查、勘验、询问证人和鉴定等措施,对驳回扣押请求的裁判可以提出准控告。例如,对于可能消失、散逸、篡改、改变性状的书证和证据物,以及证人可能死亡、移居国外、不能作证的,可以要求保全证据。

(四) 意大利

意大利《刑事诉讼法典》第392条规定,在初期侦查期间,被调查人可以要求法官采用附带证明(证据保全)的方式进行以下活动:(1)调取某人的证言,如果确有理由认为该人将因疾病或者其他重大阻碍而不能在法庭审理时接受询问;(2)调取证言,如果根据具体的和特别的材料确有理由认为,将出现以暴力、威胁、给予或者许诺给予钱款或者其他好处等方式使某人不作证或者作伪证的情况;(3)进行鉴定或者司法实验,如果有关证明涉及其状态将发生不可避免的改变的人、物或地点;(4)进行辨认,如果某些特别紧急的原因不允许将该活动推迟到法庭审理时进行;(5)如果鉴定在法庭审理中实行可能造成60日以上的诉讼停缓,被调查人可以要求进行该项鉴定。法官的上述活动被称为"附带证明"。

综上所述,英美法系国家审前存在着两种调查活动:一是警察代表政府进行的收集证据活动;二是被告人在辩护人的帮助下进行的有利于自己的收集证据的活动。这两种调查都是控辩双方为准备诉讼而进行的正当活动,没有高低先后之分。被告方的调查取证有两种方式:一是由律师直接进行的调查活动;二是被追诉方的证据保全申请权。大陆法系国家审判前程序中并不存在控辩双方平行的两种调查活动,侦查机关的侦查活动才是审判前程序的主线,被告人及其辩护人的参与和防御活动不过是侦查活动的必要补充,是防止被告人地位恶化的必要保障。但近年来,大陆法系国家也越来越强调被追诉人诉讼权利的保障和诉讼地位的改善。立法虽然没有直接赋予辩护律师调查取证的权利,但被追诉人及其辩护律师可以请求法官、检察官调取证据。

二、国外律师的在场权

律师在场权有广义和狭义之分,广义的在场权是指刑事诉讼的各个阶段,无论是讯问,还是采取搜查、扣押等强制性侦查措施时律师在场;狭义的律师在场仅指侦查阶段犯罪嫌疑人被讯问时在场。律师在场权具有双重的法律属性,既是犯罪嫌疑人的诉讼权利,同时又是辩护律师的权利。从律师的角度,定义律师在场权,是指在侦查阶段,侦查人员讯问犯罪嫌疑人时,律师在场为其提供法律帮助的权利。我国法律没有赋予律师在场权。赋予律师在场权不仅有利于扼制侦查中的非法行为,保障人权;且有利于诉讼结构的合理化,同时犯罪嫌疑人讯问时律师在场也是正当程序的要求,因此有必要借鉴国外律师在场权的规定。

在国外,实行当事人主义的英美法系国家规定了完备的律师在场权,而大陆法系国家则保持谨慎态度。美国通过一系列判例确立了律师在场权,英国则立法明确规定了律师在场权。法德两国赋予了辩护律师有限的在场权,即辩护律师只能在预审或者检察官对被告人讯问时才能在场。意大利《刑事诉讼法典》规定了辩护律师的在场权,在没有律师到场的情况下,嫌疑人所作的供述不得作为证据使用。在日本,相关立法和司法实践都允许辩护人在场。虽然世界各国对于律师在场权规定不一,但是赋予律师在场权是大多数国家的做法。[①]

美国自1964年以来,联邦最高法院还增补了一项规则,即律师不在场时的认罪供述,由于侵犯了被告人获得律师帮助的宪法权利,不得采用。法国《刑事诉讼法典》第114条规定,除非双方当事人的律师在场或者已经被合法传唤,不得听取当事人的陈述,询问当事人或者让其对质,除非当事人明确放弃此项权利。意大利《刑事诉讼法典》规定,如果就犯罪地点和就案件直接主要事实进行询问而没有被告辩护律师在场的话,那么询问所得的任何信息资料是禁止使用的。同样的,在日本,当犯罪嫌疑人已经提出选任辩护人的申请但尚未与辩护人取得联系时,对嫌疑人进行讯问被认为是非法的。俄罗斯《刑事诉讼法典》也规定,律师不在场的犯罪嫌疑人、被告人的陈述不允许被采信作为证据。

---

① 汪海燕、付奇艺:《辩护律师诉讼权利保障的法治困境》,载《中国司法》2014年第1期。

第四节 法律实践

一、律师能否拥有强制的调查取证权

律师调查不具有法律上的强制力,即律师不能像公检法人员那样强制单位或个人以调取证据。本书认为律师虽然无权强制进行调查,但律师向有关单位或个人进行调查时,单位和个人应当予以配合与支持。有学者认为,当律师的身份由"国家的法律工作者"转为"为社会提供法律服务的执业人员"之后,律师已是普通的公民,其调查权的实现是基于当事人的委托,是私权利,所以律师的调查需要经过被调查的个人和单位的同意,即他们可以拒绝律师的请求。[①] 对此,本书不敢认同,理由如下:

第一,我国诉讼法规定,公民有作证的义务。对于证人而言,无论是对国家机关还是对辩护律师,只要符合证人作证的条件,就有作证的义务。因此,律师调查取证,有关单位和个人有义务对律师调查给予支持。

第二,当律师脱去了"国家"身份的外衣,并不意味着律师便沦为"个体工商户"。律师职业具有双重性,律师既是私权的代表,又具有"公权"的性质。西方国家在将律师规定为自由职业者的同时,又规定律师属于司法人员的组成部分。从职业属性上看,律师属于司法活动的组成部分,是司法程序运作中不可缺少的一环,但律师身份又不是国家的司法官员,其活动与法官、检察官有很大差别;从授权上看,既有来自当事人的授权,又有法院的指定;从律师服务的对象上看,既服务于企事业单位、个人、团体,又服务于政府、军队;从律师的类别上看,既有社会律师,又有公职律师,可谓既包括"民",又包括"官";从律师的活动目的上讲,既包括社会效益(法律援助是其突出的表现),又包括经济效益。律师的双重性还表现在,律师的管理虽然由律师协会独立行使,以保证律师职业自治,但法院或司法行政机关的监督权依然起着重要的作用。因此,鉴于律师身份的双重性,我们认为律师调查取证时,被调查的单位和个人应予以配合和支持。

此外,对于法官给辩护律师签发调查令,虽然在一定程度上解决了律师调查取证难的问题,律师可获得法官签发的"尚方宝剑"进行调查,但是这样做不符合证据法原理。1998年最高人民法院、最高人民检察院、公安部、国家安全部、司法部、全国人大常委会法制工作委员会《关于刑事诉讼法实施中若干问题的规定》明确指出:对于辩护律师申请人民检察院、人民法院收集和调取证据,人民检察院、人民法院认为需要调查取证的,应当由人民检察院、人民法院收集、调

---

① 李贵方:《关于律师调查取证权的思考》,载《证据学论坛》2004年第1期。

取证据,不应当向律师签发准许调查决定书,让律师调取证据。

本书认为应当赋予律师向法院申请证据保全的权利,即当律师不能收集到相关证据时,由法官采取一系列的措施将证据保全,通过法官间接实现对证据的收集。这种做法一是保证控辩的平衡;二是可以避免律师调查手段上的局限性,还可以防止律师因调查取证带来的风险;三是法庭对被告人提交的各项证据,一般须纳入法庭调查的范围,而不得拒绝接受,除非法律明确规定该证据不具有法律效力或显然属无证明力的证据。

二、值班律师在认罪认罚从宽案件中诉讼权利的行使

值班律师在提供法律帮助过程中有三项较为重要的权利。一是会见权。犯罪嫌疑人、被告人有权约见值班律师,值班律师持相关证件到看守所办理法律帮助会见手续,看守所应当及时安排会见。二是阅卷权。值班律师在侦查阶段可以向侦查机关了解犯罪嫌疑人涉嫌的罪名及案件有关情况,自审查起诉阶段起可以查阅案卷材料,了解案情,人民检察院、人民法院应当及时安排,并提供便利。三是提出意见权。在审查起诉阶段,犯罪嫌疑人认罪认罚的,值班律师可以就相关事项向人民检察院提出意见,值班律师对相关事项提出意见的,人民检察院应当记录在案并附卷,未采纳值班律师意见的,应当说明理由。

值班律师向犯罪嫌疑人、被告人提供法律帮助越来越呈现出形式化的发展趋势,究其原因主要是对认罪认罚从宽制度的认识还存在着误区,如值班律师在法律帮助中不阅卷、不同检察官沟通、不会见犯罪嫌疑人的现象已逐渐趋势化,量刑协商被见证签署具结书所代替。虽然人民检察院提出量刑建议前,应当充分听取犯罪嫌疑人、辩护人或者值班律师的意见,但这一规定仍然存在操作上的误区。司法实践中检察机关先同犯罪嫌疑人沟通确定量刑建议,而后通知值班律师开展法律帮助,在值班律师就量刑建议提出意见的情况下,检察机关一般会以犯罪嫌疑人已经接受量刑建议、已经协商一致作为理由,量刑协商再次被虚化。因此,量刑协商应以检察官和律师的协商为主,犯罪嫌疑人是不具有同检察机关量刑协商能力的,检察官应首先同辩护律师或值班律师进行协商,而后再听取犯罪嫌疑人的意见,或者检察官、律师、犯罪嫌疑人三方一同进行协商,这样的操作才能对犯罪嫌疑人利益提供有效保护。

2021年12月3日最高人民检察院颁布的《人民检察院办理认罪认罚案件开展量刑建议工作的指导意见》(以下简称《认罪认罚的指导意见》)第四章专门规定"听取意见",包括:(1)人民检察院应当为辩护人、值班律师会见、阅卷等提供便利;(2)人民检察院在听取意见时,应当将犯罪嫌疑人享有的诉讼权利和认罪认罚从宽的法律规定、拟认定的犯罪事实、涉嫌罪名、量刑情节、拟提出的量刑建议及法律依据告知犯罪嫌疑人及其辩护人或者值班律师;(3)人民检察院

听取意见可以采取当面、远程视频等方式进行；(4) 人民检察院应当充分说明量刑建议的理由和依据，听取犯罪嫌疑人及其辩护人或者值班律师对量刑建议的意见；(5) 犯罪嫌疑人及其辩护人或者值班律师对量刑建议提出不同意见，或者提交影响量刑的证据材料，人民检察院经审查认为犯罪嫌疑人及其辩护人或者值班律师意见合理的，应当采纳，相应调整量刑建议，审查认为意见不合理的，应当结合法律规定、全案情节、相似案件判决等作出解释、说明。

第五节 案例评析

一、熊律师会见被监听案[①]

【案情】

熊律师是江西东昉律师事务所主任，2000年至今一直从事法律工作。2018年接受犯罪嫌疑人王某家属的委托，担任其涉嫌强奸案的辩护律师。具体案情：2017年7月的一天，王某添加了丽丽为微信好友，双方互相介绍后，丽丽提出向王某借钱。王某假意答应后，将丽丽约到了南昌市红谷滩的一家KTV门口见面。之后，张某和王某开车将丽丽带走，张某先与丽丽在汽车后排强行发生关系，王某随后也与丽丽发生关系。2018年4月14日，王某因涉嫌强奸被红谷滩公安分局刑事拘留。

熊律师第一次与王某的父亲见面后，没有立刻接受委托。因为王某当时已被刑拘，而且做了有罪供述，他认为案子有难度。考虑了一两天后，熊律师和王某的父亲于2018年4月20日签订了律师委托协议。签订委托协议的当天下午，熊律师在南昌市第一看守所的6号律师会见室内，第一次会见了王某。

会见时，王某否认了暴力恐吓及强奸，他说丽丽是提供性服务的，自愿与他和张某发生关系，没有抗拒或呼救，自己事后还给了钱。王某还告诉熊律师，前两次供述之所以认罪，是因为被办案人员打了。2018年4月24日，熊律师向检察院递交了《建议对王某不予批准逮捕的法律意见书》，依据会见时王某的陈述，熊律师认为王某的行为应被认定为嫖娼。递交意见书的当天下午，熊律师第二次会见了王某，全程大约20分钟。这次是在南昌市第一看守所的12号提审室。该看守所只有6间律师会见室，人多时看守所可能安排律师在提审室会见嫌疑人。熊律师和王某分别坐在栏杆两侧，两人背后各有一扇门，两扇门都是敞开的。

[①] 新京报：《会见犯罪嫌疑人之后：律师熊昕被控"辩护人伪证罪"》，https://baijiahao.baidu.com/s?id=1651278843828569829&wfr=spider&for=pc，访问日期：2022年5月1日。

"我说,按照我的经验,如果检察院接到我提交的意见书,会来讯问嫌疑人。"据熊律师说,那次会见他没有重新回顾案情,两人一见面,熊律师就向王某说明了来意,并强调了检察院提审时不能遗漏的内容:比如,讲清丽丽借钱、收钱的事;王某没使用暴力,丽丽也没有挣扎反抗。这些内容都是第一次会见时王某说的。但这次会见时,红谷滩分局民警张某庆一直站在熊律师一侧的门边。熊律师背对着他(指张某庆),对此并不知情。张某庆表示:当时他和同事在13号提审室的讯问快结束了,独自到走廊休息。熊律师会见王某就在隔壁,门没关,他正好听到了谈话内容。张某庆当场质疑熊律师"教唆嫌疑人翻供",要追究他的"伪证责任"。2018年4月25日,熊律师会见的第二天,东湖区检察院的检察人员在南昌市第一看守所提审了王某。王某的供述与之前确有出入。王某告诉东湖区检察院,丽丽是卖淫的,他以为丽丽向他借的1000元是嫖资。他还告诉东湖区检察院,这次和之前说的不一样,是因为之前遭到刑讯逼供,他害怕。

东湖区检察院2018年9月17日出具的《关于王某办案情况的几点说明》显示,鉴于王某改变了侦查阶段的供述,还自称受到刑讯逼供,东湖区检察院当晚就联系了红谷滩公安分局,要求更换讯问王某的民警,查实强奸案被害人情况并做同步录音录像。此外,东湖区检察院还要求红谷滩公安分局调取之前的审讯监控,查实是否存在刑讯逼供。但截至2019年8月27日熊律师案一审开庭,红谷滩公安分局仍然未就是否曾对王某刑讯逼供作出结论。

2018年4月26日,东湖区检察院讯问的第二天,红谷滩公安分局更换办案人员后再次讯问王某。此后,红谷滩公安分局、东湖公安分局又至少四次讯问或询问王某,王某对强奸案的描述反复更改。也是从2018年4月26日起,公安机关的调查开始向与熊律师有关的方向倾斜,王某对此的回答同样反复无常。

2018年10月25日,东湖区法院对本案作出一审判决,认定王某等三人强奸罪成立,王某被判处有期徒刑10年。

自从2018年4月两次会见王某后,熊律师便再没与他见过面。2018年5月2日,东湖区检察院认为熊律师"可能存在帮助当事人伪造证据,干扰诉讼的行为",涉嫌辩护人妨害作证犯罪,之后便将熊律师的犯罪线索移送至王某案的侦办单位——红谷滩公安分局。当月23日,南昌市公安局转而指定东湖公安分局对熊律师案立案侦查。东湖公安分局一共传唤了熊律师3次,自始至终,熊律师都对东湖分局表示,强奸案的所有细节都是王某说的,他没让王某翻供,刑讯逼供的事也是王某讲的。2018年12月12日,东湖区检察院以熊律师涉嫌辩护人伪造证据罪,向东湖区法院提起公诉。

2019年5月7日,熊律师案在东湖区法院一审开庭,开庭后,熊律师指出本案公诉人正是王某案的公诉人,并再次申请东湖公安分局、东湖区检察院回避,法官随即宣布休庭。8月27日,熊律师案再次一审开庭,法院未支持熊律师一方的回避申请。公诉人将王某、张某庆及另外两名红谷滩公安分局民警的证言列为案件证据,试图证明熊律师教唆王某进行虚假供述。实际上另外两名红谷滩公安分局的民警都没看见或听见熊律师会见王某的情况。熊律师的辩护律师张律师多次申请王某、张某庆出庭,与熊律师当面对质,但庭审时二人均未到场。法庭认为,不需要证人出庭。东湖区人民检察院撤回对熊律师辩护人伪造证据罪的起诉,理由是"情节显著轻微,危害不大,不认为是犯罪"。熊律师在接受采访时表示,不认可检察机关撤回起诉的理由,要提起上诉。他说,我没有教唆当事人的行为,没有实施任何犯罪事实和犯罪行为,我就是无罪。

2019年10月22日,王某的辩护律师已经换成了万律师,万律师告诉他们,王某在上午开庭时不承认强奸,法庭为此休庭两次,直到中午11点半庭审才重新开始。下午4点左右庭审结束,万律师告诉王某家人,王某又认罪了。

【评析】

依据《刑事诉讼法》,辩护律师会见犯罪嫌疑人时不被监听;依据公安部2012年发布的《公安机关办理刑事案件程序规定》,辩护律师会见犯罪嫌疑人时,公安机关不得监听,不得派员在场。所以张某庆形成的证言不具有合法性,应该被排除并追究该民警的责任。一旦张某庆的证言被排除,能够直接指证熊律师的证据只剩下王某的证供,但王某的供述多次反复,而且是孤证,不能作为定案依据。更重要的是,律师会见不被监听是一项特权,意味着无论辩护律师与犯罪嫌疑人说什么,司法机关都应该当做不知道,自然也不能追究责任。

本书的观点是,熊律师不构成伪证罪。对于熊律师被公诉的罪名"辩护人伪造证据罪",清华大学法学院教授易延友指出:律师的行为是否符合《刑法》第306条,要看其是否具有主观故意。"如果律师认为嫌疑人就是冤枉的,他之前做的供述不符合真实情况,甚至不排除刑讯逼供的可能,那律师让嫌疑人如实说,就不能叫做指使证人违背事实改变证言。"易延友称,只有当辩护人明知案件真实情况,但为了赢得胜诉,指使被告人作出与真实情况不符的供述时,才符合第306条的情形。

二、朱律师妨害作证案①

【案情】

被告人朱某系山东某律师事务所律师,2014年6月28日朱某接受卓某的委托,担任其丈夫步某涉嫌贪污、受贿一案的辩护人。朱某第一次会见后,向卓某表示可以写一些内容与案情无关的纸条捎带给步某看。朱某阅卷后准备会见

---

① 《揭示律师会见、取证、举证中常见涉罪行为——会见传纸条、串供、引诱证人做伪证》,www.taikunlv.com/ruleInfo4/2325.html,访问日期:2022年5月1日。

时,卓某将事先写好的涉及案件内容的纸条交予朱某。朱某在会见时将该纸条传递给步某,经步某要求朱某又将步某在该纸条背面书写的找相关证人涉及案情内容的纸条带出羁押场所,后转交给了卓某。被告人朱某另将其记录的涉及案件内容的会见笔录复印给了卓某,卓某在朱某会见步某时,将朱某留在车内的步某案卷材料中的证人证言部分进行了复印。

其间,被告人朱某与卓某就证人徐某、王某证言对步某案件的利弊进行分析,朱某告知卓某如要证明步某与王某有借款关系,借款要有凭证或有证人,这事就好办了;证人徐某的证言漏洞、疑点很大,需要核实真伪,如徐某能够按走访作证,其将重新取证。后被告人卓某按照步某书写的纸条和朱某对证人证言的分析建议,找到证人徐某,并将朱某带出的步某所写的含有检举揭发相威胁内容的纸条出示给徐某看,质问徐某在检察机关怎么作的证,要求徐某按单位走访冲账作证,后徐某以回忆起来了存在这种情况为由同意按走访作证,卓某遂将徐某同意按走访作证之事告知朱某并要求朱某尽快调取、固定徐某的证言,朱某遂向曲阜市人民检察院提出重新调取徐某证言的申请。徐某在曲阜市人民检察院向其复核证言时将卓某找其作证之事告知了曲阜市人民检察院办案人员。曲阜市人民检察院办案人员从卓某住处搜缴了朱某为卓某、步某捎带传递的纸条、复印的会见笔录及卷宗材料等物品,次日曲阜市公安局对卓某妨害作证一案立案侦查,并对卓某采取了强制措施。2015年9月29日,被告人朱某利用会见之机将卓某因涉嫌妨害作证被刑事拘留及证人徐某同意按单位走访作证之事告知了步某。

一审法院认为,被告人朱某作为刑事案件的辩护人,在刑事诉讼活动中意图为其辩护案件的当事人减轻刑罚,为当事人及其家属传递含有威胁、引诱证人违背事实改变证言或者作伪证内容的纸条,并由被告人卓某找到相关证人,意图让证人提供虚假证言,该行为已经侵犯了正常的司法秩序,被告人朱某、卓某的行为均已构成犯罪。朱某在犯罪中情节较轻,以辩护人妨害作证罪判处被告人朱某免予刑事处罚。上诉后,二审维持原判。

【评析】

辩护律师在会见过程中传递纸条、将案卷材料复印给当事人及其亲属具有巨大的法律风险,应当引以为戒。但是本案中,律师并未接触证人,更谈不上威胁、引诱证人作伪证,也没有教唆委托人威胁、引诱证人作伪证,只是将案情利弊向委托人进行了分析;在得知证人有新的证言后并未直接调取,而是申请检察院调取,应该说是比较谨慎的。法院认为:律师"意图"为其辩护案件的当事人减轻刑罚,被告人传递纸条……律师"意图让证人提供虚假证言",仅"意图"便可构成犯罪吗?且提出被告人无罪、罪轻、减轻刑事责任的材料和意见本身就是律师的责任。本案仅因传递纸条而定罪,是不妥的。

近年来,有一些律师因伪证罪而身陷囹圄。伪证罪在律师维权案件中所占比例最高,据统计,全国律协接到的维权案件中,律师涉及妨害证据罪、伪证罪的案件占80%。由于《刑法》第306条规定的辩护人、诉讼代理人毁灭证据、伪造证据、妨害作证罪存在缺陷,导致诸多律师因伪证罪而被追究刑事责任,而且某些司法人员利用该条规定对律师进行职业报复。因此《刑法》第306条被喻为"悬在律师头上的达摩克利斯之剑"。

第六节　问题与建议

一、完善律师的豁免权

(一) 律师豁免权的概念与内涵

律师豁免权又称刑事辩护豁免权或者律师言论豁免权,是指律师在履行职责的过程中发表的言论不受指控和法律追究的权利,包括作证的豁免权与责任豁免权。它强调律师在履行职责中享有的特权,即律师因执业行为及职务行为本身而产生的言论享有豁免权。豁免的言论既包括口头的,也包括书面的;既包括法庭辩论阶段的言论,也包括法庭调查中的言论;既包括庭上的言论,也包括庭下在办理本案过程中的言论。律师职业豁免权应涵盖以下内容:(1) 在履行职责中,律师的言论不受法律追究。律师因案件中所作的任何陈述,不会因诽谤或包庇被追究民事或刑事责任。(2) 律师为协助法庭查明案件,在法庭调查阶段为举证、质证而发表的言词,也不应受法律追究。(3) 律师接受被告人的委托担任辩护人,依职权作出无罪或罪轻的辩护,不能因为被告人罪大恶极、罪不容赦,追究律师的责任。

(二) 现行法律的规定及其不足

现行法律赋予了律师的豁免权,2017年《律师法》第37条第2款规定:"律师在法庭上发表的代理、辩护意见不受法律追究。但是,发表危害国家安全、恶意诽谤他人、严重扰乱法庭秩序的言论除外。"《刑事诉讼法》第48条规定:"辩护律师对在执业活动中知悉的委托人的有关情况和信息,有权予以保密。但是,辩护律师在执业活动中知悉委托人或者其他人,准备或者正在实施危害国家安全、公共安全以及严重危害他人人身安全的犯罪的,应当及时告知司法机关。"这些规定虽然是一大进步,但还没有充分赋予律师豁免权,仅规定律师在法庭上发表的代理、辩护意见不受法律追究,豁免权仅限于诉讼案件,而且是庭上的言论,这对律师的保护是不全面的。本书认为,该权利是对提供法律服务的律师的一种特殊保护,意义在于免除通常的侵权责任,在诉讼过程这一特定时间与空间里给予律师不被法律追究的权利,保证他们完全自主、独立地履行职能,毫无顾忌地向当事人提供法律意见,与对方当事人展开激烈的辩论,不用担心因自己的言论而被追究诽谤、侮辱责任。但是豁免不应限于法庭辩论,豁免的言论应既包括庭上的言论,也包括庭下在办理案件过程中的言论;既包括律师代理诉讼案件,也包括代理非诉案件发表的言论,如代写申诉书;只要是律师在履行职责过程中发表的言论就不应受法律追究。

(三) 构筑我国的律师豁免权

本书建议,我国应在《律师法》中明确规定,律师在履行职责的过程中发表的言论,不受指控和法律追究。我国律师豁免权主要是对其言论的豁免,对其行为是否能够豁免,本书认为律师行使与其职责有关的行为,也不应受法律追究。如向法庭提供或出示的文件、材料失实的,凡非故意伪造,就不能追究其伪证罪。此外,对律师职业豁免权也需要有一定的规制,对律师滥用豁免权的处罚在《律师执业行为规范》中加以规定,律师在办案中,应尊重第三人,不得肆意攻击和侮辱他人,包括对方当事人、律师、证人及检察官、法官。如果律师有以上的行为,有关人员可以向律师协会和司法行政机关提出给予纪律处分和惩戒的请求。对于情节严重,需要追究律师刑事责任的,应由律师协会或司法行政机关交由司法机关依法惩处。

另外,建议取消《刑法》第306条。2018年《刑事诉讼法》第44条第1款规定:"辩护人或者其他任何人,不得帮助犯罪嫌疑人、被告人隐匿、毁灭、伪造证据或者串供,不得威胁、引诱证人作伪证以及进行其他干扰司法机关诉讼活动的行为",立法的考量是减少对律师的歧视,回应了之前的有关指责:首先,将该条对应的主体作了"扩大",将"辩护律师和其他辩护人"修改为"辩护人或者其他任何人",以期减轻"歧视";其次,将原法条中的"不得威胁、引诱证人改变证言或者作伪证"修改为"不得威胁、引诱证人作伪证",有利于避免对"改变证言"的内容应当予以分析还是只要证言发生变化一律追究的争论和实践中的难于操作的问题;此外,还另行增加规定了第49条:"辩护人、诉讼代理人认为公安机关、人民检察院、人民法院及其工作人员阻碍其依法行使诉讼权利的,有权向同级或者上一级人民检察院申诉或者控告。人民检察院对申诉或者控告应当及时进行审查,情况属实的,通知有关机关予以纠正。"但是,"其他任何人"的范围究竟有何所指? 法律中本章名称是"辩护与代理",除却辩护人、代理人又怎么可能还有旁人? 所以"其他任何人"的增加规定,无法从根本上解决本条规定可能在实践中为以律师为主力的辩护人、诉讼代理人带来的困境,如果没有2018年《刑事诉讼法》第44条,《刑法》第306条则失去前提。所以,建议法律对有关规定进一步完善,并取消《刑法》第306条的规定,增加律师依法执行职务的免责条款,既有利于律师积极参与诉讼活动,也并不影响刑法打击例如伪证类犯罪的力度,不会产生法律有歧视的误解,从而消除社会偏见。

最后,完善律师豁免权的保障机制。无救济则无权利,增加律师职业豁免权的救济手段和保障机制,即在《刑法》《刑事诉讼法》中增加侵犯执业律师人身权和职业豁免权的相关罪名和刑事诉讼程序保障等规定。

二、完善律师的职业秘密权

(一)现行《律师法》对1996年《律师法》的发展及其缺憾

我国2007年《律师法》第38条规定:"律师应当保守在执业活动中知悉的国家秘密、商业秘密,不得泄露当事人的隐私。律师对在执业活动中知悉的委托人和其他人不愿泄露的情况和信息,应当予以保密。但是,委托人或者其他人准备或者正在实施的危害国家安全、公共安全以及其他严重危害他人人身、财产安全的犯罪事实和信息除外。"较1996年《律师法》有关该条的规定有所发展,表现在:首先扩大了律师保密的范围,不再仅限于国家秘密、商业秘密和个人隐私;其次,规定了律师保密的义务例外情况;再次,取消了1996年《律师法》第35条、第45条关于律师"不得隐瞒(重要)事实"的规定。2017年《律师法》将第38条第2款修改为:"律师对在执业活动中知悉的委托人和其他人不愿泄露的有关情况和信息,应当予以保密。但是,委托人或者其他人准备或者正在实施危害国家安全、公共安全以及严重危害他人人身安全的犯罪事实和信息除外。"虽然有一定进步,但与完善的关于律师保密权的规定还存在一定差距。

第一,我国并没有确立职业秘密的概念,也缺乏律师特权的含义。律师职业秘密既是一项权利,又是一项义务,而我国有关的法律、法规只强调律师的保密义务,未赋予律师职业秘密的权利。

第二,律师—委托人特免权不足。律师—委托人特免权是英美法系证据法上的一项重要权利,是指律师对因其提供法律服务而从委托人那里知悉的委托人的秘密信息具有拒绝作证的权利[1]。我国没有规定律师和当事人之间交流的保障措施,没有赋予律师拒绝搜查和扣押的权利。虽然《刑事诉讼法》规定律师会见不被监听,《公安机关办理刑事案件程序规定》第55条也规定:"辩护律师会见犯罪嫌疑人时,公安机关不得监听,不得派员在场。"但是律师会见被监听的现象仍未断绝。侦查部门出于部门利益把不被监听仅仅理解为:利用监控设备对律师与犯罪嫌疑人、被告人的谈话进行监督。前述熊律师案就是一个例证。

(二)借鉴他国关于律师职业秘密的规定

一些律师制度发达的国家关于律师执业秘密的规定有着如下特点:

第一,规定的职业秘密的范围是非常广泛的。无论是"与代理委托人有关

---

[1] 王进喜:《律师法实施与再修改问题研究》,知识产权出版社2020年版。

的信息"还是"由其职务上所得知的秘密"都受到法律保护,律师不得随意公开。但比较起来,英美法系国家关于职业秘密的规定更加完善。表现在以下几个方面:

首先,职业秘密的范围更广泛,它不限于律师与当事人之间沟通的信息,还包括律师与第三方交流获得的资料。

其次,英美法系国家有关职业秘密的规定非常细致。如美国《联邦证据规则》第502条对"当事人""律师""律师的代表""秘密"的定义、特权的一般规则、谁可以主张特免权、特权的例外都作了解释。

再次,英美法系国家对职业秘密的保护更加周全。如英国对律师与当事人之间的秘密通信给予双重保护。法律保护律师与当事人之间的通信不被公开,这种保护是由证据法规定的。如果这种通信已被作为证据采用,它可以享受第二层保护,即诽谤法中有关通信特权的保护。

最后,英美法系国家对职业秘密的规定更加灵活,有利于进行价值的判断与取舍。这也是因为英美法系国家实行的是判例法,因此职业秘密的规定是由法官们的一个个判例堆积起来的,这些活生生的案例比起僵硬的法条可以更好地进行价值的权衡。

第二,既规定了律师享有职业秘密的权利,又规定了保密的义务。不同的是在英美法系国家将律师与委托人的特权规定在证据法中;而大陆法系国家赋予的是律师拒绝作证的权利,规定在刑事诉讼法中。英美法系国家强调把职业秘密作为律师的一项权利,律师对当事人的一切资料有权保密,有权不向法庭和政府部门透露当事人指示秘密的事项。对律师与当事人的谈话及往来的文件,律师可以拒绝向司法机关或其他人公开。大陆法系国家则侧重保守秘密是律师的一项义务。大陆法系国家在刑法中规定,律师如果违反该义务将被追究刑事责任。如《日本刑法典》规定无故泄露他人的秘密的,处6个月以下惩役或10万日元以下罚款。

第三,有关律师的职业秘密受法律与道德的双重规制。两大法系国家在法律及律师执业行为规范中对律师的职业秘密作了规定。如果违反,轻则受到纪律处分,重则要被追究刑事责任。但比较起来英美法系国家的规定具有一致性及层次性的特点。如美国有关律师职业秘密的规定,体现在三个不同的方面。一是证据法中的律师—委托人特权,保护的对象是律师和委托人之间的秘密交流,按照该特权,不得强迫律师就其与委托人之间的秘密职业交流作证;二是程序法中的律师工作成果豁免原则保护的对象是律师在诉讼过程中准备的工作成果,避免为对手知悉而影响诉讼的必要对抗性和律师的工作积极性;三是律师的职业行为规则当中规定的律师保密义务。律师职业道德保护的范围比前两者保护的范围更广。①

第四，多数国家还规定了一些配套的措施，以保障律师职业秘密特权。如规定律师享有拒绝搜查和扣押的权利，对律师的办公场所和住宅不得任意搜查，旨在保障律师与当事人的交流不受干扰。

(三) 构筑我国的律师职业秘密权利

1. 律师享有职业秘密的权利同时负有保密的义务，即律师未经其委托人明确、自愿的授权或许可，泄露上述职业秘密的，不仅违反律师职业行为规则，受到主管部门的惩戒；情节严重的，还构成刑事犯罪，承担刑事责任。职业秘密的范围包括委托人向律师提交的对自己不利的证据，或其已实施的犯罪行为情况等，但涉及继续进行、预谋进行的重大犯罪除外。

2. 规定律师具有拒绝作证的权利。各国法律一般都规定，凡是了解案件事实并具备作证能力的人，都有出庭作证的义务。为了使证人履行作证的法定义务，许多国家立法都明确规定，对无正当理由，拒不出庭作证者，可以采取传唤、拘传、罚金等强制措施或惩治手段，强迫证人到庭作证。但是在特殊情况下，法律对一些具有特定身份的人，也规定了拒绝作证的权利。我国《刑事诉讼法》规定凡知道案件的公民都有作证的义务，并未规定律师有拒绝作证的权利，这就会使律师的保密义务成为一纸空文。因此，在《刑事诉讼法》《民事诉讼法》和《行政诉讼法》中应规定，律师对于因执业而从委托人处知悉的秘密信息有权拒绝作证。规定律师拒绝作证的权利，使律师的保密义务得到法律保障，一方面可以增强当事人对律师的信赖，维护律师的声誉；另一方面，避免律师因保守职业秘密可能受到的人身、人格侵犯，保障律师更有效地履行法定职责。因此，我国法律也应当规定，律师对在执业中获得的秘密，有拒绝作证的权利。

3. 规定律师有拒绝搜查和扣押的权利。律师因职业保管或持有的文件、物品应当不受扣押。这是律师保守职业秘密的一项重要法律保护措施，它符合宪法和有关法律保护公民人身权和保护律师执业人身权的基本精神。

4. 有关保密的其他规定。明确保密的时间范围，即辩护或代理工作结束律师仍负有保密的义务；保密的人员不限于律师，还包括其他的辅助人员；规定保密的例外，当律师认为保密可能会导致无法及时阻止发生人身伤亡等严重犯罪及可能导致国家利益受到严重损害，或者律师在代理过程中可能无辜地被牵涉到委托人的犯罪行为时，律师可以公开委托人的相关信息。

【问题与思考】

1. 现行《律师法》在律师权利方面规定了一些新措施以破解律师执业难题，

---

① 王进喜主编：《律师职业行为规则概论》，国家行政学院出版社2002年版，第114—115页。

但是"旧三难"之后又有"新三难",还有其他难,请分析如何破解律师执业中的这些"顽疾",对律师诉讼权利如何进行保障?

2.2017年5月9日,黑龙江某律师事务所主任迟律师在抚顺市望花区法院庭审过程中,请求阅读对方答辩状,法庭说没有收到答辩状,迟律师说,因为法庭记录记载"详见答辩状",那一定是有答辩状的,请法庭给她看一下,可法官并不予理睬,迟律师据理力争,要阅读对方答辩状,审判员就出去和一位法警说了句悄悄话。没过几分钟就进来两个法警,其中一个指着迟律师说"把她的电脑没收",迟律师表示不满要拍照,之后进来七八个法警一哄而上,抢下迟律师的手机,并且架着迟律师的胳膊快步就往门外拽。就在法警强行把迟律师拽下楼的时候,迟律师突然晕倒了,法警竟然没有第一时间放开迟律师,而是继续拖拽,使得迟律师的后背全是磕碰楼梯的伤痕……请分析律师在办案中人身权利受到侵害的原因,并阐述如何保障律师执业的人身权。

第五章 律师的职业道德与执业行为规范

【内容提要】
　　本章介绍律师职业道德以及律师执业行为规范的内容,重点分析律师尽职、保密、庭外言论、律师宣传与广告等规则以及律师的职业责任。
　　【关键词】　律师职业道德　律师执业行为规范　尽职　保密　庭外言论　律师业务推广　律师庭外活动的适正性

第一节　基 本 理 论

一、律师职业道德和执业行为规范概述

　　(一) 律师职业道德的概念和特征
　　律师职业道德是指律师在执行职务,履行职责时必须遵循的道德规范。律师职业道德具有以下方面的特征:第一,律师职业道德是概括性和具体性的结合;第二,律师职业道德规范具有纲领性、抽象性和概括性的特点,而律师执业纪律规范具体、明确,便于操作;第三,律师职业道德规范律师在执业活动中的行为。首先,律师职业道德只约束从事律师职业的人员,包括专职律师与兼职律师。对不从事律师职业的人不起约束作用。其次,律师职业道德调整律师的职业行为,对律师职业外的行为不予调整。律师职业道德是一种有约束力的行为规范。违反职业道德不但要受到社会舆论的谴责,还要受到惩戒。律师执业行为规范是指调整律师与委托人、律师与仲裁、司法人员、律师与同行之间关系的行为规范。律师职业道德与执业行为规范不同,前者是宏观、抽象的规范,后者是微观、具体、具有可操作性的规则。
　　(二) 规制律师执业行为的法律、法规等
　　1. 法律
　　包括《律师法》《刑事诉讼法》《反不正当竞争法》《广告法》等。
　　2. 律师行为规范
　　全国律师协会先后制定了:《律师职业道德和执业纪律规范》(2001 年修订)、《律师执业行为规范(试行)》(2018 年修订)、《律师职业道德基本准则》(2014 年)、《律师协会维护律师执业权利规则(试行)》(2017 年)、《律师协会会员违规行为处分规则(试行)》(2017 年修订)。

3. 部门规章

司法部制定了:《律师事务所收费程序规则》(2004年)、《关于反对律师行业不正当竞争行为的若干规定》(1995年)、《律师和律师事务所违法行为处罚办法》(2010年)、《律师执业管理办法》(2016年修订)、《律师事务所管理办法》(2018年修订)。

4. 部门规范性文件

司法部制定了:《关于拓展和规范律师法律服务的意见》(2003年)、《关于进一步加强律师职业道德建设的意见》(2014年);国家发展和改革委员会、司法部制订了:《律师服务收费管理办法》(2006年)。

5. 其他

《北京市律师业避免利益冲突的规则(试行)》《北京市律师事务所执业广告管理办法(试行)》《上海市律师协会律师执业利益冲突认定和处理规则》《广东省律师防止利益冲突规则》等。

(三) 律师执业行为规范的理论基础

1. 忠诚

忠诚是指律师应专一地忠实于客户,去做一切有助于实现客户目标的事情。律师应当忠诚地维护委托人的合法权益,不得损害委托人的利益。忠诚是律师与委托人关系的基石,许多的律师行为规则,如诚实守信、称职、勤勉尽责、保密以及利益冲突等都是忠诚这一理论衍生出来的。如律师不能因其代理行为,使其委托人陷于不利的境地,所以规定了保密和利益冲突等规则。

此外,律师还要处理好对委托人的忠诚与对法律忠诚的关系。律师既要对委托人负责,又要对法律负责,因此,律师时常面对冲突与抉择。如果过分强调对客户的忠诚,律师为客户的利益去违法,就可能破坏了法律的实施;但如果过分强调对法律的忠诚,当事人不敢放心地委托律师,保障权利的制度就可能逐步形式化,变得徒具其名。因此,律师必须在法律的框架之内履行对客户的忠诚义务,不得逾越法律。

2. 言论自由

我国宪法和其他各国宪法一样均赋予了公民普遍的言论自由权,律师和其他公民一样,也享有通过各种形式利用各种渠道表达见解、公布事实和发表评论的权利和自由。言论自由是造就真正民主和法治社会不可或缺的基本权利,因为它可以保障每个公民的声音不被国家或社会的声音所压制或淹没,继而得以发现真理和实现个人价值。因此,各国宪法都确立了言论自由权利。

律师言论自由作为公民言论自由在司法诉讼领域的表现,对于律师履行辩护和代理职责具有不可或缺的作用。正如联合国《关于律师作用的基本原则》所表明的:"律师也享有言论自由,有权参与有关法律、司法、促进与保护人权等问题的公开讨论而不至于因为他们的合法行为而受到专业的限制。"律师只要始终依据法律和公认准则并按照律师的职业道德行事,便可以行使上述言论自由的权利。

3. 公民享有知情权

知情权是指知悉、获取信息的自由与权利,包括从官方或非官方知悉、获取相关信息。公民的知情权,即公民对于国家的重要决策、政府的重要事务以及社会上当前发生的与普遍公民权利和利益密切相关的重大事件,有了解和知悉的权利。知情权是监督公共权力的有效手段,是保护公民自身利益的需要,是消除谣言、稳定社会秩序和社会发展的需要。

律师的言论发表行为则可以在很大程度上满足公众对审判信息的知情权。在我国案件审理信息公开还相当有限的今天,律师对相关信息的公布便成为公众知悉案件真相不可或缺的渠道之一。律师作为诉讼案件的参与者,凭借其法定的阅卷、会见、调查等权利,可以获得有关案件和当事人信息的第一手资料,因而,他们的意见和发布的内容具有高度的可信性或可靠性。

律师对案件信息的发表与公布在一定程度上可以扩大公众对案情和审理过程的接受渠道,公众对关乎自身权益的法治环境的舆论监督权赋予了律师此种行为的正当性。虽然审判权独立原则要求司法机关独立行使职权,排除包括社会舆论在内的外部因素的不当干扰,但在目前我国的社会环境下,舆论对司法的监督具有迫切的必要性。

二、律师执业行为规范

(一) 律师与委托人或当事人关系的行为规范

律师在与委托人的关系中,要处理好利益冲突,通过尽职勤勉的服务、保守职业秘密、合理的收费等赢得委托人的信任,而这种信任是律师职业赖以生存的基础。律师与委托人的行为规范包括:建立委托代理关系与委托关系的解除和终止;勤勉尽责地提供法律服务;不得代理有利益冲突的案件;保守职业秘密;保管好委托人的财产等。

1. 建立委托代理关系

(1) 统一接受委托

律师决定接受委托后,无论诉讼案件还是非诉讼案件,由律师事务所统一接受,与委托人统一签订书面委托合同,统一收取费用,律师不得私下接案。律师应当与委托人就委托事项范围、内容、权限、费用、期限等进行协商,经协商达成一致后,由律师事务所与委托人签署委托代理协议。

(2) 律师要勇于接受案件

当律师遇到案件时,要像翘首以待的出租汽车司机,一看到乘客的招呼,就立即发动引擎一样,毫不迟疑地接受,不得以任何方式或借口拒绝接受案件。特别是刑事案件,律师要面临公共谴责、冒着人身攻击和职业前途受影响的风险,要排除个人的因素,以职业的角度去判断,为委托人争取权益。做律师,不仅需要知识和经验,还需要有坚韧不拔的意志和勇气。

2. 称职性

称职性是指律师代理必须具备法律知识和技能,这是狭义的解释。广义的称职性还包括律师个人的时间、体力,以及律师事务所的软硬件的设备等。通常认为,律师通过统一的职业资格考试,取得律师执业证书即可执业,这实际上只是具备了形式要件。首先,律师作为专职的法律工作者,必须掌握法律专业知识,这是律师必须具备的业务素质之一。如果律师法律专业知识贫乏,很难适应工作需要。其次,律师还必须具备执业技能,由于理论和实务本身存在差距,因此律师还要注意实务上的运作技能。在一些案件中,由于律师技能缺乏,导致应该胜诉的案件败诉,如提出诉讼请求不当、告错被告等,这些都是律师不称职的表现,律师也要为此承担责任。最后,律师为了保持其专业能力,需要不断地进修。随着新的法律、法规的颁布,以及原有法律、法规的修改,律师的知识也要不断地更新,因此律师要参加继续教育。

律师的称职性是律师职业伦理规范中最基本的要求,即律师要以其娴熟的法律知识和高超的法律技能提供有效且优质的法律服务。我国《律师法》《律师职业道德基本准则》和《律师执业行为规范(试行)》没有对称职性作出明确规定,但是也有相关说明,如:律师要敬业勤业、努力钻研业务、掌握执业所应具备的法律知识和服务技能,不断提高服务水平。《律师执业行为规范(试行)》第36条规定:"律师应当充分运用专业知识,依照法律和委托协议完成委托事项,维护委托人或者当事人的合法权益。"《美国律师协会职业行为示范规则》第1条1.1就开宗明义地规定:"律师应当为委托人提供称职的代理。称职的代理要求律师具备代理所合理必需的法律知识、技能、细心和准备工作。"我国台湾地区"律师伦理规范"第5条规定:"律师应精研法令,充实法律专业知识,吸收时代新知,提升法律服务品质。"

3. 勤勉尽责

勤勉尽责地服务是律师对委托人的首要义务。我国《律师执业行为规范(试行)》第7条规定:"律师应当诚实守信、勤勉尽责。"勤勉尽责要求律师办案无论大案或小案,简单或复杂的案件,都要一丝不苟,不能敷衍塞责。尽最大的努力为委托人提供法律服务,以维护当事人合法权益。律师一生中代理无数的案件,但对委托人来说,一辈子可能就打一场官司;一件法律事务,对于律师来说是他众多工作中的一项任务,但对当事人来说,却是头等大事,关系其财产、自由甚至生命。律师在代表委托人的利益处理法律事务时,必须采取一切合法以及合乎道德的方法维护委托人的合法权益,必须尽最大努力,以最高的效率及最谨慎、最认真的态度为当事人的利益工作,使得每一项法律事务都能得到妥善的处理,当事人的利益得到全面维护。因此,律师必须尽心尽责。律师勤勉尽责表现在以下方面:

(1) 合理地安排时间

律师要制定计划和时间表,合理地分配时间。有时候律师案件很多,但只要律师接受了委托就不能以忙为由而拖延。律师应当严格按照法律规定的时间、时效以及与委托人约定的时间办理委托事项。对委托人了解委托事项办理情况的要求,应当及时给予答复。律师应当建立业务档案,保存完整的工作记录。

(2) 及时与委托人沟通

实践中,当事人身处案件中都会比较焦虑,律师要设身处地地为当事人着想,把案件的进程情况告诉当事人。对已经出现的和可能出现的难以克服的困难、风险,应当及时通知委托人,并向律师事务所报告。对于当事人有关事实、证据和法律等方面的咨询,予以耐心解答。律师接受委托后,应当在委托人委托的权限内开展执业活动,不得超越委托权限,如果需要变更、增加诉讼请求或者和解等涉及当事人重大利益的事项,特别要与当事人及时沟通,征询意见,做好委托。

(3) 妥善保管委托人的财产

律师应谨慎保管委托人或当事人提供的证据原件、原物、音像资料底版以及其他材料。律师应当妥善保管与委托事项有关的财物,不得挪用或者侵占。律师事务所受委托保管委托人财物时,应将委托人财产与律师事务所的财产严格分离。委托人的资金应保存在律师事务所所在地信用良好的金融机构的独立账号内,或保存在委托人指定的独立开设的银行账号内。委托人其他财物的保管方法应当经其书面认可。委托人要求交还律师事务所受委托保管的委托人财物,律师事务所应向委托人索取书面的接收财物的证明,并将委托保管协议及委托人提交的接收财物证明一同存档。律师事务所受委托保管委托人或第三人不断交付的资金或者其他财物时,律师应当及时书面告知委托人,即使委托人出具书面声明免除律师的及时告知义务,律师仍然应当定期向委托人发出保管财物清单。

(4) 不能因为转委托而给当事人造成不利的后果

律师接受委托后,未经委托人同意,不得将委托人委托的法律事务转委托他人办理。只有在律师接受委托后出现突患疾病、工作调动等情况下,确实需要更换律师的,才可以变更委托,并应当及时告知委托人。委托人同意更换律师的,律师之间要及时移交材料,并通过律师事务所办理相关手续。非经委托人的同意,律师不能因为转委托而增加委托人的经济负担。

(5) 不得进行虚假的承诺

有些律师为了招揽业务,向当事人许诺"保证胜诉"、案子"没问题"等。律师根据事实和法律,提出自己的意见和建议,对案件的判决起一定的影响,但案件判决结果是由法官作出的。因此,律师做虚假的承诺,只能损害当事人的利益。律师不得为建立委托代理关系而对委托人进行误导。《律师执业行为规范(试行)》第44—45条对此进行了规定。

(6) 不得非法谋取委托人的利益

律师接受当事人的委托,为当事人提供法律帮助是律师的职责。律师不能用国家法律赋予的职责牟取私利。为了防止律师滥用权利,《律师执业行为规范(试行)》第46—48条作了以下规定:律师和律师事务所不得利用提供法律服务的便利,牟取当事人争议的权益;律师和律师事务所不得违法与委托人就争议的权益产生经济上的联系,不得与委托人约定将争议标的物出售给自己;不得委托他人为自己或为自己的近亲属收购、租赁委托人与他人发生争议的标的物;律师事务所可以依法与当事人或委托人签订以回收款项或标的物为前提按照一定比例收取货币或实物作为律师费用的协议。

(7) 妥善保管委托人的财产

《律师执业行为规范(试行)》第54—55条规定:律师事务所可以与委托人签订书面保管协议,妥善保管委托人财产,严格履行保管协议;律师事务所受委托保管委托人财产时,应当将委托人财产与律师事务所的财产、律师个人财产严格分离。

(8) 委托代理关系的终止

律师与委托人关系的终止主要有两种情形,一种是自然终止,即委托事项办理完毕;一种是法定终止,即在法律规定的情形下,律师与委托人的关系终止。《律师执业行为规范(试行)》第59条规定,律师在办理委托事项过程中出现下列情况,律师事务所应当终止委托关系:① 委托人提出终止委托协议的;② 律师受到吊销执业证书或者停止执业处罚,经过协商,委托人不同意更换律师的;③ 当发现有本《规范》第50条规定的利益冲突情形的;④ 受委托律师因健康状况不适合继续履行委托协议,经过协商,委托人不同意更换律师的;⑤ 继续履行委托协议违反法律、法规、规章或者本规范的。终止代理,律师事务所应当尽量不使委托人的合法利益受到影响。终止代理,律师应当尽可能提前向委托人发出通知。律师事务所在征得委托人同意后,可另行指定律师继续承办委托事项,否则应终止委托代理协议。

(9) 谨慎地拒绝辩护或代理

律师接受委托担任辩护人,没有正当、合理的理由,一般不得无故拒绝辩护或者代理。国外有"出租车待雇顺序原则",即律师只要接受委托与当事人达成协议后,原则上不得再拒绝办理所委托的诉讼案件。这是因为:第一,律师与委托人已经形成一种法律上的代理关系,在双方签订委托协议的情况下,律师应诚挚地为委托人提供法律帮助。如果没有法律规定的情形出现,律师擅自解除委托关系,不仅构成一种严重的民事违约,而且违背了律师职业道德。第二,维护委托人的利益,防止委托人处于不利的境地。尤其在刑事诉讼中,被告人对律师抱有极大的期望,如果律师在审判过程中突然拒绝辩护,这极易使被告人重新回到孤立无援的境地,损害委托人的利益。只有当法定事由出现时,律师才可拒绝委托,即委托事项违法或者委托人故意隐瞒与案件有关的重要事实。即使律师拒绝也要提前告知委托人,给委托人另行聘请律师的时间,不能因律师的拒绝使委托人特别是刑事案件的被告人陷于不利的境地。

4. 保守职业秘密

律师的职业秘密,是指律师因其职务活动中所知悉的与其委托人有关且为其委托人不愿透露的事项。律师的职业秘密具有以下特征:(1)律师职业秘密的主体是律师,包括律师、曾经担任过律师的人、实习律师、律师助理等知悉秘密的人员。(2)律师因职业的关系知悉委托人的秘密。律师因享有广泛的权利,如会见委托人、阅卷、调查取证等,委托人出于对律师的信任,将自己的秘密或隐私告诉律师。律师因职业的特殊性所获悉委托人的秘密都要保密。(3)该秘密与委托人有利害关系。律师知悉的秘密可能与案件有关,也可能与案件无关,但与委托人有利害关系,秘密一般是对委托人产生一定不利或负面影响的事项,并且这些秘密通常是司法机关没有掌握但又为委托人不愿意透露的事项。

(二) 律师与其他律师的关系规范

律师在从事执业活动的过程中,不可避免与自己的同行(其他律师)发生各种各样的关系。作为律师职业中的一员,律师在处理与同行之间的关系时,既要维护自身的利益,又要尊重作为同行的其他律师的利益,进而维护律师行业的整体利益。这要求,律师执业必须遵守律师的行为准则和同行之间的竞争规则,不得违反职业道德、执业纪律,不得从事不正当竞争。只有这样,才能营造良好的执业氛围,才能建设健康的律师队伍,才能使律师职业获得全社会的认可。律师之间的关系包括同一委托人委托的律师之间、同一方的律师之间、与对方律师之间的关系,作为同行,即使是"对手",也要彼此相互尊重,公平竞争。

司法部《律师执业管理办法》(2016年)第42条规定:"律师应当尊重同行,公平竞争,不得以诋毁其他律师事务所、律师,支付介绍费,向当事人明示或者暗示与办案机关、政府部门及其工作人员有特殊关系,或者在司法机关、监管场所周边违规设立办公场所、散发广告、举牌等不正当手段承揽业务。"因此,对于如何处理律师间的关系,应作如下理解:

首先,共同代理的律师之间应明确分工,密切协作,意见不一致时及时通报委托人。

当委托人聘请了两名以上的律师时,律师之间应当密切配合,共同维护委托人的合法权益。在同一委托事项中,律师之间也可以进行协商,对代理工作进行一定的分工。在实践中,共同代理的律师可能是同一律师事务所的律师,也可能是不同律师事务所的律师。不管律师事务所之间的关系如何,代理同一事务的律师都必须互相配合。如果共同代理的律师就代理事项观点不同,律师之间应先进行协商,尽可能求得统一,但不能为了求得观点的一致而无原则地放弃自己的观点。在各方意见差异较大、不能统一的情况下,应及时向委托人报告,由委托人作出决定。在委托人作出决定以前,共同代理的律师应当本着有利于委托人的原则进行代理活动。

其次,律师不得妨碍和干扰其他律师正常执行职务。

律师应当运用合法的方式和通过合法的途径维护其委托人的利益,而不能妨碍、干扰对方当事人及其代理人的正常活动以达到维护自己委托人利益的目的。因此,律师不得威胁、利诱、指使证人拒绝向对方律师提供证据或者提供虚假的证据,不得故意为对方律师调查、收集证据制造障碍,不得故意在对方当事人和其委托的律师之间制造纠纷,不得未在对方律师同意的情况下询问对方当事人,不得妨碍和干扰对方律师正常执行职务。

再次,律师不得采用不正当手段损害对方代理律师的威信和名誉。

律师在从事代理、辩护业务的过程中,应当尊重对方律师,不得故意诋毁、诽谤对方律师,不得以不正当手段损害对方律师的声誉。在法庭上应当以证据及法律上的主张来支持己方当事人的权益,而不应该针对对方的律师进行辱骂、攻击。

最后,律师不得进行不正当竞争。

律师执业不正当竞争行为是指律师和律师事务所为了推广业务,违反自愿、平等、诚信原则和律师执业行为规范,违反法律服务市场及律师行业公认的行业准则,采用不正当手段与同行进行业务竞争。律师的不正当竞争行为会损害律师形象、声誉,破坏律师行业的公平竞争秩序,扰乱法律服务市场,具有极大的危害性,为此司法部早在1995年就颁布了《关于反对律师行业不正当竞争行为的若干规定》,同时《律师法》规定律师不得以不正当手段承揽业务。《律师执业行为规范(试行)》第六章第二节专门规定禁止不正当竞争。

在一般的商业行为中,吹嘘自己、贬义对手、对客源进行争抢似乎是常事,但是这种行为在律师执业中是被严格禁止的。司法部早在1995年颁布的《关于反对律师行业不正当竞争行为的若干规定》第4条就明确规定:"律师或律师事务所的下列行为,属不正当竞争行为:(1)通过招聘启事、律师事务所简介、领导人题写名称或其他方式,对律师或律师事务所进行不符合实际的宣传;(2)在律师名片上印有律师经历、专业技术职务或其他头衔的;(3)借助行政机关或行业管理部门的权力,或通过与某机关、部门联合设立某种形式的机构而对某地区、某部门、某行业或某一种类的法律事务进行垄断的;(4)故意诋毁其他律师或律师事务所声誉,争揽业务的;(5)无正当理由,以在规定收费标准以下收费为条件吸引客户的;(6)采用给予客户或介绍人提取'案件介绍费'或其它好处的方式承揽业务的;(7)故意在当事人与其代理律师之间制造纠纷的;(8)利用律师兼有的其他身份影响所承办业务正常处理和审理的。"

(三) 律师参与诉讼或仲裁的行为规范

律师作为为社会提供法律服务的执业人员,在其从事业务活动的过程中,尤其是从事诉讼代理业务、担任辩护人、接受委托参与仲裁时,必然与法官、检察官、仲裁员等法律职业者交流沟通。律师在处理这些关系时,必须遵守一定的原则,主要包括尊重、坦诚、廉洁,等等。《律师执业行为规范(试行)》第63—72条规定了律师参与诉讼或仲裁的规范。

第一,律师在参与诉讼或仲裁中,应当依法调查取证。律师不得向司法机关或者仲裁机构提交明知是虚假的证据。律师作为证人出庭作证的,不得再接受委托担任该案的辩护人或者代理人出庭。

第二,律师在执业过程中,必须尊重法官、检察官、仲裁员等法律职业者。这是对法律的尊重,也是对自己职业的尊重。律师尊重法庭表现在以下几个方面:(1)律师应当遵守法庭、仲裁庭纪律,遵守出庭时间、举证时限、提交法律文书期限及其他程序性规定;(2)在开庭审理过程中,律师应当尊重法庭、仲裁庭。

第三,律师应当维护法官、仲裁员等法律职业者廉洁性,不得通过违法的手段谋求对其委托人有利的裁判结果。我国《律师法》及《律师执业行为规范(试行)》等法律法规对律师行为作出了一些禁止性的规定:(1)律师在办案过程中,不得与所承办案件有关的司法、仲裁人员私下接触;(2)律师不得贿赂司法机关和仲裁机构人员,不得以许诺回报或者提供其他利益(包括物质利益和非物质形态的利益)等方式,与承办案件的司法、仲裁人员进行交易;(3)律师不得介绍贿赂或者指使、诱导当事人行贿。

第四,律师应当在参与诉讼或仲裁中注意庭审仪表和语态。律师担任辩护人、代理人参加法庭、仲裁庭审理,应当按照规定穿着律师出庭服装,佩戴律师出庭徽章,注重律师职业形象。律师在法庭或仲裁庭发言时应当举止庄重大方,用词文明得体。

(四) 律师业务推广的行为规范

《律师执业行为规范(试行)》第16—34条对律师业务推广、广告和宣传作了细致的规定:

1. 律师业务推广

律师和律师事务所推广律师业务,应当遵守平等、诚信原则,遵守律师职业道德和执业纪律,遵守律师行业公认的行为准则,公平竞争。律师和律师事务所应当通过提高自身综合素质、提高法律服务质量、加强自身业务竞争能力的途径,开展、推广律师业务。律师和律师事务所可以依法以广告方式宣传律师和律师事务所以及自己的业务领域和专业特长。律师和律师事务所可以通过发表学术论文、案例分析、专题解答、授课、普及法律等活动,宣传自己的专业领域。律师和律师事务所可以通过举办或者参加各种形式的专题、专业研讨会,宣传自己的专业特长。律师可以以自己或者其任职的律师事务所名义参加各种社会公益活动。律师和律师事务所在业务推广中不得为不正当竞争行为。

2. 律师广告

律师广告是指律师和律师事务所为推广业务、获得委托,让公众知悉、了解律师个人和律师事务所法律服务业务而发布的信息及其行为过程。为了防止律师执业活动营利动机侵蚀律师的职业伦理,各国在允许律师进行广告业务宣传的同时,从广告的内容、范围和形式等方面对律师广告加以规制:

第一,不得具有虚假性和误导性。

首先,不得暗示与法官有某种密切关系;其次,限制律师各种头衔的使用:如大律师、资深大律师;再次,不得包含任何关于其提供法律服务质量的声明,如最好、极其优秀、经验丰富等字样。不得宣传所谓"胜诉率"或"成功率"。由于律师业务活动中是否胜诉或成功是非常难以确定的,宣传所谓胜诉率或成功率,有极大的误导性,因此在各国受到普遍的禁止。

第二,律师广告应具有得当性。

律师广告行为所使用的图片、语言、背景、方式等要得体,不得采用一般商业广告的艺术夸张手法,如标有律师事务所名称的很醒目的霓虹灯、气球、闪烁的彩灯、彩旗、大幅标语等。

第三,关于律师业务范围的宣传要具有明确性。

第四,律师做广告应遵循保密等义务,如使用当事人的姓名,应当事先征得当事人的书面同意。

3. 律师宣传

律师宣传是指通过公众传媒以消息、特写、专访等形式对律师和律师事务所进行报道、介绍的信息发布行为。律师进行宣传要做到以下几点:(1)律师和律师事务所不得进行歪曲事实和法律,或者可能使公众对律师产生不合理期望的宣传;(2)律师和律师事务所可以宣传所从事的某一专业法律服务领域,但不得自我声明或者暗示其被公认或者证明为某一专业领域的权威或专家;(3)律师和律师事务所不得进行律师之间或者律师事务所之间的比较宣传。

此外,有关律师与所任职的律师事务所关系以及律师协会的规范参见第二章、第三章。

第二节 立法背景

一、我国律师职业道德和执业纪律的发展历程

从我国目前的律师职业道德规范的渊源来看,一部分是以法律、部门规章等法律规范形式体现的,另一部分则是以律师协会所制定的行业规范形式体现的。[①] 律师制度恢复后,1980 年《律师暂行条例》虽然没有很明确的职业道德规范篇章,但在律师权利与义务的章节中也包含有一些体现律师职业道德建设的规定,以及律师保守秘密的责任、法律顾问处(所)统一收费的规定。随着律师事业的发展,律师职业道德建设问题日益突出。各地陆续制定了一些加强律师队伍职业道德建设的规定,如吉林省司法厅1989年10月印发了《吉林省律师职业道德规范》,浙江省于1989年11月20日印发了《浙江省律师从业清廉暂行办法》。随后,司法部于1990年11月12日印发了《律师十要十不准》,以宣言的形式规定了律师职业道德建设的基本内容。《律师十要十不准》共10条,在政治方向、处理与当事人的关系、处理与同行的关系等方面对广大律师提出了要求,在当时对于维护律师与当事人之间的诚信关系、维护当事人的合法权益,起到了积极的促进作用。但是,由于《律师十要十不准》过于原则,无法实现律师职业道德规范的体系化,忽视了律师职业道德规范内部的逻辑完整性,无法对律师队伍的职业道德建设进行有效调整。[②] 1993年12月27日,司法部颁布实施了《律师职业道德和执业纪律规范》(以下简称《司法部规范》)。

1996年10月6日,中华全国律师协会第五次常务理事会通过了由律师协会制定的《律师职业道德和执业纪律规范》(以下简称《律师协会规范》)。与《司法部规范》相比,《律师协会规范》在许多重要方面取得了进步,但是该规范仍然存在一些需要解决的问题。首先,《律师协会规范》在指导思想上仍然没有摆脱争讼中心主义的影响,忽视或者淡化了对律师办理"非诉讼性业务"应当遵守的执业纪律的建设;其次,《律师协会规范》没有摆脱对《律师法》的依附状态,其近半数内容与《律师法》的条文有直接渊源关系,使得《律师协会规范》本身应当具有的对《律师法》有关规定进一步具体化、发展化的作用难以有效发挥;最后,在具体内容上,《律师协会规范》的一些规定相对于《司法部规范》而言,出现了一定程度的倒退,一些规定与律师业的发展趋势相悖,对于一些关键性问题规定得非常原则、模糊甚至没有相应的规定。这些缺憾无疑大大妨碍了律师职业

[①] 王进喜:《中国律师职业道德:历史回顾与展望》,载《中国司法》2005年第2期。
[②] 同上。

道德的指导效用和贯彻执行。①

二、律师执业行为规范现状评析

我国律师职业行为规范的制定情况,总体上可概括为"散""乱""少"。所谓"散",是指现行的律师职业规范,散见于《律师法》《律师执业行为规范(试行)》《律师协会会员违规行为处分规则(试行)》《律师事务所内部管理规则(试行)》和各类《律师事务所管理办法》等,还有最高人民法院和司法部联合制定的《关于规范法官和律师相互关系维护司法公正的若干规定》等,无论是内容上,还是效力层次上,都没有形成结构体系。所谓"乱",是指关于律师的执业行为规范出自多门,有法律,有司法解释,有司法部的规章,有律师协会的自律性规范,不仅各种规定的效力层次混乱,而且内容重叠甚至矛盾,表面看是多方面都在关注,都试图去规范律师的行为,实际上无论是内容本身,还是实际执行,在违规行为界定和责任承担方面都存在很多漏洞。所谓"少",是一个相对概念,不是指绝对值的数量,而是从结构意义上,关于律师职业的行为规范还没有形成一个完整的体系,在内容上还不能够涵盖律师的方方面面。②

鉴于上述律师行为规范存在的问题,2004年3月20日第五届全国律师协会第九次常务理事会通过了《律师执业行为规范(试行)》,该《规范》是在克服1996年的《规范》缺陷的基础上制定的,结构更加合理,一些规范更加具体化,具有可操作性,但仍有弊端,表现在:首先,基本框架的设计,章节之间的逻辑顺序不够科学。其次,《规范》部分内容与《律师法》有关内容重复。如"执业前提"和"曾任法官、检察官的律师,离任后未满两年,不得担任诉讼代理人或者辩护人"的规定与《律师法》重复。再次,没有对律师事务所的规范,律师事务所作为律师的执业机构应当是规范约束的主体之一。最后,有的规定过于抽象,有的则缺乏规范。如只对同行之间的竞争问题和同行的尊重问题作了一些限制,但是,对同行之间的责任问题基本没有规定,如合伙律师与聘用律师,管理律师与非管理律师,律师与律师助理的关系和责任没有规定,而这些内容不仅涉及法律服务的质量,还涉及律师的职业形象和律师整体的职业利益。此外,没有对律师提供咨询意见的范围进行规范,没有对律师作为中间调解人的行为进行规范等。

2009年12月27日第七届全国律协二次理事会审议通过,修订形成了新《律师执业行为规范(试行)》,并于2011年11月9日由全国律师协会正式颁布。

近年来,党的十八届三中全会把改革完善律师制度作为全面深化改革的重

---

① 王进喜:《中国律师职业道德:历史回顾与展望》,载《中国司法》2005年第2期。
② 司莉:《律师职业属性论》,中国政法大学出版社2006年版,第117页。

要内容,四中全会《决定》将律师工作纳入全面依法治国总体布局,对加强律师工作和律师队伍建设作出部署。为了贯彻党的十八大和十八届三中全会、四中全会、五中全会精神,完善律师执业保障机制,健全律师违法违规执业惩戒制度,加强律师队伍建设,2016年6月司法部颁布了《关于深化律师制度改革的意见》(以下简称《意见》),该《意见》对健全律师执业管理制度提出了五个方面的要求:一是健全律师执业行为规范;二是严格执行执业惩戒制度;三是完善职业评价体系;四是健全执业管理体制;五是健全跨部门监管协调机制。2016年9月司法部修订了《律师执业管理办法》,《律师执业行为规范(试行)》也于2017年作出了新的修改。同时,《律师法》于2017年进行了第三次修订,进一步完善律师行为规范。同年,全国律协还修订了《律师协会维护律师执业权利规则(试行)》和《律师协会会员违规行为处分规则(试行)》,进一步完善了律师执业权利的保障与违规行为的处分。2021年10月15日,全国律协审议通过了《关于禁止违规炒作案件的规则(试行)》,针对司法实践中一些律师违规炒作案件的情况,进行了有针对性的规范与管理。

第三节 热点前沿问题

本部分主要介绍域外对律师执业行为中的热点问题的规定。

一、对委托人的忠诚与法律忠诚的冲突

律师除了对当事人负有责任外,对于社会、法庭也有一定的责任,而律师对于法庭最大的责任是律师的真实义务。这就要求律师要协助法院发现真相。一方面律师必须对当事人忠实,尽力为当事人争取最大的利益;另一方面不能妨害事实真相的发现,更不能够有虚伪、欺蒙、伪造或变造证据之行为。对于律师忠实义务与真实义务的冲突应该如何处理,向来是律师伦理上最重大的争议点之一。有些争议点直到今天还是没有定论,但是两者义务的冲突是无法回避的问题。如委托人向律师陈述了自己的犯罪事实,或他自己作了虚伪的陈述,或要求他人给其作伪证,律师应当如何行事?

关于如何解决两者之间的冲突,我国香港特别行政区《大律师执业行为守则》附件十三明确指出,如果被控人员已向律师承认罪行,一方面不能成为律师为其辩护或继续辩护的障碍,律师有权对法庭的管辖权、控告形式、证据可接受程度或被采纳证据的充足程度提出异议;另一方面对律师的行为设置了很严格的限制。律师不能暗示其他人犯有指控的罪行或提出任何律师明知是假的证据。例如,律师不能捏造证明被告不可能或事实上没有实施该行为的不在场证据。在美国,《律师职业行为规则》(2013年)第3.3规定了律师对法庭的坦诚

义务:a. 律师不得故意从事下列行为:(1) 就重要事实或者法律向裁判庭作虚假陈述,或者没有就律师以前向裁判庭作出的关于重要事实或者法律的虚假陈述进行修正;(2) 明知在有管辖权的司法辖区存在直接不利于其委托人并且对方律师尚未披露的法律依据,而不向裁判庭公开该法律;(3) 提交明知是虚假的证据。如果律师、律师的委托人或者律师传唤的证人在提供某重要证据后,律师发现该证据是虚假的,则律师应当采取合理的补救措施,包括在必要情况下就此向裁判庭予以披露。除了刑事案件中被告人的证词以外,律师可以拒绝提交其认为是虚假的证据。b. 在司法裁判程序中代理某个委托人的律师在获知某人意图从事、正在从事或者已经从事了与该程序有关的犯罪或者欺诈行为后,应当采取合理的补救措施,包括在必要情况下向裁判庭予以披露。c. 第 a 款和第 b 款规定的责任持续到诉讼终结,即使律师因遵守上述规定而需要公开本来受规则 1.6 保护的信息,上述责任也仍然适用。d. 在单方程序中,无论律师掌握的重要事实是否对委托人不利,律师都应当将其告知裁判庭,以便裁判庭作出明智的决定。① 也就是说,假如辩方律师预先获知他的当事人确系有罪,那么,当他接受了被告人的辩护委托后,他就没有义务去揭发他的当事人的犯罪事实,因为辩护方律师的职责是辩护而不是控诉。然而,在交叉询问中,在其辩护词中,辩护方的律师必须十分小心谨慎地行事,努力回避他已经知道的他的当事人的那些犯罪事实;也不得让他的当事人或证人对那些不真实的情况起誓作证,更不准用虚假的证据去反驳起诉方指控的事实。这是辩护方律师必须严格遵守的规则。否则,他会因欺骗法庭而构成伪证罪,任何的疏忽大意都可能毁灭他自己。

按照某些学者的观点,如果律师明明知道他的当事人涉及伪证,而律师又加以帮忙或共谋的话,律师可能会涉及伪证的共犯及帮助犯。律师可以有两个选择,第一个是不要主动传讯他明知会作出伪证行为的证人;第二个是在法庭上讯问证人时不要去讯问会构成伪证的问题。

这里有两个界限要把握,第一个是律师的义务是消极义务而不是积极义务,也就是律师不必主动去呈现事实,尤其律师并没有义务主动提出对自己当事人不利的证据,如律师知道一个对他的当事人不利的解释令,且是对方及法官所不知道的,他也没有义务提出来。律师及其当事人只需消极地让诉讼对方去呈现对自己不利的地方。但是如果对方已经呈现对自己不利之点,律师就不得再制造虚假之证据或勾串证词,阻碍真实的发现或浪费诉讼资源。第二个界限就是当事人本来可享有的权益,不应该因为聘请律师之后而丧失。例如当事人不愿提出某项不利的证据,律师也不能够因为真实义务的考量主动将该项证据提出来。民事诉讼,基于当事人主义,当事人对自己有利的证据需要负举证责任,本

---

① 张勇:《律师职业道德》,法律出版社 2015 年版,第 360—361 页。

来就不需要提出对自己不利的证据。而刑事诉讼,被告受到无罪推定、不自证其罪原则的保护,也不需要说出对自己不利的证词,律师更不能主动地说出。纵使律师知道他的当事人说谎,基于保密义务的要求,也不能揭发。不过,律师不能积极去帮助当事人设计虚伪的事实蒙骗法院。例如,律师不能诱导当事人做虚伪的陈述;律师不能诱导证人作伪证。①

二、律师能否招揽业务

律师在有些国家常常被称作是"救护车的追逐者"(ambulance chaser),指的是交通事故或者自然灾害发生后,律师急急忙忙赶到现场,表明自己的身份,愿意做受害者的代理人。这种律师和潜在委托人面对面的交流方式,常常被人诟病为趁火打劫的行为。美国把律师的宣传分为广告和招揽。招揽是指由律师针对特定的人发起的具有目的性的沟通,提出向该人提供法律服务的行为,或者可以被合理地理解为提出提供法律服务的行为。相反,律师通过广告牌、网络广告或电视广告等方式面向公众发起的宣传不属于招揽行为,律师为回应信息的请求而发起的沟通和为回应互联网检索而自动生成的信息也不属于招揽行为。美国对招揽行为有严格的限制,其《律师职业行为示范规则》(2013年)对此说明了原因,即当律师明知某人需要法律服务,并以直接面谈、电话联系或实时电子通信的方式向该人招揽业务,即存在滥用职权的可能性。而此类直接的人际交流形式会使被招揽人在与训练有素的宣传者交流过程中受到迫诱。在有法律服务需求的情况下,该人会感到不知所措。当律师提出并坚持立即为其提供法律服务时,该人无法通过理性的判断和合理的利己主义评估所有可供选择的方案。该种情况很有可能导致律师越权或对个人造成过度影响及恐吓的情况。

对于值班律师能否利用职务之便拉拢案源,英国、澳大利亚不允许利用值班律师与当事人接触的机会招揽业务。澳大利亚为了防止社会律师利用值班的便利拉拢案源,各州守则普遍规定值班律师不得强制当事人签订后续辩护委托协议,如果当事人要求推荐辩护律师,值班律师必须给出三个以上不同辩护律师的姓名、地址和联络方式。

我国值班律师能否继续作为被追诉人的辩护律师?2017年8月颁布的《关于开展法律援助值班律师工作的意见》第2条规定,法律援助值班律师不提供出庭辩护服务,符合法律援助条件的犯罪嫌疑人、刑事被告人,可以依申请或通知由法律援助机构为其指派律师提供辩护。该条强调的是,值班律师为被追诉人提供的法律服务不包括出庭辩护,对于符合法律援助条件的被追诉人、被告人,值班律师后续能否作为其辩护律师,该条办法没有明确。其实值班律师在不

---

① 王惠光:《法律伦理学讲义》,台湾元照出版有限公司2007年版,第87页。

违反职业道德的情况下,可以依法院的指定、法律援助机构的指派成为其辩护人。

三、公众号文章中的律师业务推广

广东某律师事务所某律师在公众号上发布文章,文章记述了其团队为其涉嫌强奸的被告人辩护后,得到检察院"不起诉"处理的决定,该文介绍如何成功不起诉的经验等内容,引发社会热议。该律师在公众号上的文章属于业务推广还是普法宣传?抑或法律研究探讨?是否违背执业行为规范?

律师业务推广是指律师、律师事务所为扩大影响、承揽业务、树立品牌,自行或授权他人向社会公众发布法律服务信息的行为。律师及律师事务所可以通过承办学术会议、发表文章、发布推广广告等形式使自身业务信息为他人和社会公众所知悉,不仅是取得机会承揽法律服务业务,而且通过展示能力和素质,提供高质量的法律服务。律师和律师事务所通过宣传自身所具有的法学知识、法律事务处理能力和应对经验的方式,使社会公众对其产生信赖,委托其代为处理自身的法律事务,达到拓展业务的目的,但实践中,一些律师在做广告和业务推广中存在夸大宣传、虚假宣传、诋毁同行、不正当竞争、误导甚至欺骗客户等现象,严重损害律师界的声誉。为了规范律师业务推广,维护律师的整体形象,2017年中华全国律师协会颁布的《律师执业行为规范(修正案)》专章规定了律师业务推广,2018年又颁布了《律师业务推广行为规则(试行)》。

(一)推文性质分析

该律师解释:该文章不是自我展示,自己不是文章的重点,文章只是提及合法、合规的辩护,本文只是介绍办案过程,借刑事辩护进行一定的普法宣传而已。

该律师作为执业律师,以个人名义在公共平台发表该文的行为,即便是一般普法,也是对自身业务的一种推广行为。而且,文章中多次提到该律师团队在案件中发挥的作用,多采用以该律师团队为第一人称的形式进行表述,就不能认为该文仅为一篇普法文章,更像广告的推文。虽然该文章并非以名片、电视广告、网络窗口广告等传统广告形式表现出来,但其所记述之内容却可以通过微信朋友圈等网络形式,使得社会不特定公众了解到该律师团队的办案能力,令潜在受众对其产生一定的信赖并为之带来可能的法律事务委托,这已经远远超出一般普法性文章的范畴,可以说是一种较为隐晦的律师广告表达形式。

(二)文章的影响与规制问题

1. 本篇文章引起广泛讨论与争议

正如新闻报道中提到的那样,"强奸"比较容易触动人们的神经,由于对正义的朴素价值追求,其判决与宣传容易引发人们的争论;相对而言,同为刑事案件的走私案就不那么容易引发广泛讨论,而若为民事案件,如"×××律师事务所助力×××公司于何处上市"的新闻不怎么受关注,而"×××律师团队成功使性侵案件嫌疑人不被起诉"却时时引发热议。无非是此类案件与生活更近,易于引起人们心中朴素的正义观波动,但是这也提醒律师在以此类案件为素材时,需要更加严格地保持自身角色定位,否则可能被一些人认为是"助纣为虐",打击法律职业的威信。

2. 文章的"合规性"

该文章作为律师业务推广的方式,在真实性与信息保密方面似乎未进行夸张演绎,尽可能保证对案件的规范记述。但其作为非常规律师广告似乎对自身团队的业绩渲染过多,且其对于一起刑事案件在自身团队介入辩护后成功获得"不起诉"决定的诸多表述,也存在缺乏得体性的问题。《律师业务推广行为规则(试行)》规定律师业务推广包括微信公众号等互联网媒介,律师在微信朋友圈或公众号发布"成功"的辩护事例,这都很正常,但推广内容应当真实、严谨,推广方式应当得体、适度,不得含有误导性信息,不得损害律师职业的尊严和行业形象。

3. 律师公众号文章的规制

如上所述,本案属于较为敏感的刑事案件中较为敏感的案件类型,相较于一般案件更易引发关注,影响律师甚至法律执业人员的形象,故应当予以特别规制。通过此次事件也可以看出,敏感类刑事案件在易于吸引公众眼球的同时,也容易引来愤怒的炮火,对律师执业的声誉甚至法治体系的运行造成一定的损害。所以,需要要求以此类案件为素材撰写文章进行业务推广的执业律师更加严格地保持文章叙述的中立性,尽可能不用此类文章宣传自身职业能力。

第四节 法律实践

一、利益冲突与回避

(一) 利益冲突的概念

利益冲突是指律师与委托人存在相反的利益取向,如果继续代理会直接影响到委托人的利益。律师在维护当事人合法权益过程中涉及其自身的利益,当律师的利益与客户的利益相反或不一致时,就产生了利益冲突。作为律师,在接受委托之前,律师及其所属律师事务所应当进行利益冲突查证。只有在与委托人之间没有利益冲突的情况下才可以建立委托代理关系。律师在接受委托后才发现有利益冲突的,应及时将这种关系明确告诉委托人。委托人提出异议的,律师应当予以回避。

建立利益冲突规范是非常有必要的:首先是维护委托人利益的需要。如果律师与委托人解除委托关系后,再担任对方当事人的代理人,这时律师对原委托人的情况、掌握的证据非常了解,如果再接受其对方当事人的委托,势必使原委托人处于不利的境地。其次,如果接受对方当事人的委托办理其他事务,虽然不是同一案件,但律师很难摆正自己的位置,而且律师与双方当事人接触时间久了,难免受到人情、关系、经济利益等诸多因素的影响,这也将影响到委托人的利益。再次,是维护律师与委托人之间的信任关系的要求。律师如果代理有利益冲突的案件,容易使委托人对律师产生疑虑。因为即使律师在办理案件的过程中,能够不为私利影响,依法办事,摆正这种关系,兼顾双方当事人的合法权益,使案件得到公正的处理,委托人也可能会产生怀疑,认为律师偏袒一方,导致对律师不信任。

(二) 利益冲突的种类

《律师法》第23条规定,律师事务所应当建立健全利益冲突审查制度,对律师在执业活动中遵守职业道德、执业纪律的情况进行监督。《律师法》第39条规定,律师不得在同一案件中为双方当事人担任代理人,不得代理与本人或者其近亲属有利益冲突的法律事务。《律师执业行为规范(试行)》第49—53条对利益冲突作了规定。

1. 直接利益冲突

直接利益冲突,是指律师与委托人或与对方当事人及其律师之间存在着直接的利害关系,使律师在提供法律服务的过程中必然损害一方当事人的权益。直接利益冲突损害大,风险也大,因此法律往往对此采取严格禁止的态度和立场。《律师执业行为规范(试行)》第51条规定了直接利益冲突的情形:(1) 律师在同一案件中为双方当事人担任代理人,或代理与本人或者其近亲属有利益冲突的法律事务的;(2) 律师办理诉讼或者非诉讼业务,其近亲属是对方当事人的法定代表人或者代理人的;(3) 曾经亲自处理或者审理过某一事项或者案件的行政机关工作人员、审判人员、检察人员、仲裁员,成为律师后又办理该事项或者案件的;(4) 同一律师事务所的不同律师同时担任同一刑事案件的被害人的代理人和犯罪嫌疑人、被告人的辩护人,但在该县区域内只有一家律师事务所且事先征得当事人同意的除外;(5) 在民事诉讼、行政诉讼、仲裁案件中,同一律师事务所的不同律师同时担任争议双方当事人的代理人,或者本所或其工作人员为一方当事人,本所其他律师担任对方当事人的代理人的;(6) 在非诉讼业务中,除各方当事人共同委托外,同一律师事务所的律师同时担任彼此有利害关系的各方当事人的代理人的;(7) 在委托关系终止后,同一律师事务所或同一律师在同一案件后续审理或者处理中又接受对方当事人委托的;(8) 其他与本条第(1)至第(7)项情形相似,且依据律师执业经验和行业常识能够判断为应当主动回避且不得办理的利益冲突情形。

2.间接利益冲突

间接利益冲突是指律师与委托人、对方当事人以及律师之间存在一定的利害关系,使律师在提供法律服务过程中有可能损害一方当事人的权益。存在间接利益冲突的前提下,委托人可以通过签署知情同意书的方式,建立或者维持委托关系。之所以设置利益冲突禁止规范的例外,原因在于,既然利益冲突豁免本质上是为了保护当事人的利益,自然可以因当事人对利益的放弃而免除利益冲突。

《律师执业行为规范(试行)》第52条规定了间接利益冲突,表现在:(1)接受民事诉讼、仲裁案件一方当事人的委托,而同所的其他律师是该案件中对方当事人的近亲属的;(2)担任刑事案件犯罪嫌疑人、被告人的辩护人,而同所的其他律师是该案件被害人的近亲属的;(3)同一律师事务所接受正在代理的诉讼案件或者非诉讼业务当事人的对方当事人所委托的其他法律业务的;(4)律师事务所与委托人存在法律服务关系,在某一诉讼或仲裁案件中该委托人未要求该律师事务所律师担任其代理人,而该律师事务所律师担任该委托人对方当事人的代理人的;(5)在委托关系终止后一年内,律师又就同一法律事务接受与原委托人有利害关系的对方当事人的委托的;(6)其他与本条第(1)至第(5)项情况相似,且依据律师执业经验和行业常识能够判断的其他情形。

律师和律师事务所发现存在上述情形的,应当告知委托人利益冲突的事实和可能产生的后果,由委托人决定是否建立或维持委托关系。委托人决定建立或维持委托关系的,应当签署知情同意书,表明当事人已经知悉存在利益冲突的基本事实和可能产生的法律后果,以及当事人明确同意与律师事务所及律师建立或维持委托关系。

(三)利益冲突的判定

我国对利益冲突的规定采取的是列举式,对于《律师法》《律师执业行为规范(试行)》等没有规定的情形,如何判定?比如下面的案件:

原告周某与被告彭某合伙协议纠纷一案,一审时,原告周某委托光明律师事务所律师邓某担任一般委托代理人出庭参加诉讼,被告彭某未委托代理人。经法院审理后作出一审判决,彭某不服提起上诉。二审时,原告周某没有继续委托律师邓某担任二审代理人,而被告彭某却委托光明律师事务所律师张某担任一般委托代理人出庭参加诉讼。原告周某当庭表示对张某出庭参加诉讼有异议,认为张某与邓某系同一律师事务所律师,张某实施代理有执业利益冲突,会损害其合法权益,请求法院不准许张某作为代理人出庭参加诉讼。

就本案存在两种观点,一种观点认为:律师张某与邓某虽同在光明律师事务所执业,但两人是先后为双方当事人担任代理人,并没有违反相关法律规定,因此张某可以作为彭某的代理人;另一种观点认为:本案律师张某与邓某同时在光明律师事务所执业,双方之间属同事关系,张某极有可能从邓某那里获知原告周某的某些秘密信息,并加以利用来完成此次的代理任务,会有损原告周某的合法权益。

上述案件说明利益冲突的普遍性和复杂性,律师在职业活动中也不可避免地会遇到利益冲突。利益冲突主要表现为以下四种:一是当事人之间的冲突。同时作为利益有明显冲突的双方当事人的代理人,这既可能发生在同一案件,也可能存在于不同案件中,这种类型的利益冲突比较容易判断;二是律师与对方当事人有冲突;三是律师与前委托人存在利益冲突;四是律师之间有冲突。如在同一案件中,一方当事人的代理律师与对方当事人的代理律师之间存在利益关系或其他关系。律师的利益冲突有明显的,也有潜在的,如果律师放任这种冲突的存在,就有可能使矛盾激化,在当事人与律师之间造成紧张关系,从而破坏律师与当事人之间的信任关系,损害当事人的合法权益。当律师面临利益冲突时,应将利益冲突的情形和可能导致的后果告诉当事人,只有在当事人明示的许可后,才可继续代理,否则律师要撤回代理。

在原告周某与被告彭某合伙协议纠纷一案中,律师张某接受被告彭某的委托担任二审代理人之前,同所律师邓某担任过原告周某一审的代理人,双方的代理行为始终发生在同一个空间点即同一民事案件中,实施代理行为的主体是同一律师事务所的不同律师,时间点是不同审级的前后委托关系,存在于不同的诉讼程序中。这种情形有时候不仅对委托人,也会对律师的利益或关系产生一定的影响,作为律师代理前应进行查证,尽量避免潜在的利益冲突。

二、律师不得帮助无执业权的人执业

法律服务须具备专业能力和操作技能,体现执业的适格性。我国实行执业许可制度,只有持有设区的市级或者直辖市的区人民政府司法行政部门颁发的律师执业证书才能执业。《律师法》第13条规定:"没有取得律师执业证书的人员,不得以律师名义从事法律服务业务;除法律另有规定外,不得从事诉讼代理或者辩护业务。"因为诉讼代理和辩护业务直接关系到当事人的合法权益和司法秩序,从事诉讼代理和辩护业务的人员范围应当严格限定,不能任意放开诉讼代理或者辩护业务,否则不利于维护法律的正确实施,也不利于维护当事人的合法权益。这里的"除法律另有规定外"的法律规定主要指《民事诉讼法》《行政诉讼法》《刑事诉讼法》的有关规定。依照《民事诉讼法》第61条和《行政诉讼法》第31条的规定,当事人的近亲属、有关的社会团体或者所在单位推荐的人以及经人民法院许可的其他公民,可以受托代理当事人的民事诉讼或者行政诉讼;依照《刑事诉讼法》第32条的规定,犯罪嫌疑人、被告人的监护人、亲友可以受托为辩护人。需要指出的是,除了诉讼代理和辩护业务外,没有取得律师执业证书的人员,只要不以律师名义,可以从事一些与法律有关的服务活动,如解答有关法律的询问,接受当事人委托参加调解、仲裁活动、代写诉讼文书、担任法律顾问等。该项规定为司法行政部门整顿法律服务市场秩序,取缔"黑律师"提供了法律依据。律师和律师事务所都不得帮助无律师执业证书的人以律师名义提供法律服务。这体现在以下三个方面:

1. 律师事务所不得指派没有取得律师执业证书的人员(包括非律师和申请律师执业的实习人员)或者处于停止执业处罚期间的律师以律师名义提供法律服务。

律师受到停止执业处罚的,由作出处罚决定的司法行政机关或者由其委托的下一级司法行政机关在宣布或者送达处罚决定时扣缴被处罚律师的执业证书。律师受到停止执业处罚的,应当自处罚决定生效后至处罚期限届满前,将律师执业证书缴存其执业机构所在地县级司法行政机关。

2. 律师事务所不得采用出具或者提供律师事务所介绍信、律师服务专用文书、收费票据等方式,为尚未取得律师执业证书的人员或者其他律师事务所的律师违法执业提供便利。

律师事务所为尚未取得律师执业证书的人员提供便利,如许可未取得律师执业证的人员以执业律师身份接受当事人委托签署协议、收取费用,许可并协助未取得律师执业证的人员以执业律师身份出具法律意见,指派申请律师执业实习人员单独出庭参加诉讼等,均构成了对禁止性规定的违反。

3. 律师事务所不得为未取得律师执业证的人员印制律师名片、标志或者出具其他有关律师身份证明,或者已知本所人员有上述行为而不制止。

未取得律师执业证的人员不得以律师名义执业。律师事务所对本所律师及辅助人员遵守执业规范与纪律负有监督、管理职责,不得为未取得律师执业证的辅助人员违法执业提供便利。律师事务所为未取得律师执业证的人员印制律师名片、提供律师徽章、律师出庭服装或者出具其他有关律师身份证明,属于协助未取得律师执业证的人员以律师身份违法执业,应给予纪律处分。律师事务所对于本所律师或者辅助人员为未取得律师执业证的辅助人员违法执业提供便利的情况,应履行监督管理职责,予以制止。律师事务所未履行职责,放任、默许本所人员协助实施违法执业的,应按照协助未取得律师执业证的人员以律师身份违法执业处理。

第五节 案例评析

一、律师不称职、不尽职案[1]

【案情】

左某甲与李某原系夫妻关系,双方共同生育一女左某乙。2000 年 3 月 22

---

[1] 参见:《呼和浩特市中级人民法院(2019)内 01 民终 4166 号民事判决书》,有改动。

日,左某甲与李某协议离婚,双方签订的《离婚协议书》载明:"男方左某甲、女方李某因感情破裂实在无法生活下去,现协议离婚,协议如下:财产及房产归孩子所有,女方住满六年,六年后男方付女方贰万元钱,女方自动搬出,男方搬回居住,如男方到期不付钱,每天按5分利付给女方。孩子由女方抚养,男方每月付给孩子伍佰元生活费。另,如果男方或女方有意外,包括死后抚恤金财产、保险金、养老金全都归左某乙一人,任何人不得动用",上述离婚协议由左某甲书写,左某乙、李某在该离婚协议上签字确认。

2017年10月18日,内蒙古YH律师事务所律师马某、蔡某接受左某甲的委托作为其遗嘱见证人,并出具了律师见证书。该《遗嘱》载明:"立遗嘱人因患病在内蒙古自治区肿瘤医院呼吸内科8号病房,在律师的见证下,特确立遗嘱如下:一、立遗嘱人名下的房产由女儿左某乙继承。二、立遗嘱人治疗期间,向张某和王某共借款22万元,并分别于2017年2月13日和2017年4月15日签订了借款协议。按照两份协议规定,立遗嘱人如死亡,用立遗嘱人的养老保险金、死亡抚恤金、丧葬费(具体金额按实际领取的为准)等费用偿还上述借款,不足部分由程某(身份证号码×××)代为偿还。如有结余,归女儿左某乙所有。三、立遗嘱人与程某共同生活17年,立遗嘱人治疗期间,程某一直给予无微不至的陪护和照顾,故立遗嘱人死亡后,立遗嘱人的住房公积金和立遗嘱人名下的银行卡上报销的医疗保险费由程某领取,以示补偿和感激。四、立遗嘱人死亡后的丧葬事宜,全程由程某负责。五、本遗嘱由内蒙古YH律师事务所律师马某、蔡某见证,由内蒙古YH律师事务所出具见证书,并由马某、蔡某律师作为本遗嘱执行人。六、本遗嘱为立遗嘱人真实意思表示,相关财产继承人和相关费用领取人需按本遗嘱执行。不得因财产继承和相关费用领取产生纠纷,使得立遗嘱人的灵魂得以安息。七、本遗嘱确立后,如立遗嘱人有新的遗产及费用处理意见,可确立新的遗嘱,本遗嘱在确立新的遗嘱后自动失效,以新遗嘱为准。左某甲在《遗嘱》的立遗嘱人处签字,上述遗嘱内容除签字外均系打印形成。左某甲因病于2017年10月22日死亡。

由于程某向法院所提供的落款时间为2017年10月18日的《遗嘱》中,马某、蔡某仅以见证人的身份签字,注明的时间及所载内容均系打印,现无证据证明该《遗嘱》系由上述见证人其中一人代为书写,程某亦未提供其他证据证明该遗嘱形成时蔡某在场。马某、蔡某也未能提供相应的录像或人证等佐证,证明其依法依规对该代书遗嘱作出见证。

同时,程某主张该遗嘱见证人为马某、蔡某,但该遗嘱系打印而成,程某现有证据不足以证明该遗嘱确系由马某、蔡某之一代书,亦不足以证明马某、蔡某均在场见证;同时,遗嘱中所述的借款协议的签订时间与程某为支持其请求提交的借款协议签订时间不一致,尚无法确定该遗嘱是否为被继承人的真实意思表示,该遗嘱因不符合法律规定的代书遗嘱形式要件而无效。因此,法院判定代书遗嘱无效,支持左某乙的诉请,依原有离婚协议的内容分配左某甲遗产。

【评析】

律师见证是律师非诉讼法律业务的一种,常见于合同见证和遗嘱见证。律师见证是指律师应客户的申请,根据见证律师本人亲身所见,以律师事务所的名义依法对具体的法律事实或法律行为的真实性、合法性进行证明的法律行为。律师的见证不同于一般人的见证,律师不仅对见证事项的真实性负责,还负有对见证事项合法性审查的义务。律师为当事人做见证,应该熟悉该业务,不仅要仔细审查当事人的身份,还应对其权利能力和行为能力进行审查,在必要的情形下还要亲自核实,确定意思表示是否真实、明确,无欺诈、胁迫的情形,并进行录音、录像。

该案中,当事人左某甲委托律师为其立遗嘱见证,其目的就是通过律师提供专业的法律服务,使自己所立遗嘱具有法律效力,在其去世后遗产能够按照其遗嘱进行继承。律师进行遗嘱见证应当符合以下要求:(1)律师对遗嘱人进行意思能力以及表达能力的审查,律师要按照《律师见证业务工作细则》的规定制作见证笔录、全程录音录像。(2)律师对遗嘱人的财产进行实质审查,确保遗嘱人对所处分的财产拥有合法的权利外观。(3)律师见证人不得与继承人有利害关系。本案当中的马、蔡两位律师仅在打印遗嘱上签字见证,没有出具更为详实的证明材料。该案发生在2017年,当时《民法典》还没有颁布,没有规定打印遗嘱,今后打印遗嘱会很多,虽然录音、录像不是必需,但是本案起码要把打印遗嘱的过程通过录音、录像等方式记录下来,或者制作谈话笔录,以此证明其所立遗嘱的真实性。因此,本案律师没有能够提供专业、尽职的服务,导致被法院判定遗嘱无效。

二、辩护律师毁灭证据案

【案情】

2019年3月9日,孔某姣涉嫌诈骗罪被个旧市公安局刑事拘留,云南靖嘉律师事务所的律师杨某某、周某某于2019年3月11日接受孔某姣之妻冯某某的委托,担任孔某姣的辩护律师。周某某于2019年3月12日至2019年4月18日期间,共会见孔某姣6次,并在会见孔某姣后即2019年4月2日,将孔某姣要尽快转移此前用于开设赌场的赌博机以防被公安机关查获的意思表示转达蒋某梦、曾某义(均另案处理)等人。蒋某梦、王某文等人将孔某姣之前存放于某仓库内的涉案物证疑似赌博游戏机数百台转移并藏匿。2019年4月25日14时许,公安民警在该仓库内查获大量电子游戏设备。经鉴定,该仓库内1724台电子游戏机设备中有1685台电子游戏设备共计3051个操作单位,符合赌博功能的电子游戏设施设备的认定标准。法院经审理认定,律师周某某在刑事诉讼过程中,作为孔某姣的辩护人,帮助当事人毁灭证据,其行为已构成辩护人毁灭证据罪,判处有期徒刑一年。

【评析】

我国《刑法》第306条第1款规定:"在刑事诉讼中,辩护人、诉讼代理人毁灭、伪造证据,帮助当事人毁灭、伪造证据,威胁、引诱证人违背事实改变证言或者作伪证的,处三年以下有期徒刑或者拘役;情节严重的,处三年以上七年以下有期徒刑。"

周某某作为辩护律师,明知赌博机是开设赌场罪的重要物证,在会见孔某姣后将转移赌博机的意图转达给蒋某梦等人,蒋某梦、王某文等人在此之后找人实施了转移赌博游戏机设备的行为,周某某构成辩护人毁灭证据罪。《律师和律师事务所违法行为处罚办法》第17条规定,下列情形属于《律师法》第49条第4项规定的律师违法行为:……指示或者帮助委托人或者他人伪造、隐匿、毁灭证据,指使或者帮助犯罪嫌疑人、被告人串供,威胁、利诱证人不作证或者作伪证的。周某某作为孔某姣的辩护人,未依法维护被告人的合法权益,未在法律的范围内行使辩护职责,帮助当事人毁灭证据,不仅是违法行为,还触犯了《刑法》,依法被追究刑事责任。

第六节 问题与建议

一、律师庭外言论的规制

(一)我国对律师庭外言论的规范

庭外言论是律师对于本人或本所其他律师代理的正在审理案件所发表的与案件事实认定、法律适用、审理程序有关的言论;律师对本人或本所律师代理的已经审结的案件发表的评论、非本人或本所律师代理的正在审理案件发表的评论均属于司法评论范畴。《律师执业行为规范(试行)》第6条规定,律师不得炒作案件。律师应当将自己的行为和言论控制在合法的范围内。有的律师通过网络扩大影响,或通过媒体做反复宣传,意在提高人气,或者借助舆论影响案件,这样不仅损害司法独立,甚至会干扰正常的司法活动和社会秩序。如果律师认为法官在庭审中侵犯其诉讼权利,应向司法行政机关、律师协会申请维护执业权利,不得通过在网络发表声明、公开信、敦促书等方式炒作案件。第32条在有关律师宣传方面规定:律师和律师事务所不得进行歪曲事实和法律,或者可能使公众对律师产生不合理期望的宣传。《律师事务所管理办法》第50条规定:律师事务所不得放任、纵容本所律师有下列行为:(1)采取煽动、教唆和组织当事人或者其他人员到司法机关或者其他国家机关静坐、举牌、打横幅、喊口号、声援、围观等扰乱公共秩序、危害公共安全的非法手段，聚众滋事，制造影响，向有关部门施加压力；(2) 对本人或者其他律师正在办理的案件进行歪曲、有误导性的宣传和评论，恶意炒作案件；(3) 以串联组团、联署签名、发表公开信、组织网上聚集、声援等方式或者借个案研讨之名，制造舆论压力，攻击、诋毁司法机关和司法制度；(4) 无正当理由，拒不按照人民法院通知出庭参与诉讼，或者违反法庭规则，擅自退庭；(5) 聚众哄闹、冲击法庭、侮辱、诽谤、威胁、殴打司法工作人员或者诉讼参与人，否定国家认定的邪教组织的性质，或者有其他严重扰乱法庭秩序的行为；(6) 发表、散布否定宪法确立的根本政治制度、基本原则和危害国家安全的言论，利用网络、媒体挑动对党和政府的不满，发起、参与危害国家安全的组织或者支持、参与、实施危害国家安全的活动；以歪曲事实真相、明显违背社会公序良俗等方式，发表恶意诽谤他人的言论，或者发表严重扰乱法庭秩序的言论。

(二) 庭外言论与公平审判的冲突

1966 年美国最高法院首次意识到"言论自由"与"公平审判"的紧张关系，并且主张应对庭外言论加以规范。在 sheppard v. Maxwell 一案中，美国最高法院指出："辩护律师和新闻媒体之间的咨询合作，影响刑事审判的公平性，不但应接受管制，而且具有高度可非难性并应施予惩戒。"最高法院同时认为："媒体任意报道将使法庭排除证据变得毫无意义。"1991 年的 Gentile v. State Bar of Nevada 一案，该案律师 Dominic Gentile 在当事人被提起公诉后，举行记者会反驳媒体诸多不利报道，后来其当事人果然无罪开释，但是 Gentile 召开记者会却被律师公会认为违反伦理规范而受到惩戒。Gentile 不服处分而提出上诉，联邦最高法院在具有分歧的意见下，以五比四撤销了原审对于律师惩戒的决定。由此可见，美国偏重言论自由的价值，但同时也认为为了达到公平审判的目的，应对律师的"庭外言论"予以限制。而同属英美法系的英国，更注重审判的公正，尽量使陪审员避免媒体舆论的影响。①

美国的《律师职业行为示范规则》规定，如果律师明知或合理应知其庭外言论相当可能对审理程序产生偏颇者，即不得为之。在保障公平审判权和维护言论自由权之间达到平衡，是很困难的，一方面，为了保障公平审判权，必然会缩减某当事人在审判前可被传播信息的范围，在由陪审团进行审判时更是如此。如果没有这种限制，便会导致庭审规则和证据排除规则失去保护效果。另一方面，对具有法律影响的事件和法律程序的信息进行自由传播，具有重要的社会利益。公众有权知道对其安全构成威胁的事件以及为保障其安全而采取的措施。法律程序的运作，特别是在具有公共利害关系的事项中，也包含着合法的利益。而

---

① 张升星：《司法言论之专业伦理与民事责任》，元照出版有限公司 2014 年版，第 104—107 页。

且,法律程序事项对公共政策问题的研究也具有重要意义。①

英国虽然同样采取陪审团审判制度,但却明白强调"公平审判"的价值优于"言论自由"。英国法院认为"审前公开"会使陪审团偏颇,当被告获得公平审判的权利受到威胁时,法院将停止诉讼程序。英国司法实务提出许多确保公平审判的机制,就媒体报道而言,法院一贯认为"审前公开"会对正义造成潜在威胁,尤其是若干涉及被告自白、前科记录等讯息的公开,本质上就是偏颇而且不利于进行公平的审判程序。英国法院甚至曾经因为一篇审判前"十个月"所刊登的文章,认为有害公平审判而驳回起诉,可见其对"审前公开"采取极端保守的立场。此外,如果某项证据依法不被采纳,但是陪审团成员知悉该项证据时,法院就会直接认定司法正义受到侵害,这种对"审前公开"严厉排斥的态度,俨然有别于美国法制强调言论自由的偏好。②

在德国法的规制下,律师乃是光荣尊严的职业,因为德国并不采取陪审团审判,而是由接受严格法学训练的法官裁判纷争,并不需要担心陪审团因此受到干预或误导的危险。因此,德国法规范律师"司法陈述"的目的,与其说是着重"个案的公平审判",其实更在乎"整体的司法尊严"。③

近些年,有多个案件都涉及律师庭外言论的问题。特别是一些比较知名的刑辩律师,在微博、微信、公众号等自媒体工具上发表言论。前不久徐昕律师在内蒙古的一个案件代理中与法警产生冲突,第二天在他的个人公众号上贴出来一张照片,即徐昕律师孤身一人被很多法警围住,徐昕律师还写了一句话:果真是律师的战场在法庭。这个图文引起了社会的广泛关注,并且迅速形成了一种舆情。他的这篇文章阅读量突破了10万,引起了社会关注,并产生了一定的社会影响。再比如周泽律师在微博公布公安人员通过按压手铐对犯罪嫌疑人类似刑讯逼供的行为,受到朝阳区司法局的停止执业一年的处罚。传统理论认为律师的言论在庭内,但在自媒体时代情况发生了变化,甚至有些律师利用自媒体舆论工具去实现营销的目的。

律师能否在庭外发布信息,涉及律师的言论自由与司法公正之间的冲突和权衡。律师发表什么样的信息才是正当的,应当采用两个标准:一个是实质危险的标准。目前我国对于庭外言论的规范有:《律师法》第49条,《律师执业管理办法》38条,《律师和律师事务所行为处罚办法》第14条,等等,但是这些规定没有考虑到律师庭外言论的目的是否在实质上对案件的处理结果有损害,即它是一种管控的逻辑,而不是一种维护司法公正的逻辑,比如说周泽律师在微博上发

---

① 张勇:《律师职业道德》,法律出版社2015年版,第368页。
② 张升星:《司法言论之专业伦理与民事责任》,台湾元照出版有限公司2014年版,第110—111页。
③ 同上书,第112页。

布的侦查人员涉嫌刑讯逼供的图片,其本质上应该是有利于维护司法公正的,但是因为他没有通过正当的渠道发布,而是通过自媒体去发布,影响了审理案件的秩序,因此受到了惩戒。

关于实质危险标准,可以借鉴美国《律师职业行为规则》第3.6条规定,对于庭外言论在有严重损害裁判程序重大可能的情况下才会给予惩戒,并设置具体的禁止性规范和例外。

第二个标准应当是道德性标准。在当代法律职业伦理当中面临一个困境,有学者将其归纳为非道德性,即是指职业伦理逐渐脱离了大众道德评价和个体道德评价的轨道,变得与大众的道德越来越远,甚至成为与大众道德体验毫无关联的职业行为规范。

二、维护业外活动的适正性

律师的执业行为规范主要约束律师业内的行为,但作为提供法律服务的专业人员,应遵守较高层次的职业伦理,且不仅要遵守业内的职业道德规范,其业外的行为也要受到约束。

(一) 律师事务所不得从事经营性的活动

《律师法》第27条规定,律师事务所不得从事法律服务以外的经营活动,《律师执业行为规范(试行)》第93条也作出此项规定。作为律师执业机构的律师事务所属于非营利性的专业服务组织,律师执业的目标不是追求经济利益的最大化,而是应当以维护当事人合法权益、维护法律正确实施、维护社会的公平正义为职责和使命。律师事务所虽然也有营利目的,但其最终目的,是为了更好地发展公益事业,更好地实现为社会提供法律服务的职能,不能像企业和公司一样从事其他经营活动。这样规定既可以降低律师事务所的对外活动责任风险,也能保证律师事务所尽心尽职地提供优质高效的法律服务。律师事务所是律师为社会提供法律服务的执业机构,是以公益为目的的。

《律师法》第50条还规定,如果律师事务所从事法律服务以外的经营活动,则要受到相应的处罚。《律师和律师事务所违法行为处罚办法》第25条规定,有下列情形之一的,属于《律师法》第50条第3项规定的律师事务所"从事法律服务以外的经营活动的"违法行为:(1)以独资、与他人合资或者委托持股方式兴办企业,并委派律师担任企业法定代表人或者总经理职务的;(2)从事与法律服务无关的中介服务或者其他经营性活动的。

(二) 律师在业外不得从事不端行为

律师要谨言慎行,维护业外活动的适当性,从而维护律师的职业形象。我国《律师执业行为规范(试行)》第15条对律师禁止性行为作了规定:(1)产生不良社会影响,有损律师行业声誉的行为;(2)妨碍国家司法、行政机关依法行使职权的行为;(3) 参加法律所禁止的机构、组织或者社会团体;(4) 其他违反法律、法规、律师协会行业规范及职业道德的行为;(5) 其他违反社会公德,严重损害律师职业形象的行为。

律师的言行出格,比如律师网上"炫富",损害的不仅是律师个人、律师事务所的声誉,也损害律师队伍的整体形象,虽然律师的职业相对自由,但是律师作为法律人,须约束自己在庭外的言行。律师维护当事人的合法权益,但是要在合法的限度内,律师办案不能妨碍司法、行政机关的职务行为,律师不能突破执业行为规范,如有的律师在网上炒作负面舆论,甚至操纵舆论,给司法机关、行政机关施加压力,这些行为非但不能推动司法公正,反而是破坏法制的行为。此外,律师不得参加法律禁止的机构、组织和团体。基于律师独立性、公益性、专业性的考量,律师不能参加有损其职业本质,造成大众对其职业丧失信赖的机构、组织和团体。

【问题与思考】

1. 李律师在司法局下属的法律援助中心向寻求法律帮助的当事人提供免费法律咨询。一天,几位农民工向李律师咨询如何向包工头钱某追讨拖欠工资,李律师给农民工提供了详尽的诉讼方案。之后,包工头经朋友介绍,欲聘请李律师担任其建筑公司与某公司财产纠纷案件的诉讼代理人。李律师是否能够接受包工头的委托?并阐述理由。

2. 分析下面的两则律师广告,是否合适?为什么?

赵律师:法学研究生毕业。在法律界有着广泛的人际关系,尤其擅长二审、申诉再审、疑难复杂案件,对合同、债务纠纷颇有研究,联系方式:******。

马律师:原检察官,专业承办刑事案件,包赢官司,联系方式:******。

3. 2013 年 2 月 17 日晚,李某某等人轮奸杨某某的案件发生后,因李某某是某著名歌星的儿子,因此该案引起社会广泛关注。一些律师(包括没有代理此案的律师)在其微博和博客上发表言论。某律师事务所的雷律师不是李某某一案的代理律师,也未参加诉讼活动,也无证据证明其合法有效地获悉案件事实。但在案件尚未开庭审理和判决之时,雷律师就在其个人微博和博客上发表所谓"人头落地""政治斗争""杨某某与国外势力勾结""李某某一案是冤案"等毫无根据、纯属主观臆断的言论。雷律师的行为违反了什么执业行为规范?

4. 观看电影《全民目击》,当林泰被指控为杀人凶手后,如果他聘请的辩护律师发现了本案真相,即林泰并不是此案的真凶,而林泰又不愿意披露案件真相,他愿意承担罪责,把牢底坐穿,作为他的辩护律师能否违背林泰的意愿?

第六章 律师收费

【内容提要】

本章系统介绍了律师收费制度,包括律师收费的概念、原则、方式、立法历程,分析国内外影响律师收费的因素、律师服务的成本,并就改革我国律师收费管理模式、律师收费制度,建立律师费转付制度、健全律师收费争议处理机制提出建议。

【关键词】 律师收费 律师收费方式 律师费转付

第一节 基本理论

一、律师收费制度概述

律师收费制度是律师制度的一个重要组成部分,是律师行业顺利发展的必要保证。律师作为一项职业,为当事人提供法律服务,属于服务业的一种,同时,律师与当事人之间是委托关系,根据民法的自愿、有偿原则,律师可以向委托人收取一定的费用。我国律师是中国特色社会主义法治工作者,是人民律师,最本质的特征是全心全意为人民服务,最根本的任务是依法维护人民群众合法权益,律师可以通过收取服务费来保障自身的发展和补偿劳动的付出。如果不能保证律师获得一定的报酬,则不能促使、激励其发挥良好的社会作用。但是,对律师收费也应予以规范,律师费的不断上涨或恶性竞争引起的费用下跌都会使得律师作用的发挥受到局限。因此,规范律师收费制度是健全我国律师制度的重要方面,也是我国律师业不断发展的重要保障。

(一) 概念

律师收费,是指律师在接受委托办理法律事务时向委托人收取的一切相关费用,主要包括服务费(代理费)和办案费两个方面。① 服务费是律师为委托人办理法律事务,付出劳动的报酬;办案费是指除服务费外的其他费用和开支,主要包括:司法、行政、仲裁、鉴定、公证等部门收取的费用以及办理法律事务过程中发生的查档费、异地办案所需的差旅费、交通费、通讯费、复印费、翻译费以及经委托人同意垫付的其他费用等。例如我国于 2006 年 12 月 1 日起执行的《律

---

① 马宏俊主编:《〈律师法〉修改中的重大理论问题研究》,法律出版社 2006 年版,第 302 页。

师服务收费管理办法》中第 19 条规定,律师事务所在提供法律服务过程中代委托人支付的诉讼费、仲裁费、鉴定费、公证费和查档费,不属于律师服务费,由委托人另行支付。

(二) 特征

1. 律师收费的主体是律师事务所。《律师法》第 25 条规定:"律师承办业务,由律师事务所统一接受委托,与委托人签订书面委托合同,按照国家规定统一收取费用并如实入账。律师事务所和律师应当依法纳税。"律师收费,其实质为律师事务所收费,因为律师并非独立的执业单位,而作为律师执业机构的律师事务所才是律师提供法律服务的法律关系主体,也只有律师事务所才能够作为律师收费的主体。

2. 律师收费必须基于执业律师提供的法律服务。《律师法》第 55 条规定:"没有取得律师执业证书的人员以律师名义从事法律服务业务的,由所在地的县级以上地方人民政府司法行政部门责令停止非法执业,没收违法所得,处违法所得一倍以上五倍以下的罚款。"可见,律师收费的前提是执业律师提供的服务,没有取得律师执业证书而以律师名义从事法律服务业务和收费皆为违法,依法应予处罚。

3. 律师收费的数额和方式以律师提供的法律服务为依据。在我国,律师收费标准和方法是以部门规章的形式确定的,律师收费应当以这些部门规章为指导。在司法实践中,律师收费是以其提供的法律服务为依据,在与当事人协商的基础上确定律师收费的具体数额和收费方式。《律师法》第 50 条规定,律师事务所违反规定接受委托、收取费用的,也属于应予处罚的范围,包括警告、停业整顿、罚款、没收违法所得,情节特别严重的,由省级人民政府司法行政部门吊销律师事务所执业证书。

二、律师收费的原则

(一) 统一收费原则

《律师法》第 25 条规定,律师承办业务,由律师事务所统一接受委托,与委托人签订书面委托合同,按照国家规定统一收取费用并如实入账。律师事务所统一收费,可以建立规范化的律师收费制度,有利于律师事务所对律师进行监督管理,预防和减少违反律师职业道德、执业纪律的行为发生。因此,在律师服务过程中,律师个人不得私自接受委托,不得私自向委托人收取费用、收受委托人的财物。在律师业务实践中,为了当事人交费方便,当事人向律师事务所交费,通常是将费用交给承办案件的律师,由其转交律师事务所,这是可以的。但是,当事人应当及时向律师索取律师事务所开具的收费凭据,防止律师私自收费。

(二) 合理收费原则

律师服务收费应符合合理原则。律师服务收费项目、收费方式、收费标准等原则上由律师事务所制定。在制定律师服务费标准时，律师事务所应当统筹考虑律师提供服务耗费的工作时间、法律事务的难易程度、委托人的承受能力、律师可能承担的风险和责任、律师的社会信誉和工作水平等因素。各省（区、市）律师协会指导设区的市或者直辖市的区（县）律师协会对律师事务所制定的律师服务费标准实施动态监测分析。

(三) 公开收费标准原则

律师事务所制定的律师服务费标准，应当每年向所在设区的市或者直辖市的区（县）律师协会备案，备案后一年内原则上不得变更。新设律师事务所在取得执业许可证书10个工作日内，应当制定律师服务费标准并向所在设区的市或者直辖市的区（县）律师协会备案。律师事务所不得超出该所在律师协会备案的律师服务费标准收费。律师事务所应当严格执行明码标价制度，将本所在律师协会备案的律师服务费标准在其执业场所显著位置进行公示，接受社会监督。

(四) 普惠收费原则

律师事务所办理涉及农民工、残疾人等弱势群体或者与公益活动有关的法律服务事项，可以酌情减免律师服务费。对当事人符合法律援助条件的，律师事务所应当及时告知当事人可以申请法律援助。鼓励律师事务所和律师积极参与公益法律服务。

(五) 协商一致原则

律师事务所可以根据办理法律事务的复杂程度，需要律师的人数，花费的工作时间，办理法律事务可能承担的风险和责任以及委托人的承受能力等，与当事人在规定标准范围内协商确定收费数额的方法。律师事务所在与委托人签订协议中，应载明计费方式、收费标准、收费总额以及支付时限等。

(六) 实行政府指导价和市场调节价原则

律师服务收费实行政府指导价和市场调节价。刑事案件辩护和部分民事诉讼、行政诉讼、国家赔偿案件代理实行政府指导价。除此之外的案件实行市场调节价，由当事人和律师事务所协商，综合考虑案件耗费的工作时间、法律事务的难易程度、委托人的承受能力、律师可能承担的风险和责任、律师的社会信誉和工作水平等方面的因素，最终确定律师收费的数额。

(七) 接受监督原则

律师事务所向委托人收取律师费，应当及时向委托人开具合法票据。律师事务所代委托人支付鉴定费、评估费、翻译费、公证费、查档费等费用，应当凭有效凭证与委托人结算。律师事务所预收律师异地办案所需的差旅费用时，应当向委托人提供费用概算，经协商一致，由双方签字确认。承办律师不得私自向委托人收取异地办案差旅费用。律师事务所不得采用不正当的收费方式招揽业务,不得以任何方式和名目给委托人回扣或者向中介人支付介绍费。律师事务所的收费行为,应当接受当地价格主管部门、司法行政机关的监督检查。律师事务所及其律师违反规则的,由司法行政机关、律师协会依照有关规定,给予行政处罚或者行业处分。①

三、律师收费的依据和方式

律师事务所是市场经济的中介组织,律师向委托人提供法律服务,依据市场经济等价有偿的原则,应向委托人收取一定的费用。同时,律师收费还应随着经济和社会的发展不断进行调整,以适应律师业自身发展的需要。

由于律师收费问题是一个系统工程,与经济发展具有较密切的联系,同时由于法律具有稳定性,在法律中明确规定律师收费容易导致滞后,从而阻碍收费制度的发展,因此,《律师法》对其并未作出具体规定,其第59条规定:"律师收费办法,由国务院价格主管部门会同国务院司法行政部门制定。"②通过一系列的演变,我国律师服务收费的现行具体依据主要是指 2006 年 12 月 1 日起执行的《律师服务收费管理办法》、2014 年 12 月 17 日国家发展和改革委员会颁布的《关于放开部分服务价格意见的通知》(发改价格〔2014〕2755 号)、2019 年 5 月 5 日国家发展和改革委员会印发的《关于进一步清理规范政府定价经营服务性收费的通知》(发改价格〔2019〕798 号)和 2021 年 12 月 28 日司法部、国家发展和改革委员会、国家市场监督管理总局印发的《关于进一步规范律师服务收费的意见》(司发通〔2021〕87 号)。律师收费的方式是指律师为委托人提供法律服务时以何种方式收取费用。就包括我国在内的世界各国的普遍规定和实践看,主要存在以下几种收费方式:

1. 计件收费

计件收费,是指律师事务所根据规定或协商的标准,确定每个案件(或法律事务)应当向委托人收取的费用的收费方式。计件收费的特征是以案件(或法律事务)为收费单位。不涉及财产关系的案件,都采用这种方式。

2. 计时收费

计时收费,是指律师事务所根据承办案件的律师实际办理该案(或法律事务)所占用的时间,乘以单位时间的收费标准得出的数额,确定向委托人收取的费用。计时收费的特征是以时间为收费单位。单位时间的收费标准通常由律师事务所与委托人协商确定。计时收费适用于律师担任法律顾问、提供非诉讼法

---

① 陈光中主编:《公证与律师制度》,北京大学出版社 2006 年版,第 222 页。
② 参见谭世贵主编:《律师法学》(第 3 版),法律出版社 2008 年版,第 126 页。

律服务、解答有关法律咨询、代写诉讼文书和有关法律事务的其他文书等业务。

3. 按比例收费

按比例收费,是指律师事务所根据争议标的数额,按照法律规定或者委托人协商确定的比例,向委托人收取费用的收费方式。这种收费方式一般适用于涉及财产关系的法律事务,如涉及财产关系的民事案件、经济案件、行政案件、非诉讼事务以及涉及财产的肖像权、著作权、名誉权、商标权、专利权等案件。

4. 协商收费

协商收费,是指根据意思自治原则,由委托人与律师事务所自主协商确定律师服务费用标准的收费方式。由于其具有较强的适应性,协商收费也应成为我国律师收费的主要方式。在实践中,律师与委托人往往在计时收费、计件收费等基础上采用协商收费方式确定最后的收费数额。协商收费更多地体现了委托人与律师事务所的意思自治,在一定程度上弥补了其他收费办法或法定收费标准的不足。

5. 风险代理收费

风险代理收费,又称胜诉收费、附条件收费,是指律师事务所针对有很大把握胜诉,委托人事先付不起或不愿付律师费,而希望实现胜诉目的后再付费的案件,承诺暂不收费或少收费用,待胜诉后收取高比例律师费的情况,如果败诉或者未能取得约定结果,则无须支付费用。风险收费制度是目前国际上比较流行的律师收费制度,在我国近年来也得到了探索与实践。这种收费方式,引入了风险机制,把律师报酬与服务结果紧密结合起来,总的来说,有利于激发律师办案的积极性和责任心。

第二节 立 法 背 景

一、我国律师收费制度立法历程

我国律师服务收费制度已经历经了五次重大改革,分别是:1956年司法部颁布的《律师收费暂行办法》,1981年司法部、财政部颁布的《律师收费试行办法》,1990年司法部、财政部、国家物价局颁布的《律师业务收费管理办法及收费标准》,1997年国家计划委员会、司法部颁布的《律师服务收费管理暂行办法》,2006年国家发展和改革委员会、司法部颁布的《律师服务收费管理办法》,2014年12月17日国家发展和改革委员会颁布的《关于放开部分服务价格意见的通知》。

我国最早关于律师收费的规定是1956年司法部出台的《律师收费暂行办法》,该办法首次确认律师服务实行按劳取酬的原则,规定可以依本办法向当事人收取劳动报酬。但由于"左倾"思想影响和"反右"斗争的扩大化,中国律师制度在1959年被取消,该办法也随之消亡。

1978年我国律师制度逐步恢复。1980年《律师暂行条例》第20条规定:律师收费办法,由司法部另行制订。司法部在1981年12月9日会同财政部制定了《律师收费试行办法》,根据当时我国律师的性质即"国家法律工作者",明确规定了律师办理四类法律事务的收费标准,即解答法律咨询(按件收费)、代写法律文书(按件收费)、办理刑事案件(按件收费)、办理民事案件(不涉及财产关系的按件收费、涉及财产关系的按标的比例收费),从而统一了全国的律师服务收费标准,使我国律师收费制度开始步入正轨。

随着社会主义市场经济的建立和律师制度的快速发展,为适应律师法律服务事业发展的需要,1990年2月15日,司法部、财政部、国家物价局根据新形势改革的需要,制定了《律师业务收费管理办法及收费标准》,在收费方式上增加了计时收费和计件收费两种收费方式。

随着律师事业的发展和1996年《律师法》的颁布,原有律师收费制度已无法适应新的情况。于是,1997年3月司法部、国家计委颁布了《律师服务收费管理暂行办法》,规定律师担任法律顾问、提供非诉讼法律服务、解答法律咨询和代写法律文书的收费标准既可由律师事务所与委托人协商确定,也可根据需要计时收费。

2006年,我国开始实施的"十一五"规划明确提出将发展法律服务业纳入党和国家的工作大局,并把制定新的律师收费管理办法作为律师制度改革的重点内容。在此背景下,2006年4月13日国家发展和改革委员会、司法部联合发布了《律师服务收费管理办法》,确立了政府指导价与市场调节价相结合的律师收费管理模式,该办法于2006年12月1日起实施,是目前我国律师法律服务收费的依据。

2014年,为贯彻落实党的十八届三中全会精神,使市场在资源配置中起决定性作用,促进相关服务行业发展,国家发展和改革委员会颁布的《关于放开部分服务价格意见的通知》,决定放开部分地方实行定价管理的服务价格,除律师事务所和基层法律服务机构(包括乡镇、街道法律服务所)提供的下列律师服务收费实行政府指导价外,其他律师服务收费实行市场调节价。(1)担任刑事案件犯罪嫌疑人、被告人的辩护人以及刑事案件自诉人、被害人的代理人;(2)担任公民请求支付劳动报酬、工伤赔偿,请求给付赡养费、抚养费、扶养费,请求发给抚恤金、救济金,请求给予社会保险待遇或最低生活保障待遇的民事诉讼、行政诉讼的代理人,以及担任涉及安全事故、环境污染、征地拆迁赔偿(补偿)等公共利益的群体性诉讼案件代理人;(3)担任公民请求国家赔偿案件的代理人。

2019年,国家发展和改革委员会印发的《关于进一步清理规范政府定价经营服务性收费的通知》取消了律师服务收费的政府指导价。

二、我国律师收费方式的沿革和费率的调整

（一）收费方式的沿革

1956年《律师收费暂行办法》对律师收费的方式规定很简单，只规定律师提供服务可以按劳获得报酬。1981年《律师收费试行办法》则将律师收费方式规定为按件固定计费和根据每件涉及的争议标的按比例计费两种。1990年《律师业务收费管理办法及收费标准》最大的不同是在咨询和涉外业务上允许计时收费，形成了计时、计件固定、计件按涉及标的的比例三种方式并存的局面。1997年《律师服务收费管理暂行办法》在此三种基础之上又增加了协商收费方式。2006年《律师服务收费管理办法》明确了计件、计时、按标的比例三种方式，各自适用范围及实行政府指导价，另外规定办理涉及财产关系的民事案件在向委托人告知政府指导价后委托人仍要求实行风险代理的可以实行风险代理收费。

综上，可以看出我国的律师收费方式是从计件固定收费和按比例收费发展到计件收费、按比例收费、计时收费、协商收费、风险代理收费五种。

（二）收费费率的调整

律师收费费率是跟国家经济发展水平、国家价格水平和各行业报酬等多种因素相关的。1956年《律师收费暂行办法》中规定的律师收费标准较低，新中国成立初期，我国采用了适应当时国情的固定的低收费标准，如：律师为当事人代写申请书每件不得超过1元；代写诉状每件不得超过2元；刑事案件曾在第一审办理案件而又在第二审办理案件的，第二审收费不得超过10元。在律师办理民事案件中，办理无诉讼价格的案件或者虽有诉讼价格但在1000元以下的案件不得超过10元；办理诉讼价格在1万元以上的案件不得超过150元。

1981年《律师收费试行办法》统一了全国的律师服务收费标准，在后附的收费标准表中，对律师承办案件收费规定了具体的费率，只有对二类案件（案情复杂、涉外业务）可以协商收费费率，最有特色的是规定指定辩护的费用由人民法院向法律顾问处交纳，每件15元。此标准与当时人们的收入水平相比，属于较高费率的收费。

1990年《律师业务收费管理办法及收费标准》，除了费率有所提高外，最大不同是确定了在咨询和涉外业务方面的计时收费和国内当事人与律师事务所协商收费的最高限额（不超过标准的四倍），并允许直接收取外币，对指定辩护案件的费率由司法部与最高人民法院确定。

1997年《律师服务收费管理暂行办法》中规定了五项法律服务业务的收费标准实行政府指导价，另外实行协商收费，费率较之前又有所提高，并规定收费以律师注册地标准为依据,收取律师费的方式为全部预收或部分预收、分期分批交纳、先垫付后收取,并规定了过错退费制度(过错应由事务所所在地的县级以上司法行政机关部门认定,对认定不服的可以进行诉讼)。

2006年《律师服务收费管理办法》确定了律师收费实行政府指导价和市场调节价。其中五类为政府指导价,政府指导价由各省、自治区、直辖市人民政府价格主管部门与司法行政部门制定,规定了风险代理的上限不得超过合同约定标的总额的30%。据此,各地相继出台了地方律师收费办法和收费标准,但由于地域和经济情况的差异,经济发达地区与欠发达地区的收费标准存在很大的差异,如上海的计时收费最高不超过3000元/小时,而湖南的计时收费为50—1000元/小时;为刑事案件犯罪嫌疑人提供法律咨询,上海最高不超过2000元/件,而湖南分为不涉及财产关系的50—150元/件和涉及财产关系的100—400元/件。由此可见,经济发展水平的差异造成收费标准相差甚远,最终影响律师的整体收费数额。

2014年国家发改委颁布的《关于放开部分服务价格意见的通知》在2006年《律师服务收费管理办法》的基础上,放开部分地方实行定价管理的服务价格,除了刑事案件辩护和部分民事诉讼、行政诉讼、国家赔偿案件代理仍实行政府指导价外,其他律师法律服务均实行市场调节价。该通知适用于律师事务所和基层法律服务机构(包括乡镇、街道法律服务所)的法律服务收费,并且要求各级价格主管部门要按照该通知要求,结合修订地方定价目录,废止本地区制定出台的相关服务价格文件,尽快放开相关服务价格,并做好政策宣传解释工作。据此,各地制定或者修订了律师服务收费管理办法和律师诉讼代理服务收费标准。

2019年《关于进一步清理规范政府定价经营服务性收费的通知》取消了律师服务收费的政府指导价。律师行业对这一政策变化及对于风险代理制度的影响存在争议。尽管有观点认为,政府指导价是风险代理规范存在的前提和基础,在全面实行市场调节价的情况下,《律师服务收费管理办法》中关于风险代理范围、比例等限制性条款的基础已经缺失,不再具有约束力。但实际上,政府指导价、市场调节价与风险代理制度属于不同的概念范畴,2014年和2019年两次调整改革放开的是市场调节价的范围,而不是允许风险代理的范围,所以2019年调整后,已经取消政府指导价,但是禁止风险代理的案件范围没有变化。因此,虽然《律师服务收费管理办法》中关于政府指导价的部分条款已经失效,但是其作为整体仍然是现行有效的部门规范性文件,其中关于风险代理的限制性规定仍有约束力。①

---

① 王阳:《关于律师风险代理收费制度的思考》,载《中国律师》2021年第11期。

从近年来的情况看，律师风险代理在执行中出现了一些问题，主要表现在：个别律师对禁止适用风险代理的案件违规适用风险代理，超出风险代理最高收费金额收费，在风险代理中滥用律师专业优势地位，以及为获取高额风险代理费向司法人员进行利益输送等。这些问题不仅损害了当事人的合法权益，扰乱了法律服务秩序，也影响了司法廉洁和司法公正。针对上述问题，《关于进一步规范律师服务收费的意见》主要从三个方面对严格限制风险代理作出了规定：

一是严格限制风险代理适用范围。在实行风险代理收费的案件中，律师最终收取的律师服务费与当事人最终实现的权益具有一定关联性，因此风险代理收费只能适用于涉及财产关系的案件，对于涉及刑事犯罪的刑事诉讼案件、涉及人身关系的婚姻继承案件和民事类案件、涉及寻求公权力救济的行政诉讼案件和国家赔偿案件等，不宜实行风险代理。因此，《关于进一步规范律师服务收费的意见》明确规定，禁止刑事诉讼案件、行政诉讼案件、国家赔偿案件、群体性诉讼案件、婚姻继承案件，以及请求给予社会保险待遇、最低生活保障待遇、赡养费、抚养费、扶养费、抚恤金、救济金、工伤赔偿、劳动报酬的案件实行或者变相实行风险代理。

二是严格限制风险代理收费金额。《律师服务收费管理办法》规定"实行风险代理收费，最高收费金额不得高于收费合同约定标的额的30%"。近些年，随着经济社会的发展，标的额大的案件越来越多，上述"一刀切"划定最高收费比例的规定容易导致一些标的额巨大的案件风险代理收费过高，而个别律师为获取高额风险代理费向司法人员进行利益输送、影响司法活动依法进行。为此，《关于进一步规范律师服务收费的意见》采用分段累进的方式对风险代理收费设定了上限，按照100万元以下、100万元—500万元、500万元—1000万元、1000万元—5000万元、5000万元以上5个档次，规定最高收费比例分别为18%、15%、12%、9%、6%，相比于《律师服务收费管理办法》规定的30%的最高收费比例作了较大幅度的下调。

三是严格规范风险代理行为。《关于进一步规范律师服务收费的意见》规定，律师事务所和律师不得滥用专业优势地位，对律师事务所与当事人各自承担的风险责任作出明显不合理的约定，不得在风险代理合同中排除或者限制当事人上诉、撤诉、调解、和解等诉讼权利，或者对当事人行使上述权利设置惩罚性赔偿等不合理的条件。律师事务所应当与当事人签订专门的书面风险代理合同，并在风险代理合同中以醒目方式就风险代理相关事项对当事人进行提示和告知。

第三节 热点前沿问题

一、我国影响律师收费的因素

我国律师收费实行政府指导价与市场调节价相结合的模式,政府指导价由国家价格主管部门会同地方司法行政部门制定,刑事案件辩护和部分民事诉讼、行政诉讼、国家赔偿案件代理之外的律师收费实行市场调节价。《律师服务收费管理办法》第9条对于市场调节价的影响因素予以了规定,包括:(1)耗费的工作时间;(2)法律事务的难易程度;(3)委托人的承受能力;(4)律师可能承担的风险和责任;(5)律师的社会信誉和工作水平等。结合我国的律师实践,影响我国律师收费的因素主要可以归纳为以下几个方面:

1. 案件的复杂程度,所需耗费的工作时间

在我国,律师服务是社会服务的一个重要内容,社会服务以按劳取酬为原则,坚持效率优先,兼顾公平。一般来讲,案件越复杂,所需要耗费的工作时间也越长,为此,律师投入的时间成本和精力也更多,律师所应获得的报酬理所当然也应更多。当然,案件的难易程度因人而异,不可能有一个统一的标准,一个案件可能当事人认为复杂,但对于专业律师来讲可能就是很普通的案件,不同律师由于业务水平差异对相同的案件的理解也不同,因此,案件的复杂程度和所耗费的工作时间是以一个普通的律师工作水平来衡量的,同时结合其他因素来影响律师收费。

2. 委托人的承受能力

委托人的承受能力是影响律师收费的一个重要因素,一般来讲,律师事务所会根据不同业务水平的律师确定不同的收费标准,这时,委托人的承受能力在选择律师方面就具有重要影响。委托人的经济承受能力不仅具有人群的差别,同时还具有地区的差异,表现在律师收费高地区的人能够聘请较高水平或具有较丰富经验的律师提供服务,经济发展水平更高的地区聘请律师的费用也更高。为此,在制定政府指导价或者律师事务所在确定本所律师收费标准时应考虑本地区的经济发展水平、本地区居民的经济承受能力。

3. 律师可能承担的风险和责任

律师为委托人提供法律服务过程中,律师事务所和律师始终处于利益和风险共存的状态。风险与利益是成正比的,风险越高,所应能获得的利益也应更高,如此才符合市场竞争的准则。同样,在律师服务行业,当律师接受一项业务可能承担较大风险时,收取较高的律师费用也是合理的。律师承担的风险和责

任来源于法律规定、当事人的具体要求、律师办理案件所能获得的条件等各方面。如果某项业务由于没有具体的法律规定,属于开创性的律师事务,而且当事人要求又比较高,同时律师能获得的条件有限,需要为此付出更多的精力和承担更大的责任,收取更高的律师费用也是合理的。

4. 律师的工作水平和社会信誉

律师的社会信誉就是律师的"名片",是律师无形资产的重要内容。社会信誉的积累需要律师长时间的努力,其中既需要律师个人的资历、经验和业务能力,同时也需要律师个人的道德修养、社会责任感等。良好的社会信誉是一个知名律师终身的财富,同时也是律师获得社会评价、收取较高律师费用的衡量标准。一般来讲,社会信誉较高的律师在工作水平和社会影响方面更突出,在收费方面也较高。

5. 案件的标的额

在按比例收取律师费用的案件中,案件的标的额是律师费用的一个基数,以此为基础各地根据不同的经济水平确定不同的收费标准。一直以来,我国律师在办理经济案件或涉及财产争议的案件时,常按涉案标的比例收费。按标的的比例计费,固然有其合理的一面,但有时也显失公正。有时候案件或者法律事务本身涉及较大的金额,相关法律问题并不复杂,所需时间、技能等投入也相对较少,那么此时,如果完全按标的额大小来收费,则将导致双方利益的失衡。因此,标的额的大小固然是影响因素之一,但更合理的方式是根据法律事务本身的情况,在遵循一定原则要求之下,允许双方委托人对收费进行协商,共同确定具体收费数额。

6. 律师的办案成本

律师的办案成本作为考虑律师收费的一个因素主要适用于计件收费、计时收费或按比例收费方式中,在风险代理收费中需要看双方当事人的协商情况,是否将办案成本作为律师费用的一个因素由当事人承担。"律师收费主要包括两部分:酬金和其他支出、费用。其中酬金是律师的服务费用,是律师费的主要组成部分;其他费用包括办案支出,如律师的差旅费、伙食费等杂费,也包括律师在提供法律服务时预先为当事人垫付的其他费用,如诉讼费、鉴定费、复印费等。"[①]律师的办案成本主要指律师的其他支出,如办理本地的案件,因不需要支付差旅费等异地办案费用,因此律师收费可能会相对更低;如果需要异地取证、出庭等,则律师需要付出更多的成本,而最后的费用都应由当事人来支付。

---

① 陈卫东主编:《中国律师学》(第3版),中国人民大学出版社2008年版,第191页。

二、西方国家影响律师收费的因素和收费标准①

(一) 美国

美国律师协会职业行为示范规则中规定:律师不得协商收取、索取或者收取不合理的律师费或者数额不合理的其他费用(expenses)。确定律师收费是否合理时应考虑的因素包括:(1) 所需要的时间和劳动,所涉及问题的鲜见程度和难度以及适当提供法律服务所必需的技能;(2) 律师接受该特定工作,将不能从事其他工作,为委托人显而易见的可能性;(3) 所在地提供类似法律服务通常收取的律师费;(4) 涉及的标的数额和获得的结果;(5) 委托人或者由事态本身所限定的时限;(6) 与委托人之间的职业关系的性质和存续时间;(7) 提供服务的律师的经验、声望和能力;以及(8) 律师费是固定的还是附条件的。

关于律师的服务报酬标准,美国没有统一的规定,各州做法也不相同。虽然有些地方律师协会规定了最低限度的收费标准,不过具体收费最终还是由律师来决定的。在一般情况下,律师的服务报酬基本上由律师本人和委托人当面协商,最后确定一个合理的收费标准。美国律师协会制定的《职业行为示范规则》第1.5条明确要求律师收费的合理性,否则可能招致惩戒。美国法律协会制定的《律师法重述》第34条也表明,在律师和委托人因收费而产生的争议中,如果律师不能证明其收费的合理性,则可能招致败诉的结果。因此,确定律师收费的合理性具有重要的意义。

(二) 英国

英国律师制度实行的是事务律师和出庭律师并存的二元制。事务级律师的酬金可以分为办理非诉讼事务的酬金和办理诉讼事务的酬金。事务律师办理非诉讼事务的收费额应当公平而合理地确定,计算时受以下因素的影响:(1) 事情的复杂程度,或者是涉及问题的新奇程度或难度;(2) 要求律师具备的技能、花费的工作量、需要掌握的专门知识以及承担的责任;(3) 律师的资历、名声和能力;(4) 是否需要外语等专业技能;(5) 办理委托事务或委托事务的任何部分的地点和周围环境;(6) 涉及的任何金钱或财产的数额或价值;(7) 事项对当事人的重要程度;(8) 业务的时间性,如加急则可在费率的基础上增加一定的百分比。对于诉讼事务的收费,则要区分不同的情况适用不同的规则,例如,律师在办理婚姻案件的诉讼时必须根据《1979年婚姻案件诉讼(费用)规则》;而规则没有特别规定的,律师可以和当事人订立协议或者根据上述因素自行确定酬金总额。

---

① 参见马宏俊主编:《〈律师法〉修改中的重大理论问题研究》,法律出版社2006年版,第306页;石毅著:《中外律师制度综观》,群众出版社2000年版,第277页。

出庭律师的报酬主要是在接受事务律师的委托诉讼案件时所请求的"承办案件的酬金"。这种酬金只能向事务律师收取,不能向当事人收取。出庭律师的报酬额由出庭律师事务室的秘书与委托的事务律师进行协商确定。

(三) 德国

德国律师收费数额要考虑有关事项的难度、花费的时间以及当事人的经济状况。由于德国素有遵循秩序优先的法律传统,对于诉讼业务有明确的收费标准,并由法院严格执行,只有在当事人书面同意的前提下,才可适当提高。对于非诉讼业务,律师收费有一定的自由度,根据有关事项的难度、花费的时间以及当事人的经济状况来确定。

(四) 法国

法国法律规定,律师有权确定其进行法庭辩护的酬金数额,但同时律师在确定酬金时应力求公道,通常考虑如下因素:完成的工作量和付出的努力、法律事务的难度、案件的重要性、牵扯的经济利益、律师的资历能力和头衔、对当事人提供的服务以及当事人的经济状况。具体的收费分为:(1) 酬金:律师提供法律服务如律师辩护、代理和代书法律文件等而收取的报酬,其数额可以由律师和当事人自由协商确定。酬金是律师基于其提供的法律服务而收取的报酬,如果委托人拒付酬金,律师可以为此向法院起诉。(2) 费用:如电话费、旅费和邮费等。(3) 开支:这是数额较大的花费,如法庭费、注册登记费等。

(五) 日本

日本《律师道德规范》规定,律师报酬应该根据所属律师会的规定,并根据委托人的地位、标的物的价值、案件的难易程度确定。对于涉及财产的诉讼和非诉讼案件、行政案件实行先收取手续费,胜诉后收取胜诉费的原则。收费主要考虑的因素包括:(1) 法律咨询的时间长短;(2) 文书制作中记载的价额大小;(3) 合同谈判的标的大小;(4) 公司设立、变更涉及的资本额大小;(5) 顾问费视企业规模而定;(6) 民事和行政诉讼案件以涉及标的额为计算依据;(7) 刑事诉讼案件以涉及的审讯程序、刑期为计算依据,此外还考虑实际费用支出以及差旅费的津贴。

三、律师服务的成本构成分析

律师在大多数人的眼中是一个高收入的阶层,当事人也总是将其支付的律师费与其案件的标的相比较,与其案件胜败的结果相比较,与他所看到的律师的"简单"工作相比较,从而得出律师高收入的结论。据报道,我国律师人数已经突破50万人,北京执业律师每人年均业务收入有50余万元,这也为律师行业的"高收入"认识提供了注脚。然而,真正走近这个"高收入"群体,会发现事实并非如此简单,业内人士认为,"依个人经验判断,这个数字的30%—40%才可能是律所的纯收入"。① 公众的判断为何与事实有如此大的差距？司法行政部门公布的数据为何得不到律师的认同？这些问题的关键在于，他们在看到律师收入时没有考虑到律师的成本，而这个成本是巨大的，也许远远超出业外人的想象。② 在我国，律师和律师事务所的成本主要包括以下几个方面：

（一）生存成本

这是律师维持自身生存和养家糊口的生活资料的价值，是律师从事法律服务工作的最基本成本支出，在维持劳动力再生产和延续劳动力供给方面和其他的行业并无实质性区别。

（二）律师接受教育和训练的成本

律师在这方面的支出和其他行业的体力和脑力劳动截然不同，体现出教育支出具有终身性的特点。选择了律师行业就等于选择了终身学习。在取得律师资格前的知识准备和技能的培训需要付出成本自然不必说，一名大学本科毕业生成为律师，一般通过司法考试要1至2年，之后当实习律师又要1年，真正能自寻案源、独立办案一般都在二十七八岁了，"执业前成本"非常高。成为律师之后为了给委托人提供更好的法律服务，律师也要通过阅读大量的资料，参加大量会议、论坛和培训，与有经验的前辈交流等各种渠道不停地补充和更新知识，提高自身的业务素质。这部分巨大的"终身开支"往往被公众和委托人所忽略，这也是造成律师高收益假象的原因之一。

（三）律师事务所正常运转的成本

律师事务所是律师从事业务活动的机构，不加入律师事务所，律师无法执业。根据《律师法》规定，允许设立个人开业的律师事务所，这种"个人所"也是机构，是律师合法执业的组织形式。律所正常运转的成本可以分为固定成本和可变成本两大类。固定成本指无论律所经营状况如何，都必须定期、定项和定额支付的成本，主要包括：(1) 房屋租赁成本，这往往是最大的支出；(2) 人员工资类成本，这包括实习律师、助理律师底薪，秘书、会计、前台接待人员等辅助人员工资，律所职工法定保险、保障类支出及商业保险；(3) 办公成本，如制作文件、网站维护、水电费、供热费用等。可变成本是指其开支的时间和金额均有一定弹性，是推进律所发展中不可或缺的投入，如添置固定资产、临时外聘人员、市场拓展费用和对工作人员特殊技能的培训费等。

（四）税费负担

我国各地普遍对律师和律师事务所开征营业税和所得税，有的地方还开征印花税、城市建设维护税及其他各项管理费用，律师事务所还按其总收入的一定

---

① 《业内人士算细账　解读京城律师收入》，载《法制晚报》2005年8月2日。
② 马宏俊主编：《〈律师法〉修改中的重大理论问题研究》，法律出版社2006年版，第310页。

比例缴纳能源交通重点建设基金、预算外调节基金等,累计超过律师事务所纯收入的40%—60%。① 随着2012年开始的营业税改征增值税,以及我国个人所得税课征方法由"核定征收"转为"查账征收",这必将加大律师和律师事务所的税费负担。

(五)律师行业的"隐性成本"

律师工作过程中,有一部分支出确实存在,但却无法确切地统计,甚至被看作律师纯收入的一部分,这里把它称作"隐性成本"。案源是律师收入的决定性因素,这与一名律师掌握的社会资源直接有关。为了尽量多地占有案源,尽快地得到信息,提高胜诉率,律师必须参加大量的社交活动,拓展社交圈,并为此支付数额巨大的"隐性成本"。

律师的职业特点在于,他的生存完全依赖于服务收费,得不到国家的任何资助,医疗和养老保险等完全自理。这更加大了律师职业的风险,使律师必须在工作时期为退休后的生活做好储备。然而,我国的律师收费水平与西方国家相比是相当低的。虽然近几年东部的律师的收入有所提高,但这并不能代表全国的水平,中部和西部的律师收入仍然很低。在这种情况下,律师和事务所支付了以上的成本之后,更是所剩无几了。所以,如果说律师是高收益的行业,那也只有在西方律师业发展比较充分的国家才名副其实。在今天的中国,对大多数律师来说,律师还只是一个特殊的知识服务行业,它的收益相对于成本而言无法构成事实上的盈利,很多律师还在为以后的生计奔波,更谈不上高收益和高利润了。

第四节 法律实践

2006年《律师服务收费管理办法》颁布之后,各地相继修改或者制定公布了本地相关规范性文件。2014年国家发展和改革委员会颁布《关于放开部分服务价格意见的通知》(以下简称《通知》)后,各地陆续按照要求结合修订地方定价目录,清理废止本地区制定出台的相关服务价格文件。② 地方标准的制定,对于规范收费,并针对各地不同的经济发展水平、服务对象的收入水平、服务需求和支付能力,提高律师服务的水准并集中优势资源,都是有积极作用的。以下选取有代表性的地方标准为例进行分析,以期引发对收费方面相关问题的更多思考。

---

① 李轩:《制度缺损与观念抵牾——当代中国律师业的两大难题》,载 http://law.cufe.edu.cn/article/default.asp?id=376,访问日期:2012年11月27日。

② 截至2017年1月31日,江苏省、湖北省、北京市、河南省、海南省、黑龙江省、福建省和河北省根据2014年国家发改委《关于放开部分服务价格意见的通知》修订本地服务价格文件。

一、上海市律师服务收费管理办法

上海市曾于 2001 年率先出台了律师服务收费的地方标准,一定程度上起到了表率作用。① 2006 年《律师服务收费管理办法》发布后,上海市发改委、上海市司法局于 2009 年重新调整修改了《上海市律师服务收费管理实施办法》。2017 年 1 月 26 日,上海市发改委、上海市司法局制定了《上海市律师服务收费管理办法》,并废止了之前的规定。该管理办法的主要不同有:

1. 该管理办法主要按《通知》的要求缩小了适用政府指导价管理的律师服务范围,相应扩大了律师事务所的自主定价权。此外,在收费公示方面也结合行业发展情况作了微调。

2. 明确政府指导价仅适用于三类律师服务:第一是刑事辩护代理,包括律师担任刑事案件犯罪嫌疑人、被告人的辩护人以及刑事案件自诉人、被害人的代理人等服务;第二是部分特殊的民事、行政诉讼代理,主要是涉及社会公共利益和弱势群体的律师服务,包括担任公民请求支付劳动报酬、工伤赔偿、请求给付赡养费、抚养费、扶养费、请求发给抚恤金、救济金、请求给予社会保险待遇或最低生活保障待遇的民事诉讼、行政诉讼的代理人,以及担任涉及安全事故、环境污染、征地拆迁赔偿(补偿)等公共利益的群体性诉讼案件代理人;第三是律师担任公民请求国家赔偿案件的代理人。

3. 明确收费方式,即实行市场调节价管理的律师服务可以采取计件收费、按标的额比例收费、计时收费以及其他收费方式,以双方的约定为准;实行政府指导价管理的律师服务只能采取计件收费、按标的额比例收费、计时收费三种收费方式,不得采用风险代理的收费方式。

4. 明确实行市场调节价管理的律师服务也不是全部可以采用风险代理方式。目前,国家发改委与司法部制定的《律师服务收费管理办法》仍然有效,故对禁止风险代理收费的范围应按国家有关规定执行,例如实行市场调节价管理的婚姻、继承类案件禁止风险代理。

5. 继续沿用 2009 年的收费标准。此次主要是修订实施办法,相关收费标准与 2009 年保持一致,并已作为附件与实施办法同时发布。这是因为计件和按标的收费标准主要是体现公共服务与社会保障的要求,但对于能够提供高质量服务的律师,可以采取计时收费的方式。同时,对重大、疑难、复杂案件,确实需要律师付出超出一般标准的劳动的,也规定了可以按指导价标准一到五倍收费。以上规定总体上还是兼顾了各方面的需求。

6. 明确律师收费的注意事项。根据该管理办法规定,律师事务所应在办公

---

① 王进喜:《风险代理收费:制度理论与在中国的实践》,载《中国司法》2005 年第 11 期。

场所的显著位置公布本市律师服务收费管理实施办法、政府指导价标准、重大疑难复杂案件的认定办法、律师办理法律事务有效工作时间计时规则、投诉举报电话和本所的律师服务项目、收费标准、计费方法以及其他与收费相关的信息,委托人在签订合同之前要了解相关事宜。此外,委托人应与律师事务所签订书面合同,律师代理费应支付到律师事务所账户中,支付代理费后要索取有效票据。委托人切勿将律师服务费支付到律师个人账户,也不要收取律师事务所或律师开具的收据或白条。

二、江苏省律师服务收费管理办法

江苏省律师服务收费事项是依照《律师服务收费管理办法》而制定的实施细则,其文件名称为《江苏省〈律师服务收费管理办法〉实施细则》,自2007年1月1日起执行,是在《律师服务收费管理办法》出台后较早制定发布地方标准的省份。2016年10月10日江苏省物价局、江苏省司法厅制定了《江苏省律师服务收费管理办法》,自2017年1月1日执行,同时《江苏省〈律师服务收费管理办法〉实施细则》废止。

与《律师服务收费管理办法》以及《通知》比较,《江苏省律师服务收费管理办法》主要特色体现在以下方面:

1. 明确实行政府指导价律师服务收费制定原则,即依据办理律师服务事项的时间、疑难复杂及风险程度等因素,按照有利于律师业可持续发展和兼顾社会承受能力的原则制定。

2. 确定实行市场调节价的律师服务收费项目及标准的备案制度。律师事务所提供实行政府指导价之外的其他法律服务的收费实行市场调节价,实行市场调节价的律师服务收费项目及标准,由律师事务所自行制定,并报所属设区市律师协会(省直所报省律师协会省直分会)备案。另外,在《律师服务收费管理办法》规定律师事务所与委托人协商确定律师服务收费金额应当考虑的五个主要因素基础上,《江苏省律师服务收费管理办法》还规定应当考虑法律事务的社会影响程度以及办理法律事务所需律师人数。

3. 明确风险代理收费适用范围,即风险代理适用于涉及财产关系的法律事务。实行政府指导价的律师服务收费项目禁止实行风险代理。《通知》的内容实际上已经修改并扩大了《律师服务收费管理办法》第11条和第12条规定的风险代理收费适用范围,《江苏省律师服务收费管理办法》明确予以规定,避免错误适用法律。

4. 明确计时收费的概念、收费方式和计费规则。根据《江苏省律师服务收费管理办法》第12条,计时收费是指律师事务所根据其提供法律服务耗费的有效工作时间,在规定的标准范围内,按确定的每小时收费标准向委托人收取律师服务费的计价方式。采取计时收费的,在结案后,律师事务所必须向委托人出具工作清单。计时收费的计费规则由江苏省律师协会另行制定,报江苏省物价局和江苏省司法厅备案。

5. 明确风险代理收费的概念和规范。根据《江苏省律师服务收费管理办法》第13条,风险代理收费是指根据律师事务所与委托人之间的约定,委托人可以事先不支付律师代理费用,或只支付部分律师费、差旅费用等,待委托的法律事务达到约定的目标(包括法律文书确定,或经由调解、和解得到,或经由法院执行得到财产、利益等)之后,委托人再按合同约定向律师事务所支付律师服务费的收费形式。风险代理收费行为规范由江苏省律师协会另行制定,报江苏省物价局和江苏省司法厅备案。

6. 扩大了价格行政处罚的范围。在《律师服务收费管理办法》第26条基础上作出部分修改和完善,增加和修改了对于"价格串通、价格垄断行为"和"价格欺诈等不正当价格行为"两种行为给予行政处罚。

7. 明确律师分支机构及跨省提供法律服务收费标准。根据《江苏省律师服务收费管理办法》第21条和第22条,律师事务所异地设立的分支机构,应当执行分支机构所在地的收费规定。分支机构可以根据所在地经济发展状况及消费水平,重新明确律师服务内容和实行市场调节价的收费标准。律师事务所跨省提供法律服务,可以执行律师事务所所在地或者提供法律服务所在地的收费规定,具体内容由律师事务所与委托人协商,并在收费合同中具体确定。

8. 明确律师协会在律师服务收费中的职责。根据《江苏省律师服务收费管理办法》第24条,律师协会应当遵守价格法律、法规,接受价格主管部门和司法行政部门的工作指导;引导律师事务所自觉规范自身收费行为,严格执行国家和省律师服务收费政策。

9. 明确律师事务所和律师价格诚信信息的监管。律师事务所和律师的有关价格诚信信息,由价格主管部门和司法行政部门按各自职责范围实施监管。

三、北京市律师服务收费管理办法

2010年5月5日,北京市发改委、北京市司法局根据国家发改委、司法部《关于印发〈律师服务收费管理办法〉的通知》的有关规定,发布了《北京市律师诉讼代理服务收费政府指导价标准(试行)》《北京市律师服务收费管理实施办法(试行)》,自2010年5月30日起试行。2016年5月4日,根据国家发改委《通知》和《北京市定价目录》,北京市发改委、北京市司法局发布《北京市律师服务收费管理办法》和《北京市律师诉讼代理服务收费政府指导价标准》,自发布之日起执行,《北京市律师诉讼代理服务收费政府指导价标准(试行)》《北京市律师服务收费管理实施办法(试行)》同时废止。

《北京市律师服务收费管理办法》的主要特色体现在以下方面：

1. 明确将基层法律服务机构的法律服务收费纳入律师收费管理。《北京市律师服务收费管理办法》明确，基层法律服务机构（包括乡镇、街道法律服务所）法律服务收费，适用本办法。基层法律服务所是依据司法部《基层法律服务所管理办法》在乡镇和城市街道设立的法律服务组织，是基层法律服务工作者的执业机构。它是设在乡镇和城市街道，面向社会开展法律服务业务的市场中介组织。长期以来，在全国层面缺乏关于基层法律服务的统一管理规定，各省、自治区和直辖市价格主管部门和司法行政部门各自制定不同的规定，出现多数省份将基层法律服务收费规定为政府指导价，部分省份规定为政府指导价和市场调节价两种形式。2012年修订的《民事诉讼法》及2014年修订的《行政诉讼法》均明确赋予基层法律服务工作者诉讼代理人的身份，明确基层法律服务工作者可以提供民事和行政法律服务，但是一直缺乏配套的基层法律服务机构的规定。国家发改委《通知》明确放开律师事务所和基层法律服务机构的服务价格。在《律师服务收费管理办法》尚未修订的情况下，北京市的做法有助于法律的明确适用。

2. 保障委托人的法律服务选择权。《北京市律师服务收费管理办法》规定，委托人可以自主选择律师事务所提供服务。律师事务所不得强制或变相强制当事人接受服务并收费。同时该规定还要求，律师事务所应当降低服务成本，体现社会公平，便民利民，为委托人提供勤勉尽职的法律服务。

3. 明确《律师服务收费合同》的法律性质和内容。《律师服务收费合同》是委托代理合同的从合同。《律师服务收费合同》或收费条款应当包括下列内容：（1）提供的服务类型、服务内容、收费项目、收费方式、收费标准及费用计算方法；（2）办案差旅费概算及收取方式；（3）诉讼费、仲裁费、鉴定费、检验费、评估费、公证费、查档费等需要由委托人另行支付的费用概算及收取方式；（4）收费争议的解决方式；（5）实行风险代理收费的，应当约定双方各自承担的风险责任、收费数额或比例、收费阶段、结算方式等内容。《律师服务收费合同》示范文本由北京市律师协会制定。明确《律师服务收费合同》的法律性质，强调了委托代理合同作为主合同的重要作用。明确收费条款、制定示范文本都是有利于妥善处理律师与委托人之间关系的重要举措。

4. 不得擅自更改法律服务的类型。根据《北京市律师服务收费管理办法》第20条，律师事务所应当就提供法律服务的实际类型与委托人签订委托代理合同，不得为规避政府指导价改变或变相改变所提供法律服务的类型。在实务中，个别律师为规避刑事诉讼政府指导价的规定，误导当事人与律师事务所签订法律顾问合同，从而收取高额律师服务费用。该条规定就是针对现实中出现的情形进行专门规定的。

5. 要求说明减免律师服务费的原因等。根据《北京市律师服务收费管理办法》第 28 条,对于经济确有困难,但不符合法律援助范围的公民,律师事务所可以酌情减收或免收律师服务费。律师事务所减收、免收律师服务费的,应当在合同中注明减收、免收的原因、方式、范围及争议解决方式。该条规定是为了避免律师事务所与委托人因减收、免收服务费而引发争议。

6. 同时制定律师服务收费政府指导价标准。与《北京市律师服务收费管理办法》同时发布的《北京市律师诉讼代理服务收费政府指导价标准》规定,律师刑事诉讼辩护、代理以及部民事诉讼的收费标准、计时收费标准和最高收费标准,不设置最低收费标准,多阶段酌减收费。特别规定符合下列条件之一的刑事案件,经律师事务所与委托人协商一致,可按照不高于规定收费标准的 5 倍收费,协商不成的,执行规定的收费标准:(1)案件法律关系复杂,律师办案时间明显多于同类案件的;(2)案件涉及疑难专业问题,对律师专业水平要求明显高于同类案件的;(3)重大涉外案件及有重大社会影响的案件。计时收费案件不适用收费标准 5 倍的限制。律师服务收费管理办法和地方的律师服务政府指导价标准的同时发布,有助于厘清二者的关系,更有利于对于律师服务收费的监督。

第五节 案例评析

规范律师服务收费,事关人民群众切身利益,事关律师行业健康长远发展。《关于进一步规范律师服务收费的意见》指出:近年来,广大律师忠诚践行使命,认真履职尽责,承担社会责任,为促进经济社会发展、保障人民群众合法权益、维护社会公平正义作出了积极贡献。但也要看到,在律师执业中不规范不诚信现象还存在,比如私自收案收费、违规风险代理、不严格执行明码标价制度等,影响人民群众的法治获得感,损害律师队伍形象。

一、律师费转付案

【案情】

原告兰某主张于 2016 年 6 月 27 日通过被告某建设公司的经理王某入职被告处工作,担任现场施工员,双方未签订书面劳动合同,其月工资为 3500 元左右;2016 年 11 月 23 日原告在工地工作时受伤。被告辩称与原告不存在劳动关系。原告就本案争议申请劳动仲裁被驳回。原告不服该裁决,遂诉至深圳市宝安区人民法院。法院参考工资支付、缴纳社保、考勤管理等情况综合审查判断,确认双方存在劳动关系,并且原告因本案劳动纠纷支出律师费属实,法院根据《深圳经济特区和谐劳动关系促进条例》第 58 条之规定,依法判决被告应当承担律师费 5000 元。

【评析】

这是我国实践中律师费转付的案例。虽然我国《律师法》和有关的律师收费规定中没有律师费转付的明确条文，但是根据相关司法解释，对于债权人行使撤销权的合同纠纷案件、著作权民事纠纷案件、商标民事纠纷案件确定了由败诉方承担律师费的制度。此外，在专利纠纷案件、担保权纠纷案件、不正当竞争案件、人身损害赔偿案件、名誉侵权案件、交通肇事案件、法律援助案件、仲裁案件中，司法仲裁机关可依此酌情裁判由败诉方承担合理的律师费用。当然，合同双方也可以在合同中明确约定律师费由败诉方承担。此外，在某些地方性法规中也明确了律师费转付的规则。深圳市第四届人民代表大会常务委员会第二十二次会议于2008年9月23日通过《深圳经济特区和谐劳动关系促进条例》，该条例第58条规定："劳动争议仲裁和诉讼案件，劳动者胜诉的，劳动者支付的律师代理费用可以由用人单位承担，但最高不超过五千元；超过五千元的部分，由劳动者承担。"2015年12月24日深圳市第六届人民代表大会常务委员会第四次会议通过《关于〈深圳经济特区和谐劳动关系促进条例〉第五十八条的解释》，解释如下："劳动者主张由用人单位承担律师代理费的，应当在提起劳动争议仲裁或者诉讼时一并提出。但劳动者作为仲裁被申请人或者诉讼被告、被上诉人、再审被申请人等无法提起仲裁请求或者诉讼请求的除外。最高不超过五千元，是指在一起劳动争议处理整个过程中（包括仲裁、诉讼、执行等阶段），劳动争议仲裁机构或者人民法院裁决用人单位承担劳动者支付的律师代理费的总额上限。"律师费用转付制度的构建和完善，可以增加违约方的违约成本，降低维权者的维权成本，也有利于培育社会信用。但在我国法律没有明确规定律师转付制度的情形下，这不利于我国律师收费制度的健全和完善。相比之下，这种制度在英美法系国家已经比较成熟，我国应该吸收国外有益经验，在适当的时机予以明文确认。

二、当事人索要律师费案

【案情】

54岁的梁先生是某机关退休干部。2016年8月13日，他与北京市某律师事务所签订委托代理协议，约定由律所指派谢律师代理他与北京一家设计院欠款纠纷一案。当天，他支付代理费1万元，但所委托的法律事项自始至终未在相关法院立案审理。梁先生遂要求律所退还律师费，遭到拒绝，故起诉要求律所退还代理费9000元。法院审理后认为，谢律师只为梁先生的委托事项进行了部分工作，遂判决支持梁先生的诉讼请求。但法院判决生效已逾11个月，律所称涉案律师已调到其他律所工作而拒绝执行判决，梁先生为此要求法院强制执行。

【评析】

本案不仅涉及律师收费问题,同时也关涉律师职业行为规范的问题。本案代理律师未能完成当事人委托,未尽勤勉义务,违反了诚实信用原则,损害了律师队伍的形象和声誉,也不利于我国律师行业的发展。在本案中,律所以涉案律师已经调离为由拒绝履行生效判决,没有法律依据。在我国,律师收费遵循由律所统一收费原则,律师个人不得向当事人私自接受委托、收取费用,因此如果当事人与律所出现律师费用争议问题,应由律所承担责任,需要涉案律师承担的部分由律所先行赔偿后予以追偿。这个案例也说明我国需要完善律师收费争议解决制度。

三、风险代理收费机制的困境

【案情】

(一) 从民工律师到状告民工[①]

周立太,重庆周立太律师事务所律师,因多次代理农民工打赢官司而被称为"民工律师",被许多媒体称为"民工保护神"。他为民工打官司,不赢不要钱,实行"风险代理",曾代理国内最大工伤赔偿案件刘涛诉深圳金龙毛绒布织造有限公司工伤赔偿案件,获得158万元的赔偿,最大限度地维护受害者的权益。

1996年以来,周立太已代理了来自于全国的工伤赔偿及劳动争议案件达5000余件。而就是这样一位"民工律师",近年来却把民工告上法庭,原因是胜诉后,许多民工不交律师费。据报道,有一百多名民工拖欠他的律师费高达500多万元。2004年初,忍无可忍的周立太,将不履行"风险代理"协议的一级伤残民工刘朝正告上了法庭,法院支持了周立太的诉讼请求。

(二) 130万元风险代理费该不该付[②]

2012年3月17日,原告(浙江某律师事务所)、被告(应某)签订《法律服务委托合同书》一份,合同主要约定:(1) 原告指派律师代为处理被告与王某某、朱某甲、朱某乙之间的诉讼和非诉纠纷;(2) 被告应按实际收到款项,本金部分按10%支付律师代理费,利息部分则按50%支付代理费;(3) 如有需要,原告可以转委托,其他律所律师完成委托事务,视为原告完成委托事务;(4) 如果被告没有按约支付律师费的,应当按同期贷款利率的四倍向原告支付逾期利息;(5) 其他权利义务关系。被告与王某某、朱某甲、朱某乙之间的民间借贷纠纷一案,经原告转委托的律师代理后,业经一审、二审和再审,生效判决确认王某某应归还原告借款本金700万元及利息,朱某甲、朱某乙对该款项承担连带清偿责

---

① 王进喜:《风险代理收费:制度理论与在中国的实践》,载《中国司法》2005年第11期。
② 来源:浙江省义乌市人民法院(2016)浙0782民初5324号民事判决书。

任。2013年9月,原告代理被告向武义县人民法院申请强制执行。2014年4月,被告从武义县人民法院领取执行款821万元。此后,经原告多次催要,被告均以各种理由拒付律师代理费。2016年4月1日,原告向浙江省义乌市人民法院提出诉讼请求:判令被告应某向原告支付律师代理费1305000元并支付逾期利息(自2014年5月1日起按银行同期同类贷款利率的四倍计付至实际履行之日止)。

义乌市人民法院认为,原、被告之间签订的法律服务委托合同系双方当事人的真实意思表示,且不违反法律法规的强制性规定,应认定合法有效,原、被告双方均应按照合同约定全面履行自己的义务。现被告与王某某、朱某甲、朱某乙民间借贷纠纷一案业经一审、二审、再审判决并已生效,被告也从武义县人民法院领取执行款821万元,故原告已经完成委托的事务,被告则应当向其支付报酬。被告拖欠不付,是违约行为,应当承担相应的法律责任。现原告主张代理费1305000元,符合双方的约定,也未超过国家规定的收费标准,法院予以支持,判令被告于本判决生效后十五日内支付原告浙江某律师事务所律师代理费1305000元及逾期利息。

【评析】

从以上案例中也可以看出我国律师收费风险代理机制建立的曲折。虽然我国《律师服务收费管理办法》已经明文规定了风险代理收费机制,但是在现实中由于律师收费是在当事人获得胜诉以后根据胜诉的诉讼标的额来计算的,因此,当事人如果反悔或拒绝给付律师费用,也不会承担案件的不利后果,这时又在律师和当事人之间产生一个新的诉讼,于是出现了代理律师代理了当事人的案件之后又与当事人对簿公堂的情形。在请求法院支持风险代理律师费用的诉讼中,律师同样面临着不同的诉讼风险,如人民法院可能更加同情当事人一方等。因此,律师事务所及代理律师与当事人签订风险代理合同应更加谨慎,同时还要有配套的律师收费制度,比如律师协会应会同国家价格监督部门对风险代理合同做好监督工作;建立健全律师收费转付制度,以减轻当事人对风险代理律师费用的负担,两种制度的有效衔接也将使收费制度更加完善,等等。

第六节 问题与建议

我国目前的律师收费制度基本上是采取由国家价格主管部门和司法行政主管部门联合制定部门规章来进行规制,地方根据各地经济发展水平来制定相应的政府指导价格标准,律师服务收费以政府指导价和市场调节价相结合,以市场调节价为主要收费形式。此种律师收费制度,有利于规范律师收费行为,改变我国律师收费混乱的局面,使律师收费有法可依。但是,一方面,2006年《律师服务收费管理办法》也未能根据 2014 年国家发改委《通知》中的要求进行及时的修订,各地直接根据《通知》来修订地方性法规,势必就会出现规定不统一的情况;另一方面,2006 年《律师服务收费管理办法》缺少灵活的律师收费调整机制、收费方式不够多元、律师收费争议的解决机制不够完善,等等。上述弊端,不利于律师行业健康发展,尤其难与国际接轨。因此,有必要在立足国情、借鉴国外有益经验的基础上,全方位地对我国的律师收费制度进行改革和完善。

一、构建系统、科学的律师收费制度

基于前述讨论,我们认为,应针对我国的具体国情,充分运用市场调节的杠杆,调动和发挥律师与委托人两个方面的积极因素,使得律师服务收费制度有一个良性的生存环境。具体措施可以有以下方面:

(一) 完善多元制律师收费方式

《律师服务收费管理办法》中规定律师服务收费的方式有计件收费、按标的额比例收费、计时收费和风险代理收费等,这是非常有益的,也与国际上通行的方式接轨,是应予以坚持的。目前面临的问题是如何适当调节各种方式下的应用比例,尤其对可适用于全部法律事务的计时收费方式应当更为重视,多加运用。

现阶段我国律师人数较少,与美国等发达国家人均律师比较,还存在较大差距。这就出现了律师人数不多,律师收入不平衡,但律师对于接待的案件又多以计件和标的额来收费,导致律师行业更倾向于为诉讼标的额较高的案件提供服务,民事案件受到律师的追捧,而刑事辩护律师的收入较低。这不利于律师行业的平衡发展,而且,随着案件数量的增加,律师接待案件不分繁简程度如何都固定收费,也不利于律师根据工作量的大小来合理安排时间。

当前,在我国只有少数从事涉外律师业务的律师事务所使用计时收费。计时收费不能得到普遍采用的主要原因既有当事人的原因,也与我国律师制度的不够完善和律师的观念有关,同时还有我国律师竞争环境的因素。我国当事人对什么是计时收费知道甚少,对律师计时收费的具体操作心存顾虑,如担心律师计时的不公正、不准确,对律师的定价表示怀疑,而我国有关律师计时收费的制度也不够健全,律师事务所对计时收费的机制也存在不足;由于传统收费方式的惯性和思维定式的原因,很多律师觉得计时收费太繁琐,没有计件收费和按标的收费方便。

因此,律师行业管理部门应重视律师计时收费方式的推广与应用,及时研究计时收费的操作模式,扩大计时收费的适用。

(二) 完善律师风险代理收费机制

"风险代理"制度起源于美国,是指律师与当事人之间关于律师报酬的协议,按照这种协议,律师在诉讼准备和出庭陈述方面投入必要的时间,律师的报酬为当事人将来可能取得的款项的一部分。这种报酬的取得,是以协议的条件得以实现为前提的,否则,律师得不到律师费。在美国和日本等国,这一收费方式得到了广泛的采用。

基于我国具体国情,在建立这种收费方式时,既要能充分发挥这种收费方式的优势,又要尽量避免其弊端。在实施和完善的过程中还应注意以下几个问题:(1)风险代理收费制度的适用范围应严格遵循规定,《律师服务收费管理办法》已经作出了禁止性的规范,这是十分必要的;(2)风险代理收费制度中律师收取服务费用的比例应在法定的限度之内,从而维护委托人的合法权益,防止这种制度过于投机,有违社会公平观念;(3)风险代理收费方式的选择必须以律师与委托人之间的书面协议为准,协议应当对相关内容进行约定,如律师提供法律服务所要实现的目标、办理法律事务过程中发生的各种费用及开支的负担等,以避免不必要的纠纷发生;(4)在书面协议签订前,为了化解双方风险评估能力不同造成的不平衡,律师应当向委托人客观地提供相关信息,使委托人理解诉讼或者相关法律事务的风险情况,并作出明智的选择;(5)建立一套完善的律师收费争议解决机制,当律师与委托人之间因收费问题发生争议时,能够妥善地解决双方的争议。

二、健全律师事务所收费管理制度

(一)切实规范律师服务收费行为

律师事务所与当事人协商收费,应当遵循公开公平、平等自愿、诚实信用的原则,不得作出违背社会公序良俗或者显失公平的约定,不得采取欺骗、诱导等方式促使当事人接受律师服务价格,不得相互串通、操纵价格。律师事务所不得在协商收费时向当事人明示或者暗示与司法机关、仲裁机构及其工作人员有特殊关系,不得以签订"阴阳合同"等方式规避律师服务收费的限制性规定。

律师事务所应当加强对律师服务收费合同或者委托代理合同中收费条款的审核把关,除律师服务费、代委托人支付的费用、异地办案差旅费外,严禁以向司法人员、仲裁员疏通关系等为由收取所谓的"办案费""顾问费"以及任何其他费用。律师事务所在提供法律服务过程中代委托人支付的诉讼费、仲裁费、鉴定费、公证费、查档费、保全费、翻译费等费用,不属于律师服务费,由委托人另行支付。律师事务所应当向委托人提供律师服务收费清单,包括律师服务费、代委托人支付的费用以及异地办案差旅费,其中代委托人支付的费用及异地办案差旅费应当提供有效凭证。

(二)严格执行统一收案、统一收费规定

律师事务所应当建立健全收案管理、收费管理、财务管理、专用业务文书、档案管理等内部管理制度,确保律师业务全面登记、全程留痕。建立律师业务统一登记编码制度,加快推进律师管理信息系统业务数据采集,按照统一规则对律师事务所受理的案件进行编号,做到案件编号与收费合同、收费票据一一对应,杜绝私自收案收费。律师服务收费应当由财务人员统一收取、统一入账、统一结算,并及时出具合法票据,不得用内部收据等代替合法票据,不得由律师直接向当事人收取律师服务费。确因交通不便等特殊情况,当事人提出由律师代为收取律师服务费的,律师应当在代收后3个工作日内将代收的律师服务费转入律师事务所账户。

(三) 压实对律师的教育管理责任

律师事务所应当加强对本所律师的教育管理,引导律师践行服务为民理念,树立正确的价值观、义利观,恪守职业道德和执业纪律,严格遵守律师服务收费各项管理规定。强化内部监督制约,确保律师服务收费全流程可控,认真办理涉及收费的投诉举报,及时纠正律师违法违规收费行为。

三、强化律师服务收费监督检查

(一) 加强律师服务收费常态化监管

司法行政部门、律师协会要把律师服务收费作为律师事务所年度检查考核和律师执业年度考核的重要内容,对上一年度有严重违法违规收费行为、造成恶劣社会影响的律师事务所和律师,应当依法依规评定为"不合格""不称职"。开展"双随机一公开"抽查,司法行政部门每年对不少于5%的律师事务所收费情况开展执法检查,对该所承办一定比例的案件倒查委托代理合同、收费票据等,及时发现违法违规收费问题。

(二) 加大违法违规收费查处力度

完善违法违规收费投诉处理机制,重点查处涉及群众切身利益的民生类律师服务收费投诉,确保有投诉必受理、有案必查、违法必究。依法依规严肃查处违法违规收费行为,对不按规定明码标价、价格欺诈等违反价格法律法规的行为,由市场监管部门依法作出行政处罚;对私自收费、违规风险代理收费、变相乱收费以及以向司法人员、仲裁员疏通关系为由收取所谓的"办案费""顾问费"等违法违规收费行为,由司法行政部门、律师协会依据《律师法》《律师和律师事务所违法行为处罚办法》等作出行政处罚、行业处分。市场监管部门、司法行政部门对律师事务所和律师违法违规收费行为作出行政处罚的,应当及时抄送同级司法行政部门、市场监管部门。健全律师服务收费诚信信息公示机制,司法行政部门及时在律师诚信信息公示平台公示律师事务所和律师因违法违规收费被处罚处分的信息,定期通报违法违规收费典型案例,强化警示教育效果。

四、完善律师收费救济制度

(一) 建立律师费用转付制度

我国现行有关律师收费规定中没有确立律师费用转付制度,实为一个缺陷。律师费用转付制度对于提高当事人维护合法权利的意识和积极性具有重要意义,对于促使律师敬业,提高律师服务质量也具有重要影响。[①] 律师费用转付制度在我国《民法典》第 577 条至第 594 条可以找到依据。其中《民法典》第 583 条规定:"当事人一方不履行合同义务或者履行合同义务不符合约定的,在履行义务或者采取补救措施后,对方还有其他损失的,应当赔偿损失。"对于因违约造成的损失的赔偿当然也应当包括为维护合法权利而合理支付的律师费用。建立律师费用转付制度,当事人在诉讼过程中聘请律师的积极性提高,也会推动律师业的发展,促使律师参与到更多的诉讼当中,自然也会提高当事人的诉讼能力;对于侵害方、违约方来说,会增加其违约成本,对违约方起到警示、惩罚作用。实践中对于转付律师费数额的确定,可以借鉴德国的"诉额确定制度",即只要原告预先证明了没有经济实力承担相对方的诉讼费用,就可以向法院提出将诉额设定在比实际争议标的额低得多的水平上,如果原告胜诉,就由败诉的相对方承担以实际争议额为基础计算的诉讼费和律师费,但如果原告败诉,原告就只根据降低了的诉额依比例承担对方的诉讼费和律师费,这一制度有效保障了当事人的权益。

(二) 健全律师收费争议处理机制

当事人与律师之间难免会因为收费问题产生纠纷。因此,建立一套完善的律师收费争议处理机制对健全我国律师收费制度是不可或缺的。公民、法人和其他组织认为律师事务所或律师存在价格违法行为,可以通过函件、电话、来访等形式,向价格主管部门、司法行政部门或者律师协会举报、投诉。2007 年 1 月 25 日,中华全国律师协会通过了《律师服务收费争议调解规则(试行)》,中华全国律师协会、各省、自治区、直辖市律师协会成立律师收费争议调解指导委员会,负责指导律师收费争议调解工作。

(1) 完善律师事务所的财务管理制度。健全的律师事务所财务管理制度,可以使律师的收费公开化、透明化,既有利于税务、审计、物价等部门的监督管理,也有利于律师收费争议得到及时、公正的处理。律师收费包括报酬、开支、费用三个部分,其中开支可以由当事人根据约定直接向律师支付;报酬和费用原则上都应交给律师事务所,律师事务所按其自身性质扣除各种管理费用、财务费用、公费开支、税费以及事务所留存后,向律师支付报酬。各种收入和支出都应

[①] 陈舒、詹礼愿:《我国律师费转付制度之构想》,载《中国律师》2005 年第 12 期。

有规范、明确的账目和凭证,以供日后有关机关查阅。

（2）发挥律师协会的争议处理功能。建议地方律师协会成立律师收费争议处理委员会,由执业律师、律师协会工作人员、专家、社会人士共同负责律师收费争议的调查、评估和处理。此外,还可借鉴国外的做法,设立律师惩戒委员会,负责对律师违反职业道德和执业纪律的惩戒。律师与当事人之间如果因为律师费用产生了争议,可申请律师收费争议处理委员会处理。一旦评定认为律师收费公正合理并无不当的,当事人应当履行；若发现律师收费过高或乱收费,可责成律师(律师事务所)予以改正,也可提请律师惩戒委员会对相关律师(律师事务所)予以惩戒。

（3）规定律师收费争议的处理程序。委托人认为律师收费不合理的,可向律协律师收费争议处理委员会申请处理。《关于进一步规范律师服务收费的意见》规定:因律师服务收费发生争议的,律师事务所和当事人可以协商解决。协商不成的,双方可以提请律师事务所所在设区的市或者直辖市的区(县)律师协会进行调解。设区的市或者直辖市的区(县)律师协会应当成立律师服务收费争议调解委员会,制定律师服务收费争议调解规则,依法依规开展调解。争议处理委员会对于调解不成的应及时作出评定。一旦评定认为律师收费公正合理并无不当的,委托人应当履行；如果评定律师收费过高或乱收费,可责成律师或律师事务所予以改正,也可提请律师惩戒委员会对相关律师或律师事务所予以惩戒。同时,还应规定律师收费争议处理委员会的评定结果对双方均有约束力,不服者可在法定期限内向有管辖权的人民法院提起诉讼,逾期不起诉又不履行者,权利人可以申请法院强制执行。

（4）在法院内建立"讼费评定"制度。法院在处理律师收费争议这类案件时,应根据民法、律师法等有关法律法规,并参考律师职业道德规范和律师协会已作出的评定,进行调解或作出裁决。从长远来看,我国可借鉴英美法的规定建立"讼费评定"制度。立足于国情,建议将"讼费评定"设立为简易程序,"讼费评定"工作由专门的审判人员负责。

除以上途径外,还可鼓励当事人选择仲裁的方式解决费用争议。

【问题与思考】

1. 某律师事务所王律师在得知当事人同时接触他所律师,私下了解他所报价后,向当事人提出较低收费,成功与当事人签订委托代理合同,作为原告当事人律师起诉被告买卖合同纠纷案件。在《律师服务收费合同》中约定,如胜诉,在5万元律师代理费外,律师事务所可按照胜诉金额的一定比例另收办案费用。事后,当事人认为王律师提出的代理意见未能被法庭采纳,要求律师承担部分诉讼请求损失,律师事务所予以拒绝,当事人因而向法院起诉。法院最终驳回了原告的诉请请求。在本案中,某律师事务所及王律师的哪些做法是符合律师收费规则的?①

2. 2022年3月10日,金柱公司(甲方)与江苏某律所(乙方)签订《委托代理协议》一份,约定:乙方接受甲方的委托,指派丁律师为甲方与万润公司建设工程施工合同纠纷一案甲方的委托代理人,甲方于2022年3月31日前一次性给付代理费10万元(即使本案当事人撤诉、自动履行、调解等,均不影响甲方付款)。在法院主持下,金柱公司与万润公司达成调解协议。江苏某律所将金柱公司诉至法院,要求金柱公司支付全部代理费。在本案中,双方签订的《委托代理协议》是否有效?法院是否应当支持江苏某律所的诉讼请求?为什么?②

---

① 改编自2016年国家司法考试卷一第49题。
② 改编自(2015)海商初字第02915号民事判决书。

第七章　律师法律援助

【内容提要】
本章介绍法律援助的概念、对象、条件和范围、程序和实施等，简述中外法律援助制度的衍生与发展状况，探讨法律援助诊所、法律援助值班律师等热点问题，分析法律援助实施中的困境及对策。

【关键词】　法律援助　值班律师　法律诊所

第一节　基本理论

一、法律援助概述

（一）法律援助的概念

法律援助是国家建立的为经济困难公民和符合法定条件的其他当事人无偿提供法律咨询、代理、刑事辩护等法律服务的制度，是公共法律服务体系的组成部分。符合法律援助条件的当事人可以通过向法律援助机构申请或者由人民法院、人民检察院、公安机关通知法律援助机构为其指派律师而获得法律援助。通常受援人在获得援助的案件中不需要支付（或者减少支付）法律服务费用，并可以从审理该案的人民法院获得司法救助，即缓交、减交或免交诉讼费用。

各个国家根据本国的具体情况设立相应的法律援助制度，构筑法律援助的体系，诸多国家以宪法或其他法律形式规定了法律援助的基本原则，明确公民享有法律援助的权利。其中，许多国家还制定了法律援助的专门立法，将法律援助的具体实施纳入了法律化、制度化的轨道。我国于2021年8月20日颁布了《法律援助法》。由此可见，法律援助逐步从个人实施的小范围的道义、慈善行为，发展成为面向贫困者的社会保障体系和维护公民司法人权的政府行为或政府与社会相结合的行为，最后纳入国家责任，成为国家对公民的一项承诺。此外，各国建立了符合本国国情的法律援助资金供给制度，使法律援助制度的实施具有较为稳定的经济保障，各国设立专职人员从事法律援助的管理和服务工作，专职律师与社会律师共同办理法律援助案件。

（二）法律援助的对象

1. 经济困难的公民

法律援助制度的设计初衷就是帮助贫困的公民，使其不致因其贫困而得不到法律服务。《法律援助法》第 34 条规定:"经济困难的标准,由省、自治区、直辖市人民政府根据本行政区域经济发展状况和法律援助工作需要确定,并实行动态调整。"该规定的内涵是:(1)经济困难标准的确定权属于省级人民政府(下级人民政府可以调整细化);(2)各地依据实际情况制定经济困难的具体标准需留有空间,实行动态调整的方式。这样规定符合实践中不断变化发展的经济水平的要求,有利于保证法律适用的可行性和可操作性。以前要求申请人必须开具经济困难证明,现在通过部门信息共享查询对申请人的经济困难状况进行核查或由申请人进行个人诚信承诺。必要时,申请人也可提交家庭收入证明、获得经济补助证明等材料,法律援助机构根据规定对申请人的经济状况进行判断。

2. 符合法定条件的其他当事人

符合法定条件的其他当事人包括刑事案件的犯罪嫌疑人、被告人具备法律规定的特定情形,但没有委托辩护人的,人民法院、人民检察院、公安机关应当通知法律援助机构指派律师担任辩护人;强制医疗案件的被申请人或者被告人没有委托诉讼代理人的,人民法院应当通知法律援助机构指派律师为其提供法律援助;如果当事人符合《法律援助法》第 32 条规定的特定情形并且申请法律援助的,不受经济困难条件的限制。

法律援助的对象不再限于公民,而是扩展到法人。司法实践中,有的企业陷于经济困境,而又遭遇民事侵权或合同纠纷,也有社会组织等非自然人对福利机构提起公益诉讼,诸如此类案件中其当事人并非自然人而是法人,也可以申请法律援助。此外,在我国境内的外国人、无国籍人只要符合法律规定的,根据我国加入或者签订的有关国际公约和双边司法协助条约等的规定,也可以获得必要的法律援助。

(三) 法律援助制度的意义

我国建立和实施法律援助制度,是加强社会主义民主、健全社会主义法制的客观要求,是加强社会主义精神文明建设的重要内容和实际步骤,是构建社会主义和谐社会的重要法律措施,其意义主要包括以下几个方面:

1. 法律援助制度体现了"国家尊重和保障人权"的宪法要求,有利于贯彻"法律面前人人平等"的宪法原则。法律面前人人平等,要求法律一视同仁地对待权利遭受侵犯的公民,不论其身份、地位和经济状况。对于无力聘请律师的公民,只要符合国家设定的提供免费法律帮助的条件,均可获得由国家提供的法律援助,这属于国家义务的一部分。2004 年立法机关正式将"尊重和保障人权"写入宪法,标志着我国在人权保障的领域迈出了实质性的一步。随后 2012 年人权条款再次被写进《刑事诉讼法》,而法律援助制度就是保证人权保障目标实现的重要途径。我国《法律援助法》也将"尊重和保障人权"纳入法条。

2. 法律援助制度为诉讼当事人提供平等的司法保障,有利于实现司法公正。这种司法保障,更多的是程序和权利的保障,并不是结果或实体的保障。国家通过法律援助制度保障公民获得律师的法律帮助,平等参与诉讼程序,充分行使自身权利,以期达到公平、公正的实体裁判。

3. 法律援助制度有利于健全和完善律师法律制度,在更为宽广的领域内实现律师服务的社会价值。律师肩负着维护当事人合法权益和维护社会公平、正义的双重使命,实现后者目标并非仅限于律师的本职工作要完成好,还要关注那些无力聘请律师的弱势群体以及其他需要帮助的群体,这是实现其社会价值的重要组成部分,也是律师制度发展的必然过程。

4. 法律援助制度有利于健全和完善我国社会保障体系,保障社会稳定,促进经济发展和和谐社会建设。法律援助制度起源于工业时代的英国,15世纪末的《亨利七世法》记载:"根据正义原则任命律师,律师同样为穷苦的人服务。"① 这是最早记载法律援助制度雏形的史料。此后经过几百年的发展,法律援助责任经历了慈善事业、社会化阶段(社会慈善到国家责任的转型)和国家福利(完全的国家责任)三个阶段,其不再是富人阶层对穷人的施舍,而是现代国家提供给公民社会福利的一部分,是法治国家的制度体现。可以说,法律援助制度是社会的稳定器,在缓和社会阶级矛盾、维护社会公平、保障公民权利等不同维度均发挥不可替代的作用。

二、法律援助的条件与范围

(一) 法律援助的条件

法律援助实质上是国家通过制度化的形式,对法律服务资源进行再分配,以保障贫弱残疾者不因经济能力、生理缺陷而无法平等地获得法律帮助,维护自己的合法权益。我国的法律援助对象除了经济困难者之外,还包括一些非经济困难的"特殊案件"的当事人,如果没有委托辩护人,不论其经济状况如何,法律援助机构根据人民法院、人民检察院和公安机关的通知都应当指派律师担任辩护人。《法律援助法》第25条、第28条,第29条规定了刑事法律援助的法定条件,与以前的《法律援助条例》规定相比有以下特点:

1. 扩充了刑事案件通知指派的范围

《法律援助法》第25条第1款规定,刑事案件的犯罪嫌疑人、被告人属于下列人员之一,没有委托辩护人的,人民法院、人民检察院、公安机关应当通知法律援助机构指派律师担任辩护人:(1) 未成年人;(2) 视力、听力、言语残疾人;(3) 不能完全辨认自己行为的成年人;(4) 可能被判处无期徒刑、死刑的人;

---

① 谢佑平:《公证与律师制度》,中国政法大学出版社1999年版,第409页。

(5)申请法律援助的死刑复核案件被告人;(6)缺席审判案件的被告人;(7)法律法规规定的其他人员。

其他适用普通程序审理的刑事案件,被告人没有委托辩护人的,人民法院可以通知法律援助机构指派律师担任辩护人。

我国《刑事诉讼法》第278条、第35条第2款、第3款规定了刑事案件的被追诉人没有委托辩护人的,人民法院通知辩护的情形。《法律援助法》第25条第2项为"视力、听力、言语残疾人",这与《刑事诉讼法》中"盲、聋、哑"的表述不同,前者的表述是按照我国《残疾人残疾分类和分级》的标准,更加规范。

《法律援助法》第25条第1款第5项规定死刑复核案件的被告人需要进行"申请",人民法院才会通知法律援助机构指派律师。死刑复核阶段对于被告人来说是"生死攸关"的阶段,且是司法的最后一个救济环节,辩护律师的参与对防范冤假错案和不必要的死刑判决意义重大。

第1款第7项是兜底条款,本条第2款针对2017年最高人民法院、司法部颁布的《关于开展刑事案件律师辩护全覆盖试点工作的办法》作出了回应,但仅是规定:人民法院"可以"通知法律援助机构指派律师担任辩护人。之所以这样规定,一方面与刑事案件律师辩护全覆盖相衔接;另一方面,由于刑事辩护目前在我国还不属于强制辩护,根据各地的情况,采取灵活的方式,如果规定"应当"通知指派,有的法律援助机构会不堪负重,因此兼顾各地的情形,使法院与法援机构有一定弹性空间。

2. 强制医疗法律援助规定

2012年《刑事诉讼法》修正时在第5编增设了第4章"依法不负刑事责任的精神病人的强制医疗程序"这一特别程序,将强制医疗决定权的性质由行政权转化为司法权,实现了司法程序的完整性,保证了强制医疗认定的程序公开性,从而保障了当事人的合法权益。强制医疗案件中,对于没有委托诉讼代理人的当事人,本条规定了法院通知法律援助机构指派援助律师的义务,这是保障当事人在司法程序中能够利用法律充分保障个人权利的有效手段。

3. 刑事案件被害人的法律援助

《法律援助法》第29条规定:刑事公诉案件的被害人及其法定代理人或者近亲属,刑事自诉案件的自诉人及其法定代理人,刑事附带民事诉讼案件的原告人及其法定代理人,因经济困难没有委托诉讼代理人的,可以向法律援助机构申请法律援助。

与《法律援助条例》相比,本法的变化体现为:其一,增加刑事附带民事诉讼案件的原告人及其法定代理人申请法律援助的规定,使刑事附带民事案件中的原告人及其法定代理人因经济困难没有委托诉讼代理人的,可以向法律援助机构申请法律援助。这彰显了党和政府重视困难人群的司法公正诉求,并且有针对性地规定了其申请法律援助的具体条件。其二,不再具体限定刑事公诉案件中的被害人及其法定代理人或者近亲属申请法律援助的时间,亦即不再规定"自案件移送审查起诉之日起",只是规定"因经济困难没有委托诉讼代理人"这一法定条件,使被害人及其法定代理人或者近亲属可以更早地接受法律援助,保障被害人一方的司法利益得到更高程度的实现。其三,不再具体限定自诉案件的自诉人及其法定代理人申请法律援助的时间,只要具备"因经济困难没有委托诉讼代理人"这一法定条件,就能够在提起自诉的情形中享有获得法律援助的权利。

(二) 法律援助的范围

《法律援助法》第31条、第32条、第33条分别规定了民事、行政法律援助事项的范围和免于经济困难限制的情形。

1. 民事、行政法律援助事项范围的规定

第31条规定:下列事项的当事人,因经济困难没有委托代理人的,可以向法律援助机构申请法律援助:(1) 依法请求国家赔偿;(2) 请求给予社会保险待遇或者社会救助;(3) 请求发给抚恤金;(4) 请求给付赡养费、抚养费、扶养费;(5) 请求确认劳动关系或者支付劳动报酬;(6) 请求认定公民无民事行为能力或者限制民事行为能力;(7) 请求工伤事故、交通事故、食品药品安全事故、医疗事故人身损害赔偿;(8) 请求环境污染、生态破坏损害赔偿;(9) 法律、法规、规章规定的其他情形。

《法律援助法》第31条扩大了法律援助的范围,该条前四项是2015年中共中央办公厅、国务院办公厅印发的《关于完善法律援助制度的意见》(以下简称《法律援助的意见》)第3项中规定的内容,劳动保障、婚姻家庭、食品药品、教育医疗等是与公民的生活息息相关的领域,体现了对民生的保障。《法律援助法》第31条第2项将"请求最低生活保障待遇"事项改为"社会救助",一方面扩充了法援的范围,另一方面我国《社会救助法》也在起草中,以便将来与该法进行统一。第9项比原条例第10条第2款[①]更加广泛,即不限于省级人民政府,凡有权的机构都可以制定法律、法规、规章作为补充。《法律援助法》第31条与《法律援助条例》第10条相比,增加了如下公民因经济困难没有委托代理人的,可以向法律援助机构申请法律援助的事项:

(1) 请求确认劳动关系或者支付劳动报酬

该项内容从源头上保障劳动者的权利,因为在劳动纠纷过程中,劳动关系是基础,没有劳动关系就无法应对涉及劳动报酬、加班工资、工伤待遇等问题的劳

---

① 《法律援助条例》第10条第2款规定:省、自治区、直辖市人民政府可以对前款规定以外的法律援助事项作出补充规定。

动纠纷。

(2) 请求认定公民无民事行为能力或者限制民事行为能力

认定公民无民事行为能力或者限制民事行为能力,关系公民的重大权益,《法律援助法》把这一事项纳入法律援助的范围。

(3) 请求工伤事故、交通事故、食品药品安全事故、医疗事故人身损害赔偿

这一项也是新增的内容,这类事项的发生已经给当事人在治疗疾病及恢复健康方面造成巨大的精神和财产压力,特别是本身经济拮据的当事人很难有余暇争取自己的合法权益。有的地方在《法律援助法》颁布之前,如重庆,就规定了对这类事务因经济困难没有委托代理人,可以申请法律援助。

(4) 请求环境污染、生态破坏损害赔偿

我国《水污染防治法》第 99 条规定因水污染受到损害的当事人可以向人民法院提起诉讼,并明确规定国家鼓励法律服务机构和律师为水污染损害诉讼中的受害人提供法律援助。

(5) 法律、法规、规章规定的其他情形

该条为兜底条款。

2. 免于经济困难限制的情形

《法律援助法》第 32 条规定,有下列情形之一,当事人申请法律援助的,不受经济困难条件的限制:(1) 英雄烈士近亲属为维护英雄烈士的人格权益;(2) 因见义勇为行为主张相关民事权益;(3) 再审改判无罪请求国家赔偿;(4) 遭受虐待、遗弃或者家庭暴力的受害人主张相关权益;(5) 法律、法规、规章规定的其他情形。

法律援助一般限于经济困难者,这次立法对于免于经济困难的审查没有局限于刑事法律援助的特殊情形,进一步扩大了法律援助的范围,这是因为一些群体由于身份或境遇上的特殊性导致其在司法程序中处于相对弱势地位,其权利极易被忽视或受到侵害,需要法律给予特殊保护。需要注意的是,这一类事项仍然是依申请来启动法律援助程序。从本条规定的四种情形来看,立法者主要出于当事人行为的公益性(英雄烈士近亲属为维护英雄烈士的人格权益;因见义勇为行为主张相关民事权益)、对个人权利的重大影响性(再审改判无罪申请国家赔偿),以及应当提供法律援助的经济困难要件很可能阻碍当事人寻求法律救济的情形(遭受虐待、遗弃或者家庭暴力的受害人主张相关权益)等考虑进行立法,本条规定使法援机构对于上述特殊群体申请法律援助,不再进行经济困难标准审查,使得"法有情,援无忧"。

3. 申诉案件的法律援助

《法律援助法》第 33 条规定了申诉、申请再审案件的法律援助的范围与主体。该条规定:当事人不服司法机关生效裁判或者决定提出申诉或者申请再审,

人民法院决定、裁定再审或者人民检察院提出抗诉,因经济困难没有委托辩护人或者诉讼代理人的,本人及其近亲属可以向法律援助机构申请法律援助。

《法律援助的意见》第 3 项规定,探索建立法律援助律师参与申诉案件的代理制度,将不服人民法院生效民事和行政裁判、决定,聘不起律师的申诉案件纳入法律援助的范围。《法律援助法》第 33 条将其上升到法律。[①]《关于完善四级法院审级职能定位改革试点的实施办法》中规定当事人向最高人民法院申请再审的,最高人民法院应当向其释明委托律师作为诉讼代理人的必要性。对于委托律师有困难的申请人,应当告知其有权申请法律援助。

三、法律援助的程序和实施

（一）告知

1. 法律援助机构的告知

实践中申请人对法律援助的条件、程序及相关材料提交的要求不了解,缺乏获取准确信息的途径,因此,法律援助机构应当通过服务窗口、电话、网络等多种方式进行告知。

2. 人民法院、人民检察院、公安机关的告知

以前法律援助作为政府责任只规定司法行政部门组织与实施相应的法律援助工作,但是并未对诉讼的三大主体,即法院、检察院、公安机关的行为和权利、义务作出明确规定,造成法律援助工作衔接不当。《法律援助法》第 35 条要求公安司法机关在办理案件中,对于符合法律援助标准的对象,应当积极履行告知义务。从公安机关来看,2012 年修改的《刑事诉讼法》将法律援助范围扩大到侦查阶段,特别是刑事辩护全覆盖后,公安机关的义务更重,主要是考虑到如果他们不予告知,当事人不会知道自己享有法律援助的权利,当然不会提出申请,如果当事人提出申请而相关方怠于转达给司法行政部门,也会造成法律援助实施的障碍。

此外,2019 年颁布的《最高人民法院关于死刑复核及执行程序中保障当事人合法权益的若干规定》第 1 条开宗明义地规定应当告知被告人在死刑复核阶段有权委托辩护律师。

（二）申请

符合法律援助条件的当事人可以向法律援助机构申请法律援助,《法律援助法》第 38 条规定了法律援助的管辖,即向哪个法律援助机构提出申请。第 40

[①] 《法律援助法》第 33 条规定:当事人不服司法机关生效裁判或者决定提出申诉或者申请再审,人民法院决定、裁定再审或者人民检察院提出抗诉,因经济困难没有委托辩护人或者诉讼代理人的,本人及其近亲属可以向法律援助机构申请法律援助。

条规定:无民事行为能力人或者限制民事行为能力人需要法律援助的,可以由其法定代理人代为提出申请。法定代理人侵犯无民事行为能力人、限制民事行为能力人合法权益的,其他法定代理人或者近亲属可以代为提出法律援助申请。被羁押的犯罪嫌疑人、被告人、服刑人员,以及强制隔离戒毒人员,可以由其法定代理人或者近亲属代为提出法律援助申请。实践中存在的因身体不便或其他原因难以自行申请的情况,可由其近亲属或者社区工作人员代为委托。

1. 诉讼事项的申请

申请的法律援助事项属于诉讼事项,申请人向办案机关所在地的法律援助机构提出申请,即应当向有管辖权的人民法院的同级司法行政部门主管的法律援助机构提出申请。对于指派辩护的案件,在侦查阶段或审查起诉阶段,向办理案件的公安机关或者人民检察院所在地的同级司法行政部门主管的法律援助机构提出申请。

2. 非诉讼事项的申请

申请的法律援助属于非诉讼事项的,由申请人向争议处理机关所在地或者事由发生地的法律援助机构提出申请。

此外,关于刑事案件法律援助的申请,由于办理案件的人民法院、检察院、公安机关所在地的法律援助机构可能有多个,且法律援助管辖既存在地域管辖,也存在级别管辖,因此由"所在地"和"同级"法律援助机构受理。

如果一律由审理法院所在地的法律援助机构受理,该机构可能面临较大的受案压力,因此可由地级以上市司法行政部门协调其他法律援助机构受理法律援助申请。

(三) 通知与转交

刑事案件的犯罪嫌疑人、被告人应当委托而没有委托辩护人的,人民法院、人民检察院、公安机关应当通知法律援助机构指派律师担任辩护人;强制医疗案件的被申请人或者被告人没有委托诉讼代理人的,人民法院应当通知法律援助机构指派律师为其提供法律援助。针对司法实践中存在指定的时间过晚,律师准备及参与时间有限的问题,《法律援助法》第 36 条规定,应当在 3 日内通知法律援助机构指派律师,法律援助机构收到通知后,应当在 3 日内指派律师并通知人民法院、人民检察院、公安机关。

《法律援助法》第 39 条规定,被羁押的犯罪嫌疑人、被告人、服刑人员,以及强制隔离戒毒人员等提出法律援助申请的,办案机关、监管场所应当在 24 小时内将申请转交法律援助机构。犯罪嫌疑人、被告人通过值班律师提出代理、刑事辩护等法律援助申请的,值班律师应当在 24 小时内将申请转交法律援助机构。

(四) 审查

法律援助机构受理申请后,应当按照法律援助的条件进行审查,并在 7 个工作日内作出是否给予法律援助的书面决定。法律援助申请审查主要是针对除刑事案件中通知辩护以外的民事、行政以及刑事案件申请辩护的审查。法律援助机构审查申请人的身份证件、证明材料和申请法律援助事项的案件材料。对申请人的经济困难状况进行核查,可以通过部门信息共享查询,或由申请人进行个人诚信承诺。必要时,申请人也可提交家庭收入证明、获得经济补助证明等材料,法律援助机构根据规定对申请人的经济状况进行判断。

根据《法律援助法》第42条的规定,法律援助申请人有材料证明属于下列人员之一的,免予核查经济困难状况:(1)无固定生活来源的未成年人、老年人、残疾人等特定群体;(2)社会救助、司法救助或者优抚对象;(3)申请支付劳动报酬或者请求工伤事故人身损害赔偿的进城务工人员;(4)法律、法规、规章规定的其他人员。

法律援助机构经过审查,决定不给予法律援助的,应当书面告知申请人,并说明理由。申请人提交的申请材料不齐全的,法律援助机构应当一次性告知申请人需要补充的材料或者要求申请人作出说明。申请人未按要求补充材料或者作出说明的,视为撤回申请。

(五)指派

法律援助机构应在收到人民法院、人民检察院、公安机关的通知之日起3日内指派提供法律服务的律师。《法律援助法》第44条规定,法律援助机构收到法律援助申请后,发现有下列情形之一的,可以决定先行提供法律援助:(1)距法定时效或者期限届满不足7日,需要及时提起诉讼或者申请仲裁、行政复议;(2)需要立即申请财产保全、证据保全或者先予执行;(3)法律、法规、规章规定的其他情形。法律援助机构先行提供法律援助的,受援人应当及时补办有关手续,补充有关材料。

第二节 立 法 背 景

2021年8月20日《法律援助法》的颁布确立了我国法律援助的基本原则和基本制度,并以制度化的方式为法律援助积极应对新时代社会主要矛盾,满足人民群众日益增长的法律服务需求提供了坚强的保证,开启了我国法律援助制度的"国家法"时代。法律援助是"法律扶贫",是让法律服务在资源配置上实现相对的平衡。国家通过妥善协调各方利益关系,帮助弱势贫困群体接受免费法律服务,从而达到追求社会公平正义的目标,补齐司法公正的最后一块短板。

2003年7月21日,国务院发布《中华人民共和国法律援助条例》,以行政立法的形式将法律援助制度确定为一项国家制度。我国的法律援助制度经历了"从无到有"的蜕变,"从有到优"成为法律援助制度下一阶段发展的重要命题。

2011年第十一届全国人大第四次会议期间,针对法律援助供给不足的问题,王恒勤、刘玲等61名代表提出议案,建议制定法律援助法。2012年司法部部长提出《法律援助法》出台的条件已经成熟,开展法律援助立法工作调研。2013年11月,十八届三中全会《决定》提出:完善法律援助制度。2014年10月,十八届四中全会《决定》提出:完善法律援助制度,扩大法律援助范围,健全司法救助体系。根据十八届三中全会、四中全会的要求,2015年5月5日,中央全面深化改革领导小组会议审议通过了《关于完善法律援助制度的意见》。会议再次重申:"法律援助工作是一项重要的民生工程,要把维护人民群众合法权益作为出发点和落脚点,紧紧围绕人民群众实际需要,积极提供优质高效的法律援助服务,努力让人民群众在每一个案件中都感受到公平正义。要适应困难群众的民生需求,降低门槛,帮助困难群众运用法律手段解决基本生产生活方面的问题。要注重发挥法律援助在人权司法保障中的作用,加强刑事法律援助工作,保障当事人合法权益。要通过法律援助将涉及困难群体的矛盾纠纷纳入法治化轨道解决,有效化解社会矛盾,维护和谐稳定。各级党委和政府要高度重视法律援助工作,不断提高法律援助工作水平。"司法部有关部门对《法律援助法(草案)》初稿进行了修改完善。

2016年4月,国务院办公厅《关于印发国务院2016年立法工作计划的通知》将《法律援助法》的起草列入"有关保障和改善民生,加强和创新社会治理的立法项目"。至此,国务院将法律援助立法列入司法研究项目,正式开启立法工作。2016年,司法部法制司、法援司召集律政司、研究室、法律援助中心、中国法律援助基金会等部门先后两次对《法律援助法(草案)》初稿进行立法专题调研,法律援助中心组织召开中欧法律援助立法研讨会,并收集整理相关立法资料。2018年10月,监察和司法委员会启动立法工作,研究制定起草工作实施方案,组织成立起草工作领导小组。2019年6月,根据实施方案要求,司法部向监察和司法委员会提交草案建议稿后,结合前期立法调研、会议研究等工作成果,于2019年年底形成了草案征求意见稿初稿,并经再次征求有关单位意见(一读、二读)反复研究修改,形成了草案征求意见稿。2021年《法律援助法》颁布,"千呼万唤始出来"。

从2011年代表提出议案,建议制定法律援助法,到2021年《法律援助法》颁布,可谓"十年磨一剑"。《法律援助法》共7章71条。其立法背景如下:

一、亟待解决法律援助工作中的问题,促进法律援助制度的发展

法律援助立法是以实践问题为导向的,经过近二十余年的实践,法律援助在执行过程中尚存在许多问题。如:(1)法律援助案件质量缺乏监督,服务质量不高;(2)法律援助的机构设置不统一、不规范;(3)经费保障、管理使用体系不健全、无法保证应援尽援等问题制约着法律援助工作的深入开展;(4) 机构性质、人员编制、经费保障以及与司法机关、行政机关的相互协作方面规定的含糊不清。《法律援助条例》已经不能适应新的形势,需尽快制定《法律援助法》,以便从法律层面解决法律援助工作面临的困境,使法律援助工作真正实现为民、惠民、便民的目的。

2015年中共中央办公厅、国务院办公厅联合发布的《法律援助的意见》提出了三个方面的要求:扩大法律援助范围,提高法律援助质量以及提高法律援助保障能力。这三个方面的要求简而言之就是"广覆盖、高质量、强保障"。

二、完善人权司法保障制度,实现社会的公平正义

法律援助作为司法制度的重要组成部分,直接关系到人权的保障问题,也迫切需要从法律层面加以保护。因此,制定《法律援助法》既是贯彻落实党的十八届三中全会、四中全会精神的需要,同时也标志着我国人权保障上了一个新的台阶。一是保障公民不受经济困难等因素的影响,有权获得同等的法律服务与帮助,与其他公民平等地行使诉讼等权利,真正地实现法律面前人人平等。二是帮助犯罪嫌疑人、被告人获得有效辩护,平衡控辩双方的力量,保障审判程序的正当,防止出现冤假错案,通过法律援助实现社会的公平正义。

三、完善公共法律服务,促进国家治理的现代化

党的十八届四中全会作出的《中共中央关于全面推进依法治国若干重大问题的决定》提出,要"建设完备的法律服务体系。推进覆盖城乡居民的公共法律服务体系建设,加强民生领域法律服务"。司法部副部长熊选国指出:公共法律服务体系建设是一项涉及司法行政各项业务的综合性顶层设计,旨在通过进一步整合司法行政业务职能和法律服务资源,提供优质、便捷、精准的法律服务。建设完备的公共法律服务体系,对于不断提升司法行政工作能力和水平,全面提升国家和社会治理各个领域各个环节的法治化水平,更好地满足广大人民群众日益增长的法律服务需求,具有十分重要的意义。

公共法律服务,是指源于一国政府对其公民在法律义务上和政治道义上的不可放弃、不可转移的责任担当基础和政治伦理要求,基于政府公共服务职能的规定性,而由政府统筹提供的、具有体现基本(调配)公共资源配置均等属性和社会公益担当责任,旨在保障公民的基本权利,维护公民的合法权益,实现社会公平正义所必需的一般性法律服务。换言之,公共法律服务,是现代政府公共服务职能在法律服务领域的具体化和法治化,政府统筹体制内外的法律专业人士

或相关专门机构,按照既定工作程序和标准,以其专门化的法律知识、法律技能,为规则内确定的特定公民实现和维护其自身合法权益、排除不法侵害、防范法律风险所提供的专业性服务活动。

从国家治理的角度看,法律援助是国家治理体系的重要组成部分,即以法律援助制度的完善为抓手推进国家治理体系和治理能力现代化。党的十九大报告精确指出当前我国社会主要矛盾是人民日益增长的美好生活需要与不平衡不充分发展之间的矛盾,这也为法律援助夯实了理论基础,体现了以人民为中心设立法律援助的需要。法律援助有助于在法律服务的资源配置上实现相对的平衡,关系到公平正义的实现。

第三节 热点前沿问题

一、法律援助主体多元化

法律援助主体是指实施法律援助过程中承担援助义务的机构或者人员。根据各国现行的普遍规定,实施法律援助的主体基本包括依照基本法律规定成立的政府机构和由法律志愿人员自发地建立的"法律援助办公室"或者"社区法律中心"的非政府机构。进入20世纪中后期,还逐渐包括各类法律院校成立的实施诊所式法律教育的法律援助机构或是依托社区成立的同样称为"法律诊所"的法律援助机构。

总体而言,在西方国家,法律援助由最初一些私人律师和宗教团体及慈善机构等民间组织基于爱心、善意和信仰,自发地为贫困人士提供免费服务,到20世纪40年代开始,特别是第二次世界大战以后,随着对法律援助的需要日益超出依靠私人律师的善意和自愿的慈善救助这一模式的能力,随着联合国的成立和一系列以保障公民的合法权利为立足点的国际公约的缔结,由国家承担法律援助,以更好地保障公民的合法权益的观念更加深入人心,法律援助的性质由此发生了根本性的变化,由一种私力救助的慈善行为变成了国家义务和政府责任。

应该说,进行法律援助是一项具有重大和重要意义的活动,"建立法律援助制度,保障公民的基本权利,已经成为衡量一个国家文明进步的重要标志,成为国际社会的共识,并且呈现出明显的国际化趋势"。[①] 但是,也正因为如此,即使法律援助已经变成了"国家责任",仅仅依靠国家的力量去实现远远超出"国家

---

① 郑自文:《国际人权公约与中国法律援助事业的发展》,载《国外境外法律援助制度新编》,中国方正出版社2008年版,第1页。

力量"的需求是难上加难的,这里,我们指的是实现法律援助的人员和财力支撑。无论机构还是人员,要满足公民的法律援助需求,就得有相应的财力,而仅有财力保障又是不够的,还需要有足够的专业人员,于是,一个现实而又迫在眉睫的问题是:法律援助的主体除了国家依法设立的之外,是否仍然需要其他主体的参与,例如各类非政府组织的介入和参与。里根博士认为,政府与非政府组织在法律援助理想的实现上不是非此即彼的,最好是把两种方式结合起来,尽管并存会给政府提出很多挑战,"包括增加了政策发展和整体法律援助政策协调的复杂性并强化了政府及决策圈内正在进行的多重服务提供者是否更有效率和性价比优势的争论。但无论如何,此类挑战不应使我们忽略在国家法律援助计划内综合两类服务提供者的效益"。①

在我国,应当允许多主体参与法律援助工作,最大限度地动员起尽可能多的有效法律援助力量,无论其是否为政府组织机构,例如我国已经组成了卓有成效的公益律师服务团队,还有由法律院校师生构成的"法律诊所",都是具有现实可能性的。除此之外,还可以借鉴加拿大安大略省的方式,成立社区法律诊所服务机构②,但是也应该给予必要的指导和监督,让其能够充分发挥作用,适当弥补单纯依靠政府法律援助机构力量的不足,同时避免混乱。

二、法律援助模式多元化

法律援助是公共服务的基本内容之一,选择何种类型的法律援助模式会对一国法律援助的定位和发展产生深远的影响。我国法律援助模式有:指派模式,合同购买模式,法律援助机构工作人员服务模式,律师事务所、基层法律服务所或公益组织事前或事后申报模式,公益模式。这里主要介绍前两种模式。

(一)指派模式

指派模式指法律援助机构指定律师事务所、基层法律服务所、其他社会组织来承担法律援助工作的模式。但这种传统指派模式存在如下弊端:一是案件指派模式不合理,难以合理配置律师资源。因缺乏有效的律师资源调控机制,导致区域法律援助资源分配不合理。以北京为例,某些区(县)履行法律援助义务的律所比例达100%,而某些区(县)只达20%,这样不利于法律援助的均衡发展。二是指派多数是硬性指派,不利于调动律师的积极性,而且法律援助机构通常把案件指派给愿意承担法律援助案件的律师,即司法行政机关更愿意把案件指派

---

① 〔澳〕佛朗西斯·里根:《两个世界的最佳——为什么要把政府和非政府组织法律援助服务提供者结合起来?》,崔杨、郑自文译,载《国外境外法律援助制度新编》,中国方正出版社2008年版,第164—172页。(知网检索出处为《中国司法》2005年第11期。)

② 蒋建峰等:《加拿大安大略省法律援助考察报告》,载《国外境外法律援助制度新编》,中国方正出版社2008年版,第311—321页。

给与他们熟悉的律师,这就造成有的律师从来不办理法援案件,尽管《律师法》规定律师应当履行法律援助的义务。三是存在法律援助需求量与律师数量及分布之间的结构性矛盾,区域法律援助供给不平衡,如城市"律师多案件少",农村"律师少案件多",而目前指派是按照级别对应,造成有的地方没有律师指派。另外,同一案件经过不同的审级需要由不同的法律援助机构指派,造成工作重复,而且可能当事人希望由一审律师继续承办其二审案件,但是上一法律援助机构不一定会指派同一律师,导致指派工作不灵活。四是法律援助机构指派缺乏竞争力,补贴低,律师缺乏办案热情,法律援助质量也难以保证。

随着人们对法律援助需求的增长和法律援助范围的扩大,对法律援助提出了新的要求,法律援助的供给模式与法律援助提供主体呈现多元化。因此,需要针对指派模式的不足,借鉴国外合理的方式,进行优化。社会律师中有许多律师热爱公益,并且在某个领域有所专长,可以采取招募的方式,鼓励他们承办法律援助案件。即法律援助机构在本辖区内招募愿意承办法律援助案件的律师,建立法律援助律师库,法律援助机构指派库内律师承办法律援助案件。这种模式有如下优点:由愿意承办法律援助案件的律师承办,律师的积极性较高;法律援助机构事先在报名的律师中选拔相对优秀的律师,律师能力和素质相对较高;律师比较稳定地承办较多法律援助案件,能够积累较多法律援助经验;法律援助机构可以通过组织交流培训等办法促进律师的专业化水平,促进法律援助质量的提升。进一步讲,可以探索招募律师专职从事法律援助工作制度,即有条件的地方可以招募律师志愿在法律援助机构专职从事不低于一年的法律援助工作,到期可延续,以充实法律援助机构办案力量。鼓励、引导新执业律师积极参加招募,搭建帮扶青年律师成长的平台。律师在法律援助机构专职从事法律援助工作期间,不得办理有偿收费案件,根据招募协议领取工作补贴。目前,部分地区推行的点援制也是一种很好的探索,即由社会律师向法律援助管理机构自愿申请,再由管理机构根据申请律师的不同专业和方向遴选一批志愿律师组成承办法律援助案件的律师团队,形成法律援助律师名册,然后由具体案件当事人自主在律师团队中选择承办律师,再由法律援助机构进行分配。这样,既能参考法律援助律师的意见,同时又赋予了当事人自主选择的权利,有效提高了法律援助案件质量。

(二)合同购买模式

司法部、财政部《关于律师开展法律援助工作的意见》提出:"推行政府购买法律援助服务工作机制。司法行政机关根据政府购买服务相关规定,向律师事务所等社会力量购买法律服务,引入优质律师资源提供法律援助。"政府购买方式通常有两种:一种是定向购买,另一种是竞争性的招投标。定向购买分为项目、非项目与直接资助三种形式,竞争投标主要是以项目形式进行。政府购买法律服务模式一方面可以通过合同规定律师的义务,载明质量标准,提高法律服务的质量;另一方面可以缓解法律援助供需矛盾,不断扩大法律援助范围。

合同购买制不仅适用于刑事案件,还可以适用于民事案件;合同的主体不仅包括律师、律师事务所、基层法律服务所,还可以扩大到公益法律服务机构、高校学生等。实行合同制的另一优势是,对于非司法行政部门直接管理的公益法律服务机构或者其他社会组织申请承办法律援助案件的,法律援助机构经审查其资质真实合法有效且符合承办条件的,可以指派该类主体承办法律援助案件,双方形成合同关系,法律援助机构依法依规对该类主体的承办行为进行监管。

合同购买模式虽然可以缓解法律服务资源的不足,但是由于种种原因并没有推行,主要是有以下因素制约着投标竞争方式的推进:第一,由于我国目前符合条件、参与投标竞争的律师事务所较少,不足以形成竞争市场。第二,投标竞争模式是一种市场化的运行、公司化的运作、项目化的管理,需要法律援助机构的管理人员不仅具备法律专业知识,还要懂管理。第三,推行竞争性投标需要一些前提,如服务清晰可界定,服务数量和质量易测量,服务的成本和绩效可监控等。除以上投标竞争方式的问题外,定向购买方式也存在着易引起权商交易、扰乱法律市场平衡等不公平的问题,可操作性不强,这些都制约了我国法律援助购买模式的发展。

但政府购买法律服务这一模式仍是值得我们今后加以探索的提供公共法律服务的有效途径,因为其在提高公共服务质量、提升行政效率、降低行政成本等方面的优势非常可观。如前所述,许多国家采用竞争投标的方式将法律援助承包给律师事务所,竞争的方式可以调动律师的积极性,通过合同确定的标准还可以保障律师服务的质量。采用投标还是定向或多向协商方式一般根据律师的数量,如果律师数量充足可采用投标的方式,律师资源不足的地方可以采取协商的方式。法律援助机构在确定中标主体上,不仅要考虑价格,还要综合考量申请人的资格,是否能够提供称职的辩护或代理。

三、法律援助案件的质量

我国的刑事法律援助制度存在一定的缺陷,大多表现在援助质量不高,原因主要来自内部和外部两个维度。就外部环境而言,国家并没有对法律援助工作采取有效的监管措施,导致司法工作人员在办案时缺乏正确的工作理念。《刑事诉讼法》前后已经经历了几次大大小小的修改,同时还颁布了与之相关的法律法规以及规范性文件作为补充,以此为基础来对法律援助工作进行不断的改进和完善。然而在司法实践中,由于没有监督管理压力,使得许多司法工作人员在工作时只是单纯地为了完成诉讼,对法律法规背后的法律价值理念忽略不见。司法工作人员缺乏正确的工作理念,继而造成法律落实不到位,使得立法的追求和司法的实践难以走到一起,从而导致立法的预期效果与实际效果存在较大的差距。就内部律师队伍角度而言,虽然法律中有明确规定,不管是专职法援律师还是社会律师,法律援助的律师都由法律援助机构进行指派,但是在实践中,许多律师为了将经济利益最大化,不愿意从事法律援助工作,其主要的原因在于,为被告人或者犯罪嫌疑人提供免费的法律服务,大部分律师都认为这是费时费力且不讨好的工作,即便是接受了法律援助机构的指派,也缺乏工作积极性。在很多案件里,刑事法律援助都只是使程序合法化的工具,单纯地走走过场,并不能够发挥出法律援助应有的意义和价值。除此之外,法律援助机构指派的律师中,还有许多是缺乏从业经验的新晋律师,没有相应的工作经验,使得法律援助工作难以发挥出真正的效果。[①]

由于法律援助工作的质量监控没有明确的法律规定,也就无法形成具体的制度体系,实践中受援人对服务有所不满时很难通过制度的层面进行投诉,又多数囿于得到的是免费的服务,对质量失去监督;或者仅从个人角度出发评价服务质量,浪费了宝贵的资源;也有些援助人没有尽心尽力地提供服务,仅只是履行程序。质量监控如果得不到有效保障,既不利于法律援助工作的有序与有效开展,也容易滋生混乱与腐败,是极为重要的制度缺失。

我国《法律援助法》第 57 条至第 60 条规定通过质量考核、第三方评估、信息公开、接受社会监督、庭审旁听、案卷检查、征询司法机关意见、回访受援人、惩戒等方式保障法律援助案件的质量。各级司法行政机关积极开展对法律援助服务的监督管理,制定法律援助服务质量标准,并对服务质量定期进行考核。由此可见,监督管理、服务标准和质量考核是促进和保障法律援助工作规范化、制度化、法治化的重要举措,是实现"公平正义"和"以人为本"的法律援助制度安排。具体措施如下:

(1)明确监督内容和监督方式。全国各省、市、自治区司法行政机关根据法律援助监督管理工作的自身需要制定了法律援助案件质量监督办法,以明确监督内容和监督方式。(2)因地制宜制定法律援助服务质量标准。目前,司法部制定的《全国刑事法律援助服务规范(SF/T 0032—2019)》和《全国民事行政法律援助服务规范(SF/T 0058—2019)》从宏观上明确了法律援助服务的基本标准。然而,各地的法律援助服务质量是存在差异的,需要因地制宜制定法律援助服务质量标准。(3)完善法律援助服务质量考核。各级司法行政机关应当制定法律援助案件评估标准和规范,明确"以业务规范、服务效果和社会评价为主要内容,以基础设施、人员配备、组织保障为重点"的服务质量评价指标体系,建立常态化的同行专家评估组织,设立法律援助服务质量考核的专项经费和规范化法律援助服务质量考核的评估程序等。

---

① 参见汪滢、梁彦滨:《我国刑事法律援助制度的反思与完善研究》,载《黑龙江省政法管理干部学院学报》2020 年第 2 期。

第四节 法律实践

一、律师实施法律援助的作用

尽管提供法律援助的主体从法律规定的角度不限于律师,但是律师提供法律援助仍然有以下优势:(1)律师是法律专业人员,经过专业的学习和严格的法律资格考试,并进行相应的实习,通过考核,取得律师执业资格;(2)律师执业是在依法设立的律师事务所管理下展开,或者是在专门的法律援助机构,接受律师协会、法律援助中心管理和司法行政机关的监督,有义务、纪律和职业道德约束,也可以依托和发挥团队的优势;(3)律师具有更为丰富的办案经验,与其他人员相比具有一定优势;(4)律师在刑事诉讼中的权利较其他辩护人更为宽泛、便利,且在侦查阶段,犯罪嫌疑人只能委托律师为其提供法律帮助;(5)依照法律规定,在刑事诉讼中根据人民法院、人民检察院和公安机关的通知而由法律援助机构指定为被告人、犯罪嫌疑人的辩护人也必须是承担法律援助义务的律师。在此所说的律师包括法律援助机构的专职律师和社会律师。

此外,作为专门从事法律服务的专业工作者,律师积极参与法律援助事业之中,在实现公平正义和维护社会秩序两个方面具有重要的作用:

一是实现公平正义。目前社会经济发展迅速,利益分配逐渐呈现两极分化,社会财富分配不均,自由平等权利日益弱化。社会群体间的贫富差距过大,农民工、下岗失业人员等社会弱势群体生活陷入窘境,促使人们思考社会正义问题。目前,社会法律体系不断完善,立法技术复杂化,普通公民无法通过社会经验理解法律,必须依托专业的法律服务机构,帮助了解和完成法律相关事务。由于部分弱势群体无力承担律师费用,导致弱势群体陷入法律风险而承担不利后果,通过法律援助可以实现相应补偿,在律师的支持下,帮助弱势群体获得平等的法律辩护,实现司法平等。法律援助制度的出发点是帮助社会弱势群体实现法律平等的地位,通过审核,符合法律援助条件的法律主体可以通过法院、法律援助机构、律师事务所指定律师获得专业的法律服务。上述任何环节都会影响法律援助的质量,影响法律主体利益。因此,法律援助应进一步完善评价体系,确保律师在执行法律援助中的办案质量,高效发挥律师在法律援助中的职能和作用,帮助当事人维护司法公正,保护切身利益。法律援助的内容包括法律咨询和诉讼辩护,坚持以法治、公正、平等为基本原则,让弱势群体在法律面前实现人人平等目标,通过律师获得法律服务。

二是维护社会秩序。公民有遵守和服从法律的义务,也要接受法律的惩罚,才能维护社会秩序稳定。法律具有维护社会秩序稳定的意义,但是社会正义和社会秩序不免发生冲突,所以,法律在维护社会正义的同时,也要在制度建立上使正义和秩序二者进行平衡。律师作为法律援助的援助主体,精通法律专业知识和司法规则,其对社会弱势群体提供法律帮助,让社会纠纷得到文明调节,用法律辩护的方法对抗不正义现象,帮助公民使用法律武器维护自己的利益。律师在法律援助机制下充分行使权利,帮助弱势群体在处理社会纠纷上得到有利调节,避免群体恶性事件发生,维护社会秩序和谐稳定。一些群体性事件原本可以通过司法诉讼缓解,但这些群体受到外界刺激因素影响,出现冲动行为,如果没有得到法律援助而导致骚乱,易引发群众出现对立情绪,久而久之会升级,影响社会秩序。

二、刑事法律援助值班律师的兴起

值班律师制度一般是指不区分经济状况和案件类型等条件,一律由国家出资指派律师及时、便捷地为被追诉人提供免费法律咨询及其他相关专业帮助的法律援助制度。[①] 值班律师制度在我国的实践探索,最早可追溯到2006年。当时,为了提高中国法律援助水平,并使之与国际标准接轨,联合国开发计划署与我国商务部、司法部合作,在河南省修武县进行为期两年的值班律师制度试点工作。试点项目结束后由于效果良好,催生了全国多地陆续开展的制度探索。在2014年,中央深化体制改革领导小组正式将"在法院、看守所设置法律援助值班律师办公室"列为司法体制改革中的一项重要内容。这标志着法律援助值班律师制度被纳入国家司法体制改革的整体框架中,也使得这一制度的发展迎来千载难逢的战略契机。继而,2015年的中央深化司法体制和社会体制改革则将法律援助值班律师工作作为一项具体的改革任务。中共中央办公厅、国务院办公厅印发的《关于完善法律援助制度的意见》,就对建立法律援助值班律师制度提出了明确要求,并以"实现法律咨询服务全覆盖"作为目标诉求。此外,同时期的速裁程序、认罪认罚从宽制度改革、刑事辩护全覆盖等举措所涉及的规范性文件中,均对值班律师提出了具体要求。这一方面促进了值班律师制度的跨越式发展,另一方面亦为此制度的有效运行创设了条件。归结起来,当下的值班律师制度发展适用于刑事诉讼全部阶段且覆盖全部类型之案件。这是国家完善法律援助体系,保障犯罪嫌疑人、被告人获得最低限度法律帮助的重要举措。在2018年《刑事诉讼法》修改中,值班律师制度正式上升为法律规范。修改后的第36条、第173条和第174条均提及了值班律师。其中第36条是对值班律师制度

---

① 杨波:《论认罪认罚案件中值班律师制度的功能定位》,载《浙江工商大学学报》2018年第3期。

的概括性规定。① 根据此条文,可以提炼出两点重要信息:第一,被追诉人有权约见值班律师,这是犯罪嫌疑人、被告人的基础诉讼权利。犯罪嫌疑人、被告人是否约见值班律师则以其需要为主,原则上没有次数限制,相关部门要积极配合,为会见提供便利。第二,被追诉人可以在诉讼中的任何阶段申请值班律师的帮助,并且三机关负有告知权利的义务,且要以适当的方式告知嫌疑人、被告人其申请值班律师帮助的权利。第 173 条和第 174 条是在审查起诉阶段和认罪认罚从宽制度中规定值班律师的职能,主要强调人民检察院在审查起诉时要听取值班律师的意见以及被追诉人签署认罪认罚具结书时需要值班律师在场。

近几年法律援助值班律师工作站在全国范围内迅速铺开。截至 2017 年下半年,全国已有 2300 余个看守所建立了法律援助工作站,覆盖率高达 88%;人民法院法律援助工作站覆盖率达 51.7%,上海、黑龙江、浙江、江苏、福建、河南等省市实现了人民法院和看守所值班律师工作站全覆盖。② 上海共设立了 20 个看守所法律援助工作站,其中 7 个设立在监区内,覆盖率 100%;北京截至 2018 年年底,市司法局在全市建立 107 个法律援助工作站,实现了驻看守所、法院、检察院、公安执法办案中心、监狱法律援助工作站的全覆盖。③

当前刑事领域律师队伍已然呈现多元化局面,继委托律师、法律援助辩护律师之后,新兴的值班律师将成为辩护中的第三支力量,是对前两者的重要补充。由此,三支队伍合力打造出覆盖全流程、所有案件的辩护力量。

三、诊所法律援助的发展

承担法律援助的主体虽然在理论上存在争议,但在许多国家和地区的实践中是引入和承认多种主体的。在此,我们仅对法律诊所的法律援助的相关问题进行必要的探讨,它的前景是对法律援助事业的发展有重要影响的,尤其面对我们这样一个亟待建成法治国家却在法制建设诸方面都发展不平衡的现状。法律诊所援助,以目前的普遍情形论,应当包括基于法律诊所教育而发展形成的和依托社区平台成立的法律援助形式,其中大多数国家均以法律诊所教育为主,以下作详细介绍。

---

① 《刑事诉讼法》第 36 条规定:"法律援助机构可以在人民法院、看守所等场所派驻值班律师。犯罪嫌疑人、被告人没有委托辩护人,法律援助机构没有指派律师为其提供辩护的,由值班律师为犯罪嫌疑人、被告人提供法律咨询、程序选择建议、申请变更强制措施、对案件处理提出意见等法律帮助。人民法院、人民检察院、看守所应当告知犯罪嫌疑人、被告人有权约见值班律师,并为犯罪嫌疑人、被告人约见值班律师提供便利。"

② 《全国建立看守所法律援助工作站覆盖率达 88%》,载 http://china.caixin.com/2017-09-28/101151653.html,访问日期:2020 年 7 月 2 日。

③ 《打造法律援助值班律师制度"北京模式"》,载 http://sfj.beijing.gov.cn/bjsf/zwxx/sfxz/tpxw/464810/index.html,访问日期:2020 年 7 月 2 日。

法律诊所教育,是指基于法律院校的平台,通过学生有序参与法律援助的方式为贫困当事人提供免费法律帮助。这种教育方式基于过往的经验式的法学教育方法,又突破了传统的案例教学法,源自美国20世纪60年代美国民权运动的影响下的法学教育方法的改革运动,并得益于当时许多私人基金会等希望借助法律诊所的形式,向低收入阶层提供法律援助,同时为法学专业的学生提供接触律师实务的机会。通过法律诊所教育进而实行法律援助,即称为诊所法律援助。

法律诊所教育吸取了案例教学法的精髓及经验式教学方法,同时又在形式上借鉴了医学院的临床诊断教学模式,强调在法学院就读的学生应当在指导教师同时也是执业律师的指导和监督下,同医学院学生花很多的时间从事临床实习一样,通过积极参与各种法律实践活动,从实践中学会发现和解决(诊断和治疗)法律问题,以此开展法律教学活动。因此,法律诊所教育被描述为"在行动中学习"。

法律诊所教育的突出特点是提供学习律师执业技巧的机会,这既包括法学专业的学生在教师或者律师的指导和监督下参与到律师通常所做的行为中去,也包括指导和监督学生从各种角度观察和思考问题,以便他们了解社会政策和程序的法律过程。以美国为例,其法律诊所教育的双重目标为:一是以新的学习方式教育学生;二是为穷人提供法律帮助。诊所法律教育的形式主要有三种:一是校内真实当事人诊所;二是校外真实当事人诊所;三是模拟诊所。三种类型的诊所在目标和原则上是相同的,即都是通过让学生在实践中运用法律分析问题,解决问题,从实践中反思。伴随着法律诊所教育的发展,也为了克服上述不同法律诊所方式的弊端,现在越来越多的法学院倾向于将上述各种方式结合使用,以提高法律诊所教育的作用。

通过上述的介绍,诊所法律援助与律师法律援助各有优势,基本的方面有:

1. 诊所法律援助依托广泛的社会力量,资源丰富,服务面广。律师法律援助具备更扎实的法律素养,可提供的服务针对性强,在诉讼中与对方将有突出的对抗性。

2. 诊所法律援助存在天然的亲民性,服务方式比较灵活,它给人以足够的亲和力,易于获得当事人的认同,并且在一定意义上可以提供更为广泛的帮助,有延展作用,例如通过与其他机构的良好转介关系,将法律援助纳入一个视野更为宽广的社会救助体系之中。律师法律援助承载了专业的精神,根据各国或地区法律规定的不同,有可能在法律上具有更便宜的权利,能够有效地收集证据。

3. 诊所法律援助通过提供服务,熔炼了正义感和社会公益心,尤其是对法学院学生而言,为未来走上社会进行了必要的培训。律师法律援助通过提供的服务彰显社会的良心和容忍度,也从侧面印证法治的文明进程。

为此,社会应当以法律形式推动法律援助主体的多元化,相互形成优势互补,并且根据需要尽可能扩大法律援助的受助范围,这样才能突出体现社会对弱势群体的终极关怀和有效帮助。而且,在政府法律援助机构中有律师的身影,当专门机构中的律师不足时,会将需要进行法律援助的事项委托给社会律师,这是对专业法律援助力量的一种整合。在政府的法律援助机构中,同时存在着律师和非律师的法律援助工作者,他们分工不同但目标一致,协作共进。同为进行法律援助,当不同的人员就有关事项提出需求时,无论政府专门机构还是社会力量,无论是机构中的何种力量,皆应尽到全力。

第五节 案例评析

一、律师三次提供法律援助案

【案情】

2003年1月28日下午,广东省清远市阳山县龙某(时年11岁)出于好奇心,徒手爬上5米左右的电线杆摘取杆上悬挂的瓷瓶,由于瓷瓶带电,龙某被电击伤摔下地面,经过手术治疗,双上肢截肢,日常生活不能自理,落下残疾。2003年9月8日,龙某向阳山县人民法院提起诉讼,要求被告阳山县供电局赔偿各项经济损失60767元。阳山县人民法院经开庭审理,认为原告擅自攀爬电线杆摘取瓷瓶是破坏电力设施的行为,由此而造成的损害,应由原告自行承担责任,被告阳山县供电局在本案中不存在过错责任,不应承担赔偿责任,于2004年4月22日作出一审判决,驳回原告的诉讼请求,本案受理费2333元由原告承担。原告父亲得知有政府的法律援助后,一方面向清远市中级人民法院提起上诉,将原来的诉讼请求赔偿额增加到250833.58元,另一方面向清远市法律援助处申请法律援助。

清远市法律援助处收到上诉人龙某的申请后,经审查认为符合法律援助条件,为了尽快为上诉人提供帮助,简化审批手续,当即决定免费提供法律援助,指派某律所安排具有办案经验的叶律师承办此案。援助律师受理此案后,立即开展工作。由于上诉人已花费巨额医疗费,现家庭一贫如洗,确实无力交纳诉讼费用。为此,援助律师代理上诉人向清远市中级人民法院申请缓交诉讼费用,获得批准。在二审中,援助律师认为上诉人的人身损害与被上诉人阳山县供电局存在法律上的因果关系,上诉人的行为没有过错。2004年7月9日,清远市中级人民法院以本案事实不清,证据不足,裁定撤销阳山县人民法院原审民事判决书,发回重审。

但具有丰富办案经验的援助律师收到二审判决书后,却陷入深深的思考。从本案的情况特别是因果关系看,龙某原来提出250833.58元的赔偿额度,即使得到法院的全额判决,也不足以弥补所造成的损害,因此,必须提高诉讼标的,这样既可以为龙某争取巨额的经济赔偿,也可以从程序的角度提高审级,由市中级人民法院作为一审直接审理此案。援助律师经过深思熟虑,把自己的想法向市法律援助处和其所在律师事务所作了详细汇报,市法援处肯定了援助律师的想法,并表示全力支持。律师事务所也十分重视此案,专门召开会议讨论案情,决定按照有关法律规定提高索赔额,先撤回诉讼,然后向市中级人民法院重新起诉。经征得龙某监护人同意,龙某向阳山县人民法院申请撤回诉讼,获得法院裁定准许。

同年8月13日,援助律师代理龙某向市中级人民法院提起诉讼,考虑到龙某自身存在一定的过错,因此按8∶2比例,要求被告阳山县供电局赔偿各项费用1444067.20元(其中精神损害赔偿费10万元)。这一次,龙某监护人再次向市法律援助处申请法律援助,获得批准,并继续指派叶律师代理此案。援助律师代理当事人向人民法院申请缓交诉讼费用,获得批准。

市中级人民法院经开庭审理认为:阳山县供电局疏于管理电力设施的行为是本次事故发生的次要原因,应当承担次要责任,遂判定各项损失费用共计757475.38元,根据双方过错责任大小,判令由阳山县供电局赔偿总损失的30%即227242.61元,酌情给予原告10000元精神抚慰金。本案受理费17230元,由原告负担12230元(依法免交),被告负担5000元。

双方当事人均不服一审判决,向广东省高级人民法院提起上诉。市法律援助处根据龙某监护人的申请,决定第三次免费提供法律援助,并再次指派叶律师承办此案。广东省高级人民法院经审理后认为,供电局与龙某的监护人对龙某损害结果的发生均应承担相应的民事责任,对损害所造成的损失费用各承担50%,酌情判决由供电局给予龙某5万元精神抚慰金。为此,广东省高级人民法院于2005年2月9日作出终审判决,变更清远市人民法院民事判决为:供电局应于判决生效之日起15日内,支付各项赔偿费用435816.84元给龙某。本案一审、二审案件受理费34460元,由龙某与供电局各负担17230元,龙某应交纳的案件受理费予以免交。目前此案已履行完毕。①

【评析】

本案的基本事实是清楚的,并不复杂,但是,由于原告一方既缺乏必要的法律知识,又没有经济能力聘请律师,所以在诉讼中处于被动地位,无法维护自己的合法权益。援助律师的出现,不但使得原告获得了法律帮助,免除了代理费,并且通过法律援助获得司法救助实现缓交(并最终免除)了诉讼费,关键是援助

---

① 刘进:《援助律师三次提供援助 伤残儿童终获赔偿》,载人民网,http://legal.people.com.cn/GB/42735/5014286.html,访问日期:2019年11月8日。

律师谙熟法律，充分利用法律程序赋予的空间，提高审级，为当事人争取了最有利的局面，这在一定意义上不但使得当事人获得了实体上的胜诉利益，而且也证明了专业法律工作者的价值。我们认为，这当中不仅是律师不辞辛苦，不计经济得失的问题，而且彰显出法律援助制度的必要性。一个案件，三次为当事人提供法律援助，着实不易。三次司法救助，切实体现了国务院《法律援助条例》所规定的：法律援助是政府的责任。正是在司法行政部门提供的免费法律援助服务和人民法院提供的司法救助下，龙某得以平等地站在法律面前，顺利地走完所有的法律程序，并最终获得合理的经济赔偿。但是有一个问题应当引起我们的进一步思考，那就是本案中的援助律师是社会律师，如果援助律师更多地直接出自法律援助机构则更为便捷，更有效率。

二、大学生法律援助案

【案情】

1994年前陈某是黑龙江省行政学院劳动服务公司的一名处级干部，后下海经商。2003年9月金星村村委会在陈某（原告）及其公司根本不知情的情况下将原告的所有机器设备都抵偿了村委会欠乔某的租金共56万元，但原告的机器设备价值却高达150多万元。陈某无力出钱打官司，但有幸通过哈尔滨市委市政府组织的"万名大学生送法进社区"活动，了解到可以通过申请法律援助来维护自己的合法权利，于是拿着《道里区民政局贫困证明》等材料向省法律援助中心寻求法律援助，同时黑龙江省法律援助中心哈尔滨商业大学学生工作部在对陈某所在的社区普法时，了解了这一情况，向老陈伸出了援助之手。

2008年10月8日，哈尔滨市南岗区人民法院正式开庭审理了此案，由于工作部成员的准备充分，条理清晰，证据充分翔实，使被告在这些证据和理由面前也不得不承认大部分侵权事实，使案情朝着极有利于原告方的方向发展。10月15日，法院对本案进行了第二次开庭审理，在此次开庭中基本明确了被告的责任，接下来的焦点将集中在被告在无法返还原告的机器设备时的赔偿问题。又经历了一次开庭之后，本案于2009年3月31日经哈尔滨市南岗区人民法院(2008)南民2初字第2053号判决书一审判决原告胜诉，陈某获赔人民币110万元，判决书于4月6日送达原告。①

【评析】

黑龙江省法律援助中心哈尔滨商业大学学生工作部是经黑龙江省司法厅(黑司函[2001]100号)批准，于2001年7月21日成立的学生法律援助机构，是

---

① 《有可能是全国范围内胜诉标的最大的大学生法律援助案件》，载http://blog.sina.com.cn/s/blog_4cc3bca60100de7v.html，访问日期：2019年11月27日。

黑龙江省内高校中成立最早的大学生法律援助工作部。"哈商大法援部"成立七年来，共免费代理各类法律援助案件25起，胜诉率达70%。陈某的这场官司是"哈商大法援部"成立以来，法律援助案件中单笔为援助对象挽回经济损失最多的一起，也很可能是迄今为止全国大学生法律援助当中胜诉标的最大的一起。

需要讨论的问题是，首先，我们应当让社会各界尤其是弱势群体知道当自己的权益受到侵害时还可以寻求大学生法律援助组织的无偿帮助，同时也希望引起社会对大学生法律援助的关注，解决当前学生法律援助的尴尬地位，包括缺乏必要的活动经费来源，以及社会的认可度等方面的问题。其次，从另一个角度说，在提倡大学生群体尤其是"法律专业大学生"积极参与法律援助的同时，专业律师在其中应当如何发挥领导、指导、辅导的作用，是值得探讨的。本案中有他们的"影子"，但不够清晰，而且不具规律性，有深入思考的余地。再次，本案是民事案件，如果属于刑事案件，大学生法律援助组织在目前法律框架下的作用就会受到限制，是否有可能在立法上对此予以完善。

三、值班律师提供有效的法律援助案

【案情】

犯罪嫌疑人刘某某是一名长期吸毒人员。2018年10月初，其在北京市西城区某医院戒毒，按照医院规定，每天来医院戒毒的人领到70毫升的美沙酮，然后在医生的监督下，把领来的美沙酮服下，并且不能私自带出医院。而本案的嫌疑人刘某某在戒毒期间，每次带着一个塑料瓶，据他本人供述，他在喝药的时候经常把美沙酮含在嘴里咽下去一部分，将剩下一部分留在口腔中，然后趁别人不注意的时候吐在带来的塑料瓶里面。就这样，截至案发，刘某某从医院偷带出的美沙酮口服液共计重374.98克。犯罪嫌疑人刘某某被公安机关以非法持有毒品罪刑事拘留，后因患有严重疾病，公安机关决定取保候审。2019年10月移送北京市某区人民检察院审查起诉。犯罪嫌疑人刘某某承认指控的犯罪事实，并愿意接受处罚。检察机关提出有期徒刑八个月并处罚金的量刑建议。由于犯罪嫌疑人刘某某未聘请律师，检察机关依法通知北京市某区法律援助中心为其提供法律帮助。

北京市某区法律援助中心指派公职律师王律师承办该案。法律援助律师在办案中，经过值班律师首先查阅了案件的卷宗，会见犯罪嫌疑人，了解了本案的基本事实。根据《最高人民法院关于审理毒品犯罪案件适用法律若干问题的解释》第2条的规定，非法持有美沙酮200克以上不满1000克，应当认为符合《刑法》第348条规定的"其他毒品数量较大"的行为；根据最高人民检察院、公安部《关于公安机关管辖的刑事案件立案追诉标准的规定(三)》，行为人明知是毒品而非法持有美沙酮200克以上应予立案。

王律师并没有仅局限于犯罪嫌疑人的认罪认罚,而是全面审查了案件的证据。在公安机关对涉案毒品的鉴定中,结论为该可疑液体含有美沙酮成分,而并没有标明美沙酮的具体含量,也就是说,在案物证374.98克美沙酮口服液中美沙酮的含量是没有确定的。考虑到美沙酮口服液在生产时必然添加水的配比,加之犯罪嫌疑人刘某某是采取口含私吐的方式获取的口服溶液,溶液中含有唾液的比例会很高。值班律师依法向检察机关提出意见,要求检察机关重新鉴定涉案溶液的美沙酮含量,并按实际含量确定罪行。检察机关采纳了值班律师的意见,后因鉴定出的含量未达到200克的起刑标准,而改变了量刑建议。随后值班律师提出,犯罪嫌疑人系初犯,自身患有严重的肝腹水,借药物减轻痛苦以及认罪、坦白等酌定量刑因素。检察机关最终决定按不起诉处理。

【评析】

认罪认罚案件中,值班律师作用的发挥对案件的正确处理有着关键性的作用。很多值班律师将自身置于见证人的角色,不去触碰案件实质,更不愿意与检察官开展量刑协商,这与整个认罪认罚制度的设计初衷是相悖的。本案中的一个关键点就是值班律师认为检察机关在没有听取值班律师意见的情况下,提出量刑建议不符合《关于适用认罪认罚从宽制度的指导意见》的规定,并就此与检察官交换了意见。检察官接受了值班律师的意见,值班律师与检察官协商达成了一致意见。这对于案件的正确处理起到了极为重要的保障作用。值班律师除开展咨询、提供程序选择建议等一般性法律帮助外,其最实质性的作用就是同检察官就案件定性与量刑交换意见,并以此作为检察机关量刑建议的重要参考。《关于适用认罪认罚从宽制度的指导意见》还对意见交换时检察机关应说明理由提出了要求,这更为值班律师的正确履职夯实了基础。广大律师应抓住这个发挥作用的契机,把值班律师工作开展好,为国家社会治理现代化,为司法人权保障贡献力量。

第六节　问题与建议

一、亟待明确被追诉人享有法律帮助权

2021年8月20日,《法律援助法》正式颁布,将法律援助工作上升到国家法律层面,这意味着我国的人权保障进入一个新的阶段,在一定程度上也在基本法律的层面确立了公民有权获得法律援助的基本权利。在刑事司法领域,法律援助对被追诉人的权利保障具有重要意义,但是在刑事诉讼规范层面,获得法律援助权利的法律地位有待加强,亟待确立被追诉人有权获得法律帮助的基本诉讼权利。

在刑事诉讼领域,为保障被追诉人的合法权益,法律赋予其一系列的基本诉讼权利,比如辩护权、申请回避、控告、上诉的权利,等等。这些基本诉讼权利保障被追诉人能够与控诉机关平等对抗。有权获得法律帮助正是一项基本诉讼权利,是指被追诉人在刑事诉讼当中没有委托律师的,在符合法定情况下可以由国家免费为其提供律师进行法律帮助的权利。犯罪嫌疑人、被告人有权获得法律帮助,对于维护司法公平正义具有重要意义,是中国特色社会主义法治建设的时代需求。

刑事辩护全覆盖的推广以及《法律援助法》的出台,预示着将来70%左右刑事案件中的律师将由国家法律援助提供。在此背景下,亟需在规范层面确立被追诉人有获得法律援助的基本诉讼权利,为法律援助的运作与值班律师提供法律帮助提供理论支撑。可以说,《法律援助法》的颁布确立了公民有权获得法律援助的基本权利。但是,与之息息相关的《刑事诉讼法》中,对于公民有权获得法律援助的规定,无论是在权利层次抑或制度设计上,远远没有达到法律援助作为一项基本权利的要求。因此,在刑事诉讼规范体系内,应当明确犯罪嫌疑人、被告人不仅有权获得辩护,还应当有权获得法律援助。如此,才能保障《刑事诉讼法》与《法律援助法》的衔接配套,有关刑事辩护与法律援助的规定才能统一融贯。

二、法律援助机构建立专业律师队伍

法律援助中心的专职律师分为刑事业务的律师与民事业务的律师。专职律师不是"万金油"的律师,不仅需要向专业化方向发展,而且要承担疑难、复杂、新类型的案件。值班律师以及刑事辩护全覆盖的拓展,亟需大批从事刑事辩护业务的法律援助律师,且刑事诉讼领域因涉及公民的人身和财产权利,更加需要专业化的律师,即使是法律援助的专职律师,也应该具备专业知识。法律援助机构中专门从事刑事辩护的律师,在有些国家称作"公设辩护人",但"公设辩护人"的称谓会对其身份引起一些误解,被认为具有"公"的身份,即公务员或司法人员。实际上公设辩护人在多数国家只是在法律援助机构里拿政府薪水的辩护律师,并不具有公职身份,因此笔者认为称为专职辩护律师更合适。法律援助专职律师队伍的建设,除了保留法律援助机构(法律援助中心)原有具有律师执照的人员,还要大量吸收高校毕业生,可与高校的奖学金、助学贷款衔接,通过政府给予奖学金或者代偿助学贷款的方式,签订相关协议,高校毕业生毕业后专职从事不低于5年的法律援助工作。

此外,还应提高专职律师的薪酬与待遇。法律援助专职律师也是通过法律职业资格考试的,可以比照法官、检察官,给专职律师确定级别,按照级别领取薪酬,并且提供"五险一金"等。专职律师只能办理法律援助案件,他们除了领取工资,办理案件要有一定补助,包括差旅费等。法律援助中心可以另外招聘一些行政辅助人员。

三、委托辩护应当优先法律援助辩护

我国刑事辩护有自行辩护、委托辩护、指派辩护三种形式。指派辩护是法律援助机构的指派,也可以称为"法援辩护"。委托辩护是由当事人委托,通常情况下,由于被告人被羁押,都是由其亲属为其委托辩护律师,但是需要由被告人在授权委托书及委托合同上签字认可。司法实践中,办案机关有时会以当事人本人不同意为由拒绝亲属为其委托的辩护人而接纳法援机构为其指派的法援辩护人。如吴谢宇弑母案、莫焕晶纵火案、劳荣枝案都存在法援律师"占坑辩护"的现象,因此实践中对于指派辩护与委托辩护哪个优先产生了争议。

我国指派辩护人的具体程序为:首先,人民法院根据《刑事诉讼法》第35条规定的指派辩护的条件审查决定是否给予被告人刑事法律援助。其次,决定给予被告人刑事法律援助之后应在开庭10日以前将指定辩护律师(没有具体律师姓名)通知书、人民检察院的起诉书副本和被告人符合法律援助条件或经济困难的证明材料送交该人民法院所在地的法律援助机构统一接受并组织实施。尚未设立法律援助机构的地方,由人民法院所在地的同级司法行政机关接受并组织实施。再次,法律援助机构或者司法行政机关接到指定辩护通知书和有关材料后应于3日内指派承担法律援助义务的律师提供辩护。最后,接受承办法律援助事务的辩护律师征得刑事被告人同意后,即可依照刑事诉讼法的有关规定履行辩护职责。律师按照承担法律援助义务的先后次序轮流接受法律援助机构的指派承担法律援助义务,人民法院其实只有指定辩护的审查决定权和通知权,并没有根据案件和被告人具体情况指定相应律师(当然更不可能是最好的律师)的决定权,在整个程序中排斥了被告人的参与。这样一来,就极可能出现如下情况:要么是律师被指派为辩护人后,立即遭到被告人拒绝导致整个指定辩护人程序无效,浪费了司法资源;要么是律师勉强为被告人所接受,但因为难以取得被告人的信任与合作,不能有效地开展辩护活动;要么是律师自己都不愿意协助被告人行使辩护权,他们只为完成指派任务而参加诉讼,缺乏责任心。①

2021年8月20日,第十三届全国人大常委会第三十次会议通过我国第一部《法律援助法》,在刑事法律援助方面较现行刑事诉讼法的规定又有所进步,比如,在提供法律援助的范围里增加了自己没有委托辩护人而"申请法律援助的死刑复核案件被告人"和适用普通程序审理的刑事案件的被告人,不过前者

---

① 顾永忠、杨剑炜:《我国刑事法律援助的实施现状与对策建议——基于2013年〈刑事诉讼法〉施行以来的考察与思考》,载《法学杂志》2015年第4期。

要求法律援助机构应当指派辩护人,后者则是可以指派辩护人。此外,在委托辩护与法援辩护的关系上,不仅吸收了原《法律援助条例》第 23 条的规定,即"受援人自行委托律师或者其他代理人"的,法律援助机构应当终止法律援助的规定(第 48 条),而且在第 27 条首次强调性地规定:"人民法院、人民检察院、公安机关通知法律援助机构指派律师担任辩护人时,不得限制或者损害犯罪嫌疑人、被告人委托辩护人的权利。"这一规定非常明确地表达了《法律援助法》对于委托辩护与法援辩护相互关系所持的立场和观点是:虽然获得委托辩护和法援辩护都是犯罪嫌疑人、被告人的权利,但是,两相比较,对当事人而言委托辩护比法援辩护更为重要。因此,办案机关通知法援机构向犯罪嫌疑人、被告人指派律师辩护时,应当优先保障当事人委托辩护的权利,不得因指派法援辩护而限制或损害他们委托辩护的权利。应该说,这一规定标志着我国法律正式确立了委托辩护应当优先于法援辩护的重要原则。①

【问题与思考】

1. 法律援助具有公益性质,律师如何在法律援助过程中提供高质量的法律服务,一直是实务界与理论界探讨的重要问题。对此,《法律援助法》第 57 条规定:"司法行政部门应当加强对法律援助服务的监督,制定法律援助服务质量标准,通过第三方评估等方式定期进行质量考核。"简述《法律援助法》是如何规定对法律援助案件的质量保障的。

2. 近年来,我国律师数量进一步得到增长,但是仍然面临法律援助律师资源匮乏、中西部发展不均衡等问题。对此,《法律援助法》第 17 条规定:"国家鼓励和规范法律援助志愿服务;支持符合条件的个人作为法律援助志愿者,依法提供法律援助。高等院校、科研机构可以组织从事法学教育、研究工作的人员和法学专业学生作为法律援助志愿者,在司法行政部门指导下,为当事人提供法律咨询、代拟法律文书等法律援助。法律援助志愿者具体管理办法由国务院有关部门规定。"请阐述法律援助志愿者提供法律援助的流程与机制应当如何具体构建,尤其是在校大学生,如何具体参与提供法律援助。

---

① 顾永忠:《论"委托辩护应当优先法援辩护"的原则》,载《上海政法学院学报》(法治论丛)2022 年第 1 期。

第八章 刑事诉讼中的辩护与代理

【内容提要】

本章介绍我国和国外律师的刑事辩护和刑事代理制度，讨论了辩诉交易制度、证据展示制度、公益诉讼（公益律师）制度，并就完善刑事辩护与代理中律师的调查取证权、律师申请变更强制措施、辩护律师会见权（在场权）、律师履责豁免制度、刑事诉讼中的代理制度提出建议。

【关键词】 刑事辩护　刑事代理　公益律师

第一节　基本理论

一、刑事辩护的概念与特征

（一）刑事辩护的概念

刑事辩护，是指刑事案件的被追诉人及其辩护人反驳指控，提出有利于被追诉人的事实和理由，以证明其无罪、罪轻或者应当减轻、免除处罚，维护被追诉人的诉讼权利和其他合法权益的诉讼活动。辩护是刑事诉讼中特有的概念，在现代刑事诉讼中，辩护又是与控诉相对应的诉讼职能。

刑事诉讼中的被追诉人是犯罪嫌疑人和被告人的统称。辩护权是法律赋予犯罪嫌疑人、被告人的专属的诉讼权利，即犯罪嫌疑人、被告人针对指控进行辩解，以维护自己合法权益的一种诉讼权利，它在犯罪嫌疑人、被告人各项诉讼权利中，居于核心地位。我国《宪法》第130条规定，"被告人有权获得辩护"，这使得被告人（及犯罪嫌疑人）享有辩护权成为一项宪法原则。

犯罪嫌疑人、被告人行使辩护权的具体方式有两种：一种是自行辩护，即犯罪嫌疑人、被告人本人进行辩护；另一种是通过辩护人进行辩护，即由犯罪嫌疑人、被告人委托的辩护人或者在必要的时候由法律援助机构指派的律师进行辩护。在我国，辩护不受诉讼阶段的限制；从世界范围来看，犯罪嫌疑人从刑事诉讼的初始阶段就有获得律师帮助的权利是带有普遍性的规定，也是我国加强刑事诉讼中被追诉人合法权益全面保障的大趋势。

辩护制度，是法律规定的关于辩护权、辩护方式、辩护人的范围、辩护人的责任、辩护人的权利与义务等一系列规定的总称。它是犯罪嫌疑人、被告人有权获得辩护原则在刑事诉讼中的体现和保障，是现代国家法律制度的重要组成部分。

在我国,刑事诉讼法是辩护制度的主要法律渊源,此外,《律师法》以及相关司法解释中也有大量的有关辩护制度的规定,成为辩护制度的辅助法律渊源。

辩护、辩护权和辩护制度三者之间的关系是:辩护权是辩护制度产生的基础,不承认犯罪嫌疑人、被告人的辩护权就不可能有辩护制度;辩护制度是实现辩护权的保障,各种具体辩护制度都是为了保障犯罪嫌疑人、被告人充分、正确行使辩护权而设立的;辩护是辩护权的外在表现形式,即辩护权是通过各种具体的辩护活动实现的。

(二) 刑事辩护的特征

从各国带有普遍性的法律习惯和规定来看,辩护权应当属于一项不附有任何先决条件,没有"但书"限制的权利,我国也不例外。因而,刑事辩护行为乃至整个刑事辩护制度可以归纳为以下几个特征,进而区别于诉讼中的其他制度,例如民事诉讼中的辩解、答辩等:第一,刑事辩护不受诉讼阶段的限制,应当贯穿于整个刑事诉讼过程的始终;第二,刑事辩护不受被追诉人是否有罪以及罪行轻重的限制,无论其犯罪性质和严重程度如何,都享有完整、平等的辩护权;第三,刑事辩护不受案件调查情况的限制,无论案件事实是否清楚,证据是否确实充分,被追诉人都依法享有辩护权;第四,刑事辩护不受被追诉人认罪态度的限制,无论他们是否认罪,是否坦白交代,均不能作为限制其行使辩护权的理由;第五,刑事辩护的进程不受辩护理由的限制,不管具体案件的被追诉人是否具备辩护的理由,均不影响他们享有辩护权。

充分理解和认识刑事辩护的特征,有利于刑事诉讼中的各方主体依法全面、充分地行使诉讼权利,克制和约束公权力的滥用,促使刑事诉讼的进程正常推进。同时,也需要认识到,就当前我国的基本情况而言,有关刑事诉讼中的辩护制度,从立法上还有进一步完善的较大空间,从司法的角度则存在较多的博弈,这是法治进程中的正常现象,也是需要付出的代价。

二、刑事代理的概念与意义

(一) 刑事代理的概念

刑事诉讼中的代理,是指代理人接受被代理人的委托,以被代理人名义参加诉讼,由被代理人承担代理行为的法律后果的一项诉讼活动。

根据《刑事诉讼法》第 46 条的规定,公诉案件的被害人及其法定代理人或者近亲属、自诉案件的自诉人及其法定代理人、附带民事诉讼的当事人及其法定代理人在刑事诉讼中可以委托诉讼代理人参加诉讼活动,即他们成为被代理人。

刑事代理制度,是法律关于刑事诉讼中的代理权、代理人的范围、代理的种类与方式、代理人职责、代理人的权利与义务等一系列法律规范的总称。刑事诉讼法是刑事代理制度的主要法律渊源。此外,《律师法》和最高人民法院、最高人民检察院、公安部、司法部《关于律师参加诉讼的几项具体规定的联合通知》以及最高人民法院的相关司法解释中都对律师的刑事代理活动作了具体的规定。

根据授权程度的不同,刑事诉讼代理可分为一般授权代理和特别授权代理。一般授权代理是指委托人只授权代理人纯粹的诉讼权利,而不把处分实体问题的权利交由代理人行使。在这种权限范围内,代理人可以代理收集和提供证据、询问当事人、当庭辩护等诉讼活动,不能代为承认、变更、放弃诉讼请求,也不能代为上诉、申诉。特别授权代理是指委托人把一般诉讼权利和处分实体问题的诉讼权利均授予代理人行使。

根据代理性质的不同,刑事诉讼中的代理包括三种情况:一是公诉案件中被害人的代理,二是自诉案件中自诉人的代理,三是刑事附带民事诉讼中原告和被告的代理。自诉人、被害人及其法定代理人委托诉讼代理人,特别是代理律师,在其同时提起附带民事诉讼时,可以兼作附带民事诉讼原告人的代理律师,一般无需另办法律手续。而刑事被告人或对被告人的行为负有赔偿责任的机关、团体,可以委托刑事被告人的辩护律师作诉讼代理人,但要征得该律师的同意,并应另行办理有关法律手续。

(二) 刑事代理制度的意义

刑事代理制度是一项重要的法律制度,其重要意义如下:

(1) 可以为被代理人提供法律上的帮助。被代理人由于缺乏法律知识,不能充分地行使自己的诉讼权利和发表切中要害的意见,有诉讼代理人参加诉讼,就能更好地维护被代理人等的合法权益。

(2) 可以代理那些不能亲自参加诉讼的被代理人等参加诉讼。有些被代理人由于被犯罪行为致伤、致残等原因不能参加诉讼,可以委托诉讼代理人参加诉讼来维护自己的合法权益。

(3) 可以协助人民法院准确及时地查明案情,正确地处理案件。诉讼代理人,特别是律师代理人参加诉讼,能对案件事实、证据作出全面的分析,提出自己对案件处理的意见,可以促使司法机关正确、合法、及时地处理案件,保护被代理人的合法权益。

总体而言,刑事诉讼中的代理活动,律师仍为担任诉讼代理人的首要和重要的人选。

(三) 刑事代理制度的种类

1. 公诉案件中的代理

公诉案件中的代理,是指诉讼代理人接受公诉案件的被害人及其法定代理人或者近亲属的委托,代理被害人参加诉讼,以维护被害人的合法权益。

根据《刑事诉讼法》第 46 条的规定,公诉案件的被害人及其法定代理人或近亲属自案件移送审查起诉之日起,有权委托诉讼代理人。同时为了保证被害人知悉这一权利,刑事诉讼法还规定人民检察院自收到移送审查起诉的案件材料之日起3日内应当告知被害人及其法定代理人或其近亲属有权委托诉讼代理人。

被害人的诉讼代理人参加刑事诉讼,同公诉人的诉讼地位是平等的,双方都在刑事诉讼过程中执行控诉职能。但是两者的诉讼地位又不完全相同,公诉人除了执行控诉职能外,还执行法律监督职能,因此,公诉人的意见同被害人的诉讼代理人的意见不同甚至冲突,属于正常现象。在法庭审判过程中,应当允许被害人的诉讼代理人独立发表代理意见,并允许诉讼代理人同辩护人、公诉人进行辩论。

对于公诉案件被害人的诉讼代理人应享有哪些权利,我国法律没有作出明确的规定。理论界许多学者认为公诉案件被害人的诉讼代理人与民事诉讼中的诉讼代理人一样,应当在被害人授权的范围内,按照被代理人的要求进行活动。我们认为这种观点是值得商榷的,理由是:公诉案件被害人的诉讼代理人是行使控诉职能的,目的是要使被追诉人受到定罪和科刑,而对被追诉人进行刑事处罚不仅涉及被害人追诉要求的满足,而且涉及国家刑罚权的正确实现,涉及国家和社会公益,因而公诉案件被害人的法定代理人在行使代理权的过程中,应当以事实为依据,按照法律的规定正确地行使代理权,而不能完全以被害人的意志为转移。

基于以上分析,我们认为,公诉案件中被害人的代理人应当享有与辩护人大体相同的诉讼权利。这包括两方面的内容:首先,辩护人享有的绝大多数权利被害人的诉讼代理人都应当享有。因为被害人和被追诉人分别是刑事案件中的受害者和加害者,他们在刑事诉讼中构成对立统一的关系,为了有效保护被害人的合法权利,防止公诉机关举证不足可能对被害人权利造成的损害,辩护人享有的诉讼权利,如查阅、摘抄、复制案卷材料,调查收集证据等,原则上都应当赋予被害人的诉讼代理人。其次,被害人的诉讼代理人与辩护人所维护的利益毕竟有所不同,辩护人维护的是被追诉人的合法权益,而被害人的诉讼代理人重点从维护被害人的权益角度,因而辩护人所享有的有些基于被追诉人与辩护人之间的信任关系以及为维护被追诉人利益的特殊需要而产生的权利,如会见犯罪嫌疑人等,被害人的诉讼代理人是不应当享有的。

2. 自诉案件中的代理

自诉案件中的代理,是指代理人接受自诉人及其法定代理人的委托参加诉讼,以维护自诉人的合法权益。

自诉案件的自诉人可以随时委托诉讼代理人,《刑事诉讼法》第46条还规定,人民法院自受理自诉案件之日起3日内,应当告知自诉人及其法定代理人有权委托诉讼代理人,这就使自诉人委托代理人的诉讼权利得到了程序上的保障。自诉人委托诉讼代理人应当同诉讼代理人签订委托合同,载明代理事项、代理权限、代理期间等重大事项。

对于自诉人应享有哪些权利,我国法律也没有作出明确规定。由于自诉人的代理人像公诉案件被害人的代理人一样,也是行使控诉职能的,因而自诉人的代理人享有的诉讼权利原则上应当与被害人的诉讼代理人享有的诉讼权利相同。自诉人的诉讼代理人也应当以事实和法律为依据,正确地行使控诉权。但是,由于自诉案件通常危害性较小,主要涉及的是公民个人的利益,我国法律赋予自诉人以对自己的利益进行处分的权利,因而自诉人的代理人的权利应当受到自诉人权利的约束,未经自诉人同意,自诉人的代理人不得撤回起诉,不得与对方和解、接受调解和提出反诉。

3. 附带民事诉讼中的代理

附带民事诉讼中的代理,是指诉讼代理人接受附带民事诉讼当事人及其法定代理人的委托,在所受委托的权限范围内,代理参加诉讼,以维护当事人及其法定代理人的合法权益。

《刑事诉讼法》规定,附带民事诉讼当事人及其法定代理人,自案件移送审查起诉之日起,有权委托诉讼代理人,同时还规定人民检察院自收到移送审查起诉的案件材料之日起3日内应当告知双方当事人及其法定代理人有权委托诉讼代理人。

诉讼代理人接受委托的,应同附带民事诉讼当事人及其法定代理人签订委托代理合同,并由被代理人填写授权委托书,注明代理的权限。附带民事诉讼当事人的诉讼代理人的权利虽然我国法律也未作出明确规定,但由于附带民事诉讼本质上是民事诉讼,因而双方当事人的诉讼代理人在附带民事诉讼中应当行使与其在一般民事诉讼中同样的权利,应当有权收集、调查证据,全面了解案情,在法庭上可以参与附带民事诉讼部分的调查和辩论,并提出代理意见。在诉讼中,如当事人授予了和解权、撤诉权、反诉权等诉讼权利,还可以行使上述诉讼权利,经当事人同意,可以帮助提出上诉。

附带指出,如果同一人在诉讼中"兼任"辩护人和诉讼代理人,例如某刑事附带民事案件中的被告人聘请的律师,那么应当注意辩护人与诉讼代理人不完全相同的地位决定的诉讼权利的区别。

第二节 立法背景

一、国外刑事辩护与代理制度历史发展概述

辩护制度萌芽于古罗马共和国时期。当时,在审判活动中,由于实行"弹劾

式诉讼",被告人和控告人享有同等权利,法院处理案件时听取双方当事人的"辩论",被告人享有辩护权。社会上逐渐出现了一些被称为"保护人""雄辩家""辩护士"之类具有一定法律知识的人,他们参加到诉讼中替被告人反驳无根据的指控,并给被告人提供某些法律上的帮助,从而使法院对被告人的判决趋于合理。《十二铜表法》规定了法庭上辩护人进行辩护的条文,这可以说是人类历史上辩护制度的早期雏形。它的出现,既适应了古罗马国家法制建设的需要,又反映了平民阶层政治斗争的重要成果,还是奴隶制民主制度在刑事诉讼中的具体体现。

到了中世纪,辩护制度受到了压制。在中世纪的欧洲,实行纠问式诉讼制度,这种封建专制的诉讼模式,在本质上蔑视人的基本权利,表现在刑事诉讼中,则是剥夺被告人几乎所有的权利,将其置于诉讼客体和司法处置行为对象的地位,司法官员奉行有罪推定原则。因此,刑事被告人在中世纪的欧洲没有真正的辩护权。

西方现代意义上的辩护制度,产生于资产阶级革命胜利后。当时,英国、法国等主要资本主义国家均在立法中肯定了刑事诉讼的辩论原则,赋予了刑事被告人自己辩护和聘请他人辩护的权利。首先规定被告人辩护权的是英国1679年的《人身保护法》,该法明确规定了诉讼中的辩论原则,承认被告人有权获得辩护,从而确定了刑事被告人在刑事诉讼中的主体地位。1808年的《法国刑事诉讼法典》对辩护制度作了更详尽、周密的规定,使刑事辩护更加系统化和规范化,因而对后世各国的刑事辩护制度产生了重大影响。第二次世界大战以后,从保护人权的理念出发,辩护制度得到了空前的发展,主要表现在:第一,辩护人介入诉讼的时间普遍提前到侦查阶段。第二,许多国际性公约,如1948年的《世界人权宣言》,1966年的《公民权利和政治权利国际公约》和1990年的《关于律师作用的基本原则》中都规定了刑事辩护制度的国际性准则,其中,第八届联合国预防犯罪和罪犯待遇大会通过的《关于律师作用的基本原则》第1条就规定:"所有的人都有权请求由其选择的一名律师协助保护和确立其权利并在刑事诉讼的各个阶段为其辩护。"第三,各国普遍建立了法律援助制度,即为贫穷的被告人提供免费的法律帮助。第四,律师的事先知悉权得到了充分的保障,许多国家通过建立证据开示制度保障律师的先悉权。第五,许多国家通过赋予律师就其业务秘密享受拒绝作证的特权,巩固了律师与其当事人之间的法律关系。[①]

[①] 参见陈光中主编:《刑事诉讼法》(第四版),北京大学出版社、高等教育出版社2012年版;刘玫主编:《刑事诉讼法》,中国人民大学出版社2011年版。

二、我国刑事辩护与代理制度的历史发展概述

我国奴隶制和封建制社会时期,没有刑事辩护制度,现代意义上的辩护制度是清末从西方引进和移植的。最早的立法规定是1910年清朝制定的《大清刑事民事诉讼法(草案)》(未公布),其中规定了律师参与诉讼的内容,赋予当事人聘请律师辩护的权利。关于律师的单行规定是从1912年北洋政府制定的《律师暂行章程》和《律师登录暂行章程》开始出现的。两个单行律师立法的出现,是我国律师制度的开端。之后国民党政府于1927年和1941年分别制定和颁行了《律师章程》和《律师法》。总的来看,旧中国的辩护制度是有积极意义的,但由于种种原因,没能在刑事诉讼中贯彻落实。

我国社会主义的辩护制度的确立,经历了一条漫长的、坎坷不平的发展道路。早在第二次国内革命战争时期,中华苏维埃共和国中央执行委员会颁布的《裁判部暂行组织及裁判条例》第24条就曾规定:"被告人为本身的利益,可派代表出庭辩护,但须得法庭的许可。"抗日战争时期,各根据地都依照党中央的路线、方针、政策并结合本地情况,颁布了有关司法组织和诉讼程序的法律、法令,建立了各自的司法机关;在刑事诉讼中实行了公开审判制度;公开审判时,准许群众旁听和发言,准许当事人请其家属或有法律知识的人出庭充任辩护人,人民团体对于所属成员的诉讼也可派人出庭帮助辩护。

新中国的成立,标志着我国进入了社会主义革命和社会主义建设时期。在废除伪法统的同时,党和国家开始系统建设人民司法制度。刑事辩护制度也在总结民主革命时期成功经验的基础上得到发展,并酝酿建立律师制度。1954年的第一部宪法将"被告人有权获得辩护"规定为宪法原则。为贯彻这一宪法原则,1954年《法院组织法》第7条规定:"被告人有权获得辩护。被告人除自己行使辩护权外,可以委托律师为他辩护,可以由人民团体介绍的或者经人民法院许可的公民为他辩护,可以由被告人的近亲属、监护人为他辩护。人民法院认为必要的时候,也可以指定辩护人为他辩护。"这些法律规定表明,新中国建立初期,就已经着手建立社会主义的辩护制度。

但是到了20世纪50年代后期,由于受"左"的思想路线的干扰和影响,刚刚建立起来的辩护制度受到严重破坏,到"文革"期间发展到极致,辩护制度基本夭折。党的十一届三中全会以后,实行了拨乱反正,在党中央加强社会主义民主和法制的方针指引下,开始了恢复和重建辩护制度的工作。1979年《刑事诉讼法》不但规定了被告人的辩护权,而且确立了律师辩护制度。1980年《律师暂行条例》的颁布,成为我国律师辩护制度进入新时期的重要里程碑。

1996年修订的《刑事诉讼法》中对辩护制度作了重大改革和完善。随着国家改革开放的深入,特别是社会主义市场经济体制的建立和民主法制的发展,原

有的《律师暂行条例》中的一些内容已经不能适应形势的发展,1996年《律师法》通过确认和巩固律师工作改革的成果,规范和引导律师事业的健康发展,进一步发挥律师在政治、经济和社会生活中的作用。2007年《律师法》较之前的规定在保障律师权益方面又向前迈了一步。2012年《刑事诉讼法》中有关刑事辩护主要作了11个方面的修改,使得这一突出体现人权保障理念的制度再次得到完善,也与已有的法律规定相协调,有利于法治精神和法律制度的落实。2017年《律师法》第33条,再次明确辩护律师会见时不被监听,这是刑事辩护发展的必要保障。

归纳立法方面,1979年《刑事诉讼法》、1980年《律师暂行条例》、1996年《刑事诉讼法》修正案、2007年《律师法》修正案、2012年《刑事诉讼法》第二次修正案、2018年《刑事诉讼法》第三次修正案的立法演进,见证了辩护制度的主要发展及其背景、效果,从辩护制度初建到走向抗辩式诉讼、提高辩护地位再到扩大法律援助及设立值班律师,稳步推进辩护立法。历经三次修正的《刑事诉讼法》承载了刑事辩护制度的主要进步:一是辩护律师参与刑事诉讼的时间不断提前,从1979年的审判阶段到1996年案件移送审查起诉之日起,再到2012年第一次讯问或采取强制措施之日起;二是律师辩护阶段逐步实现全覆盖,从1979年覆盖审判阶段到1996年覆盖审查起诉和审判两个阶段,再到2012年后覆盖侦查、审查起诉、审判并涵盖其后的死刑复核和申诉程序;三是参与刑事诉讼的律师主体地位的变化,如从1979年的法律援助辩护律师到2018年的法律援助值班律师等;四是辩护律师的执业权利不断丰富、进步;五是法律援助案件数量与经费迅猛发展,如推行审判阶段律师辩护全覆盖试点等。

第三节　热点前沿问题

一、认罪案件的律师参与问题

1. 认罪案件的非对抗特征

顾名思义,认罪案件与非认罪案件最显著的区别在于犯罪嫌疑人、被告人的"认罪",即犯罪嫌疑人、被告人对其所犯的罪行予以承认的行为。由于犯罪嫌疑人、被告人的"认罪",在审判程序中,尤其是法庭审理过程中,控辩双方对被告人是否构成犯罪、构成何种犯罪这一核心问题达成一致,失去控辩双方对抗的基础,也因此非对抗性成为认罪案件之显著特点。本书之所以强调认罪案件的非对抗性,一方面为了说明在"认罪"的情况下,为了保障该非对抗性的合理性,维护实体公正,需要充分确保审前活动的完整性、合理性和有效性,另一方面在非对抗性的模式下,控辩双方就定罪问题达成共识,为控辩双方之间的平等协商提供了可能。因此,本书对认罪案件的非对抗性特征展开研究既是基于认罪案件之特殊属性展开的探讨,同时也是为刑事公力合作性司法的构建提出新的思路。

随着简易程序、速裁程序、认罪认罚从宽制度的推行,犯罪嫌疑人、被告人自愿认罪成为刑事案件繁简分流的重要因素。与此同时,为保障被追诉人认罪的自愿性,在对刑事诉讼程序进行"加速"的同时维护程序正义与实体公正的统一,律师的作用日益得到重视。《最高人民法院、最高人民检察院关于刑事案件速裁程序试点情况的中期报告》《刑事案件速裁程序试点工作座谈会纪要(二)》《最高人民法院关于进一步推进案件繁简分流优化司法资源配置的若干意见》《关于推进以审判为中心的刑事诉讼制度改革的意见》《最高人民法院、最高人民检察院、公安部、国家安全部、司法部关于在部分地区开展刑事案件认罪认罚从宽制度试点工作的办法》《关于全面推进以审判为中心的刑事诉讼制度改革的实施意见》《关于律师开展法律援助工作的意见》等涉及犯罪嫌疑人、被告人认罪问题的报告、规定、意见、办法、会议纪要等先后对律师参与认罪案件的重要性予以明确,但对于律师介入认罪案件的身份、方式、职能以及保障等问题规定并不是十分详细。

2. 认罪案件中律师参与的重要性

认罪案件应该满足如下两个条件:其一,对认罪的内容及结果充分理解;其二,认罪具有自愿性。而这两个条件要想得到满足,离不开专业律师的支持与保障。因此,在认罪案件中,对被追诉人"认罪"的合理性和合法性予以保障是律师的重要职能。而要想保障被追诉人"认罪"的自愿性,使得所认的罪与犯罪嫌疑人、被告人所实施的行为相一致,罪刑相适应,就辩护方而言,面对代表国家公权力的公安司法机关,处于相对弱势的被追诉方需要通过律师的介入,律师权利的积极行使,如对律师审前调查取证、阅卷权、会见权等进行更为详尽的规定,以保障控辩双方在认罪案件中处于基本平等的地位,进而能够就认罪的具体内容、具体方式、程序选择、认罪的后果进行专业的协商,促进程序的公平,实体的公正。因此,认罪案件中律师的具体职权以及律师职能在认罪案件中各个阶段的具体表现都直接影响案件的公正处理,其重要意义不言而喻。辩护律师的参与,能够防止在认罪认罚上因程序保障不足,出现犯罪嫌疑人、被告人认罪认罚的反复,或者出现一些不应出现的上诉等影响诉讼效率的问题,更需要避免无辜人受到错误追究甚至出现"顶包"等影响司法公正的问题。

3. 认罪案件中律师的工作重点

认罪认罚从宽制度的制度本性系协商性司法,其蕴含了协商和契约的精神,更难以回避控辩协商的实际行为。例如,对于犯罪性质的争论,尤其是量刑优惠的确认过程,都或多或少隐含了辩护一方和检察官的"你来我往"及协商一致。认罪认罚从宽制度作为一种协商性司法模式,其正当性基础是保障犯罪嫌疑人、被告人认罪的自愿性和真实性。加之程序简化对认罪自愿性所带来的威胁,亟待强力有效的保障机制予以平衡。我国的认罪认罚从宽制度实际对应了三种程序选择,即速裁程序、简易程序和普通程序的简化审理。实践中考虑到此一状态下的被告人对案件事实、证据和处理意见并无异议,且没有着重进行法庭调查和辩论的主观愿望,因此认罪认罚案件通常适用前两种程序。速裁程序中一起案件的开庭时间,往往只有几分钟。程序的高度简化,意味着被告人对无罪辩护权和量刑辩护权等诉讼权利的放弃态度。传统上为了在审判阶段进行控辩较量,所发挥实质性辩护的效果空间也几乎丧失殆尽。因此,在认罪认罚案件中,审前阶段被追诉人诉讼权利的保障尤为关键。对认罪认罚自愿性以及控辩平等协商的保障是制度得以良性运转的生命力,这些均离不开律师的有效帮助。因此,认罪案件中律师的工作重点是在审前阶段,审查案件证据以及当事人认罪认罚的自愿性,并据此与检察官进行关于定罪量刑的讨论与协商。结合刑事诉讼法和相关文件,认罪认罚从宽案件中的律师职能主要体现在如下几方面:

(1)提供法律咨询。即解答犯罪嫌疑人、被告人关于案件的相关问题,包括但不限于案件的性质、罪名、可能承担的法律责任,解释相关法律政策(刑法、刑事诉讼法、刑事政策等),以及对认罪认罚从宽制度的介绍。

(2)申请变更强制措施。基于被羁押人的即时表现,值班律师认为不具备社会危险性的,可以代为申请。

(3)就特定事项发表意见,《刑事诉讼法》第 173 条列举了值班律师在无辩护人的认罪认罚案件中,应当向检察机关发表的意见。[①] 值班律师应当在充分了解案情的基础上提供有效的法律帮助,帮助检察机关形成客观合理的处理建议,维护被追诉人的合法权益。

(4)程序选择建议。值班律师应当向被追诉人解释速裁程序、简易程序和普通程序的区别以及在不同程序里权利的异同以及利弊,帮助其作出合理的程序选择。

(5)见证认罪认罚具结书的签署,监督程序的合法性。

二、有效辩护问题

1. 有效辩护

我国辩护制度经历了四十年的发展,其内涵不断丰富,从注重实体辩护到程序与实体并重,强调程序性辩护的重要意义,为此,刑事诉讼法规定了非法证据排除等程序性制裁措施。在辩护的效果上,强调有效辩护。但是立法上却鲜有具体的规则和救济措施。有效辩护分为广义上的有效辩护与狭义上的有效辩

---

① 包括涉嫌的犯罪事实、罪名及适用的法律规定;从轻、减轻或者免除处罚等从宽处罚的建议;认罪认罚后程序的选择;以及其他需要发表的意见。

护。前者是指辩护权以及其保障机制,后者是美国法律中特殊的制度设计。而无效辩护则主要涉及律师无效辩护及其救济问题。对于有效辩护与无效辩护在中国的引入问题上,广义上的有效辩护与狭义的有效辩护存在指向上的差异。前者以实现被指控人的公正审判权为目标,探讨辩护权及其保障体系;后者则主要关注律师辩护质量的问题,并确立律师有效辩护的行为标准及无效辩护的认定标准。无论哪种定义上的有效辩护,引入中国在理论上都不存在障碍,而且确立有效辩护的理念对我国刑事辩护的发展有着很强的现实意义。

在中国,从律师辩护的现状来看,律师法所确立的律师执业规范,以及旨在调整律师与委托人关系的规范,还存在着一定的问题。影响律师辩护质量的一个因素就是律师的执业条件。相比大陆法系的律师,我国律师的专业素质与实务能力都有待提高。影响律师辩护质量的第二个因素是律师与委托人的关系。我国法律对律师提出了一些执业伦理规范。例如,律师从事刑事辩护活动,只服从于事实和法律,独立提出辩护意见,"不受当事人意志的限制",这就等于鼓励辩护律师发表与被告人不一致的辩护意见,甚至允许律师在被告人不认罪的情况下,当庭发表同意法院定罪但建议量刑从轻的辩护意见,造成当庭辩护效果相互抵销。影响律师辩护质量的第三个因素是律师惩戒制度。对于律师在辩护中不尽职、不尽责、不尽力的行为,我国没有建立专门的惩戒规则。结果很多律师在接受委托或者指定之后,不去调查、会见、阅卷,也不进行准备工作,在法庭上轻率辩护。若律师在一审程序中没有尽职尽责,或者存在重大辩护缺陷的行为,我国刑事诉讼法没有将其列为一审法院违反法律程序的行为。在我国的司法实践中,律师即便不会见在押被告人,不做任何阅卷摘要,也不进行任何形式的调查核实证据工作,二审法院照样会认定一审法院的审判合乎法律程序。法院只关注法官"违反法律程序"的行为,对律师严重不尽职行为熟视无睹,是违反无效辩护理念的。除了这种不重视以外,法院"重实体,轻程序"的观念也成为无效辩护制度引入中国的一个障碍。无效辩护/有效辩护制度不一定完全适合中国的刑事法制,但作为一种理念,有效辩护所蕴含的确保被告人获得高质量的法律帮助的原则,是中国未来刑事司法改革的一项重要目标。[①]

2. 认罪认罚从宽制度中的有效辩护

对于认罪认罚从宽制度中的有效辩护,有观点认为认罪认罚案件中有效辩护的主体是值班律师。在实践中,值班律师缺位的情况较为严重。首先应明晰值班律师的辩护人身份。在现有制度框架下,将值班律师解释为辩护人并承担辩护职责是完全可行的。在此基础上,应赋予并保障值班律师的辩护权。在认

---

① 参见陈瑞华:《刑事诉讼中的有效辩护问题》,载《苏州大学学报(哲学社会科学版)》2014年第5期。

罪认罚案件中进行有效辩护的标准上,辩护律师应把握好自身的职业定位,依法尽职尽责辩护,努力避免陷入无效辩护的泥沼,应明确:第一,辩护律师始终是程序选择的建议者而非决定者。辩护律师应当结合案情为被告人分析利弊,帮助其认真权衡,尊重被告人的程序选择权,而不是轻率地替他作出决定,更不可强迫被告人选择某一程序。第二,辩护方式由抗辩转向沟通和协商。在量刑协商上对被告人量刑方面的问题进行充分沟通。第三,辩护律师把握审前程序中的辩护时机。一方面,积极进行程序性辩护,申请变更强制措施,维护被追诉人的权益;另一方面,由于被告人自愿认罪带来审判程序的简化,使得量刑辩护的重心前移,从审判阶段前移至审前程序中,主要在审查起诉阶段。在此阶段,律师应积极与检察官进行量刑协商,实现对被告人从宽处理的结果。反之,如果被告人自愿认罪认罚,由于辩护律师的行为缺陷使其失去了通过量刑协商获得从宽处理的机会,就是辩护律师的失职。第四,辩护律师始终是认罪认罚程序的积极参与者而非消极"见证人"。① 当前中国有些律师的辩护活动并非以说服裁判者接受其辩护意见为目标,而是匆匆走过场以完成辩护任务。这种带有"表演"性质的辩护,可以称为"表演性辩护"。根据律师的行为方式及其与公安司法机关的关系,"表演性辩护"可以分为"配合性表演"和"对抗性表演"两种模式。"配合性表演"是指辩护律师在权衡各种利弊得失之后所作的一种配合公检法三机关"走程序"以快速完成定罪量刑的辩护模式。而"对抗性表演"既不是从被告人被指控的犯罪是否具备刑法所要求的构成要件、犯罪事实是否有充分的证据证明等方面作出无罪辩护,也不是从被告人是否存在自首、坦白等法定或酌定情节等方面进行量刑辩护,而是对一些程序、证据、法律规定吹毛求疵,或借助外界舆论施加压力给司法机关。造成律师"表演性辩护"的主要原因是刑事庭审的空洞化和刑事审判权的异化。而解决律师辩护"表演化"的关键是在遵循司法规律的基础上,继续改革和完善中国的刑事审判制度乃至司法制度。除此之外,还应对辩护律师构建起特殊的保护机制和符合中国现实情况的质量控制标准与机制。②

第四节 法律实践

一、认罪认罚案件参与量刑建议的具体操作③

(一) 对量刑建议提出意见应以会见和阅卷为基础

在认罪认罚从宽案件中,为了被追诉人的"自愿",必须保障他们获得充分

---

① 参见闵春雷:《认罪认罚案件中的有效辩护》,载《当代法学》2017年第4期。
② 参见李奋飞:《论"表演性辩护":中国律师法庭辩护功能的异化及其矫正》,载《政法论坛》2015年第2期。
③ 这部分摘自程滔、于超:《论值班律师参与量刑建议的协商》,载《法学杂志》2020年第11期。

的法律帮助,即获得法律专业人员的帮助成为必要。法律专业人员提供帮助的机会和质量是当事人实质自愿性的关键。值班律师要想对量刑提出有质量的建议,其会见权和阅卷权必须得到充分保障。《关于适用认罪认罚制度的指导意见》(以下简称《指导意见》)虽然明确了律师的阅卷权,但未将值班律师阅卷作为提供认罪认罚法律帮助的必经环节。司法实践中,值班律师往往被临时通知来充数,一天见证数个案件,又没有提前阅卷,法律帮助不免形式化。目前值班律师是驻守在看守所的,在《刑事诉讼法》规定了公、检、法机关给予值班律师会见便利的情况下,值班律师与犯罪嫌疑人、被告人的会见理应很顺畅,但实践中的情况并非如此。值班律师会见在押的犯罪嫌疑人只有两种形式:一种是向看守所提交"三证"(律师执业证、律师事务所证明、委托书)进行会见,这与正常的委托辩护没有区别,值班律师需要从看守所回到律所开具证明;另一种是在检察机关提讯时随同会见,这一做法虽然省去了会见手续,但值班律师的法律帮助活动始终处于检察官的视线之下,值班律师也因此被认为是检察官的辅助而失去了犯罪嫌疑人的信任。对于值班律师会见问题,早在2018年1月公安部办公厅、司法部办公厅《关于进一步加强和规范看守所法律援助值班律师工作的通知》就进行了明确,值班律师只需持执业证书和法律帮助通知书(申请书)便能会见到犯罪嫌疑人,从而省去了值班律师提交律师会见介绍信和律师事务所证明的繁琐,看守所应该严格遵守这一规定。在阅卷问题上,值班律师在为犯罪嫌疑人提供法律帮助时几乎没有阅卷的条件,派驻在看守所的值班律师必须到检察院才能完成阅卷,而认罪认罚案件留给值班律师的工作时间又极为有限,一般很难看到卷宗,这给值班律师全面了解案情带来了不小的影响。

为了保障值班律师对量刑建议产生实质影响,笔者建议,要落实为值班律师阅卷、会见提供便利的法定职责。目前各级检察院都设有案管中心,案卷材料已经电子化,在检察机关送达法律帮助通知书时不论值班律师是否提出阅卷的请求都应将卷宗光盘一并交给值班律师,以提高值班律师的办案效率,这也是对值班律师履职的一种督促。对于会见,司法行政机关要主动与公安机关沟通,严格落实值班律师名录和持"两证"(律师执业证、法律帮助通知书)即可约见的规定。在认罪认罚案件占比近80%的当下,公安看守所要有倾向地给值班律师优待,为值班律师保留必要的约见窗口,尽可能地做到随约随见。有条件的地方还可以尝试视频会见的模式,在检察院工作站一并实现阅卷和会见功能,为值班律师办案效率的提高提供保障。

(二)认罪认罚情节应在量刑建议中予以体现

《指导意见》提出了对认罪认罚情节单独量刑评价的要求,解决了实践中将认罪认罚等同于坦白、认罪认罚量刑减让体现不充分、对犯罪嫌疑人激励不足的问题,因此值班律师在进行量刑协商时,要重点突出认罪认罚的价值,向犯罪嫌疑人明示是否认罪认罚在刑罚幅度上的区别。对认罪认罚情节的协商一般存在两种情况,一是在没有认罪认罚以外其他法定及酌定量刑情节的情况下,检察机关先确定一个基准的量刑结果,值班律师与检察机关再就认罪认罚情节在基准量刑结果上的减让幅度进行沟通协商;二是在既有法定量刑情节又存在认罪认罚情节时,值班律师与检察机关综合认罪认罚和法定量刑情节就量刑减让的幅度进行协商。认罪认罚情节比起单纯坦白更能减少司法资源投入、提高司法效率,所以量刑的减让幅度要大于坦白。不可否认的是,在案件存在诸多法定量刑情节时,认罪认罚情节所占比重就不明显了,因此建议"两高"以司法解释的形式细化量刑指导意见,区分案件情况对认罪认罚情节在个案中的量刑减让幅度进行比例性规定,避免评价的失衡,确保选择认罪认罚的被告人获得合法、适度的刑罚处罚。

(三) 值班律师要通过协商争取确定刑的建议

经过一段时间的司法实践,检察机关已逐渐形成提出确定刑量刑建议的模式。虽然确定刑的量刑建议对于犯罪嫌疑人选择认罪认罚不仅起着激励的作用,也会降低上诉率,从而减少司法资本的投入,但要解决确定刑量刑建议的不确定性也并非易事。笔者认为可以从两个方面入手,一是加强控辩双方的说理论证,把量刑协商具体化为诸多量刑情节的协商,控辩双方在量刑规范化的框架下充分阐释自己的观点,求同存异。对于争议较大导致量刑结果出入较大的情节,检察机关应当在起诉书中写明自己的观点以及不采纳值班律师意见的理由,供法庭审理时考量。二是建立检、法、援机关之间统一的量刑信息系统,检察官和值班律师可以借助大数据的应用对量刑结果进行科学的预判,从而提升控辩双方达成确定刑量刑建议的比例。

二、律师的阅卷难与调查取证难

(一) 刑事辩护的会见权问题

2012年《刑事诉讼法》修改之后,刑事辩护律师会见权的行使情况有了很大改观,在一定程度上解决了会见难的问题,但是仍有改进的空间。刑事诉讼法中对于律师会见权的规定不足在于:第一,见面的次数、时间没有细化。虽然规定了律师的会见权,但是并没有规定会见的次数和时间,在实践中易出现有关机关限制会见次数和时间的做法。如果限制会见次数以及会见时间,就无法保证律师向被追诉人全面了解案情,听取其意见或者为其提供有效咨询,也无法保证随着案情的发展,律师与被追诉人继续交流。因此,有理由认为只要律师符合会见条件,看守所均应在法定时间内安排会见,只要在正常的上班时间内,均不能限制律师会见被追诉人的时间。第二,易被曲解的"不被监听"。刑事诉讼法中保护了律师与犯罪嫌疑人、被告人之间的"秘密交流权",但在实践中不排除有关人员的"在场",在场的侦查人员可能随意打断甚至禁止犯罪嫌疑人与律师讨论案情,从而导致这一环节的有效辩护权无法真正落实。第三,无法实现的"核实证据"与不平等的"录音""录像"权。根据刑事诉讼法,辩护律师向犯罪嫌疑人核实有关证据的时间点在案件移送审查起诉之日起,这意味着会见时律师可以就有关指控事实及相关证据告知犯罪嫌疑人、被告人,必要时可将有关证据出示给对方,让其辨认,与其核实。这使得会见权的行使具有实质性。但是,在律师会见犯罪嫌疑人时,如果其不能向犯罪嫌疑人核实有关证据,会见权在一定程度是被架空的。律师会见嫌疑人时都会做笔录,但仅做笔录不一定能全部记录下谈话内容,必须以录音、录像辅以帮助,这样也可以防止个别犯罪嫌疑人歪曲律师的会见记录或者个别在场侦查人员指控律师有诱问、包庇的谈话内容等违法行为。在对会见权保障机制的建构上,第一要做到保障安排机关的中立性,保障将犯罪嫌疑人的羁押由隶属于侦查机关的其他机关负责,实行侦羁分离制度,对于相对中立的羁押机关来说,刑事案件的处理结果与其没有任何利害关系。第二,应当将违反会见权所取得的证据纳入到非法证据排除规则的适用范围,通过司法解释赋予被告人及其辩护人进行程序性救济的权利,即通过程序性辩护的诉权请求开启程序性裁判程序,宣布侵犯会见权所获得的证据材料以及以此为线索获得的材料为非法证据并予以排除。①

(二) 辩护律师的调查取证权问题

辩护律师调查取证的倾向性是辩护律师参加诉讼活动,依照法律规定,收集、查阅与本案有关的材料,向有关单位或个人了解情况、提取证据的过程中对无罪、罪轻或者减轻、免除刑事责任的材料和意见的偏好。目前在我国的刑事诉讼领域,存在对律师取证的不合理的规制,因此对于辩护律师申请调查取证的,应当对相关规则进行细化。首先,辩护律师取证倾向性实体规制的完善。这些完善涉及刑法中的相关内容,涉及律师"伪证罪"等罪名的界定。其次,辩护律师调查取证倾向性规制程序的完善。辩护律师常常因为需对抗公安机关与司法机关而面临不合理的风险,因此不仅应在实体法层面进行完善,还要通过程序法中的规定对律师的权利加以保障。例如,将对律师采取强制措施的决定权或审批权统一交由上级公安机关或检察机关行使,既可以避免当地公权力机关对律师调查取证的不正当干预,也可以让公安机关的愤怒情绪得到缓解。②

关于辩护律师向嫌疑人、被告人"核实有关证据"的权利,实务界有观点认

---

① 参见黄文旭、袁博、周嫣:《论刑事辩护律师会见权的实现》,载《中国刑事法杂志》2013年第12期。

② 参见蔡艺生、任海新:《辩护律师取证的倾向性及其限界》,载《国家检察官学院学报》2011年第4期。

为辩护律师向嫌疑人、被告人核实证据,只能核实物证类证据;为了防止嫌疑人、被告人翻供,不能将同案嫌疑人、被告人的供述和证人证言在开庭前告知嫌疑人、被告人,予以核实。这种观点是有违司法规律的,主要有以下几方面的理由:第一,限制人证核实,违背立法原意,并且有违宪法要求。刑诉法中对于辩护律师核实有关证据的规定包含将辩护律师查阅、摘抄、复制的有关证据材料及自行收集的有关证据材料的基本信息内容告诉嫌疑人、被告人,听取对方对这些证据材料的意见,从而帮助辩护律师确定这些证据材料的可靠性,以便在诉讼中适当使用这些证据。如果限制人证信息交流与核实,显然不能达到辩护律师核实证据材料可靠性的目的。第二,限制人证核实,严重脱离司法实际,并且与控方法庭举证方式矛盾。2012年《刑事诉讼法》修改后,律师在审前向当事人核实包括人证在内的各种证据,是刑事辩护实践的做法。一是有法律依据,律师有权"核实有关证据";二是辩护需要,为核实证据可靠性,有效准备辩护,并帮助当事人辩护,律师需要这样做;三是由法庭审判方式所决定,法院甚至检察院常常希望这样做,尤其是重大、复杂、证据繁多的案件。第三,限制人证核实,违背被告人有权辩护以及辩护有效性原则,有悖于刑事司法人权保障制度。禁止嫌疑人、被告人审前接触其他人证,是为达到控诉目的,通过阻断信息交流渠道,限制辩护权,妨碍其有效辩护为代价的。而限制嫌疑人、被告人庭前知悉人证的做法,对打击犯罪帮助不大,就刑事司法整体效益而言得不偿失。第四,限制人证核实,将妨碍庭审实质化,有悖于"以审判为中心"的诉讼制度改革的要求。庭审中心主义的核心是庭审实质化,而要实现庭审实质化,庭审就应当是控辩双方有备而来,从而实现有效举证、质证。如果被告不事先基本知悉与辩护有关的信息,就很难全面、有效地完成质证,在这一意义上,庭审就不可避免地出现某种程度的"虚化"。第五,限制人证核实,缺乏可操作性,并且可能对辩护方形成不适当的威胁,损害刑事诉讼的防错机能。从证据种类上看,物证与人证不能截然分开,相互间一定程度上的交叉也使限制人证核实的做法降低了可行性。第六,限制人证核实,背离了刑事司法的国际准则和普遍做法,不利于我国刑事司法的国际形象。可以说,为落实被告人有权辩护和辩护有效性原则,让被告能够获得与指控相关的信息,并有一定的辩护准备的时间,同时能与律师交换信息、协商辩护策略,已成为普遍性法律实践。而在我国限制辩护律师与被告人的庭前人证信息交流,无疑违背公认的刑事司法国际准则,不利于维护我国刑事司法人权保障的国际形象。

三、律师刑事责任的追诉与困境

律师的职业权益保障一直是律师执业中的一大困惑,它的成败甚至关乎律师事业的发展。从一般性的共识看,所谓"律师的执业权益"[①]是指律师在实现自己的执业行为、履行自己的职业承诺和责任时所享有的权利和利益。以刑事诉讼为例,在刑事辩护领域,律师的执业权利,可以分解为律师的会见权、调查取证权、申请证人出庭和质证权、辩护意见被采纳的权利、人身安全和尊严不受侵犯权,等等。[②] 其中,律师在执业过程中的人身安全和尊严不受侵犯进而包括不应当受到无理或者非法的追究,职业的豁免权利等是最重要的部分,否则,不但侵犯了律师本人的合法权益,起到了糟糕的示范效应,而且阻碍了律师业的整体发展脚步,尤其对于我国建设法治国家,体现宪法和法律规定的国家尊重和保障人权精神,是十分不利的。一个不争的事实是,尽管我国法律规定了律师执业过程中的相关保障条款,例如《律师法》规定,律师在执业活动中的人身权利不受侵犯。律师在法庭上发表的代理、辩护意见不受法律追究。但是,发表危害国家安全、恶意诽谤他人、严重扰乱法庭秩序的言论除外。律师在参与诉讼活动中因涉嫌犯罪被依法拘留、逮捕的,侦查机关应当在拘留、逮捕实施后的 24 小时内通知该律师的家属、所在的律师事务所或者所属的律师协会。但是,律师在司法实践中的权利受到侵犯的现象并不在少数,被以各种名义追究责任包括刑事责任的也不鲜见。

　　放眼考察,可以看到,律师的刑事责任是指律师在执业活动中因触犯刑事法律规范而应承担的责任,显然也是律师承担的责任中最为严重的一种,所以,世界上大多数国家对律师的大部分刑事责任的归责都采用普通规范而不是特殊规范的形式,而我国是个例外。我国《刑法》第 306 条规定"辩护人、诉讼代理人毁灭证据、伪造证据、妨碍作证罪"是专门针对律师职业犯罪的特殊条款(毕竟担任辩护人、诉讼代理人的人群中以律师居多),这在其他国家的立法例中是极为少见的。该条规定:在刑事诉讼中,辩护人、诉讼代理人毁灭证据、伪造证据,帮助当事人毁灭证据、伪造证据,威胁、引诱证人违背事实改变证言或者作伪证的,处 3 年以下有期徒刑或者拘役;情节严重的,处 3 年以上 7 年以下有期徒刑。这一条款成为对律师追究刑事责任的几乎不二选择,律师因为执业过程中的各种问题被抓、被处理,最终被追究刑事责任,大部分均与此条款的援用有关。诚然,律师执业也应当守法和遵循职业道德规范,但是,从刑法的立法体系看,刑法分则的 350 个条文中并没有对某一职业有如此涉嫌犯罪的针对性,特别是随后的第 307 条"妨害作证罪"已单独规定了对一般主体的类似行为的处罚,所以在立法目的上进行如此设计——将律师作为特殊主体处罚,有明显的偏见和误导之

---

　　① 《中国律师执业权益保护与发展报告策划书》(草案),转引自陈瑞华主编:《刑事辩护制度的实证考察》,北京大学出版社 2005 年版,第 186 页。
　　② 同上。

虞。从立法的表述看,"引诱""帮助"等语词事实上很难界定,司法实践中,检察机关对于律师向法庭出示的与原证据不一致的证据材料,往往依强制力向证人施压,以求证人复核、改变证据,导致证人将伪证罪推给律师。有的甚至把律师执业工作中的错误、失误或违纪行为认定为犯罪,就连正常的辩护活动也会引发刑事追究。一个"律师伪证罪"搞得人心惶惶,使得律师参与刑事诉讼尤其是在侦查阶段介入时难以适从。这种局面,应当予以重视和加以改变。

《刑事诉讼法》第49条规定:"辩护人、诉讼代理人认为公安机关、人民检察院、人民法院及其工作人员阻碍其依法行使诉讼权利的,有权向同级或者上一级人民检察院申诉或者控告。人民检察院对申诉或者控告应当及时进行审查,情况属实的,通知有关机关予以纠正。"它体现了法律对辩护人、诉讼代理人履行职责的专门保障和保护。此外,第44条规定:"辩护人或者其他任何人,不得帮助犯罪嫌疑人、被告人隐匿、毁灭、伪造证据或者串供,不得威胁、引诱证人作伪证以及进行其他干扰司法机关诉讼活动的行为。违反前款规定的,应当依法追究法律责任,辩护人涉嫌犯罪的,应当由办理辩护人所承办案件的侦查机关以外的侦查机关办理。辩护人是律师的,应当及时通知其所在的律师事务所或者所属的律师协会。"这条规定包含了对律师执业的权利保障,期待它能够真正得到落实。

第五节　案　例　评　析

一、黄静案

【案情】

2006年2月,黄静购买了一台华硕电脑,但后来发现CPU存在问题,随后黄静和其代理人周成宇要求华硕公司作出数额为500万美元的赔偿。3月7日,黄静被以涉嫌敲诈勒索带走。2006年12月26日,黄静被取保候审。2007年11月9日,北京市海淀区人民检察院对黄静作出不起诉决定,随后黄静向海淀区人民检察院提出了国家赔偿。2008年11月27日,黄静收到了国家赔偿金29,197.14元。2008年12月12日,北京市海淀区人民法院正式受理黄静诉华硕消费欺诈一案。黄静提出索赔500万元人民币的诉讼请求。

2009年6月,北京市宣武区人民法院受理了黄静诉其华硕案原代理律师崔某、崔某所在的北京市浩光律师事务所,及保管其笔录的北京市包诚律师事务所侵犯其名誉权案。原告黄静诉称:2006年3月其因向华硕电脑公司维权被刑事拘留后,崔某受原告母亲的委托,在侦查阶段代理原告涉嫌敲诈勒索一案。侦查阶段结束后,因委托人认为崔某业务水平不精终止了委托代理协议。2008年12

月3日,原告代理人与华硕电脑公司代理律师参加凤凰卫视中文台《一虎一席谈》节目录制,崔某伙同他人前往节目录制现场,以原告代理人身份在该节目录制过程中宣称掌握办案内幕,并当场对原告现代理人进行人身攻击。其后崔某又多次伙同他人向《北京青年报》《新京报》《京华时报》《燕赵都市报》等多家媒体公开其在看守所与当事人黄静的谈话笔录原件,多次通过媒体向公众散布、泄露国家秘密及当事人隐私。按照崔某描述,原告笔录原件自2006年以来一直封存于北京市包诚律师事务所。北京市包诚律师事务所应当对该文件承担保管义务,不得随意让人调阅或者借出,但是此次该笔录原件被人借出并在媒体上公布,严重泄露国家秘密及原告隐私。崔某先后多次以北京市浩光律师事务所执业律师身份接受媒体采访,公开泄露原告隐私,北京市浩光律师事务所应当知道但并未进行制止,完全没有尽到律师事务所对律师的监督和管理义务。

原告认为原告向华硕电脑维权事件广受公众关注,在充满艰辛的维权道路上更需要得到全社会具有正义感人们的帮助。三名被告作为专业律师事务所和执业律师更应当了解相关法律规定,但是出于利益驱动因素,三被告公然在多家媒体大肆泄露原告隐私信息。因此误导舆论出现所谓"黄静代理律师反戈"、"揭穿黄静谎言看守所内外口供不符"之类的不实报道,相关内容报道被国内数百家媒体转载,造成极其恶劣的影响,严重误导舆论,并且相关报道在原告诉华硕电脑公司系列维权案件中被华硕电脑公司引用为证据,致使原告在诉讼当中处于不利地位,给原告带来严重后果,造成原告精神受到巨大伤害。三被告的行为严重违反相关法律,侵权后果严重,请求法院判令三被告立即停止侵害,消除影响,删除所有涉案侵权内容;在凤凰卫视中文台公开道歉,并在《北京青年报》《新京报》《燕赵都市报》《京华时报》、新浪网、搜狐网、网易网等媒体头版或首页上刊登经原告认可内容的道歉声明,为原告恢复名誉;向原告就侵犯原告名誉权行为赔偿精神损失人民币100万元;共同向原告支付本案交通费、住宿费、伙食费、取证费及其他相关费用合计人民币3万元。①

【评析】

本案是曾经具有较大影响的经典案例。在此,仅就黄静起诉律师的缘由看,是因为在她看来律师非法公布了会见的笔录。我们要思考和讨论的是辩护律师是否有权利公布会见笔录?就公布笔录的缘由,律师说是为了保护黄静,澄清公众对黄静的误解,也为了不使这个闹剧和骗局继续下去,浪费太多的媒体和司法资源,他们最终决定公之于众:"我们公布笔录,出于良知。也希望黄静能站出

---

① 参见:《黄静起诉华硕案代理律师及律所侵犯名誉权》,载"浙江在线"网,http://china.zjol.com.cn/05china/system/2009/06/25/015621807.shtml,访问日期:2019年6月25日。郭天力:《黄静诉华硕案之两年前笔录爆出黄静案诸多疑点》,载《燕赵都市报》2008年12月25日。

来,不要再沉默下去。"①对此,也有不同观点认为,除非这个举动经过黄静本人同意,否则律师的举动没有任何法律依据,而且违背律师职业道德。因为作为受托为当事人提供刑事辩护的律师,有义务为委托人的有关信息保密,非经许可不得擅自散布,会见笔录更属于委托人基于对律师的信任而形成的,只能用于委托事项。而文中律师所称良知不能成为违反职业纪律的理由。根据《律师法》第38条第1款规定,律师应当保守在执业活动中知悉的国家秘密、商业秘密,不得泄露当事人的隐私。只有在下列情况下,律师真实义务才能优先于保密义务:

其一,当事人明示或默示同意律师公开有关案情秘密。如果当事人起诉自己的律师,法律就可以推定其默示放弃要求律师保密的权利,律师可以向有关机关透露从当事人处获得的有关案情。

其二,法律规定律师在一定条件下必须如实向有关机关提供有关案情和资料。比如,当事人利用律师提供的法律服务从事违法活动时与律师的通信,如果有关司法机关索取,律师必须提供,拒不提供者可依犯罪论处。再如,根据《国家安全法》规定,律师明知他人有间谍犯罪行为,在国家安全机关向其调查有关情况、收集有关证据时,律师即可免除保密义务,履行真实义务,向国家安全机关提供有关情况,拒不提供的,依法处罚。

其三,在诉讼活动中证明自己无辜时,律师可以公开有关案情秘密。例如在刑事诉讼中,当律师被控从事不法活动时,可以利用在职业活动中从当事人处获取的案情秘密来证明自己无罪。

二、张扣扣案

【案情】

2018年2月15日,陕西汉中市南郑区新集镇王坪村14组(原三门村2组)发生一起杀人案件,犯罪嫌疑人张扣扣(男,35岁)持刀将邻居王自新(男,71岁)及其长子王校军(47岁)当场杀死,将王自新三子王正军(39岁)刺伤后抢救无效死亡,作案后张扣扣潜逃。案件经过是,2018年2月15日12时20分许,犯罪嫌疑人张扣扣在自家楼上观察到王自新、王校军、王正军和亲戚都回到其家中并准备上坟祭祖,张扣扣戴上帽子、口罩,拿上事先准备好的单刃刀尾随跟踪伺机作案。在王校军、王正军一行上坟返回途中,张扣扣持刀先后向王正军、王校军连戳数刀,随后张扣扣持刀赶往王自新家,持刀对坐在堂屋门口的王自新连戳数刀,致2人当场死亡、1人重伤抢救无效死亡。然后张扣扣返回自己家中,拿上菜刀和事先装满汽油的酒瓶,将王校军的小轿车玻璃砍破,在车后座及尾部泼

---

① 《两年前笔录爆出"黄静案"诸多疑点》,载《燕赵都市报》2008年12月25日。

洒汽油焚烧,之后张扣扣逃离现场。

2018年2月17日,犯罪嫌疑人张扣扣到汉中市公安局南郑分局新集派出所投案自首。9月27日,汉中市人民检察院对张扣扣故意杀人、故意毁坏财物案依法提起公诉。2019年1月8日,案件在汉中市中级人民法院一审公开开庭审理,法院最终以故意杀人罪、故意毁坏财物罪对张扣扣判处死刑。2019年4月11日,陕西省高级人民法院在汉中市中级人民法院公开开庭审理上诉人张扣扣故意杀人、故意毁坏财物一案并当庭宣判,裁定驳回张扣扣的上诉,维持一审死刑判决,并依法报请最高人民法院核准。2019年7月17日上午,陕西省汉中市中级人民法院遵照最高人民法院院长签发的死刑执行命令,对张扣扣执行了死刑。

【评析】

这起案件本属于事实清楚、证据充分的普通恶性杀人案件,但是却在社会和法学界引起了广泛的热议,源于一份"别样的"的辩护词。首先铺垫一下此案的背景,此案属于复仇杀人,1996年,被告人张扣扣的母亲与本案被害人的家庭有矛盾,一次冲突中被本案被害人王正军用木棒击打头部致死。法院判决王正军犯故意伤害(致人死亡)罪,判处有期徒刑7年(刑期自1996年8月29日起至2003年8月28日止)。张扣扣一直认为该判决过轻,不公平,对王家人怀恨在心,加上自己生活的不顺,导致了此案的悲剧发生。该案的辩护人没有采取常规的技术性辩护策略,而是写了一篇名为《一叶一沙一世界》的辩护词,全篇从人性、亲情、复仇等角度,采用文学的语言进行渲染,力证张扣扣的犯罪行为虽违反了国家法,但是从民间法的维度存在从轻的情节,司法的合法性源于它对社会的满足和对正义的回应,而不是简单地、机械地作出一个判决,他认为"非常之案,需要非常之辩,绝地求生需要不循常规"。正是这样一份辩护词,引起了学界和律师界的极大讨论。少数赞誉者称该辩护词是"史诗级的""教科书式的",更多的是批评者,认为该辩护词过于煽情、缺乏说理。其中,更有法学家点评:"辩护律师删选剪裁了此案的事实,用抽离事实的抽象命题,用情绪性表达,将行凶杀人包装成了好像还很有点正当性的复仇。完全且故意漠视本案以及与本案有关的基本事实,用所谓的名人名言趣闻轶事代替说理,以引证代替论证,以华而不实的修辞、堆砌和中二的多情表达,蛊惑不了解情的公众,不谈实体法,也不谈程序法……根本没把审案法官当回事,只想放到网上煽情网民。"[①]我们需要关注的是辩护律师究竟要如何进行辩护,有无一定之规?《律师法》第31条规定:"律师担任辩护人的,应当根据事实和法律,提出犯罪嫌疑人、被告人无罪、罪轻

---

① 参见《苏力评张扣扣案律师辩护词:法律辩护应基于案情和事实》,载 http://www.sohu.com/a/327980472_682886,访问日期:2020年9月20日。

或者减轻、免除其刑事责任的材料和意见,维护犯罪嫌疑人、被告人的诉讼权利和其他合法权益。"由此可见,法律规定律师辩护要依据事实和法律,不能凭空捏造或者篡改事实,律师辩护应当建立在事实和现行法律的基础上,着重进行法律说理,当然可以兼顾个人情感,但要注意把握分寸和比重,于情于法、有理有据地影响法官心证的形成。

三、张玉环案

【案情】

1993年10月24日,两个男孩失踪的消息打破了张家村的平静。次日,孩子们的遗体在村附近的水库中被发现。遇害的两名男童分别只有6岁和4岁,警方的法医学鉴定书显示,他们均为死后被抛尸入水,年纪稍大的男孩是绳套勒致下颔压迫颈前窒息死亡,另一名系扼压颈部窒息死亡。26岁的张玉环被认定是"杀人嫌犯",主要依据是:两份有罪供述、一个麻袋、一条麻绳和两道伤痕。警方发现,在抛尸现场提取到的一个麻袋和张玉环穿过的工作服,都是黄麻纤维。张玉环左右手各有一道被认定为"手抓可形成"的伤痕,怀疑是男童遇害时挣扎留下的。1995年1月26日,南昌市中级人民法院作出一审判决,判处张玉环死刑,缓期二年执行,剥夺政治权利终身。一审宣判后,张玉环向江西省高级人民法院提出上诉。江西高院撤销原判,发回重审。南昌市中级人民法院经重审后,于2001年11月7日以故意杀人罪判处张玉环死刑,缓期二年执行,剥夺政治权利终身。随后,张玉环再次向江西高院提出上诉。江西高院驳回上诉,维持并核准原判。此后,张玉环的家人四处奔波申诉,直到2017年这个案件又重新回到公众视野。张玉环于2017年8月22日向江西省高级人民法院提交刑事申诉书后,2019年3月1日,江西省高级人民法院作出再审决定,并于2020年7月9日进行了公开开庭审理。再审过程中,张玉环的辩护律师提出,张玉环有罪供述系刑讯逼供所致、在案物证均无法与被害人或犯罪事实相关联、主要证据之间存在矛盾、原审在保障被告人辩护权等方面违反法定诉讼程序,影响公正审判等。江西省高院在再审判决中认为,原审认定张玉环作案的事实不清、证据不足。按照"疑罪从无"的原则,不能认定张玉环有罪,改判无罪。从1993年到2020年,张玉环被关押了近27年,这使他成为了中国被关押时间最长的无罪释放当事人。

【评析】

这是一起典型冤案,在此,我们不再过多重述很多书籍、资料中已经反复总结归纳的导致此案的原因,例如非法取证的问题、刑讯逼供的问题、法律监督不到位的问题、法官偏听偏信的问题,等等。我们明明有刑事诉讼法,如果公检法三机关都严格按照刑事诉讼法的规定办案,悲剧完全可以避免。过去很多冤错案件的起点都是公安机关用自己的逻辑去编辑故事,屈打成招,后续起诉、审判过程中检察机关和法院不具备纠错的能力和审慎的态度。我们重点要审视的是律师的作用问题。本案中的八名辩护律师尽职尽责,忠实履行法律赋予自己的责任和依法行使权利。在启动再审的过程中不怕困难、顶住压力,始终坚信正义和法律,指出证据存在的问题和矛盾,例如,作为作案工具的麻袋和麻绳,经查与本案或张玉环缺乏关联;原审认定被害人将张玉环手背抓伤所依据的人体损伤检验证明,仅能证明伤痕手抓可形成,不具有排他性;原审认定的第一作案现场,公安机关在现场勘查中没有发现、提取到任何与案件相关的痕迹物证;张玉环的两次有罪供述在杀人地点、作案工具、作案过程等方面存在明显矛盾,真实性存疑等,这些都是上述证据不能作为定案根据的理由,几位律师有理有据地提出无罪辩护意见,最终得到了再审法庭的采纳,同时他们也饱含对张玉环遭遇的同情,对实现正义的渴望,他们的工作同样赢得了当事人的信任和尊重。最后,我们需要反思我国的司法体制和环境,为什么这样一起明显证据有问题,并且当事人及其家属十几年如一日地喊冤的案件,却一直得不到有关机关的重视和关注呢?正如此案的辩护律师在再审庭审中所说的:"即使检察机关建议改判无罪,我也不会感觉到喜悦。我感觉痛心,痛心你们为什么用了二十几年才建议改判无罪?你们当年在做什么?我们的司法底线到底有没有人去坚守?"人权保障不是一句口号,制度是没有生命的,律师的作用也是有限的,需要广大司法人员转变理念,积极作为。

第六节 问题与建议

一、值班律师参与量刑建议[①]

我国值班律师制度伴随着如火如荼的司法改革应运而生,2018年《刑事诉讼法》修改的亮点之一就是将值班律师纳入立法,值班律师在借鉴国外值班律师经验的基础上彰显出中国特色,特别是在认罪认罚案件中,值班律师具有特殊的地位和职责。

虽然学界与实务界目前对于值班律师在认罪认罚从宽案件中的身份定位一直未能达成共识,但2019年10月最高人民法院、最高人民检察院、公安部、国家安全部、司法部(以下简称"两高三部")发布的《关于适用认罪认罚从宽制度的指导意见》(以下简称《指导意见》)规定了律师的会见权、阅卷权,实际上就确认了值班律师的准辩护人身份。因此需要明确我国值班律师在认罪认罚案件中的

---

① 这部分摘自程滔、于超:《论值班律师参与量刑建议的协商》,载《法学杂志》2020年第11期。

特殊职责,并在此基础上为值班律师与辩护律师、法律援助律师等多种法律服务提供方式划定一个清晰的边界。

(一) 值班律师的职责区分为普通职责与特殊职责

从2015年开始的刑事速裁程序试点到2018年《刑事诉讼法》的修订,再到《指导意见》的出台,我国值班律师的工作职责一直处于变化和调整之中,与域外值班律师也有一定的差异性,我国值班律师经历了从公益法律服务志愿者进行法律咨询的普通职责,到准辩护人角色的转变,即值班律师实施《刑事诉讼法》第36条和第174条①规定的准辩护行为,我们将其称为特殊的法律帮助职责。遗憾的是,我国目前尚未对对值班律师的职责进行清晰划分,在实务中普遍忽视值班律师的辩护属性,孤立地谈值班律师不是辩护人,并以一般事务性标准要求认罪认罚案件的法律帮助,使得值班律师多项执业权利缺失,法律帮助的质量由此降低,法律帮助形式化的问题严重。

(二) 值班律师的特殊职责是最低限度的辩护服务

与普通法律帮助职责不同,值班律师在认罪认罚从宽的案件中履行特殊法律帮助职责是在辩护人缺位的情况下,通过最低限度且必要的法律帮助来实现对国家追诉权的制衡并力争使犯罪嫌疑人、被告人的合法权益得以维护。

首先,法律帮助是辩护活动。有观点认为②,既然法律在给值班律师定义时使用的是法律帮助而非辩护,并且值班律师也不承担出庭辩护的职责,那就不能将值班律师定义为辩护人,法律帮助也就不能定性为辩护活动。笔者认为,这是一种形而上学的解释方法。我国《刑事诉讼法》虽然没有将值班律师定义为辩护人,但在表述值班律师时几乎每一次都与辩护人相并列使用,意图非常明确地要在没有委托辩护人的情况下发挥出值班律师的替代作用,而法律赋予值班律师的职责也是从辩护职责中分离出来的,从职责的性质角度也完全符合《刑事诉讼法》第35条对辩护职责所下的定义。此外,学术界和实务界也早已打破了实体辩护的壁垒,那种认为只有出庭才是辩护的说法已然脱离实际。如果认为值班律师不是辩护律师,会导致值班律师与委托律师在地位、诉讼权利上的不同,包括阅卷权、会见权、调查取证权等权利受限,以致影响值班律师提供法律服务的质量和辩护职能的开展,进而剥夺的是犯罪嫌疑人的诉讼权利。值班律师无论在为犯罪嫌疑人进行程序选择时,还是提出建议时,必须以了解案情为基础,而这又是以享有诉讼权利为前提条件的,且值班律师对案件的建议主要是罪

---

① 2018年修订的《刑事诉讼法》第36条、第174条分别规定,犯罪嫌疑人、被告人没有委托辩护人,法律援助机构没有指派律师为其提供辩护的,由值班律师为犯罪嫌疑人、被告人提供法律咨询、程序选择建议、申请变更强制措施、对案件处理提出意见等法律帮助。犯罪嫌疑人自愿认罪,同意量刑建议和程序适用的,应当在辩护人或者值班律师在场的情况下签署认罪认罚具结书。

② 姚莉:《认罪认罚程序中值班律师的角色与功能》,载《法商研究》2017年第6期。

轻、量刑减轻等法律意见,既有实体的辩护意见又有程序上的辩护理由,如果否认值班律师的辩护人身份,那么有效辩护就是"伪命题"。

其次,法律帮助是必要和最低限度的辩护。与辩护律师相比,值班律师的执业权利被限缩,一般认为值班律师的职责以《刑事诉讼法》第36条和第173条所列内容为限,故被称为最低限度。法律帮助的最低限度是由案件的性质所决定的,在实行案件繁简分流后,需要将更多的司法资源集中于疑难复杂案件的审理,而对于事实清楚、证据比较充分的案件,在简化了部分辩护职能后仍旧可以实现犯罪嫌疑人、被告人合法权益的保障。此外,法律帮助职责的最低限度仍应以必要为限,值班律师不能随意放弃职责的行使。法律在表述值班律师职责时使用的是"由值班律师为犯罪嫌疑人、被告人提供……等法律帮助",按文义解释,值班律师只有履行了法律所列职责才能属于有效的法律帮助,相反即为无效的法律帮助。对于即将接受速裁程序审判的被告人来讲,如果不能获得有效的法律帮助,便很难保证其认罪的自愿性以及对认罪认罚后果的明确,这将造成对追诉权制衡的不足和司法人权保障的不充分。

最后,值班律师这一阶段的辩护不同于审判阶段的辩护行为,审判阶段更强调控辩对抗,而在审查起诉阶段值班律师与检察官更注重沟通与合作,以犯罪嫌疑人的认罪换取较轻的处罚,本身是一种协商,但是不能否认其辩护的性质。

(三)值班律师的特殊职责是实质参与量刑建议的形成

值班律师履行辩护性的特殊职责又分为对内和对外双重职责。对内方面,值班律师要向犯罪嫌疑人、被告人提供法律咨询和程序选择的建议;对外职责则是与公检法机关就案件处理提出意见和为犯罪嫌疑人、被告人申请变更强制措施。从对案件的影响来看,对外职责比对内职责的影响要大,产生的后果也更为直接,特别是参与量刑建议的形成。量刑建议作为认罪认罚具结书的主要内容,对犯罪嫌疑人起着决定性的影响,签署认罪认罚具结书即意味着接受了人民检察院提出的量刑建议,成立"认罪认罚",而不签署具结书将无法获得法律上的"从宽"。所以,量刑建议就成为了对案件定性及刑罚适用的概括,这也就要求值班律师需要将工作的重心放在对量刑建议提出意见上。

对量刑建议提出意见本质上就是控辩双方进行的对抗与合意,尽管值班律师不履行出庭辩护的职责,但其通过提出意见已经实现了出庭所要达到的目的,使庭审所要解决的实质内容提前在审查起诉阶段进行了全面的展示。一方面,值班律师要充分利用这一核心时段,把自己的观点客观地向检察机关进行陈述,从而产生对案件处理上的积极影响。另一方面,《刑事诉讼法》第173条也要求检察机关必须听取值班律师的意见,以保证双方的互动效果并最终使量刑建议体现控辩双方的合意性质。此外,《指导意见》第29条提出了证据开示的探索,进一步保证了值班律师在对量刑建议提出意见时能够更加的有的放矢。

综上,我国值班律师是以对案件定性和量刑提出意见为主要工作职责的准辩护群体,我们不能简单地以欧美国家值班律师的视角来审视我国的值班律师。我国值班律师要想更好地履行辩护职责,一方面必须获得法律上为辩护职责所配套的执业权利,另一方面要从犯罪嫌疑人的利益出发建立起委托关系,但遗憾的是,这两者在我国现行法律中都没有提及,在实践中更是不被重视,而其结果便是法律帮助的形式化。

二、建立无效辩护制裁体系和有效辩护动力机制

中国刑事辩护存在两方面的缺陷:一个方面是积极辩护的动力机制不足,另一个方面是积极辩护的外在阻力太大。因此,刑事辩护改革的关键就在于激发律师进行积极辩护的动力以及消除积极辩护的外在阻力。若想达到有效辩护的目标,首先要确立无效辩护的边界和制裁体系。我国目前对国家侵权型无效辩护的制裁几乎是一片空白,这是司法实践中律师辩护权利受阻的根本原因。从本质上来说,国家机关对辩护权的阻碍已经构成了宪法性的违法行为。但在我国的刑事诉讼法中却没有对宪法性侵权、严重程序性侵权的行为作任何规定。而针对律师不称职型的无效辩护,国外有三种制裁方式可供我们学习:一是撤销原判、发回重审,二是民事损害赔偿,三是职业惩戒。制裁体系的最大缺点就是其滞后性,其效果的发挥有赖于对无效辩护的发现能力、各个主体对无效辩护的纠正意愿及纠正能力等各种外在条件。关于律师的失职问题,关系到辩护律师的民事责任。在我国,由于诉讼构造和国家赔偿制度的影响,辩护律师的民事责任一直处于休眠状态。随着诉讼构造改革的推进、律师职业的商业化以及民众权利意识的提升,辩护律师的民事责任问题必将引起重视。从世界范围看,尽管各主要国家和地区的立法和判例对辩护律师是否适用民事豁免存在两种截然不同的态度,但是从发展的角度来看,对不称职的辩护律师(包括指定辩护律师)课以民事责任是大势所趋。在责任构成方面,辩护律师与民事代理律师应适用同样的构成要件。民事赔偿既可以补偿被告人所受的损害,又可以对辩护律师进行威慑。在建立辩护律师民事责任制度时应当注意:第一,在个案中要合理区分辩护律师的民事责任、国家赔偿责任以及第三人责任,警惕将国家赔偿责任转嫁给辩护律师。第二,建立对辩护律师失职诉讼与职业惩戒的联动机制,以及相应信息的强制披露制度。第三,进一步完善辩护律师收费制度,加大刑事法律援助制度,提升刑事法律援助的质量。[①]

其次,确立有效辩护的积极动力机制。国外刺激律师积极辩护的动力是多元的,在我国激励律师积极进行辩护的动力则是一元的,甚至有时没有任何动

---

① 参见吴纪奎:《论辩护律师的民事责任》,载《环球法律评论》2012年第6期。

力。一个普遍共识就是我国刑事辩护质量差的重要原因之一是刑事案件收费低。大多数人认为提高刑事辩护质量差的出路之一在于提高刑事辩护的收费。但仅仅靠提高收费是不够的,如果不改变原有的固定收费模式,即便提高辩护律师的收费也未必能提高刑事辩护质量。世界各国采取的刑事辩护收费主要模式包括固定收费模式与计时收费模式。由于侦查构造、诉讼构造以及法律渊源的不同,不同国家采取的收费模式也就不一样。虽然我国的诉讼传统来自于职权主义的大陆法系国家,但在近年来的改革中,我国更像是一个实行对抗诉讼的国家。然而存在缺憾的是,我国在对诉讼模式进行改革的同时,却未对刑事案件的收费模式作出相应的改革。当今情况下,固定收费模式导致刑事案件辩护质量下降的问题已经影响到对抗式诉讼的改革向前推进。当务之急是必须实现刑事案件收费模式的转变,以提高律师进行积极辩护的动力。①

【问题与思考】

2021年2月3日,繁昌区人民法院一审公开宣判被告人谢某等人诈骗案,其中42名被告人被宣判无罪,有自媒体将该判决称为"史上宣判无罪最多的判决",根据统计,法院宣判的42名无罪被告人中,约半数被告人认罪,其中12名认罪被告人的律师作罪轻辩护。请回答以下三个问题:

1. 律师代理认罪认罚从宽案件的特点是什么?

2. 如果你作为本案被追诉人的律师,被追诉人自愿认罪,但是你认为其行为不构成犯罪,你应该怎么做?即坚持作无罪辩护还是只作罪轻辩护?

3. 对认罪认罚从宽案件,律师在侦查阶段、审查起诉阶段以及审判阶段的主要工作有哪些?

---

① 参见吴纪奎:《对抗式刑事诉讼改革与有效辩护》,载《中国刑事法杂志》2011年第5期。

第九章　民事诉讼中的律师代理

【内容提要】
本章介绍民事诉讼中律师代理的概念、特征、种类、范围和意义,分析民事诉讼、行政诉讼、刑事诉讼中的律师代理的关系,并就建立民事强制律师代理制度,完善民事诉讼中律师权利与义务提出建议。

【关键词】　民事诉讼　律师代理　强制律师代理

第一节　基　本　理　论

一、民事诉讼中律师代理的概念和特征

（一）民事诉讼中律师代理的概念

代理是代理人以被代理人名义,在代理权限范围内向第三人为意思表示或者接受意思表示,产生的法律效果归被代理人。

在民事诉讼中,法律规定,诉讼行为能力不足的人比如未成年人、不能辨认自己行为性质的人,进行民事诉讼需要由法定代理人代理当事人参加诉讼,这是法定代理人制度。具备诉讼行为能力的当事人可以委托符合法律规定的其他人代自己参加诉讼,这一方面可以节省当事人的时间和精力,另一方面也可以让更具有诉讼经验和懂得诉讼知识的人代理案件,从而提高获胜的把握,这是委托代理诉讼制度。按照《民事诉讼法》的规定,律师和非律师都可以作为代理人进行诉讼。本章只论述律师作为诉讼代理人参加诉讼的相关问题。

民事诉讼中的律师代理是指根据《民事诉讼法》的规定,律师接受民事诉讼当事人或其法定代理人的委托,受律师事务所的指派,或者受政府法律援助机构的指派,为维护被代理人的合法权益,以被代理人的名义,在代理权限范围内代理被代理人进行民事诉讼的行为。根据《律师法》《民事诉讼法》的有关规定,律师接受当事人的委托,参与民事案件和经济案件的代理活动,是律师的主要业务之一。

（二）民事诉讼中律师代理的特征

律师接受当事人的委托,参与民事案件和经济案件的代理,具有以下特征：

1. 代理律师必须以被代理人的名义进行诉讼活动

律师参加诉讼活动,是接受当事人及其法定代理人的授权,诉讼案件归根到底是当事人之间的权利义务之争,律师不是案件的当事人,所以律师必须以被代理人的名义开展诉讼活动,才能产生应有的法律效力。

2. 代理律师必须在被代理人授权的范围内进行诉讼活动

所谓民事诉讼中的律师代理权,是指代理人基于法律规定或被代理人的授权而取得的实施诉讼行为的资格。代理律师实施诉讼行为必须以代理权为根据,并且只能在代理权限范围内进行,没有代理权、超越代理权或者代理权终止后实施的诉讼行为,被代理人都不承担责任。

3. 代理行为产生的法律后果由被代理人承担

由于代理人是在代理权限内,以被代理人名义实施诉讼行为,因此在法律上,代理人的行为被拟制为被代理人自己的行为,由此产生的法律后果也就应由被代理人承担。但是,如果是因为代理人不履行职责而给被代理人造成损害的,则应由代理人承担责任。

4. 律师作为代理人

在民事诉讼中,当事人及其法定代理人既可以委托律师参加民事诉讼,又可以委托其近亲属、有关的社会团体或者所在单位推荐的人、经人民法院许可的其他公民参加民事诉讼。但是其他人的代理不属于律师代理,不是执业律师的人也不能以律师名义代理诉讼。

5. 民事诉讼中的律师代理具有专业性、非个人性及规范性

律师是为社会提供法律服务的专业人员,有丰富的法律专业知识和实践经验,为当事人进行民事诉讼代理,可利用所具有的专业法律知识更好地维护当事人的合法权益。当事人和律师之间的委托关系是通过当事人和律师事务所签订委托合同,由律师事务所指派或者由法援机构指派确立的,而非当事人的直接委托。律师进行民事诉讼活动要受法律、法规的规范,还要受律师执业行为规范和律师事务所的规章制度的约束,这些规范的约束为律师完成当事人的委托代理提供了有力的保障。

6. 代理律师在民事诉讼中是非独立的诉讼主体

律师在民事诉讼中不具有独立的诉讼地位。律师因为当事人的授权才能代理当事人进行民事诉讼活动,只能在被代理人授权的范围内,尊重当事人的意愿从事民事诉讼活动。但是律师在民事诉讼中应当具有相对的独立性,《律师法》第32条规定:律师接受委托后,无正当理由的,不得拒绝辩护或者代理。但是,委托事项违法、委托人利用律师提供的服务从事违法活动或者委托人故意隐瞒

与案件有关的重要事实的,律师有权拒绝辩护或者代理。

二、民事诉讼中律师代理的种类

民事诉讼中的律师代理是一项复杂的法律制度,为了便于司法实践部门把握和理论界对之进行深入研究,可以根据一定的标准对其进行科学的分类。

(一) 一般代理和特别授权代理

这种分类的标准是委托人的授权是否涉及实体权利。

所谓一般代理,是指当事人是将普通的诉讼权利委托律师行使,也就是说当事人是把那些不直接涉及实体权利的诉讼权利授权代理律师去行使。在这种代理关系中,律师无权行使当事人重要的诉讼权利和实体权利,只能行使如代为陈述事实,申请回避,提出管辖权异议等不涉及当事人实体权利的一般诉讼权利。

特别授权代理,是指当事人不仅将一般的诉讼权利而且还将重要的诉讼权利和实体权利的处分权利一并交由律师行使。根据我国《民事诉讼法》的有关规定,需当事人特别授权的涉及当事人实体权利的内容包括:代为承认、放弃、变更诉讼请求,代为上诉、撤诉、进行和解,提起反诉或上诉,等等。

在具体司法实践中,经常出现委托人授予律师"全权代理"的现象,《民事诉讼法》的司法解释明确规定:授权委托书仅写"全权代理"而无具体授权的,诉讼代理人无权代为承认、放弃、变更诉讼请求,进行和解,提起反诉或上诉。

(二) 一审、二审、审判监督程序和执行程序的律师代理

这种分类的标准是代理工作所处的诉讼程序。

一审程序、二审程序、审判监督程序和执行程序是人民法院处理民事案件的四个阶段,它们都有各自特定的任务以及不同的要求和特点。与此相适应,律师在上述四种程序中担任代理人,应有不同的工作方式、方法和步骤,也应有不同的工作重点。一审程序是初审法院审理案件所适用的程序,其任务是通过对案件的审理,确认当事人之间的民事权利义务关系,解决民事纠纷。代理律师在第一审程序中,应当通过调查、阅卷等方式方法,帮助当事人举证,向法院提出有利于委托方当事人的事实根据和法律意见,要求法院作出有利于委托方当事人的判决、裁定。二审程序中,二审法院的任务是通过审查一审法院的审判是否正确,来确定当事人之间的民事权利义务关系,审查一审法院的审判程序是否合法。代理律师在二审程序中,首先要了解一审判决、裁定认定的事实是否清楚,证据是否确实充分,适用的法律是否正确,然后听取委托人对一审裁判的意见以及在二审程序中的诉讼请求,提出代理意见,代理意见应包括对一审裁判评价等内容。审判监督程序是一种特殊审判程序,它所审理的是裁判已经发生法律效力的案件。审判监督程序中,代理律师应当就生效判决、裁定存在的错误,对委托人造成的危害以及纠正等问题,发表代理意见。在执行程序中,代理律师帮助

当事人实现其裁判内容。

(三) 单独律师代理和共同律师代理

这种分类的标准是当事人委托的代理律师的人数。

所谓单独律师代理,是指1名律师对民事诉讼进行代理。共同律师代理,是指2名律师对民事诉讼进行代理。根据《民事诉讼法》第61条第1款规定:"当事人、法定代理人可以委托一至二人作为诉讼代理人。"单独律师代理难免会出现律师个人认识上的片面性和判断上的失误,而共同律师代理又可能会产生意见不一致的情况,影响代理工作。二者各有利弊。

(四) 涉外民事诉讼律师代理和非涉外民事诉讼律师代理

这种分类的标准是代理的案件有无涉外因素。

涉外民事诉讼,是指具有涉外因素的民事诉讼,即作为诉讼主体的当事人一方或者双方是外国人、无国籍人、外国企业和组织或者双方当事人争议的标的物在外国或者引起双方权利义务关系发生变动的法律事实发生在外国的民事诉讼。涉外民事诉讼律师代理,是指律师代理涉外民事诉讼的当事人进行诉讼活动,提供法律服务,维护当事人的合法权益的行为。非涉外民事诉讼律师代理,是律师代理非涉外民事诉讼的行为。

涉外民事诉讼和非涉外的民事诉讼具有不同的特点,各自应遵循一定的特有原则,例如,涉外民事诉讼必须遵循国家主权原则,权利义务同等或对等原则,应由国际法的一些基本原则来调整,在管辖、送达、期间、财产保全、仲裁、司法协助上都有其特定的内容。这就决定了涉外民事诉讼律师代理与非涉外民事诉讼律师代理在工作方式、方法、步骤及应注意的有关事项方面,都会存在明显差异。

(五) 一般民事案件律师代理和经济、商事案件律师代理

这种分类是以诉讼标的为标准划分的。

一般民事案件的律师代理主要包括传统的继承案件、婚姻案件的诉讼代理等,经济、商事案件的律师代理主要包括商事案件的诉讼代理业务、知识产权案件的诉讼代理业务、海事海商案件的诉讼代理业务等。

随着商业活动的发达以及商事活动的专业化,必然要求诉讼代理业务的专业化,况且律师个人能力的限制使得其不可能精通所有的诉讼业务,这就必然要求律师业务出现分化。随着我国社会主义市场经济的全面确立,各种经济法律法规的健全,经济、商事案件的诉讼代理也日益呈现出专业化和多样化的特点,如出现了许多专门的知识产权律师、专利律师等。

三、民事诉讼中律师代理的范围

民事诉讼中律师代理的范围是指律师作为民事诉讼代理人参加诉讼活动的案件的范围。

(一) 民事诉讼中律师代理的案件范围

我国《民事诉讼法》第 3 条规定:"人民法院受理公民之间、法人之间、其他组织之间以及他们相互之间因财产关系和人身关系提起的民事诉讼,适用本法规定。"据此,凡是人民法院依据民事诉讼法受理和审判的案件,律师均可接受委托,进行代理。具体有以下几方面:(1) 民法所调整的财产关系、人身关系、知识产权关系案件;(2) 婚姻法所调整的婚姻家庭关系案件;(3) 继承法所调整的继承关系案件;(4) 经济法所调整的经济纠纷案件;(5) 收养法所调整的收养关系案件;(6) 劳动法所调整的因劳动问题引起的纠纷案件;(7) 其他与财产关系和人身关系有关的案件。

上述案件,当事人都可以委托律师进行民事诉讼的代理,但争议或纠纷不属于人民法院的主管范围,即:依照法律规定双方当事人对合同纠纷自愿达成仲裁协议的;不能通过司法程序加以解决而只能通过法院以外的其他部门进行处理的;当事人对已经发生法律效力的裁决又起诉的;依照法律规定在一定时期不准起诉的案件,而当事人在不得起诉的期限内起诉的;判决不准离婚和维持收养关系的案件,在没有新情况和新理由而原告在 6 个月内又起诉的,都不属于律师代理民事诉讼的范围。

(二) 民事诉讼中律师代理的程序范围

根据《民事诉讼法》的规定,民事诉讼程序分为审判程序和执行程序两类。其中,审判程序包括第一审普通程序、简易程序、第二审程序、特别程序、审判监督程序、督促程序、公示催告程序和企业法人破产还债程序。在以上各类和各种程序中,律师均可接受当事人的委托,担任代理人参加诉讼。如《律师法》规定,律师接受民事案件当事人的委托,担任代理人,参加诉讼;律师可以接受委托,代理各类诉讼案件的申诉。

(三) 民事诉讼中律师代理的对象范围

《民事诉讼法》第 61 条第 1 款规定:"当事人、法定代理人可以委托一至二人作为诉讼代理人。"当事人、法定代理人可以委托律师作为诉讼代理人参加诉讼。民事诉讼当事人有广义和狭义之分,广义当事人包括原告、被告、共同诉讼人、诉讼代表人、第三人和法定代理人,狭义当事人就是我们通常所说的原告和被告。这里是指广义的当事人。

第二节 立法背景

新中国的律师制度是在摧毁旧的法律制度的基础上建立起来的。中国共产党十一届三中全会提出了发展社会主义民主、健全社会主义法制的历史任务,从此,社会主义法制建设逐步展开。如何规范民事诉讼中的律师代理,《民事诉讼法》是其重要的依据。

一、《民事诉讼法》

1982年《民事诉讼法(试行)》是我国第一部民事诉讼法典,是我国重要的基本法之一。民事诉讼案件涉及政治、经济、社会和家庭生活的各个领域,数量居各类案件之首。而且,民事案件如果处理不当或不及时,就极易使一般的民事案件转化为危害社会极大的恶性案件。《民事诉讼法》作为程序法,保障着民事法律、商事法律以及有关行政法律的贯彻执行。《民事诉讼法》作为法院审理民事案件的程序法,自试行以来,有力地保障了民事审判工作的进行。人民法院通过审理各种类型的民事案件,有力地保护了公民、法人的民事合法权益。1991年《民事诉讼法》正式出台并颁布实施,并先后于2007年和2012年进行了修改完善,这对于进一步保障公民、法人的合法民事权益,对于人民法院正确、及时地依法审理民事案件,维护社会稳定,促进社会主义商品经济秩序的健康发展,保障改革开放和社会主义现代化建设的顺利进行,都具有极为重要的意义。《民事诉讼法》的修改在"诉讼代理人"一节中没有太多变化,但是围绕进一步保障当事人的诉讼权利进行了多处完善,律师在履行职责时应当注意充分理解与贯彻。

公民、法人或其他组织在民事权利受到侵犯或产生纠纷时,可以向法院提起诉讼,要求法院依据法律通过民事诉讼来解决纠纷,维护自己的合法权益不受侵犯。但是当事人因为各种原因可能不能或者不必亲自参加诉讼,法律允许其委托他人代自己进行诉讼。民事诉讼法规定了两种代理方式即法定诉讼代理和委托诉讼代理,体现了民事诉讼法的便民原则和灵活原则。《民事诉讼法》第61条规定:"当事人、法定代理人可以委托一至二人作为诉讼代理人。下列人员可以被委托为诉讼代理人:(一)律师、基层法律服务工作者;(二)当事人的近亲属或者工作人员;(三)当事人所在的社区、单位以及有关社会团体推荐的公民。"《民事诉讼法》第64条规定:"代理诉讼的律师和其他诉讼代理人有权调查收集证据,可以查阅本案有关材料。查阅本案有关材料的范围和办法由最高人民法院规定。"《最高人民法院关于适用〈中华人民共和国民事诉讼法〉若干问题的意见》[①]中对律师代理民事诉讼案件的范围、程序、在代理民事诉讼时享有的权利和义务等作了较为详细的规定,在其没有规定的情况下,参照适用其他法律、法规或者规章。

[①] 围绕2012年修改后的《民事诉讼法》的落实,最高人民法院2015年修订了有关司法解释。

二、《律师法》

1996年《律师法》比较充分地体现了律师行业的内部规定性和中国市场经济体制对律师业发展的现实需要,增强了律师的职业独立性,促进了律师的职业化。2001年《律师法》的修正,协调了《律师法》《法官法》和《检察官法》的相关规定,确立统一司法考试制度,在强化对委托人—律师关系的维护,加强对律师执业权利的保护,促进法律职业合理流动等方面都有重要的突破。2007年《律师法》明确将维护委托人的合法权益确定为律师的使命,扩大了律师对委托人的保密义务的范围;确立了律师在法庭上的言论豁免,强化了律师调查取证权、法庭辩论意见不受法律追究的权利,这些都更有利于律师在代理民事诉讼活动时能够更加顺畅地行使权利,更好地为委托人利益进行诉讼活动。

第三节 热点前沿问题

理论界对于律师的性质、律师协会的性质与职责、律师应该享用的权利等探讨较多,这其中很多都涉及刑事诉讼中辩护律师的辩护活动,是与刑事诉讼中的人权保障理念紧密相随的。而对律师代理民事诉讼活动中的一些有争议的问题,探讨得不是很多。但是从更好地维护当事人权益、确保当事人的平等权利能得以真正实现的角度,需要对以下问题加以探讨。

一、民事强制律师代理

民事强制律师代理制度是指法律明确规定在民事案件中当事人进行诉讼行为时,必须委托律师代理诉讼。我国《民事诉讼法》没有规定强制律师代理制度。代理人既可以是律师,也可以是包括当事人近亲属在内的其他人,如此宽泛的诉讼代理人范围对维护当事人的合法权益在一定程度上是有意义的,有更多的人可以为当事人提供帮助。但是,诉讼代理毕竟是一项具有专业性的事项,对律师服务的需求明显逐渐增强,在我国目前条件下即使无法满足全部需求,至少应该在民事诉讼中引入强制代理制度,根据需要和可能,对于符合条件的案件和当事人提供律师帮助。我们认为,我国应当有条件地建立强制律师代理制度,理由如下:

(一)必要性

民事诉讼的双方当事人在法律上地位是平等的,但是这种平等只是一种形式上的平等。当事人在财力、能力、法律知识等方面的差距很明显,处于经济强势地位的当事人可以聘请好的律师来从事民事诉讼;而经济条件差的一方很多情况下在法律知识和诉讼能力、经验等方面,与对方都有差距,更不用说与具有丰富诉讼经验的律师来平等对抗了。而诉讼能力上的差距,将会直接导致双方在调查取证、法庭辩论等能直接发现案件事实的重要问题上的差距。我国的民事诉讼越来越强调向当事人主义发展,在减少法官依职权对案件进行审理时的缺陷的同时,却没有考虑当事人的经济、诉讼能力的发展不均衡的状况,会导致某种程度上的实质不公平和不正义。同时非律师代理民事诉讼活动,因其诉讼知识和能力方面的差距,不能很有效率地从事代理活动,甚至可能因代理人的问题导致当事人的实体权利得不到法律保护,比如代理人没有在诉讼时效内及时向法院提交诉状,就可能使得当事人的实体请求因无正当理由过了诉讼时效而被法院驳回。

(二) 可行性

建立律师强制代理诉讼制度不仅是必要的,也是可行的。首先,其他国家的律师强制代理制度可供借鉴。法制较健全的国家,如德国、日本,均在一定条件下实行律师强制代理制度。日本《民事诉讼法》第54条第1款规定:"除法律规定能进行裁判上行为的代理人以外,非律师不能作诉讼代理人。"德国《民事诉讼法》第78条第1款规定:"当事人在州法院必须由初级法院或州法院所许可的律师,在所有上级审法院必须由受诉法院所许可的律师作为诉讼代理人代行诉讼。"这些国家的立法可以为我国建立该制度提供必要的借鉴。其次,我国的律师数量和质量已有大幅提高。我国在1991年制定《民事诉讼法》时,受当时社会经济条件的制约,律师工作人员的数量及其质量都是有限的,而随着经济发展,在如今的社会条件下,律师数量已有大幅度的增加。我国律师制度恢复重建以来,律师队伍迅速发展壮大,律师已经成为法律服务的主体力量。根据2012年10月9日国务院新闻办公室发布的《中国的司法改革》白皮书披露[①],自2002年起,国家司法考试每年举办一次,由国家统一组织实施,实现了法律职业准入制度由分散到统一的转变。到2011年底,全国共有近50万人通过国家司法考试,取得法律职业资格。我国借鉴国际上的经验,2002年以来,推行公职律师和公司律师试点,为政府决策和公司重大经营提供法律意见,进一步完善了社会律师(包括专职律师和兼职律师)、公职律师、公司律师共同发展的律师队伍结构。2007年《律师法》完善了律师事务所组织形式。截至2011年底,中国有律师事务所1.82万家,与2008年相比,增长31.6%,其中合伙律师事务所1.35万家,国资律师事务所1325家,个人律师事务所3369家;共有律师21.5万人,其中,专职律师占89.6%,兼职律师占4.5%,公司律师、公职律师、法律援助律师和军队律师占5.9%。

---

① 国务院新闻办公室:《中国的司法改革》白皮书,2012年10月9日。

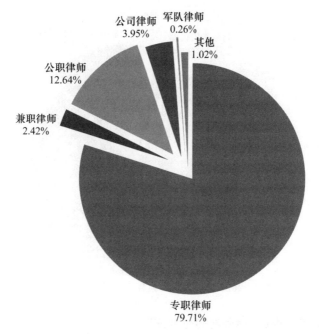

图 1　2021 年各类律师占比统计(百分比)①

2011 年,全国律师共担任法律顾问 39.2 万家,与 2008 年相比,增长 24.6%;办理诉讼案件超过 231.5 万件,与 2008 年相比,增长 17.7%;办理非诉讼法律事务超过 62.5 万件,与 2008 年相比,增长 17%;承办法律援助案件近 84.5 万件,与 2008 年相比,增长 54.5%。

为使律师代理民事诉讼真正发挥其有利于维护当事人权利和提高诉讼效率、节约诉讼成本的作用,需要构建我国强制律师代理诉讼制度,即首先要确立强制律师代理诉讼立法体例,为合理转移当事人的经济负担,还应在法律中明确规定律师的诉讼代理费必须由败诉方承担;其次,应明确强制代理的适用范围是涉外民商案件及海事案件,因为此类案件一般涉及经济利益较大,法律关系更为复杂,专业性要求更高,更需要律师参与协助诉讼。为使强制代理能够顺利实施,还应设置相关的辅助措施,如没有委托,则要承担一定的法律后果。

---

① 截至 2021 年底,全国共有执业律师 57.48 万人。其中,专职律师 45.82 万人,占 79.71%;兼职律师 1.39 万人,占 2.42%;公职律师 7.26 万人,占 12.64%;公司律师 2.27 万人,占 3.95%;军队律师 1500 多人,占 0.26%。参见司法部网站:2021 年度律师、基层法律服务工作统计分析,http://www.moj.gov.cn/pub/sfbgw/zwxxgk/fdzdgknr/fdzdgknrtjxx/202208/t20220815_461680.html,访问日期:2022 年 5 月 2 日。

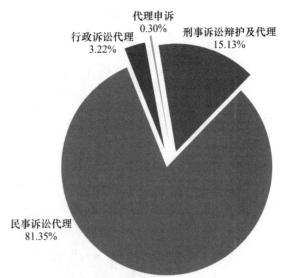

图 2　2021 年全国诉讼案件辩护及代理情况①

二、民事诉讼中的"律师费转付制度"

律师费转付制度,是指从法律上确立由相关联的责任方(或过错方)承担无责任方(无过错方)因采取法律救济措施(如提起诉讼或仲裁)而产生的委托律师代理费用的制度。② 律师费转付制度起源于英国,后逐渐被其他国家效仿,现在世界绝大多数法治国家都或明或隐地规定了这一制度。我国现行的民事立法虽然没有明确统一规定该制度,但是该制度的核心精神却散见于大量法律文件和司法案例中。

(一) 律师费转付制度的合理性基础

确立律师费转付制度可以促进律师业的发展。民事诉讼模式的转型对当事人的法律素质要求较以往大大提高,使得具有专业知识和技巧的律师在民事诉讼中的作用越来越明显。律师费转付制度的实行可以加强人们对律师工作技术性创造劳动价值的认识,促进律师业的发展。③ 除此以外,律师费转付制度还具

---

① 2021 年,全国律师办理各类法律事务 1308.5 万多件。其中,办理诉讼案件 811.6 万多件,办理非诉讼法律事务 167.9 万多件,为 84.6 万多家党政机关、人民团体和企事业单位等担任法律顾问。在律师办理的 811.6 万多件诉讼案件中,刑事诉讼辩护及代理 122.8 万多件,占诉讼案件的 15.13%;民事诉讼代理 660.1 万多件,占诉讼案件的 81.35%;行政诉讼代理 26.2 万多件,占诉讼案件的 3.22%;代理申诉 2.4 万多件,占诉讼案件的 0.30%。律师共提供各类公益法律服务 152.5 万多件,其中办理法律援助案件 103 万多件。数据来源同上。

② 王腊清著:《律师视界——法案析疑》,世界图书广东出版公司 2013 年版,第 223 页。

③ 参见董开军、张卫平、俞灵雨主编:《中国法学会民事诉讼法学研究会年会论文集 2011 年卷》,厦门大学出版社 2011 年版,第 748 页。

有更广泛的合理性基础,其主要表现如下:

首先,有利于保障社会公众"接近正义"的权利,平等地获得法律服务。各种诉讼案件当事人寻求律师服务率低主要不是因为主、客观方面不需要,而是因为律师收费已为经济条件一般的当事人难以承受。这个问题阻却的不是少数富裕人群,而是大多数普通公民。① 因此,只有确立律师费转付制度,才有可能使每一位公民平等地享受律师的法律服务,因为一个公民其合法权益的实现除了要有足够的证据来证明其主张外,还需要有专业法律知识的律师来帮助他完成诉讼过程中所要承担的相关义务(举证质证、法庭辩论等)。

其次,有利于律师责任心和使命感的增强。② 律师费转付制度有助于律师在接受代理案件时更加审慎行事,运用自己的专业知识仔细分析案件情况及当事人的诉讼请求,避免律师盲目地"以当事人为中心",甘愿充当"枪手",也能避免律师违反职业伦理,对当事人作出不实际的承诺。

最后,有利于遏制滥诉之风,在一定程度上也能促进律师非诉业务的发展。律师费转付制度的确立,还能够引导当事人合理使用诉讼资源,避免滥诉。能够遏制恶意诉讼或缠讼,促进商业信用与保护交易安全。当事人积极寻求诉讼以外的途径解决问题,可以促进非诉方式的形成。而律师又是非诉争议解决的最佳群体,因此,律师费转付制度在一定程度上也能促进律师非诉业务的发展。

(二)律师费转付制度的合法性基础

在我国的民事立法中,虽然没有明确规定律师费转付制度,但是该制度的内容却散见于诸多法律文件中。主要体现以下几个方面:

1. 法律援助案件。《最高人民法院、司法部关于民事法律援助工作若干问题的联合通知》第7条规定:"法律援助人员办理法律援助案件所需差旅费、文印费、交通通讯费、调查取证费等办案必要开支,受援方列入诉讼请求的,人民法院可根据具体情况判由非受援的败诉方承担。"因此律师在办理法律援助案件时,建议将律师费列入诉讼请求,要求败诉方承担。

2. 著作权侵权案件。《著作权法》第54条规定:"侵犯著作权或者与著作权有关的权利的,侵权人应当按照权利人因此受到的实际损失或者侵权人的违法所得给予赔偿;权利人的实际损失或者侵权人的违法所得难以计算的,可以参照该权利使用费给予赔偿。对故意侵犯著作权或者与著作权有关的权利,情节严重的,可以在按照上述方法确定数额的一倍以上五倍以下给予赔偿。权利人的实际损失、侵权人的违法所得、权利使用费难以计算的,由人民法院根据侵权行为的情节,判决给予五百元以上五百万元以下的赔偿。赔偿数额还应当包括权

---

① 参见吴春香、张晋萍:《关于实行律师费转付的理性思考》,载《中国律师》2011年第3期。
② 王腊清著:《律师视界——法案析疑》,世界图书广东出版公司2013年版,第225页。

利人为制止侵权行为所支付的合理开支。"根据《最高人民法院关于审理著作权民事纠纷案件适用法律若干问题的解释》第 26 条的规定:"著作权法第四十九条第一款规定的制止侵权行为所支付的合理开支,包括权利人或者委托代理人对侵权行为进行调查、取证的合理费用。人民法院根据当事人的诉讼请求和具体案情,可以将符合国家有关部门规定的律师费用计算在赔偿范围内。"

3. 商标侵权案件。《最高人民法院关于审理商标民事纠纷案件适用法律若干问题的解释》第 17 条明确规定:"商标法第六十三条第一款规定的制止侵权行为所支付的合理开支,包括权利人或者委托代理人对侵权行为进行调查、取证的合理费用。人民法院根据当事人的诉讼请求和案件具体情况,可以将符合国家有关部门规定的律师费用计算在赔偿范围内。"

4. 专利侵权案件。《最高人民法院关于审理专利纠纷案件适用法律问题的若干规定》第 16 条规定:"权利人主张其为制止侵权行为所支付合理开支的,人民法院可以在专利法第六十五条确定的赔偿数额之外另行计算。"

5. 不正当竞争案件。《反不正当竞争法》第 17 条规定:"经营者违反本法规定,给他人造成损害的,应当依法承担民事责任。经营者的合法权益受到不正当竞争行为损害的,可以向人民法院提起诉讼。因不正当竞争行为受到损害的经营者的赔偿数额,按照其因被侵权所受到的实际损失确定;实际损失难以计算的,按照侵权人因侵权所获得的利益确定。经营者恶意实施侵犯商业秘密行为,情节严重的,可以在按照上述方法确定数额的一倍以上五倍以下确定赔偿数额。赔偿数额还应当包括经营者为制止侵权行为所支付的合理开支。"

6. 合同纠纷中债权人行使撤销权诉讼案件。《最高人民法院关于适用〈中华人民共和国合同法〉若干问题的解释(一)》第 26 条明确规定:"债权人行使撤销权所支付的律师代理费、差旅费等必要费用,由债务人负担;第三人有过错的,应当适当分担。"

7. 借款担保诉讼案件。《民法典》第 691 条规定:"保证的范围包括主债权及其利息、违约金、损害赔偿金和实现债权的费用。当事人另有约定的,按照其约定。"债务人如约履行债务,债权人的权益即能得到实现,由于债务人不履行义务,债权人不得不通过诉讼的方式来实现权利,由此所支付的律师费是当事人为实现其债权而支出的费用,属于当事人的财产损失,《民法典》第 691 条规定的"实现债权的费用"应当包括合理的律师费。实践中对此有争议,但倾向于支持有明确约定的必要合理且实际支出的律师费。

8. 环境公益诉讼案件。《最高人民法院关于审理环境民事公益诉讼案件适用法律若干问题的解释》第 22 条规定:"原告请求被告承担以下费用的,人民法院可以依法予以支持:(一) 生态环境损害调查、鉴定评估等费用;(二) 清除污染以及防止损害的发生和扩大所支出的合理费用;(三) 合理的律师费以及为诉讼支出的其他合理费用。"

9. 信息网络侵权案件。《最高人民法院关于审理利用信息网络侵害人身权益民事纠纷案件适用法律若干问题的规定》第12条规定:"被侵权人为制止侵权行为所支付的合理开支,可以认定为民法典第一千一百八十二条规定的财产损失。合理开支包括被侵权人或者委托代理人对侵权行为进行调查、取证的合理费用。人民法院根据当事人的请求和具体案情,可以将符合国家有关部门规定的律师费用计算在赔偿范围内。"

10. 消费者权益保护公益诉讼案件。《最高人民法院关于审理消费民事公益诉讼案件适用法律若干问题的解释》第17条规定:"原告为停止侵害、排除妨碍、消除危险采取合理预防、处置措施而发生的费用,请求被告承担的,人民法院可予支持。"第18条规定:"原告及其诉讼代理人对侵权行为进行调查、取证的合理费用、鉴定费用、合理的律师代理费用,人民法院可根据实际情况予以相应支持。"

(三) 律师费转付制度的指导意见和典型案例

在司法实践中,律师费转付制度还体现在法院发布的指导意见和典型案例中,主要体现在以下几个方面:

1. 律师费转付制度的指导意见。(1)《最高人民法院关于进一步推进案件繁简分流优化司法资源配置的若干意见》(法发[2016]21号)规定:"……22. 引导当事人诚信理性诉讼。加大对虚假诉讼、恶意诉讼等非诚信诉讼行为的打击力度,充分发挥诉讼费用、律师费用调节当事人诉讼行为的杠杆作用,促使当事人选择适当方式解决纠纷。当事人存在滥用诉讼权利、拖延承担诉讼义务等明显不当行为,造成诉讼对方或第三人直接损失的,人民法院可以根据具体情况对无过错方依法提出的赔偿合理的律师费用等正当要求予以支持。"(2) 上海市高级人民法院早在2000年作出的《关于印发〈关于民事案件审理的几点具体意见〉的通知》(沪高发民[2000]44号)中就针对人身损害赔偿案件提出"律师费在性质上属于财产利益,原则上可以作为损失"。

2. 律师费转付制度的典型案例。最高人民法院发布的相关典型案例如:(1) 南京电力自动化设备总厂诉南京天印电力设备厂不正当竞争纠纷案,经江苏省南京市中级人民法院于1997年1月1日审结,判决被告支付原告律师费人民币9106元;(2) 台福食品有限公司与泰山企业股份有限公司不正当竞争纠纷上诉案,经最高人民法院于1998年7月27日审结,判决台福公司赔偿泰山公司律师代理费2万元;(3) 陆红诉美国联合航空公司国际航空旅客运输损害赔偿纠纷案,经上海市静安区人民法院于2001年11月26日审结,判决被告美联航赔偿原告陆红聘请律师支出的代理费人民币16595.10元、律师差旅费人民币11802.50元;(4) 杨文伟诉上海宝钢二十冶公司人身损害赔偿案,经上海市第二中级人民法院于2006年6月30日审结,审判决上海宝钢二十冶公司赔偿原告杨文伟支出的律师代理费人民币3000元;(5)李帅帅诉上海通用富士冷机有限公司、上海工商信息学校人身损害赔偿纠纷案,经上海市第二中级人民法院于2015年9月7日审结,判决上海通用富士冷机有限公司、上海工商信息学校赔偿李帅帅的律师代理费5000元。

三、民事诉讼模式转型对律师代理的影响

伴随着我国20世纪80年代末的民事诉讼模式大讨论,"当事人主义"和"职权主义"两个术语进入了法学界的研究视野并被普遍接受,我国民事审判方式改革开始努力从所谓的"超职权主义"向"当事人主义"诉讼模式转换,但是民事审判方式多年的改革并没有取得令人满意的效果。[①] 为了解决我国民事诉讼模式出现的问题,快速追赶世界民事诉讼的发展潮流,许多学者提出我国应该构建协同主义民事诉讼模式[②],并得到了理论界和实务界的不少认同。[③] 官方也对该理论表现出了浓厚的兴趣,把"协同主义"进行了中国化处理,时任最高人民法院院长肖扬在第七次全国民事审判工作会议上首次提出了"和谐诉讼模式":"民事诉讼应当是和谐的、有利于纠纷及时了结的诉讼,不应当是相互顶牛的、没完没了的诉讼。在当今民事诉讼领域,过于强调职权主义诉讼模式不仅使法官不堪重负,而且影响审判机关的中立形象,而过于强调当事人主义诉讼模式,也容易出现诉讼迟延和诉讼成本增加以致实体不公等缺陷。在我国努力构建和谐社会的新的战略目标下,民事诉讼朝着和谐的诉讼模式迈进,大力倡导和谐司法,无疑将成为新时期民事审判的重要特征。"[④]诉讼模式的转型不仅是纠纷解决机制的转变,同时也是诉讼理念和诉讼哲学的更新,在某种程度上,观念的转换比体制的重构更加重要,也更为艰难。对于和谐主义诉讼模式,有的学者认为,采取折中主义,摇摆于两大诉讼模式之间,是一个误区,将"和谐"引入司法,幻想实现法官、当事人甚至包括其他诉讼参与人之间的"大和谐",往往会在一定程度上异化为"强调法院对当事人权利的折中,权利人的让步",从性质上分析,这种"和谐诉讼模式不过是职权干预型诉讼体制的一种表现形式"。[⑤] 正如有的学者指出的,"我国民事审判改革不尽理想的原因不是把'当事人主义'作

---

① 参见唐力:《辩论主义的嬗变与协同主义的兴起》,载《现代法学》2005年第6期。
② 参见肖建华、李志丰:《从辩论主义到协同主义》,载《北京科技大学学报》(社会科学版)2006年第3期。
③ 参见熊跃敏、张伟:《民事诉讼中的协同主义:理念及其制度构建》,载《法治研究》2012年第1期。
④ 肖扬:《建设公正高效权威的民事审判制度,为构建社会主义和谐社会提供有力司法保障——在第七次全国民事审判工作会议上的讲话》,载《法制日报》2007年1月5日。
⑤ 参见张卫平著:《推开程序理性之门》,法律出版社2008年版,第103—104页。

为改革方向,而是从来没有建立起以辩论为核心的当事人主义模式"①。

中共十八届四中全会提出了一系列司法改革新举措,其中"推进以审判为中心的诉讼制度改革"特别引人瞩目。《最高人民法院关于全面深化人民法院改革的意见——人民法院第四个五年改革纲要(2014—2018)》把建立以审判为中心的诉讼制度作为主要改革任务之一,其中民事司法改革部分的任务主要集中在证据制度改革和以庭审为中心的制度完善上。虽然学术界对本轮以审判为中心的诉讼制度改革是否适用于民事诉讼领域仍有分歧,但在民事诉讼中推行"以庭审为中心"的审判方式已有多年。② 当某一事物被称为"中心"时,便意味着其他事物不得不围绕这一中心而排列,其他事物的作用也为实现中心的目标而设置。"以庭审为中心"的民事诉讼模式实质上是国家对当事人程序性主体地位的确定,需要确立"对抗与判定"的诉讼结构,同时也对委托人代理制度提出了新的要求,在某种程度上是提升了对于代理人法律资质的实质性要求。③

"对抗与判定"的诉讼结构旨在以更符合现代诉讼法治理念的要求而确定各类诉讼主体的诉讼地位,并规范其诉讼行为及作用。所谓"对抗"是指诉讼当事人双方被置于相互对立、相互抗争的地位上,在他们之间展开的攻击防御活动构成了诉讼程序的主体部分;而"判定"则意味着由法官作为严守中立的第三者,对通过当事人双方的攻击防御而呈现出来的案件争议事实作出最终判断,且这个判断具有一经确定即不许再轻易更改的强烈终局性。④ "对抗与判定"的诉讼结构反映的是现代民事诉讼活动应当遵循的基本规律。一方面为保证审判者的中立性和公正性卸除了审判者依职权调查事实真相的责任,而将向法庭呈示案件并加以证明的责任赋予了作为诉讼主体的当事人自身;另一方面,为使当事人在履行上述责任中更大程度上发挥自治性和主动性,并在更高程度上实现"对抗与判定"的诉讼结构的制度预期,也必然随之提升了诉讼专业化的要求。诉讼的专业化是现代诉讼机制最大程度地发现纠纷真相和公正解决纠纷的内在要求。而诉讼专业化实质上是诉讼主体的专业化。这不仅需要行使审判权的法官具有依法审判的能力,也需要行使诉权的当事人具有依法诉讼的能力和在审判权未依法行使的情况下,具有依法运用程序规范予以制约的力量。

为此,现代民事诉讼机制专设律师诉讼代理制度,通过代理律师"审慎地帮助他的代理人更好地理解他们自己的利益和理想抱负,指导他们在可选择的目

---

① 王次宝:《反思"协动主义"》,载《清华法学》2010年第1期。
② 参见蒋惠岭、杨小利:《重提民事诉讼中的"庭审中心主义"——兼论20年来民事司法改革之轮回与前途》,载《法律适用》2015年第12期。
③ 蔡彦敏:《我国民事诉讼中的委托代理人制度》,载《国家检察官学院学报》2013年第2期。
④ 王亚新著:《对抗与判定——日本民事诉讼的基本结构》,清华大学出版社2010年版,第51页。

标中作出抉择"。① 一方面,在当事人意欲提起诉讼之前,如有律师与当事人就其诉求进行沟通,审查分析其相关资料,就能够期待促使不该提起诉讼的诉求不被提起诉讼;应该提起诉讼的诉求以符合法律要求的形式提起诉讼。由此,律师可以为当事人同时也为社会担当诉讼程序是否开启的法律上的把门人,从而既可保障当事人的诉权行使,又可防止无实益的诉讼被提起,避免国家有限的司法公共资源被无端消耗。另一方面,诉讼启动后,充分的诉讼准备是有效利用诉讼程序达至诉讼预期不可或缺的工作,这需要相应的法律知识、法律研究能力和扎实的诉讼实务功力,而欠缺这方面能力的当事人以及不具有法律资质的其他代理人势必乏力担当此任,律师则"能够从当事人本人的利益出发,在所收集的信息资料的基础上通过法律推理形成具有一定客观性和说服力的主张,并及时地提示给法院"②。

诉讼专业化同时也要求民事诉讼的职业化代理,这是完善法治建设的一个重要环节,同时也是一个需要各方面制度共同发力的系统工程。首先,代理是基于信赖建立起来的一种关系,当事人委托律师代理诉讼,需要有当事人对所委托律师的特定信任,还需要有社会对律师职业群体的信任。解决这两种信任的问题,需要完善律师职业伦理的约束机制。其次,对于律师收费机制的改革也是必要的,仅仅依靠法律救助并不能解决律师普遍代理的问题。当然,民事诉讼程序的理性强化,同样是诉讼职业化代理的重要基础。③ 民事诉讼的职业化代理对律师代理提出了更高的要求,主要体现在以下几个方面:首先,要求提高律师的全面素质,从而适应司法公正的需要。职业化的基本要求是接受系统训练,参加统一考试,具有法律执业资格等,这些都要求律师要全面提高素质,从而做到对法律准确而全面地把握,保证法律的公正适用。其次,要求律师增强对法律的信仰。要在全社会成员中树立法律信仰,首先律师必须要建立起法律信仰;要在全社会树立法的权威,首先要在律师中树立法的权威。最后,"徒法不足以自行",律师还要坚守法律职业伦理底线,积极履行公益服务职业责任,为缩小"正义缺口"作出贡献。

第四节 法 律 实 践

一、律师代理民事案件一审流程

律师接受当事人的委托,代理当事人从事诉讼活动,其具体的过程根据律师

---

① 〔美〕安索尼·T. 克罗曼:《迷失的律师》,周战超、石新中译,法律出版社2002年版,第50页。
② 蔡彦敏:《我国民事诉讼中的委托代理人制度》,载《国家检察官学院学报》2013年第2期。
③ 李萌:《论我国民事诉讼代理的职业化》,载《东方法学》2015年第1期。

代理的诉讼程序不同而有所区别,但是在一审普通程序中律师代理民事诉讼所从事的一般过程具有代表性,律师在其他各种程序中的行为基本上都是在一审程序中所为的过程基础上有所增减的,所以本节主要介绍律师在一审中应该做的和法律允许做的各种行为。

(一) 起诉或应诉阶段

原告在向法院提起诉讼前就可以聘请律师代理起诉,而被告在接到法院的应诉通知书后可以聘请律师代理答辩和领取有关诉讼材料等活动。具体来说,律师在起诉前接受原告委托的,受托后应进行以下代理工作:(1) 根据案件事实和法律规定,代写起诉状,并确定受诉法院,然后代为起诉或者告知委托人向法院递交起诉状。如果法院裁定驳回不予受理,则应当协助当事人提起上诉,请求上一级人民法院裁定受理。(2) 考虑是否需要申请人民法院采取诉前保全措施。(3) 在开庭准备前发现与案件有直接利害关系的当事人没有参加诉讼,可以申请人民法院追加这些人为本案当事人。

律师在应诉阶段接受被告人委托的,应当注意做好:(1) 代写答辩状,然后代为提交或告知委托人自收到起诉书15日内向人民法院提交答辩状。(2) 考虑委托人能否提起反诉、代写反诉状,并与答辩状一起提交法院。

无论是代理原告的律师还是代理被告的律师都应注意:根据《民事诉讼法》第137条规定:"人民法院审理民事案件,除涉及国家秘密、个人隐私或者法律另有规定的以外,应当公开进行。离婚案件,涉及商业秘密的案件,当事人申请不公开审理的,可以不公开审理。"据此,代理律师在接到开庭通知的前后,可根据案件的性质和当事人的意愿,及时向人民法院申请不公开审理。

(二) 开庭前的准备工作

律师接受委托后至出庭前是律师代理民事诉讼最重要的一个诉讼阶段,这一阶段准备工作的好坏直接关系到整个代理活动的成败,律师必须认真、细致地做好各项准备工作。律师在出庭前通常需做好以下准备工作:

1. 确定举证期限

举证期限对于民事诉讼具有十分重要的意义,很多诉讼活动必须在举证期限内完成,否则将承担不利的法律后果。如当事人必须在举证期限内向人民法院提交证据材料,当事人在举证期限内不提交的,视为放弃举证权利。对于当事人逾期提交的证据材料,人民法院审理时不组织质证,但对方当事人同意的除外。当事人在举证期限内提交证据材料确有困难的,应当在举证期限内向人民法院申请延期举证,经人民法院准许,可以适当延长举证期限。当事人在延长的举证期限内提交证据材料仍有困难的,可以再次提出延期申请,是否准许由人民法院决定。

2. 查阅案卷材料,了解熟悉案情

阅卷既是代理律师的一项基本权利,又是律师了解案情的一条重要的途径。案卷材料是法院掌握的关于本案的各项材料,其来源有三个方面:一是原告方当事人及其代理人提供的;二是被告方当事人及其代理人提供的;三是法院通过自行调查收集到的。案卷材料包含了当事人制作并提交法院的各项诉讼文书如起诉状和答辩状,以及各种证据材料,这里的证据材料既包括双方当事人的举证材料,又包括法院调查或鉴定得来的证据材料,能够比较客观、全面地反映案件事实以及当事人双方的诉讼请求和主张。

3. 与委托人谈话,听取委托人的意见

在了解基本案情和双方争执焦点的基础上,代理律师应与委托人进行一次有针对性的谈话,要求其详细地介绍有关案件的发生、经过和结果的事实,并向委托人说明本案争论的焦点以及对其有利和不利的方面,听取当事人的意见,以便确定是否还需要委托人再提供新的证据和线索。同时,要注意避免矛盾激化,向委托人介绍举证及参加诉讼应注意的事项。

4. 调查收集证据

除当事人客观上无法收集的证据,人民法院要依职权收集外,根据《民事诉讼法》规定的谁主张谁举证的原则,当事人对自己提出的主张,必须承担举证责任。这对代理律师提出了很高的要求。为全面弄清案件的事实真相,分清是非,明确责任,有效维护当事人的合法权益,代理律师应深入实际调查研究,全面而认真地审查证据。因此,向有关单位和个人调查、取证,既是代理律师的一项基本诉讼权利,也是代理工作的一项重要内容。代理律师调查取证,侧重点在于收集和掌握有利于委托方当事人的事实和证据,但对于不利于委托方当事人的事实和证据也应予以足够的重视,这样能够形成正确的令人信服的代理意见,维护委托方当事人的合法权益。代理律师对于在调查中了解到的不利于委托方当事人的事实和证据,不应向法院提供,只可作为自己发表代理意见时的参考资料。

《民事诉讼法》第67条第2款规定:"当事人及其诉讼代理人因客观原因不能自行收集的证据,或者人民法院认为审理案件需要的证据,人民法院应当调查收集。"当事人及其律师申请人民法院调查收集证据,应当提交书面申请。申请书应当载明被调查人的姓名或者单位名称、住所地等基本情况,所要调查收集的证据的内容,需要由人民法院调查收集证据的原因及其要证明的事实。

5. 申请保全和先予执行

诉讼过程中,为了避免证据的灭失,或者因情况紧急及办理案件的需要,有关当事人可以依法申请证据保全、诉前保全或者由人民法院主动依职权进行保全,《民事诉讼法》第84条、第103条至第111条规定了上述有关事项和先予执行制度,其中保全包括财产保全和行为保全。

根据《民事诉讼法》第 84 条第 1 款规定:"在证据可能灭失或者以后难以取得的情况下,当事人可以在诉讼过程中向人民法院申请保全证据,人民法院也可以主动采取保全措施。"

根据《民事诉讼法》第 103 条规定:"人民法院对于可能因当事人一方的行为或者其他原因,使判决难以执行或者造成当事人其他损害的案件,根据对方当事人的申请,可以裁定对其财产进行保全、责令作出一定行为或者禁止其作出一定行为;当事人没有提出申请的,人民法院在必要时也可以裁定采取保全措施。人民法院采取保全措施,可以责令申请人提供担保,申请人不提供担保的,裁定驳回申请。人民法院接受申请后,对情况紧急的,必须在四十八小时内作出裁定;裁定采取保全措施的,应当立即开始执行。"代理律师根据案件情况和需要,应当给予有需要的当事人相关的积极建议。被申请人的代理律师可以建议其提供担保以解除财产保全。当财产保全申请错误时,被申请人的代理律师可以告知被申请人向申请人要求赔偿。对于行为保全方面,亦为同理。

如果代理的是追索赡养费、抚养费、抚育费、抚恤费、医疗费用以及劳动报酬等案件,则代理律师应考虑是否建议当事人向人民法院提出先予执行的申请。

作为对方当事人的代理律师,如果认为人民法院作出的保全或者先予执行裁定不当的,应建议当事人或在其授权的情况下申请复议。

6. 申请或参加庭前证据交换

庭前证据交换有两种情况:经当事人申请,人民法院可以组织当事人在开庭审理前交换证据;人民法院对于证据较多或者疑难复杂的案件,应当组织当事人在答辩期满后、开庭审理前交换证据。交换证据的时间可以由当事人协商一致并经人民法院认可,也可以由人民法院指定。

7. 申请司法鉴定

对于需要鉴定的事项,当事人或者其诉讼代理人可以向人民法院申请鉴定。对需要鉴定的事项负有举证责任的当事人,在人民法院指定的期限内无正当理由不提出鉴定申请或者不预交鉴定费用或者拒不提供相关材料,致使对案件争议的事实无法通过鉴定结论予以认定的,应当对该事实承担举证不能的法律后果。

8. 准备代理意见

代理意见是代理律师在开庭审理中,根据法庭调查的情况,对案件事实与法律适用发表的见解。

9. 庭前准备过程中的其他工作

根据实践,庭前准备工作主要包括:促使当事人互让互谅,达成和解协议;提出回避申请;申请法院采用简易程序;注意法院有没有程序违法或者侵犯委托人合法权益的行为,若有则要求法院予以纠正等。

（三）法庭审理过程中的律师代理工作

根据法律规定，人民法院审理第一审案件通常采用普通程序。普通程序是民事诉讼的基础性程序，其开庭审理分为宣布开庭、法庭调查、法庭辩论、评议与宣判四个阶段。每个阶段都有该阶段的特点与任务；相应地，代理律师也各有其业务活动。

1. 宣布开庭阶段的律师代理活动

在宣布开庭阶段，律师可以根据实际需要和案情，申请法院延期审理、申请有关人员回避并对回避决定申请复议。代理律师此时也应注意核对对方当事人的身份以及当事人的代理人的代理权限。

2. 法庭调查阶段的律师代理活动

法庭调查是开庭审理的中心环节，首先由代理律师或者委托人宣读起诉状或者答辩状。

进入法庭举证、质证阶段后，律师应当在法庭调查中举证，出示已经在举证时限内向法院提交的证据。质证时，当事人应当围绕证据的真实性、关联性、合法性，针对证据证明力有无以及证明力大小，进行质疑、说明与辩驳。在法庭调查过程中，律师可以提出新的证据，也可以要求重新进行调查、鉴定或者勘验，由法院决定。

通过双方分别提出诉讼请求和答辩意见，在质证的基础上，要确定双方争议的焦点。争议焦点可以由审判人员在双方主张的基础上总结，对于审判人员的总结，律师认为不正确的或不全面的，应当及时向法庭提出。

3. 法庭辩论阶段的律师代理

法庭辩论是指在审判人员的主持下，双方当事人或其诉讼代理人根据法庭调查的证据、事实和相关法律的规定，当庭就双方所争议的事实问题和法律问题进行辩驳和论证的诉讼活动。法庭辩论既是双方当事人及其诉讼代理人辨明事实，发表意见的主要阶段，又是审判人员听取双方意见，做到兼听则明的重要环节。代理律师在这一阶段，应通过发表代理词和与对方辩论，阐明对本案的基本看法和法律见解，协助法官作出公正审判，从而维护委托人的合法权益。

代理律师应当根据法律规定，利用辩论发言的机会，充分论证己方观点的正确和对方观点的错误。为了充分发挥代理律师在法庭辩论中的作用，通过辩论达到维护被告人合法权益的目的，代理律师在法庭辩论过程中，要注意以下几个问题：第一，要明确辩论的目的和对象。辩论的目的是说服审判人员，让他相信并采纳代理律师的意见。辩论的表面对象是对方当事人及其代理人，实际上是审判人员。代理律师通过辩论，只要使审判人员认为其主张合理合法就能达到预期目的，否则，即使通过辩论驳倒了对方当事人及其代理人，但未说服审判人员，审判人员也不会采纳代理律师的意见，不能最终使法院的判决、裁定有利于委托方当事人。第二,在法庭辩论过程中,要做到有理有力有节,不要重复。第三,律师在反驳对方观点时,要以理服人,切忌讽刺挖苦、人身攻击。

另外,《民事诉讼法》第144条第2款规定:"法庭辩论终结,由审判长按照原告、被告、第三人的先后顺序征询各方最后意见。"代理律师应注意协助委托人行使这最后发表意见的权利。

4. 评议与宣判阶段的律师代理

评议与宣判阶段,代理律师的主要工作是认真听取裁判,向当事人说明和解释判决或者裁定的内容,并就上诉等问题向当事人提供咨询意见,询问当事人是否提出上诉,可以根据当事人的授权,接受法院送达裁判。

如果代理律师认为裁判正确,而当事人要求上诉的,代理律师可以向当事人提出裁判正确合法的意见,但是不能强迫当事人放弃上诉的诉讼权利。如果判决确有错误,则应该根据当事人的请求,再办理委托手续,代理上诉。

5. 律师代理民事诉讼的其他问题

我国《民事诉讼法》第145条规定:"法庭辩论终结,应当依法作出判决。判决前能够调解的,还可以进行调解,调解不成的,应当及时判决。"法庭调解遵循自愿、合法原则。代理律师在判决前调解阶段的主要工作是:配合法院促成调解,监督法院依法调解,向委托人说明有关法律事项。代理律师要向委托人详细说明达成调解协议的法律后果和调解书的法律效力。代理律师应当从维护当事人利益的最大化出发参加法庭调解,包括对协议的执行要作出正确的评估。

在诉讼进行中,代理律师可以根据案件审理的实际情况,与对方在协商的基础上,达成和解协议,从而申请撤诉,以结束诉讼。

需要注意的是,上述诉讼调解和诉讼和解都不得违背当事人的意愿,都需要根据当事人的特别授权进行。没有当事人的特别授权,律师不得进行调解或者和解。

代理律师应当阅读庭审笔录。发现笔录有误的,应当及时要求补正。特别是涉及事实自认、证据认可、质证记录或诉讼请求表述的记录出现错误,将直接影响到当事人的利益,对此,代理人应当加以特别注意。

二、代理律师调解、和解的效力

律师代理委托人从事诉讼行为,可以分为一般授权和特别授权。一般授权是指律师只要有委托人的授权委托书,就可以代为提起诉讼、提出回避申请、提出管辖权异议、申请延期审理等纯粹程序性质的事项,这些事项与委托人的实体权利义务关系不是很大,只是促进诉讼程序的进展。而对于是否和解、调解、撤诉、上诉、申诉等涉及委托人实体权利义务的事项,则必须要有委托人的特别授权。

代理律师即使获得了当事人的特别授权,代理当事人与对方当事人或其委托的律师商谈和解问题,或者解释法院的调解,也只是代表当事人的意愿,了解对方的有关情况,最终让步与否、让步多少、是否接受等都只能由当事人自己决定。律师在这个过程中,充当的是传声筒、观察者和分析者的角色,将所代理的当事人的意思向对方传递,同时从对方的言行和准备中分析对方当事人掌握的证据、是真的有和解或者调解的意愿还是仅仅为了拖延时间、自己掌握的证据与对方相比有无优势、不调解或者和解对己方是否不利、己方的诉讼请求是否有法律依据、对方会在多大程度上让步、己方可以在多大限度内接受调解或者和解的结果,然后向自己的委托人提出符合实际的对己方最有利的建议。最后由当事人决定是否接受调解、和解的结果。

如果律师在没有授权的情况下,接受了调解、和解,即使该结果比法院判决对委托人更有利,也不能直接发生法律效力。此时是坚决地否定律师无权代理的后果,还是考虑实际情况然后由委托人决定是否接受该调解、和解结果,法律上没有作出明确规定。我们认为对于这种情况,可以参照民法中代理人无权代理的情况,只要委托人承认该项代理,代理就变成了有权代理,对双方产生效力。律师代理委托人从事诉讼活动,只要是为了更好地实现委托人的利益,律师作为专业人士应该从各个方面考虑最佳的解决方式,如果只是因为在调解、和解时没有委托人的授权,就不论实际结果而一概不予承认,这样的做法有失偏颇。只要委托人在签字时予以认可的,法院就应该承认此项调解、和解的效力。

三、代理律师调查取证权利的行使

律师代理民事诉讼,不仅要行使各项程序权利,最重要的是要调查取证,因为法院认定事实的依据是经过质证的证据。当事人自己可能不知道如何调查取证,其调查取证权的范围也没有律师的广泛。民事诉讼中除当事人客观上无法收集的证据,人民法院要依职权收集外,根据民事诉讼法规定的谁主张谁举证的原则,当事人对自己提出的主张,必须承担举证责任。这对代理律师提出了很高的要求。为全面弄清案件的事实真相,分清是非,明确责任,有效维护当事人的合法权益,代理律师应深入实际调查研究,全面而认真地审查证据。因此,向有关单位和个人调查、取证,既是代理律师的一项基本诉讼权利,也是代理工作的一项重要内容。代理律师调查取证,侧重点在于收集和掌握有利于委托方当事人的事实和证据,但对于不利于委托方当事人的事实和证据也应给予足够的重视,这样能够形成正确的令人信服的代理意见,真正实现维护委托方当事人合法权益的目的。代理律师对于在调查中了解到的不利于委托方当事人的事实和证据,不应向法院提供,只可作为自己发表代理意见时的参考资料。

《律师法》第35条第1款规定:"受委托的律师根据案情的需要,可以申请人民检察院、人民法院收集、调取证据或者申请人民法院通知证人出庭作证。"实践中，律师调查取证权的行使受到的最大挑战是有关人员的不配合问题，如果法律对有关人员配合律师的调查取证义务不作规定，则律师自行调查取证很难落实。《律师法》第35条第2款有了积极的回应："律师自行调查取证的，凭律师执业证书和律师事务所证明，可以向有关单位或者个人调查与承办法律事务有关的情况。"遗憾的是，这样的规定只是简化了律师自行调查取证时的手续，或者还是仅从一方权利的角度规定，难于达成调查取证的目的。因而，律师还是需要依赖法院的帮助来进行调查取证。因为，《民事诉讼法》第70条第1款规定"人民法院有权向有关单位和个人调查取证，有关单位和个人不得拒绝"，我们认为这也不失为一种对当事人有利的方式，对于各方依法行使和维护自己的权利并无不利，代理律师应当积极运用。

《民事诉讼法》第67条第2款规定："当事人及其诉讼代理人因客观原因不能自行收集的证据，或者人民法院认为审理案件需要的证据，人民法院应当调查收集。"根据《最高人民法院关于民事诉讼证据的若干规定》（2008年），符合下列条件的，当事人及其诉讼代理人可以申请人民法院调查收集证据：(1) 申请调查收集的证据属于国家有关部门保存并须人民法院依职权调取的档案材料；(2) 涉及国家秘密、商业秘密、个人隐私的材料；(3) 当事人及其诉讼代理人确因客观原因不能自行收集的其他材料。当事人及其诉讼代理人申请人民法院调查收集证据，不得迟于举证期限届满前7日。

当事人及其诉讼代理人申请人民法院调查收集证据，应当提交书面申请。申请书应当载明被调查人的姓名或者单位名称、住所地等基本情况、所要调查收集的证据的内容、需要由人民法院调查收集证据的原因及其要证明的事实。

人民法院对当事人及其诉讼代理人的申请不予准许的，应当向当事人或其诉讼代理人送达通知书。当事人及其诉讼代理人可以在收到通知书的次日起3日内向受理申请的人民法院书面申请复议一次。人民法院应当在收到复议申请之日起5日内作出答复。

第五节 案例评析

一、离婚案件中律师可否代委托人进行调解

【案情】

张三和李四于2007年结婚，婚后因生活习惯有差异并且不能忍让，张三遂于2008年年底向法院提起离婚诉讼。但是李四因为出国工作两年而不能回来参加诉讼，遂委托其好友甲律师作为其代理人参加诉讼，甲有李四的"全权代理

授权书",在审理过程中,因李四未出庭,甲全权代表李四参加了质证、辩论,在庭审结束前张三表达了调解的意思,甲同意代李四进行调解。但是法院要甲重新提供李四授权其代为进行调解的授权委托书。李四认为自己已经出具了一份"全权代理授权书",甲就可以在诉讼中全权代理自己的一切事情,法院还要求自己再重新出具一份授权委托书,是没有必要的,就没有出具。结果法院不同意张三和甲进行调解。

【评析】

本案例涉及离婚案件中律师是否可以代委托人进行调解的问题。在民事诉讼中,当事人对律师的授权有两种,一是纯粹程序性的事项只需一般授权即可,即一般的授权委托;另一是涉及当事人实体权利义务的事项,如撤诉等就必须要有当事人的特别授权。上文对这两种授权作了详细解说,在此不再赘述。

在一般的民事诉讼中,只要有委托人的特别授权,律师就可以代委托人进行调解、和解等活动。但是对于离婚案件而言,因其具有的特殊性,法律对律师的代理活动有特殊规定。离婚案件需要查清双方是否确实已经感情破裂,通过一般的书面材料是难以看出的,并且法律规定对于离婚案件,要先行调解,调解不成再进行法庭审理。审理过程中,需要双方出席,对感情是否已经破裂进行辩论,法官可以从当事人的言辞辩论中分析双方的感情处于何种状况,最终判定是否符合离婚的要件从而判决离婚与否。如果当事人不出席庭审,仅由律师代理出庭,法官就难以判断双方的感情状况,难以断定是否应当判处离婚。所以法律明确规定,离婚案件的双方应当出席法庭审理。对于特殊情况确实不能亲自参加庭审的,应当向法院提交书面的说明。本案被告因身处国外不能亲自出庭,需要出具一份书面的说明材料由甲提交给法庭,然后由甲代理被告进行诉讼活动。在甲代理李四的诉讼过程中,甲要想获得调解等特别授权,就必须要由李四出具特别的授权委托书。

因此本案例中李四首先要向法院提交一份不能亲自出庭的书面说明,然后再出具一份特别的授权委托书,甲才可以代李四进行调解活动。在没有特别授权委托书的情况下,法院不允许甲代李四进行调解是正确的。

二、消费者权益保护协会提起公益诉讼律师费由谁承担

【案情】

张某购买了某公司经营的婴儿奶粉,孩子喝了后呕吐不止,于是赶紧把孩子送到医院治疗。与此同时,又有好几位家长带孩子来医院,孩子们都是喝过这种奶粉后发生呕吐。后来家长们委托主管部门对奶粉的质量进行鉴定,结论为不合格产品。这类案件是否可以由消费者权益保护协会起诉?如果消费者权益保护协会委托律师,律师费能否由对方承担?

【评析】

2012年8月31日，全国人大常委会表决通过了关于修改《民事诉讼法》的决定。修订的《民事诉讼法》(2012年)新增了关于"公益诉讼"的条款，明确原告主体资格为："法律规定的""机关"及"有关组织"，这无疑使我国公益诉讼制度迈出了法律制度破冰的一大步。因为根据原来的《民事诉讼法》(2007年)第108条规定："原告是与本案有直接利害关系的公民、法人和其他组织。"这使公益诉讼的主体资格受到限制，所以在此之前我国公益诉讼案件的处理结果是不尽人意的。修订后的《民事诉讼法》(2012年)规定：对污染环境、侵害众多消费者合法权益等损害社会公共利益的行为，法律规定的机关和有关组织可以向人民法院提起诉讼。虽然新规定放宽了对公益诉讼原告资格的限制，但是该规定并未明确规定由何主体担任原告提起公益诉讼。

有鉴于此，2016年2月1日，最高人民法院审判委员会第1677次会议通过了《最高人民法院关于审理消费民事公益诉讼案件适用法律若干问题的解释》(法释〔2016〕10号，于2016年5月1日开始施行)。该司法解释第1条规定："中国消费者协会以及在省、自治区、直辖市设立的消费者协会，对经营者侵害众多不特定消费者合法权益或者具有危及消费者人身、财产安全危险等损害社会公共利益的行为提起消费民事公益诉讼的，适用本解释。法律规定或者全国人大及其常委会授权的机关和社会组织提起的消费民事公益诉讼，适用本解释。"由此可见，因奶粉的经营者侵害了一些不特定孩子的人身健康，所以消费者权益保护协会可以作为原告提起消费民事公益诉讼。

与此同时，该司法解释第17条规定："原告为停止侵害、排除妨碍、消除危险采取合理预防、处置措施而发生的费用，请求被告承担的，人民法院可予支持。"第18条规定："原告及其诉讼代理人对侵权行为进行调查、取证的合理费用、鉴定费用、合理的律师代理费用，人民法院可根据实际情况予以相应支持。"因此，消费者权益保护协会委托律师起诉的，法院可以判决支持律师费。

三、涉外民事诉讼案件律师代理的特别规定

【案情】

外国人甲2008年某日在中国某一旅游胜地游玩，与中国人乙产生摩擦，被乙打伤。甲向人民法院提起诉讼，要求乙赔偿其医疗费及其他相关损失。甲想聘请一外国律师为自己的诉讼代理人，但是听人说外国人在中国进行诉讼必须要聘请中国的律师代理进行诉讼。甲产生疑问，为何自己在中国进行诉讼时不能聘请自己信得过的律师来代理自己的诉讼？

【评析】

本案例涉及涉外民事诉讼案件中律师代理的特别规定。涉外民事诉讼，是

指具有涉外因素的民事诉讼,即作为诉讼主体的当事人一方或者双方是外国人、无国籍人、外国企业和组织或者双方当事人争议的标的物在外国或者引起双方权利义务关系发生变动的法律事实发生在外国的民事诉讼。

外国当事人需要委托律师的,必须委托中国律师,外国律师不得在我国代理诉讼和出庭。这代表了我国的司法权的完整性。当然外国当事人可以聘请外国律师作为普通的诉讼代理人而非以律师身份代理诉讼,只是律师所享有的调查取证权等不是普通诉讼代理人能享有的。

我国律师代理涉外民事诉讼,除必须遵守民事诉讼的基本原则以外,还应当遵守我国民事诉讼法规定的涉外民事诉讼的基本原则,即诉讼权利义务同等、对等原则;优先适用特别规定原则;适用我国缔结或参加的国际条约原则;使用我国通用的语言、文字的原则。律师代理涉外民事诉讼,除要遵守代理民事诉讼的一般程序外,还应注意以下问题:

1. 委托授权手续问题

我国律师接受外国当事人的委托,亦应与其签订委托代理合同。《民事诉讼法》规定,在我国领域内没有住所的外国人、无国籍人、外国企业和组织委托我国的律师代理诉讼的,其从国外寄交或者托交的授权委托书,应当经所在国公证机关证明,并经我国驻该国使领馆认证,或者履行我国与该所在国订立的有关条约中的证明手续后,才具有效力。如果该外国人所属国与我国没有外交关系的,应当将经过公证机关证明的委托授权手续交与我国有外交关系的国家驻该国使领馆,再由该外国使领馆转交我国驻该国使领馆认证。

2. 期间问题

被告在中华人民共和国领域内没有住所的,人民法院应当将起诉状副本送达被告,并通知被告在收到起诉状副本后30日内提出答辩状。被告申请延期的,是否准许,由人民法院决定。在中华人民共和国领域内没有住所的当事人,不服第一审人民法院判决、裁定的,有权在判决书、裁定书送达之日起30日内提起上诉。被上诉人在收到上诉状副本后,应当在30日内提出答辩状。当事人不能在法定期间提起上诉或者提出答辩状,申请延期的,是否准许,由人民法院决定。

3. 法律文书的送达问题

根据《民事诉讼法》第274条的规定,人民法院对在中华人民共和国领域内没有住所的当事人送达诉讼文书,可以采用下列方式:(1) 依照受送达人所在国与中华人民共和国缔结或者共同参加的国际条约中规定的方式送达;(2) 通过外交途径送达;(3) 对具有中华人民共和国国籍的受送达人,可以委托中华人民共和国驻受送达人所在国的使领馆代为送达;(4) 向受送达人委托的有权代其接受送达的诉讼代理人送达;(5) 向受送达人在中华人民共和国领域内设立的代表机构或者有权接受送达的分支机构、业务代办人送达;(6) 受送达人所在国的法律允许邮寄送达的,可以邮寄送达,自邮寄之日起满 3 个月,送达回证没有退回,但根据各种情况足以认定已经送达的,期间届满之日视为送达;(7) 采用传真、电子邮件等能够确认受送达人收悉的方式送达;(8) 不能用上述方式送达的,公告送达,自公告之日起满 3 个月,即视为送达。

在上述 8 种送达方式中,第 4 种即向诉讼代理人送达,是最为普遍、最为可靠的一种送达方式。律师一经接受送达即视为人民法院送达完成,并对委托人产生法律上的效力。此外,2012 年《民事诉讼法》删除了涉外程序中财产保全的规定,说明涉外财产保全与普通财产保全程序相同。

第六节 问题与建议

一、立法问题

《律师法》作为专门规范律师执业行为的一部法律,不仅要对律师的违法行为加以惩处,更需要做的是对律师的保护。律师在被有关机构追究行政责任、民事责任和刑事责任时,同其他的人一样处于弱者的地位,需要有救济的途径。律师法虽然规定律师协会受理律师的申诉、调解律师执业活动中发生的纠纷,但是律师法在这方面的规定不够具体和明确。对律师权利的规定采取"宣言"式的,仅有"行为模式"的规定,没有"法律后果"的规定,而法律后果对于法律规则的有效执行至关重要。同为组织法的法官法和检察官法,都专设一章"申诉、控告",以解决法官或者检察官的权利受到侵犯或对处罚不服的救济问题,但律师法中没有律师权利救济的内容。这是律师法的一个重大缺失,也不符合"有权利就有救济"的一般法理要求。

二、修法建议

针对上述问题,需要立法机关在适当时候加以修改和完善,增加权利救济的规定。

在律师代理民事诉讼的过程中,不能排除法官不给代理律师充分发表意见和辩论的机会的情况,实际中也确实有法官因为审理时间很短,根本没有时间认真听取当事人及其代理律师的意见和建议,只是从双方提交的书面材料中形成心证;或者法官行使诉讼指挥权,认为代理律师的意见与案件无关就不准律师继续发表意见。所以法律应该对法官随意剥夺或者限制律师发表代理意见的行为加以适当规制,让律师能够充分表达自己对案件的看法和对适用法律的意见。

在律师受到律师协会的惩戒、被司法行政机关和法院追究行政责任和民事责任、刑事责任时,应给予被处罚律师申诉的权利。律师在执业过程中受到人身侵害、权利被剥夺或者限制的情况下，有向有关机关提出控告的权利。

最重要的是在法律设置对律师权利的救济途径时，需要从细节处着眼，不仅赋予权利，更要设置行使权利的具体制度和方法，让法律的规定落到实处，真正保护律师在民事代理中享有的权利能够充分行使，更好地维护委托人的利益，也让律师能够在一个良好的执业环境中，在法律规定的范围内依法从事代理活动。

【问题与思考】

请阅读以下案例，并根据相关案件信息，回答问题：

2020年，北京某饲料厂起诉A公司及其经办人曹某，追讨27万余元贷款，被告曹某找到刘律师。

（1）曹某向刘律师进行了详细的法律咨询，介绍了本案的重要细节和自己掌握的关键证据，但由于各种原因，双方没有达成委托代理协议。这种情况下，刘律师是否还可以接受原告饲料厂的委托，担任其代理律师？

（2）曹某和刘律师达成了委托代理协议。案件开庭日期确定后，由于刘律师在上海出差无法出庭，于是未经曹某同意将案件转委托给了该律师事务所的万律师，由万律师代为出庭。若干天后，曹某接到万律师电话去拿法院的判决书，判决书中写有："本案2020年5月10日公开进行了审理，被告代理律师万某到庭参加了诉讼。"曹某认为刘律师未经其同意即把案件转委托给其他律师的做法严重侵犯了自己的合法权益，于是向有关部门进行了投诉。这种情况下，刘律师是否可以未经委托人同意，直接将案件转委托给其他律师办理？

（3）曹某和刘律师达成了委托代理协议。一审开庭审理时，刘律师提出要对某饲料厂提供的收条进行鉴定，法院审查后认为该饲料厂提供的收条证据有问题，后饲料厂撤诉。撤诉后，饲料厂委托刘律师所在律师事务所的万律师于2021年再次起诉A公司和曹某。这种情况下，万律师的代理行为是否违反《律师法》等相关法律法规的规定？

第十章　行政诉讼中的律师代理

【内容提要】
　　本章介绍律师代理行政诉讼的特征、地位和作用，分析律师代理行政诉讼的受案范围、对象范围和程序范围，重点分析可以提起行政诉讼的行政行为的特点，并就完善行政诉讼中的律师代理提出建议。
　　【关键词】　行政诉讼　行政行为　律师代理

第一节　基 本 理 论

一、行政诉讼的概念与特征

（一）行政诉讼的概念

1989年4月4日，第七届全国人民代表大会第二次会议审议通过了《中华人民共和国行政诉讼法》（以下简称《行政诉讼法》），并于1990年10月1日生效施行。这一法律的颁布，结束了我国长期以来政府行政行为缺乏司法程序监督的权力至上的时代，完善了我国权力监督体系，是我国行政诉讼制度全面建立的标志，是我国法治建设过程中的重要里程碑。2014年11月1日，第十二届全国人民代表大会常务委员会第十一次会议通过了《关于修改〈中华人民共和国行政诉讼法〉的决定》。这也是我国1989年《行政诉讼法》在实施24年后的首次修改。

《行政诉讼法》第2条规定："公民、法人或者其他组织认为行政机关和行政机关工作人员的行政行为侵犯其合法权益，有权依照本法向人民法院提起诉讼。"因此，行政诉讼是指公民、法人或其他组织认为行政机关或法律法规授权的组织或个人在行使行政职权过程中侵犯了自己的合法权益，向国家审判机关提起诉讼，由国家审判机关行使行政审判权解决行政争议的司法活动。①

（二）行政诉讼的主要特征

1. 原被告的恒定性。在行政诉讼中，原告只能是在行政管理中接受行政行为的公民、法人或其他组织，被告只能是作出具体行政行为的行政主体。这种原、被告关系在行政诉讼中是不能变换的，并且与民事诉讼不同，被告不能对原

---

①　马怀德著：《行政诉讼法学》，北京大学出版社2004年版，第1页。

告提出反诉。当然,当行政机关作为普通机关法人而受到另一行政机关的行政行为约束时,它和普通的行政相对人就没有什么本质区别了,它就可以成为行政诉讼的原告。如某财政局在财务检查时对违反有关财务制度的某公安局作出行政处罚,该公安局如对该行政处罚不服,就可以以原告身份对该财政局提起行政诉讼。①

2. 行政诉讼目的的双重性。我国《行政诉讼法》第 1 条规定:"为保证人民法院公正、及时审理行政案件,解决行政争议,保护公民、法人和其他组织的合法权益,监督行政机关依法行使职权,根据宪法,制定本法。"因此,行政诉讼的根本目的是通过司法权对行政权的有力监督,确保行政机关依法行政,保障相对人的合法权益。也就是说,行政诉讼既是一种行政救济,也是一种行政监督。

3. 行政诉讼的核心是对具体行政行为的合法性进行审查。审查对象上,行政诉讼审查的对象是行政机关的具体行政行为而不是抽象行政行为。审查内容上,以合法性审查为原则,合理性审查为例外。只有对行政处罚显失公正的,人民法院才可以判决变更。

4. 行政诉讼解决的是行政争议案件,是行政主体在行政管理中与行政相对人之间所发生的各种争议。这是行政诉讼在受理、裁判案件上与其他诉讼的区别。民事诉讼要解决的是平等主体间的民事权利义务纠纷,而刑事诉讼要解决的则是刑事争议,是要对犯罪人定罪量刑作出裁判。

5. 行政诉讼程序的特殊性。行政诉讼不适用调解,因为行政机关行使的行政管理权是公权力,行政机关无权自行决定放弃行使或停止行使。在行政诉讼中,一般由行政主体就其在作出具体行政行为时所采用的证据以及所依据的规范性文件承担举证责任。

二、律师代理行政诉讼概述

(一)律师代理行政诉讼的概念与特征

根据《行政诉讼法》第 31 条的规定:"当事人、法定代理人,可以委托一至二人作为诉讼代理人。下列人员可以被委托为诉讼代理人:(一)律师、基层法律服务工作者;(二)当事人的近亲属或者工作人员;(三)当事人所在社区、单位以及有关社会团体推荐的公民。"律师代理行政诉讼,就是指在行政诉讼中,律师接受当事人或其法定代理人的委托,依照法律规定,以被代理人的名义,在被授权的权限范围内,代理当事人参加行政诉讼,维护被代理人的合法权益,并由被代理人承受诉讼法律结果的代理活动。

---

① 马怀德著:《行政诉讼法学》,北京大学出版社 2004 年版,第 209 页。

律师代理行政诉讼的特征主要有：

1. 代理主体的特定性。行政诉讼的被告是作出具体行政行为的行政主体，主要是行政机关，而原告则是与具体行政行为有法律上利害关系的公民、法人和其他组织。这两方在行政法律关系中处于管理与被管理的不平等地位，但是当这种关系发生纠纷而诉诸人民法院时，这种行政管理中的不平等关系就转化为行政机关同管理相对人之间的平等的诉讼法律地位和权利关系，且被告恒定为相应的行政机关。① 律师在行政诉讼代理中，既可以代理原告，也可以代理被告，但不管怎样都必须首先考虑主体是否适格的问题。

2. 代理权限的差异性。律师代理的是行政诉讼的原告还是被告，这决定了其代理权限的差异性。因为在行政管理活动中，行政机关处于管理者的优势地位，因此为了保护行政相对人作为原告的合法权益，《行政诉讼法》对行政机关作为被告时的诉讼权利作了一定限制。比如被告代理律师没有起诉权和反诉权，不能自行收集证据，也无权提请和解。而作为原告的代理律师，则享有一般律师代理的全部权利。

3. 代理程序的特殊性。律师在代理行政诉讼案件时，应当注意与民事诉讼、刑事诉讼案件在程序上的区别。例如，人民法院审理行政案件不适用简易程序，对行政诉讼案件的被告也不适用拘传。在行政诉讼期间，除有特殊情况外，一般不停止具体行政行为的执行。在举证责任分配上，与民事诉讼中的"谁主张，谁举证"不同，在行政诉讼中，由被告，即作出具体行政行为的行政主体就其在作出行政行为过程中所采用的证据和所依据的规范性法律文件承担举证责任；而原告一般只要仅就具体行政行为的存在和侵害事实的存在承担举证责任即可。律师代理行政诉讼时的工作重点也因此变化。人民法院审理行政案件不适用调解。此外，在庭审的安排、诉前保全等方面行政诉讼也都有特殊规定。律师应当注意这种特殊性，在代理中履行相关代理职责。

4. 适用法律法规的复杂性与广泛性。在我国的行政管理实践中，行政主体作出具体行政行为的依据既有法律，又有规章，还有规范性文件，并且法规、规章还会不断增加。因此作为代理律师，不仅要掌握丰富的行政法规、规章，还要准确把握不同规范性文件之间的效力等级，这样才能更好地维护当事人合法权益。

（二）律师在代理行政诉讼中的地位

明确律师在行政诉讼中的地位，是保证律师顺利参与行政诉讼活动的前提条件。律师在行政诉讼中既具有相对独立性，又具有一定从属性。

首先，律师在诉讼中的相对独立性。在行政诉讼过程中，律师在维护被代理人的合法权益的同时，并不受被代理人或其他人的意志左右。律师在其权限范

---

① 肖胜喜主编：《律师与公证制度教程》，中国政法大学出版社1996年版，第198页。

围内有独立进行意思表示的权利,有权自行选择表达方式和诉讼策略,对当事人的主张和要求,律师并不能无条件地支持和迁就。律师是根据案件客观事实和有关法律法规,而不是根据被代理人的意志,来提出有利于被代理人的代理意见。此外,律师在诉讼中除享有当事人委托给他的权利外,还享有法律赋予他的权利。例如,如何进行诉讼活动、查阅案卷、调查取证、参加庭审等,都是按律师的意志和法律赋予的权利进行的。①

其次,律师在行政诉讼中的代理权限来自于当事人的授权,律师代理当事人为诉讼行为,必须在委托的权限范围内。因此,律师在一定程度上从属于被代理人。这主要表现在:当律师与当事人对同一问题出现意见不一致时,法院将以当事人本人的意见为准。并且,在诉讼过程中,当事人可以随时撤销对律师的委托。可见,在行政诉讼中,律师作为诉讼代理人的某些权利是从被代理人的权利派生出来的,受到当事人意志的限制和约束。②

(三) 律师在代理行政诉讼中的作用

在行政诉讼案件中,被告经常处于明显的强势地位,与其他类型的案件相比,律师代理原告参加行政诉讼的工作环境通常都很不理想,行政诉讼案件立案难、执行难的问题非常普遍。"民告官"的艰难,加上行政法规的浩繁复杂,律师代理行政诉讼就显得越发重要。总的来说,律师代理行政诉讼的作用主要体现在:

首先,对作为行政管理者的行政主体而言,有利于监督其依法行政,提高其行政执法水平。行政诉讼是监督和维护行政机关依法行使职权的重要手段,律师代理行政诉讼既是对"官重民轻"等旧观念的有力冲击,也协助行政机关维护了其合法的行政行为,树立了行政管理的权威。

其次,对公民、法人和其他组织等行政相对人而言,律师代理行政诉讼在我国这样一个"官本位"传统的国家显得尤为重要。通过行政诉讼这一司法保护和救济程序,通过专业法律工作者在行政诉讼中所提供的专业法律帮助,可以弥补当事人法律知识的不足,减少他们的讼累,切实保护处于弱者地位的行政相对人的合法权益。

第二节 立 法 背 景

一、立法的政治、经济和文化背景

产生于西方资本主义国家的行政诉讼制度,是民主、宪治的产物,且受不同

---

① 时显群、刘国涛主编:《律师与公证学》(第二版),重庆大学出版社 2005 年版,第 212 页。
② 田文昌主编:《律师制度》,中国政法大学出版社 2007 年版,第 232 页。

国家的政治制度、经济环境与文化氛围的影响。从其产生的基础来看：首先，从政治条件看，行政诉讼的产生是宪治发展的必然。宪治的基本价值在于通过规范政府权力来保障与维护人民的尊严与权利。而行政诉讼作为一种通过司法审查来解决政治问题的司法解决方式，权力分工与制约的宪治要求是其产生的首要政治条件。其次，从经济基础来看，资本主义社会高度发达的商品经济要求从法律上确立商品所有者独立的人格权、财产权及平等权，也在客观上要求政府对复杂的经济活动进行干预与调控。最后，从思想文化来看，人民主权观念的勃兴、有限政府的观念以及法治至上观念的普遍化都是行政诉讼赖以产生的思想基础。

因此，行政诉讼在各国呈现出不同的特点。大陆法系国家的行政诉讼制度普遍采用司法二元体制，即在普通法院之外设置专门的行政法院。而英美法系国家的行政诉讼制度采用司法一元体制，没有独立于普通法院之外的行政法院系统，由普通法院受理行政案件。

二、《行政诉讼法》

《行政诉讼法》是我国行政诉讼制度全面建立的标志，是我国法治建设过程中的重要里程碑，是我国立法史上的又一大创举。在《行政诉讼法》颁布之后，政府的行政职能得到了很大的丰富和扩展，同时通过司法审查对政府行政行为加以约束的趋势也愈渐明显。随着公民民主意识的觉醒，实践中，行政诉讼案件的数量日益增多，这也为律师代理行政诉讼案件打开了一道阀门。《律师法》第28条规定："律师可以从事下列业务：……（二）接受民事案件、行政案件当事人的委托，担任代理人，参加诉讼"，明确将行政诉讼代理列入律师的业务范围。

律师从事行政诉讼代理业务的背景是中国特色社会主义的行政法律制度已经初步建立。《国务院组织法》《地方各级人民代表大会和地方各级人民政府组织法》和《公务员法》等法律法规的先后制定，表明我国行政组织与人员法律制度框架已经确立；《行政诉讼法》《行政复议法》《国家赔偿法》《行政监察法》《审计法》等法律法规相继出台并不断完善，标志着我国行政监督与救济法律制度框架已经建立；《行政处罚法》《行政许可法》《立法法》《行政强制法》《政府信息公开条例》等规范行政机关共同行政行为的综合性法律法规以及大量规范行政机关某一管理领域行政行为的专门性法律法规的颁布实施，昭示着我国行政行为与程序法律制度框架已经形成。

第三节 热点前沿问题

一、律师代理行政诉讼的受案范围

根据法律规定,律师代理行政诉讼的受案范围即人民法院受理行政诉讼的案件范围。确定行政诉讼受案范围,对行政管理者来说,是接受司法审查的范围;对行政相对人来说,是寻求司法保护的范围;对法院来说,是能够审查行政机关行为的范围。与其他类型的诉讼不同,并不是所有行政争议都可以由行政相对人向人民法院提起行政诉讼。属于行政机关自行决定的事项或者政治问题、尚未演化成法律争议的事项,都不适宜由法院审查。

行政诉讼的受案范围决定了律师在行政诉讼中代理行为的边界。《行政诉讼法》第2、12、13条,《最高人民法院关于执行〈中华人民共和国行政诉讼法〉若干问题的解释》(1999年)[以下简称《行政诉讼法司法解释》(1999年)]第1条和《最高人民法院关于适用〈中华人民共和国行政诉讼法〉若干问题的解释》(2015年)[以下简称《行政诉讼法司法解释》(2015年)]第11—12条规定了我国行政诉讼的受案范围:《行政诉讼法》第2条概括性地规定了行政诉讼受案的基本标准,第12条规定了受案的肯定性(可诉性行政行为)范围,第13条规定了受案的否定性(不可诉行政行为)范围;《行政诉讼法司法解释》(1999年)第1条根据《行政诉讼法》的立法目的、基本原则和精神对行政诉讼受案范围进行了解释性界定;《行政诉讼法司法解释》(2015年)第11—12条规定了法院受理行政协议争议的范围。综合研究上述法律和司法解释规定,即可把握我国行政诉讼的整个受案范围。[①] 换言之,对我国行政诉讼受案范围的清晰了解,也就是对律师行政诉讼代理范围的把握。

(一)律师可以代理的行政案件

按照法治原则,行政行为侵犯了公民的合法权益,都应当受到监督,公民都应当得到司法救济,因此,行政诉讼的受案范围应当是非常宽的,不应当限定哪些受理,哪些不受理。但实际上,行政诉讼受案范围的确定受行政争议的特点、法治发展的阶段性等诸多因素的影响。在《行政诉讼法》的修改过程中,有的建议采取概括方式规定受案范围,使受案范围有更大的包容性,便于在司法实践中逐步扩大。经过利弊权衡,综合考虑,修改后的《行政诉讼法》维持现行的列举方式,将原法列举的8项增加到12项,扩大了受案范围。换言之,律师可以代理

---

① 姜明安著:《行政诉讼法》(第三版),北京大学出版社2016年版,第151页。

的行政案件范围也扩大了,主要包括以下几类[①]:

1. 对行政处罚行为不服的

行政处罚是指行政机关对实施了违反行政管理秩序行为的公民、法人或者其他组织所给予的法律制裁。《行政诉讼法》第12条第1款第1项规定的行政处罚行为包括行政拘留、暂扣或者吊销许可证和执照、责令停产停业、没收违法所得、没收非法财物、罚款、警告等。在行政诉讼实践中,律师是否只能代理不服上述六种行政处罚行为的案件呢?事实上,《行政处罚法》对行政处罚的种类和程序作了规定,相关法律、法规和规章对行政处罚有实体规定。《行政处罚法》第9条规定,行政处罚的种类包括:(1)警告、通报批评;(2)罚款、没收违法所得、没收非法财物;(3)暂扣许可证件、降低资质等级、吊销许可证件;(4)限制开展生产经营活动、责令停产停业、责令关闭、限制从业;(5)行政拘留;(6)法律、行政法规规定的其他行政处罚。因此,从法律规定来看,律师代理不服行政处罚行为案件的范围应该包括《行政处罚法》规定的所有行政处罚行为。理由是,《行政诉讼法》第12条第1款第1项在列举了6种行政处罚行为后,紧接着用了一个"等"字,这个"等"字即指《行政处罚法》第9条规定的"法律、行政法规规定的其他行政处罚",如《环境保护法》[②]和《大气污染防治法》[③]规定的"责令关闭"等。

2. 对行政强制行为不服的

行政强制措施是指行政机关在行政管理过程中,为制止违法行为、防止证据损毁、避免危害发生、控制危险扩大等情形,依法对公民的人身自由实施暂时性限制,或者对公民、法人或者其他组织的财物实施暂时性控制的行为。行政强制执行是指行政机关或者行政机关申请人民法院,对不履行行政决定的公民、法人或者其他组织,依法强制履行义务的行为。行政强制法对行政强制措施的种类、行政强制执行的方式以及实施程序作了规定。相关法律、法规对行政强制措施有实体规定,相关法律对行政强制执行有实体规定。认为行政机关违反行政强制法的有关程序和实体规定,可以向法院起诉。《行政诉讼法》第12条第1款第2项规定的行政强制行为包括限制人身自由和对财产的查封、扣押、冻结等。

[①] 有关行政诉讼受案范围的条文释义及立法背景,可进一步参见全国人大常委会法制工作委员会行政法室编:《行政诉讼法立法背景与观点全集》,法律出版社2015年版。

[②] 《环境保护法》第60条规定:"企业事业单位和其他生产经营者超过污染物排放标准或者超过重点污染物排放总量控制指标排放污染物的,县级以上人民政府环境保护主管部门可以责令其采取限制生产、停产整治等措施;情节严重的,报经有批准权的人民政府批准,责令停业、关闭。"

[③] 《大气污染防治法》第102条规定:"违反本法规定,煤矿未按照规定建设配套煤炭洗选设施的,由县级以上人民政府能源主管部门责令改正,处十万元以上一百万元以下的罚款;拒不改正的,报经有批准权的人民政府批准,责令停业、关闭。违反本法规定,开采含放射性和砷等有毒有害物质超过规定标准的煤炭的,由县级以上人民政府按照国务院规定的权限责令停业、关闭。"

本条只列举了行政强制措施的种类,没有列举行政强制执行的方式。在制定《行政强制法》的过程中,有的意见提出,行政强制执行是执行已生效的行政决定,没有给行政相对人增加新的义务,因此,不能对行政强制执行提起诉讼。考虑到行政强制执行决定是一个独立的行政行为,有独立的程序要求,执行中可能影响到行政相对人的财产权,因此,《行政强制法》第 8 条明确行政相对人可以对行政强制执行提起诉讼。需要注意,本项中的行政强制执行,仅指行政机关的强制执行,不包括法院的非诉强制执行。

3. 对行政许可行为不服的

行政许可是指行政机关根据公民、法人或者其他组织的申请,经依法审查,准予其从事特定活动的行为。《行政许可法》对行政许可的实施程序作了规定,相关法律、法规和省级人民政府规章对行政许可有实体规定。《行政诉讼法》第 12 条第 1 款第 3 项规定,公民、法人或者其他组织"申请行政许可,行政机关拒绝或者在法定期限内不予答复,或者对行政机关作出的有关行政许可的其他决定不服的",可以向法院提起诉讼。这里的"法定期限"是指《行政许可法》第 42 条[①]、第 43 条[②]、第 44 条[③]规定的期限;这里的"其他决定"是指行政机关作出的有关行政许可的准予、变更、延续、撤销、撤回、注销行政许可等决定。

4. 对行政确认行为不服的

行政确认是指行政机关对行政相对人的法律地位、法律关系或者有关法律事实进行甄别,给予确定、认可、证明并予以宣告的行政行为。[④]《行政诉讼法》第 12 条第 1 款第 4 项规定,公民、法人或其他组织"对行政机关作出的关于确认土地、矿藏、水流、森林、山岭、草原、荒地、滩涂、海域等自然资源的所有权或者使用权的决定不服的",可以提起行政诉讼。根据《土地管理法》《矿产资源法》《水法》《森林法》《草原法》《渔业法》《海域使用管理法》等法律的规定,县级以上各级政府对土地、矿藏、水流、森林、山岭、草原、荒地、滩涂、海域等自然资源的

[①] 《行政许可法》第 42 条规定:"除可以当场作出行政许可决定的外,行政机关应当自受理行政许可申请之日起二十日内作出行政许可决定。二十日内不能作出决定的,经本行政机关负责人批准,可以延长十日,并应当将延长期限的理由告知申请人。但是,法律、法规另有规定的,依照其规定。依照本法第二十六条的规定,行政许可采取统一办理或者联合办理、集中办理的,办理的时间不得超过四十五日;四十五日内不能办结的,经本级人民政府负责人批准,可以延长十五日,并应当将延长期限的理由告知申请人。"

[②] 《行政许可法》第 43 条规定:"依法应当先经下级行政机关审查后报上级行政机关决定的行政许可,下级行政机关应当自其受理行政许可申请之日起二十日内审查完毕。但是,法律、法规另有规定的,依照其规定。"

[③] 《行政许可法》第 44 条规定:"行政机关作出准予行政许可的决定,应当自作出决定之日起十日内向申请人颁发、送达行政许可证件,或者加贴标签、加盖检验、检测、检疫印章。"

[④] 参见姜明安主编:《行政法与行政诉讼法》(第六版),北京大学出版社、高等教育出版社 2015 年版,第 243 页。

所有权或者使用权予以确认和核发相关证书。这里的"确认",包括颁发确认所有权或者使用权证书,也包括所有权或者使用权发生争议,由行政机关作出的裁决。需要注意,根据《行政复议法》的规定,公民、法人或者其他组织认为行政机关侵犯其已经依法取得的土地、矿藏、水流、森林、山岭、草原、荒地、滩涂、海域等自然资源的所有权或者使用权的,应当先申请行政复议;对行政复议决定不服的,可以向法院提起诉讼。根据国务院或者省、自治区、直辖市人民政府对行政区划的勘定、调整或者征用土地的决定,省、自治区、直辖市人民政府确认土地、矿藏、水流、森林、山岭、草原、荒地、滩涂、海域等自然资源的所有权或者使用权的行政复议决定为最终裁决,不得向法院起诉。

5. 对行政征收征用行为不服的

行政征收征用是指行政机关依法定条件、法定程序和法定补偿标准对公民、法人或者其他组织的财产予以征收征用,以实现某种公共利益的行为。① 《行政诉讼法》第 12 条第 1 款第 5 项规定,公民、法人或其他组织"对征收、征用决定及其补偿决定不服的",可以提起行政诉讼。根据法律规定,无论是征收还是征用,都应当依法给予权利人相应的补偿。公民、法人和其他组织对征收、征用决定不服,或者对补偿决定不服,除法律规定复议终局的以外,都可以提起诉讼。本项规定是《行政诉讼法》修改新增加的内容,但相关法律、法规已有相应规定,司法实践也早已受理这类行政案件。需要注意,一般意义的征收,还应当包括征税和行政收费,但本项所规定的征收不包括征税和行政收费,对于征税和行政收费引起的争议,行政相对人可以根据《税法》和《行政诉讼法》第 12 条第 1 款第 9 项向法院提起诉讼。

6. 对不履行法定职责不服的

《行政诉讼法》第 12 条第 1 款第 6 项规定,公民、法人或者其他组织"申请行政机关履行保护人身权、财产权等合法权益的法定职责,行政机关拒绝履行或者不予答复的",可以提起行政诉讼。人身权、财产权是公民的基本权利,我国法律、法规将保护公民的人身权、财产权以及其他一些基本权利明确为行政机关的法定职责,公民的人身权、财产权等合法权益受到侵害时,如果行政机关不依法履行保护职责,属于行政不作为,公民就可以向法院提起诉讼,要求行政机关履行职责。这里的"合法权益",主要是人身权、财产权,但不限于这两项权利。只要法律、法规明确规定行政机关应当积极作为去保护的权利,行政机关不作为,公民、法人或者其他组织都可以提起诉讼。

7. 认为侵犯经营自主权或者农村土地承包经营权、农村土地经营权的

《行政诉讼法》第 12 条第 1 款第 7 项规定,公民、法人或者其他组织"认为行

---

① 姜明安著:《行政诉讼法》(第三版),北京大学出版社 2017 年版,第 156 页。

政机关侵犯其经营自主权或者农村土地承包经营权、农村土地经营权的",可以提起行政诉讼。经营自主权是企业、个体经营者等依法享有的调配使用自己的人力、物力、财力,自主组织生产经营活动的权利。我国已确立了市场经济体制,各类市场主体享有广泛的经营自主权,除法律、法规对投资领域、商品价格等事项有明确限制外,行政机关不得干预其生产经营,如果干预,市场主体可以向法院提起诉讼。农村土地承包经营权是农村集体经济组织的成员或者其他承包经营人依法对其承包的土地享有的自主经营、流转、收益的权利。农村土地承包经营一般采取承包合同的方式约定双方的权利义务,作为发包方的农村集体经济组织与作为承包方的农户或者其他经营人之间发生的纠纷,是民事争议,可以申请仲裁或者提起民事诉讼。如果乡镇政府或者县级以上地方农村部门等干涉农村土地承包,变更、解除承包合同,或者强迫、阻碍承包方进行土地承包经营权流转的,可以提起行政诉讼。农村土地经营权是从农村土地承包经营权中分离出的一项权能,就是承包农户将其承包土地流转出去,由其他组织或者个人经营,其他组织或者个人取得土地经营权。随着农村土地承包经营权流转改革的推进,行政机关侵犯农村土地经营权的行为也应当纳入行政诉讼受案范围。

8. 认为行政机关滥用行政权力排除或者限制竞争的

《行政诉讼法》第 12 条第 1 款第 8 项规定,公民、法人或其他组织"认为行政机关滥用行政权力排除或者限制竞争的",可以提起行政诉讼。公平竞争权是市场主体依法享有的在公平环境中竞争,以实现其经济利益的权利。我国《反垄断法》对滥用行政权力排除、限制竞争的行为作了规定,如规定行政机关和法律、法规授权的具有管理公共事务职能的组织不得滥用行政权力,限定或者变相限定单位或者个人经营、购买、使用其指定的经营者提供的商品;不得滥用行政权力,妨碍商品在地区之间的自由流通;不得滥用行政权力,以设定歧视性资质要求、评审标准或者不依法发布信息等方式,排斥或者限制外地经营者参加本地的招标投标活动。《反不正当竞争法》也规定,政府及其所属部门不得滥用行政权力,限定他人购买其指定的经营者的商品,限制其他经营者正当的经营活动;不得滥用行政权力,限制外地商品进入本地市场,或者本地商品流向外地市场。行政机关违反上述规定,经营者可以向法院提起诉讼。

9. 认为行政机关违法要求履行义务

《行政诉讼法》第 12 条第 1 款第 9 项规定,公民、法人或其他组织"认为行政机关违法集资、摊派费用或者违法要求履行其他义务的",可以提起行政诉讼。按照依法行政的原则,要求公民、法人或者其他组织履行义务,必须有法律、法规的依据,没有法定依据的,行政相对人可以拒绝,或者向法院提起诉讼。

10. 不服行政给付行为的

行政给付包括供给行政、社会保障行政和资助行政。其中社会保障行政是指行政主体为保障人民生活达到一定水准而进行的给付活动,包括公共扶助、社会保险、公共卫生和社会福利。①《行政诉讼法》第12条第1款第10项规定,公民、法人或其他组织"认为行政机关没有依法支付抚恤金、最低生活保障待遇或者社会保险待遇的",可以提起行政诉讼。抚恤金,是公民因公、因病致残或者死亡后,由民政部门发给其本人或者亲属的生活费用。主要包括因公死亡人员遗属的死亡抚恤金和因公致伤、致残者本人的伤残抚恤金。公民认为符合条件应当发给抚恤金,行政机关没有发给的,可以提起行政诉讼。最低生活保障是国家对共同生活的家庭成员人均收入低于当地最低生活保障标准的家庭给予社会救助,以满足低收入家庭维持基本的生活需要。最低生活保障待遇主要是按照家庭成员人均收入低于当地最低生活保障标准的差额,按月发给的最低生活保障金。社会保险是公民在年老、疾病、工伤、失业、生育等情况下,由国家和社会提供的物质帮助。根据社会保险法的规定,我国的社会保险包括基本养老保险、基本医疗保障、工伤保险、失业保险和生育保险。社会保险经办机构不支付社会保险待遇的,相对人可以向法院提起诉讼。除此之外,按照《社会保险法》的规定,用人单位或者个人认为社会保险征收机构、社会保险经办机构征收、核定社会保险费和不办理社会保险登记、社会保险转移接续手续等行为侵犯其社会保险权益的,也可以向法院起诉。

11. 不服行政协议行为的

行政协议即行政合同,指行政机关以实施行政管理为目的,与行政相对人就有关事项协商一致而成立的一种双方行为。②《行政诉讼法》第12条第1款第11项规定,公民、法人或其他组织"认为行政机关不依法履行、未按照约定履行或者违法变更、解除政府特许经营协议、土地房屋征收补偿协议等协议的",可以提起行政诉讼。政府特许经营是政府通过招标等公平竞争方式,许可特定经营者经营某项公共产品或者提供某项公共服务。政府特许经营广泛存在于城市供水、供气、供热、污水处理、垃圾处理、城市公共交通等公用事业领域。政府特许经营一般采取协议的方式约定双方的权利义务。土地征收补偿是指政府依法征收农村集体所有的土地所给予的补偿。根据《土地管理法》的规定,征收土地的,按照被征收土地的原用途给予补偿,该法还规定了补偿的项目和标准。虽然该法没有规定土地征收补偿采取协议的方式,但实践中有以协议方式确定补偿

---

① 参见姜明安主编:《行政法与行政诉讼法》(第六版),北京大学出版社、高等教育出版社2015年版,第233页。

② 同上书,第310页。

的。采取协议方式确定补偿,有利于减少纠纷,将来可以成为制度化的土地征收补偿方式。房屋征收补偿是行政机关征收国有或者集体土地上的房屋所给予的补偿。征收国有土地上的房屋,根据《国有土地上房屋征收与补偿条例》的规定,可以采取订立补偿协议的方式。房屋征收部门与被征收人依照条例的规定,就补偿方式、补偿金额和支付期限、用于产权调换房屋的地点和面积、搬迁费、临时安置费或者周转用房、停产停业损失、搬迁期限、过渡方式和过渡期限等事项,订立补偿协议。补偿协议订立后,一方当事人不履行补偿协议约定的义务的,另一方当事人可以依法提起诉讼。

12. 认为行政机关侵犯其他人身权、财产权等合法权益的

《行政诉讼法》第12条第1款第12项规定,公民、法人或其他组织"认为行政机关侵犯其他人身权、财产权等合法权益的",可以提起行政诉讼。公民、法人和其他组织的人身权、财产权的内容极其广泛,除上述列举外,还有一些财产权,如股权、债权、企业产权等,没有列举;还有一些人身权,如姓名权、隐私权等,也没有列举。此外,人身权、财产权以外的其他合法权益,有的法律、法规已有规定,本条也没有列举,为避免遗漏,弥补列举的不足,本条保留了原法的兜底规定,并作了相应修改。

13. 人民法院受理法律、法规规定可以提起诉讼的其他行政案件

《行政诉讼法》第12条第2款规定:"除前款规定外,人民法院受理法律、法规规定可以提起诉讼的其他行政案件。"除人身权、财产权以外,我国宪法规定公民的基本权利还包括有关言论、出版、集会、结社、游行、示威、宗教信仰、选举等政治权利。随着民主、法治的发展,行政诉讼的受案范围将逐步扩大,因而新的法律、法规会不断将《行政诉讼法》规定的受案范围之外的具体行政行为确定为可诉行政行为,行政相对人可以依据新的法律、法规提起行政诉讼。①

(二) 律师不能代理的行政案件

《行政诉讼法》第13条以及《行政诉讼法司法解释》(1999年)都以列举的方式从反面规定了行政诉讼的受案范围,即排除受案的范围,换言之,也就是律师不能代理的行政案件。主要包括以下几种类型:

1. 国家行为

《行政诉讼法》第13条第1项规定,人民法院不受理公民、法人或者其他组织对"国防、外交等国家行为"提起的诉讼。国家行为是基于国家主权并且以国家名义实施的行为。《行政诉讼法司法解释》(1999年)第2条对"国家行为"的解释是,国家行为是指国务院、中央军事委员会、国防部、外交部等根据宪法和法律的授权,以国家的名义实施的有关国防和外交事务的行为,以及经宪法和法律

---

① 姜明安著:《行政诉讼法》(第三版),北京大学出版社2017年版,第164页。

授权的国家机关宣布紧急状态、实施戒严和总动员等行为。在我国主要是由全国人大及其常委会决定的,国务院作为执行机关,在行使国防、外交方面的职权时,只能由全国人大及其常委会监督,法院没有监督权。

2. 抽象行政行为

《行政诉讼法》第13条第2项规定,人民法院不受理公民、法人或者其他组织对"行政法规、规章或者行政机关制定、发布的具有普遍约束力的决定、命令"提起的诉讼。抽象行政行为是指行政主体针对不特定行政相对人制定具有普遍约束力的行为规则的行政行为。① 行政机关制定、发布的具有普遍约束力的决定、命令,即学理上所称的"抽象行政行为",《行政诉讼法》也称为"规范性文件"。上述决定、命令在实践中大量存在,在行政管理中发挥了重要作用,但有些存在违法的问题,侵犯了公民、法人或者其他组织的合法权益,后果比具体行政行为更严重。不过,为了解决规范性文件的违法问题,又不与宪法、地方组织法的规定相冲突,《行政诉讼法》修改后,明确法院可以对规范性文件进行附带性审查。《行政诉讼法》第53条规定,公民、法人或者其他组织认为行政行为所依据的国务院部门和地方人民政府及其部门制定的规范性文件不合法,在对行政行为提起诉讼时,可以一并请求对该规范性文件进行审查。前述规定的规范性文件不含规章。

3. 内部行政行为

《行政诉讼法》第13条第3项规定,人民法院不受理公民、法人或者其他组织对"行政机关对行政机关工作人员的奖惩、任免等决定"提起的诉讼。内部行政行为是指国家行政主体对行政机关系统内部行政事务的管理行为。② 行政机关对行政机关工作人员的奖惩、任免,属于行政机关内部的人事管理行为,即属于"内部行政行为"。根据《公务员法》的规定,公务员对处分、辞退或者取消录用、降职、免职、定期考核定为不称职、申请辞职或者提前退休未予批准、未按规定确定或者扣减工资、福利、保险待遇等不服的,可以向原处理机关申请复核;对复核结果不服的,可以向同级公务员主管部门或者作出该人事处理的机关的上一级机关提出申诉;也可以不经复核,直接提出申诉;对省级以下机关作出的申诉处理决定不服的,可以向作出处理决定的上一级机关提出再申诉。行政机关公务员对处分不服还可以向行政监察机关申诉。

4. 终局行政行为

《行政诉讼法》第13条第4项规定,人民法院不受理公民、法人或者其他组

---

① 参见王周户主编:《行政法学》(第二版),中国政法大学出版社2015年版,第193页。
② 参见中华法学大辞典编委会编:《中华法学大辞典》(简明本),中国检察出版社2003年版,第500页。

织对"法律规定由行政机关最终裁决的行政行为"提起的诉讼。终局行政行为是指法律规定由行政机关最终裁决的行政行为,即某类争议经行政机关裁决后,当事人不服的,只能向作出最终裁决的机关或其上级机关申诉,不能向人民法院提起行政诉讼的行政行为。① 我国有的法律明确规定行政争议由行政机关最终裁决,不能再向法院提起行政诉讼。行政机关对行政争议作出终局裁决,排除了法院的监督,所以范围不能太宽,必须由法律规定。这里的法律,是指全国人大及其常委会制定的规范性文件。目前,只有《行政复议法》②《出境入境管理法》③《集会游行示威法》④等几部法律规定了行政复议终局。

此外,《行政诉讼法司法解释》(1999年)列举排除作为行政诉讼受案范围的行政主体行为还包括以下几类:(1) 公安、国家安全等机关依照刑事诉讼法的明确授权实施的行为;(2) 调解行为以及法律规定的仲裁行为;(3) 不具有强制力的行政指导行为;(4) 驳回当事人对行政行为提起申诉的重复处理行为;(5) 对公民、法人或者其他组织的权利义务不产生实际影响的行为。

(三) 可以提起行政诉讼的行政行为的特点

根据《行政诉讼法》及其司法解释对行政诉讼受案范围的规定,并结合行政法相关基本原理,律师在判断一个行为能否提起行政诉讼时,首先要确认其行为是否有如下几个特点:

1. 行政性:应是在行政管理活动中,基于行政职权,以行政主体的名义作出,排除了行政机关为了正常运作所进行的民事行为;

2. 具体性:应是一个具体的行为,对特定相对人产生影响,排除了抽象行政行为;

3. 强制性:应是一个具有强制性和法律后果的行政行为,排除了宣传、号召等行政指导行为;

4. 有效性:应是一个成熟的、已经发生效力的行政行为,排除了尚未公布和实施的行政行为。⑤

---

① 参见杨临宏著:《新修行政诉讼法》,知识产权出版社2015年版,第114页。
② 《行政复议法》第14条规定:"对国务院部门或者省、自治区、直辖市人民政府的具体行政行为不服的,向作出该具体行政行为的国务院部门或者省、自治区、直辖市人民政府申请行政复议。对行政复议决定不服的,可以向人民法院提起行政诉讼;也可以向国务院申请裁决,国务院依照本法的规定作出最终裁决。"
③ 《出境入境管理法》第64条规定:"外国人对依照本法规定对其实施的继续盘问、拘留审查、限制活动范围、遣送出境措施不服的,可以依法申请行政复议,该行政复议决定为最终决定。其他境外人员对依照本法规定对其实施的遣送出境措施不服,申请行政复议的,适用前款规定。"
④ 《集会游行示威法》第13条规定:"集会、游行、示威的负责人对主管机关不许可的决定不服的,可以自接到决定通知之日起三日内,向同级人民政府申请复议,人民政府应当自接到申请复议书之日起三日内作出决定。"
⑤ 陈宜、王进喜主编:《律师公证制度与实务》,中国政法大学出版社2008年版,第222页。

二、律师代理行政诉讼的对象范围和程序范围

（一）律师代理行政诉讼的对象范围

《行政诉讼法》第 31 条第 1 款明确规定："当事人、法定代理人，可以委托一至二人作为诉讼代理人。"而这里的当事人，包括原告、被告、共同诉讼人和第三人，属于广义上的当事人。所以下列当事人均可以委托律师代理行政诉讼：

1. 原告，即因对具有国家行政职权的机关和组织及其工作人员的行政行为不服依法提起诉讼的人或组织。原告是与具体行政行为之间具备法律上的利害关系。原告既可以是行政相对人，也可以是相邻权人、竞争者和受害者。

2. 被告，是指行政诉讼的原告起诉其作出的具体行政行为侵犯了其合法权益，并由法院通知应诉的行使行政职权的组织。

3. 共同诉讼人。《行政诉讼法》第 27 条规定："当事人一方或者双方为二人以上，因同一行政行为发生的行政案件，或者因同类行政行为发生的行政案件、人民法院认为可以合并审理并经当事人同意的，为共同诉讼。"在这种案件中，共同原告或共同被告都可以委托律师代为诉讼。

4. 第三人。行政诉讼第三人是指因与被诉具体行政行为有利害关系，为维护自己的利益而参加诉讼的人。《行政诉讼法》第 29 条规定："公民、法人或者其他组织同被诉行政行为有利害关系但没有提起诉讼，或者同案件处理结果有利害关系的，可以作为第三人申请参加诉讼，或者由人民法院通知参加诉讼。人民法院判决第三人承担义务或者减损第三人权益的，第三人有权依法提起上诉。"

（二）律师代理行政诉讼的程序范围

律师可以担任一审、二审、再审以及强制执行程序中任何程序的诉讼代理人。

三、行政公益诉讼中的律师代理

2014 年 10 月，贵州省毕节市金沙县人民检察院以行政不作为为由将金沙县环保局诉至法庭，成功督促该环保局履职，引起了较大轰动，得到了中央电视台、人民日报、法制日报等几十家主流媒体的广泛关注和报道，获得了"全国首例检察机关提起行政公益诉讼案""行政公益诉讼的破冰之旅"等美誉。[①] 行政法学界对行政公益诉讼的研究倾注了极大的热情，对建立行政公益诉讼的必要

[①] 参见肖莉红、姚君、陈宇：《检察机关提起行政公益诉讼探究——以全国首例检察机关提起行政公益诉讼案为视角》，载《贵州法学》2015 年第 1 期。

性、可行性和紧迫性进行了大量的研究。① 许多学者主张应该尽早将行政公益诉讼纳入行政诉讼法。② 2014年《行政诉讼法》进行修正时,关于是否将行政公益诉讼纳入《行政诉讼法》中引发了热议,有的意见指出,针对行政机关失职、渎职致使社会公共利益受到损害的情况,应该建立行政公益诉讼制度,加强对行政机关的监督。但也有意见指出,在行政诉讼中规定公益诉讼制度,有一些理论和制度问题尚需深入研究:(1) 行政公益诉讼与行政诉讼法规定的原告应是合法权益受到行政行为侵害的相对人的要求不一致;(2) 如何确定行政公益诉讼的范围,除社会比较关注的环境资源等领域外,政府管理的其他领域都涉及公共利益,情况很复杂,是否都可以提起公益诉讼。立法机关经过研究认为:"十八届四中全会提出探索建立检察机关提起公益诉讼制度,具有重大意义。可以通过在实践中积极探索,抓紧研究相关法理问题,逐步明确公益诉讼的范围、条件、诉求、判决执行方式等,为行政公益诉讼制度的建立积累经验。因此,行政诉讼法对行政公益诉讼暂不作规定。"③

从上述理论与立法的争议脉络可知,行政公益诉讼目前还处于制度试水阶段,相关的理论也有待进一步深入研究,其中有关行政公益诉讼原告资格问题一直是理论界与实务界关注的重点。概括而言,大体上有以下几种观点:一元制认为只有特定的国家机关才可以提起行政公益诉讼,其中主要是指检察机关;二元制认为特定的国家机关和社会团体可以提起行政公益诉讼;三元制认为特定国家机关、社会组织和公民可以提起行政公益诉讼;四元制认为特定国家机关、社会组织、公民及相关人可以提起行政公益诉讼。④ 从国外的行政公益诉讼制度发展经验来看,有关原告资格的问题,主要有以下两种模式:(1) 利害关系说,即当政府侵犯了法律上的利益时,利害关系人就拥有起诉资格,有权要求政府向法院证明其侵犯行为是通过立法授权而认可的。(2) 公共信托与私人检察官理论。根据公共信托理论,检察机关作为公共利益的代表,有权就不法行政行为向法院提起行政公益诉讼;根据私人检察官理论,在没有可能受司法裁判的实际争端存在的时候,国会不能授权任何人提起诉讼,以决定法律是否违宪或官吏的行为是否越权。但是,"尽管宪法包含了有关原告资格的规定,国会仍可以为某个人或某种人规定他们本来没有的原告资格。即便有关个人没有通常所要求的那种直接利害关系,法律赋予他们的资格仍然有效"⑤。以澳大利亚行政公益诉讼

---

① 参见黄学贤:《行政公益诉讼若干热点问题探讨》,载《法学》2005年第10期。
② 参见杨建顺:《〈行政诉讼法〉的修改与行政公益诉讼》,载《法律适用》2012年第11期。
③ 全国人大常委会法制工作委员会行政法室著:《行政诉讼一本通》,中国民主法制出版社2015年版,第28页。
④ 参见应松年主编:《行政诉讼法与行政复议法的修改和完善》,中国政法大学出版社2013年版,第120页。
⑤ 参见张晓玲:《行政公益诉讼原告资格探讨》,载《法学评论》2005年第6期。

制度为例,联邦和州立法规定了总检察长、个人(任何人)以及相关团体如环境保护团体等可以提出公益诉讼,公益诉讼可以针对行政机关、任何其他公权主体或者一般个人和组织等,可以在民事诉讼、刑事诉讼和行政诉讼(司法审查)程序中提起,这取决于违法行为的性质。[①] 无论我国行政公益诉讼的原告资格采用何种模式,都不应该忽视律师在行政公益诉讼中的作用,律师参与行政公益诉讼具有合理性和可行性基础。

从行政公益诉讼的实践来看,其发展并不乐观,到目前为止,更多的行政公益诉讼都停留在"能够立案就是胜利"这一层面。推动公益诉讼立法的尽快完善,需要律师的参与。律师作为专门向社会提供法律服务的专业人员,具有不可或缺、其他任何职业不可替代的特殊作用:第一,律师受过专门的法律训练,具有很强的法律意识和敏锐的洞察力,并且因为其职业特性,容易发现权益被侵犯的问题,在启动行政公益诉讼方面,律师具有天然的优势。第二,律师具有应对诉讼事务的专业技能。律师不仅能从程序上启动行政公益诉讼,而且能为行政公益诉讼的当事人提供法律上的和技术上的帮助,推动问题的解决。第三,律师因其民间身份和法律上的独立地位,有利于解决诉讼当事人力量失衡问题。[②] 律师不仅在公益诉讼中接受委托为公共利益辩护,还是大量公益诉讼案件的直接发动者。巨大的诉讼负担和诉讼风险常常使普通公民在公益诉讼面前望而却步,而律师作为职业人士,精通法律,比一般公民拥有更多诉讼上的权利,加上对侵犯公共利益事件的敏锐性和维护社会正义的使命感,其更有愿望和能力提起公益诉讼。[③]

从以往律师参与公益诉讼的方式来看,主要有以下几种:(1)律师以原告身份直接提起公益诉讼。实践中,律师经常因为自身权益受到损害,具有合法原告资格,以原告的身份提起诉讼。(2)律师以代理人的身份参与公益诉讼。实践中,律师以代理人身份参与公益诉讼包括两种情形:一种是权益受损的当事人主动委托律师为其提起的诉讼代理;另一种是律师主动联系权益受损当事人,希望为其代理。无论哪种方式,此时权益受损的当事人作为原告,律师则以代理人身份参与诉讼。(3)律师以援助者身份支持公益诉讼。律师除了作为原告或代理人参与公益诉讼,还可以为原告提供法律、资金等方面的援助。[④] 这些都为律师参与行政公益诉讼奠定了基础,积累了经验,使得律师参与行政公益诉讼具备可行性。

---

① 参见朱应平:《澳大利亚行政公益诉讼原告资格探析》,载《行政法学研究》2012年第3期。
② 参见魏月瑜:《律师代理公益行政诉讼的问题》,载《经济研究导刊》2011年第7期。
③ 参见朱有彬、曾国栋:《论律师参与公益诉讼》,载《法学》2006年第1期。
④ 参见许身健、卢洋:《中国律师公益服务报告》,载许身健主编:《法律职业伦理论丛》(第一卷),知识产权出版社2013年版,第286页。

第四节 法律实践

一、律师代理行政诉讼的程序

律师在各种程序的行政诉讼中代理工作肯定有所不同,但大体一致。以下以一审程序为例。

(一) 对有关事项的审查

1. 审查诉讼主体资格

行政诉讼当事人的情形比较复杂,由于原被告双方的特殊性,律师要对当事人的诉讼主体资格进行审查。

(1) 原告资格问题。根据《行政诉讼法》有关规定,行政行为的相对人以及其他与被诉具体行政行为有直接利害关系的公民、法人或者其他组织都有权作为原告提起行政诉讼。原告资格的确认,既有利于对当事人诉权的保护,也能防止当事人滥用诉权。如果与被诉具体行政行为没有直接的利害关系,则不能作为原告。因此,行政诉讼中的原告一般有两种:行政处理决定的对象和行政处理对象的被侵害人。前者很好理解,后者比如治安处罚中,受害人不服公安机关对侵害人作出的行政处罚决定时,受害人本身就可以作为原告提起行政诉讼。再比如,被侵害人不服行政机关关于赔偿的裁决时,也可以作为原告提起行政诉讼。根据《行政诉讼法司法解释》(1999 年)第 13 条的规定,有下列情形之一的,公民、法人或其他组织可以依法提起行政诉讼:被诉的具体行政行为涉及其相邻权或者公平竞争权的;与被诉的行政复议决定有法律上的利害关系或者在复议程序中被追加为第三人的;要求主管行政机关依法追究加害人法律责任的;与撤销或者变更的具体行政行为有法律上的利害关系的。

有关原告资格的确认,这里还涉及原告资格的转移问题。如果原告资格确定后,发生了法定事由致使原告客观上不复存在时,就可以由其他相关的人或组织接替进行诉讼。根据《行政诉讼法》及其司法解释,有权提起诉讼的公民死亡,由其近亲属提起诉讼。有权提起诉讼的法人或其他组织终止的,由承受其权利的法人或其他组织提起诉讼。

(2) 行政诉讼中的被告。根据《行政诉讼法》第 26 条规定,公民、法人或者其他组织直接向人民法院提起诉讼的,作出行政行为的行政机关是被告。经复议的案件,复议机关决定维持原行政行为的,作出原行政行为的行政机关和复议机关是共同被告;复议机关改变原行政行为的,复议机关是被告。复议机关在法定期限内未作出复议决定,公民、法人或者其他组织起诉原行政行为的,作出原行政行为的行政机关是被告;起诉复议机关不作为的,复议机关是被告。两个以上行政机关作出同一行政行为的,共同作出行政行为的行政机关是共同被告。行政机关委托的组织所作的行政行为,委托的行政机关是被告。行政机关被撤销或者职权变更的,继续行使其职权的行政机关是被告。另外,根据《行政诉讼法司法解释》(1999年)有关规定,当事人不服经上级行政机关批准的具体行政行为,向人民法院提起诉讼的,应当以在对外发生法律效力的文书上署名的机关为被告。行政机关组建并赋予行政管理职能但不具有独立承担法律责任能力的机构,以自己的名义作出具体行政行为,当事人不服提起诉讼的,应当以组建该机构的行政机关为被告。行政机关的内设机构或者派出机构在没有法律、法规或者规章授权的情况下,以自己的名义作出具体行政行为,当事人不服提起诉讼的,应当以该行政机关为被告。法律、法规或者规章授权行使职权的行政机关内设机构、派出机构或者其他组织,超出法定授权范围实施行政行为,当事人不服提起诉讼的,应当以实施该行为的机构或者组织为被告。行政机关在没有法律、法规或者规章规定的情况下,授权其内设机构、派出机构或者其他组织行使行政职权的,应当视为委托。当事人不服提起诉讼的,应当以该行政机关为被告。

2. 审查案件是否属于行政诉讼受案范围

本章第三节对此已有详细论述,只有属于法院受案范围的行政案件,律师才可以接受委托。

3. 审查是否必须复议前置

根据有关法律法规规定,某些行政案件必须先行向行政机关申请复议,只有不服复议决定的才能再起诉。如果相关法律法规规定既可以申请行政复议,又可以提起行政诉讼,则当事人可以自由选择救济途径。但律师还应注意,有些行政复议决定是终局裁决,这时当事人如果选择了行政复议,就不能再提起行政诉讼了。《行政复议法》中对最终裁决的行政复议决定作出规定的有:《行政复议法》第14条规定,依法向国务院申请裁决的,国务院依法作出的决定是最终裁决;第30条规定,根据国务院或者省、自治区、直辖市人民政府对行政区划的勘定、调整或者征收土地的决定,省、自治区、直辖市人民政府确认土地、矿藏、水流、森林、山岭、草原、荒地、滩涂、海域等自然资源的所有权或者使用权的行政复议决定是最终裁决。并且,如果公民、法人或者其他组织已经申请行政复议,在法定复议期间内又向人民法院起诉的,人民法院不予受理。

4. 审查诉讼期限

关于行政诉讼中的诉讼期限的性质,其究竟属于诉讼时效还是属于除斥期间,学术界意见不一。但是律师代理行政诉讼必须严格按照诉讼时效的规定。根据我国《行政诉讼法》:(1) 申请人不服复议决定的,可以在收到复议决定书之日起15日内向人民法院提起诉讼。(2) 复议机关逾期不作决定的,申请人可以在复议期满之日起15日内向人民法院提起诉讼。(3) 公民、法人或者其他组织直接向人民法院提起诉讼的,应当在知道作出行政行为之日起 6 个月内提出。

由于行政活动以及行政诉讼的复杂性,上述诉讼时效只适用于一般情况。当出现特殊情况时,如一味机械地适用《行政诉讼法》的规定将可能导致对当事人不公平的情形,因此,单行法律法规及最高人民法院的司法解释规定了特殊诉讼时效。当有特殊诉讼时效规定的情形时,就要遵从特殊诉讼时效的规定。比如,行政机关作出具体行政行为时,未告知公民、法人或者其他组织诉权或者起诉期限的,起诉期限从公民、法人或者其他组织知道或者应当知道诉权或者起诉期限之日起计算。但从知道或者应当知道具体行政行为内容之日起最长不得超过 2 年。公民、法人或者其他组织不知道行政机关作出的具体行政行为的内容的,其起诉期限从知道或者应当知道该具体行政行为之日起计算。对涉及不动产的行政行为从作出之日起算最长不得超过 20 年,涉及其他财产的,最长不得超过 5 年,等等。

《行政诉讼法》还规定了起诉期限延长的情况:公民、法人或者其他组织因不可抗力或者其他特殊情况耽误法定期限的,在障碍消除后 10 日内可以申请延长期限,由人民法院决定。

(二) 庭前准备工作

1. 原告代理律师确定具体的诉讼请求,被告代理律师提出准确的答辩意见

根据委托人在行政诉讼中的诉讼地位不同,律师代理工作重点也有所不同。

原告代理律师在代理行政案件的时候,应该知道行政诉讼的诉讼请求是法定的,主要有:撤销之诉、确认之诉、责令履行法定职责之诉、变更之诉和赔偿之诉。如果提出的诉讼请求超出了法院的职权范围,是会被法院驳回的。此外,由于行政诉讼在确立司法权对行政权的审查监督的时候,关键在于对具体行政行为合法性的审查,基本不解决行政行为的合理性问题。因此,律师在代理行政诉讼时,应当本着合法、有利的原则,正确提出诉讼请求。而且当存在多个诉讼请求时,要注意诉讼请求之间不能发生逻辑矛盾。

根据《行政诉讼法》的规定,被告应当在收到人民法院送达的起诉书副本 15 日内,向人民法院提交答辩状。因此,被告代理律师应当在法律规定的答辩期内确定答辩思路,进行答辩。包括案件是否属于行政诉讼受案范围,原告是否有诉权,原告是否在法定期限内起诉,等等。

2. 查阅资料,调查取证

客观全面地了解案情,律师才能更好地维护当事人的合法权益。因此,除了通过听取被代理人对案情的详细叙述以了解案情外,向法院查阅案卷材料也是了解案情的重要途径。法院在受理行政诉讼后,会通知被告在收到行政起诉状之日起 15 日内提交相关证据。这时,原告代理律师就应当在被告提交证据的法定期限届满之日尽早去法院阅卷,可以根据有关规定,复制、摘抄被告提交的相

关证据依据以及其他有关案卷材料,并制作相应的阅卷笔录。

同时,律师也应该迅速向有关单位或个人进行调查取证。但必须明确强调的一点是,由于被告的特殊地位,被告代理律师不得进行调查取证。行政主体作出具体行政行为应该遵循"先取证后决定"的原则,因此在行政诉讼中,被告不得自行向原告和证人收集证据。代理被告的律师的代理权限的基础来源于被告,因此,被告代理律师也就不得自行向原告和证人调查取证。

行政诉讼案件中举证责任分配的特殊性,要求原告承担有限的举证责任。但这并不是说原告代理律师就可以因此忽略了证据的收集。根据目前的证据规则,行政诉讼的原告在某些类型的案件中承担举证责任,并且即使原告依法并不承担举证责任,收集对原告有利的证据,仍然有助于原告诉讼请求的成立和被支持[1],使得原告方不会陷于被动。原告代理律师有权向当事人、证人或有关知情人调查、收集证据。原告代理律师因客观原因无法自行收集证据的,应当及时申请人民法院调取该证据,必要时还可以协助法院一同调查。

(三) 参加法庭审理

律师积极参加法庭审理,对于维护委托人合法权益有着重要的意义。

1. 参与法庭调查

法庭调查的主要工作就是在审判长的主持下核实证据。在这一阶段,律师应当积极向对方当事人、证人、鉴定人发问,或者申请审判长发问;并可以依法提交新的证据。通过法庭调查,查明事实,核实证据,找出行政主体作出的具体行政行为在认定事实,适用法律,依据的证据的确实、充分程度及具体行政行为是否违反法定职责,是否超越职权或滥用职权等方面所存在的问题。作为原告代理律师,必须注意被告方证据的取得时间,只有在作出具体行政行为之前所取得的证据,才能被采用,否则为非法证据。[2]

2. 参与法庭辩论

这一阶段律师的代理工作的核心主要就是围绕具体行政行为的合法与否,从事实和法律两个方面来进行论证。第一,事实问题。主要涉及作出具体行政行为的主体是否为合法有权的主体,作出程序是否合法,相对人的责任能力问题等。第二,适用法律问题。首先考察行政主体的具体行政行为有无法律依据,以及该依据是否有效,然后还应论证对某一对象适用这一条款是否适当。

3. 协助委托人行使某些程序性权利

如申请回避、申请延期审理、诉讼中止、诉讼终止等。律师应视情况协助委托人行使好这些权利,保证案件公正审判。

---

[1] 田文昌主编:《律师制度》,中国政法大学出版社2007年版,第244页。
[2] 时显群、刘国涛主编:《律师与公证学》(第二版),重庆大学出版社2005年版,第216页。

二、律师代理行政附带民事诉讼的程序

我国《行政诉讼法》对行政附带民事诉讼并无明确的规定。为了切实保护行政相对人的合法权益免遭侵害,并有效监督行政主体依法作出具体行政行为,《行政诉讼法司法解释》(1999 年)中,首次确立了行政附带民事诉讼制度。

所谓行政附带民事诉讼,是指人民法院在审理行政案件的同时,对与引起该案件的行政争议相关的民事纠纷一并审理的诉讼活动和诉讼关系的总称。实质上,行政诉讼与行政附带民事诉讼是两个性质完全不同的诉讼,合并审理是为了诉讼经济。但是我们应该看到,这两个分属于不同诉讼系列的诉讼请求之间具有内在联系,行政行为合法性的解决是民事争议解决的前提。因此,一般来说,在行政附带民事诉讼中,我们要遵循"先行后民"的程序。

行政附带民事诉讼的代理律师一般需注意以下几个问题:

1. 行政附带民事诉讼的提起,必须以行政诉讼的存在为前提,民事争议与行政争议之间需要存在内在联系。这也要求提起行政附带民事诉讼必须同时符合《行政诉讼法》第 49 条和《民事诉讼法》第 122 条有关起诉条件的具体规定。

2. 行政附带民事诉讼中的民事诉讼只能在行政诉讼过程中提起,如果行政诉讼并未提起或者已经审理完毕,则不能提起行政附带民事诉讼,而只能对该民事争议单独提起民事诉讼。

3. 在行政附带民事诉讼中,被诉具体行政行为须是被告对平等主体之间民事争议所作的行政裁决,原告提起附带民事诉讼的标的须是该行政裁决行为所针对的民事争议。如果原告提起行政诉讼的标的不是行政裁决行为的,即使涉及民事纠纷,法院一般也不能一并审理。

对行政附带民事诉讼案件由于存在两种不同性质的诉,因此既适用民事诉讼程序又适用行政诉讼程序。人民法院在审理过程中应当区别两种不同案件的性质。行政附带民事诉讼中的代理律师享有《民事诉讼法》规定的权利义务,其代理工作程序遵循《民事诉讼法》的有关规定。

三、律师代理涉外行政案件

涉外行政诉讼是指外国人、无国籍人和外国组织对具体行政行为不服起诉到法院或参与到他人已经提起的行政诉讼中,由法院依法进行审判的法律制度。需要说明的是,港、澳、台地区居民或组织作为原告或第三人提起或参与的行政诉讼虽不属于涉外行政诉讼的范畴,但是鉴于它们的政治、经济、社会制度等与祖国大陆有着巨大差异,因此在行政诉讼中涉及的代理、期间、送达等的具体操作,可参照涉外行政诉讼的规定。

由于我国行政诉讼制度起步较晚,加上行政诉讼的性质较为特殊,直接影响

国家主权,因此较之于我国比较发达的涉外民事诉讼、刑事诉讼的司法协助制度,涉外行政诉讼的司法协助还没有全面规定。由于行政诉讼直接涉及行政主体,影响国家主权,因此其原则也较为特殊,除了普通行政诉讼要适用的原则外,还要特别重视国家主权原则、对等原则和同等原则等。

律师制度是一个国家司法制度的重要组成部分,任何主权国家都不许外国律师在本国以律师的身份代理诉讼。根据我国《行政诉讼法》第100条规定:"外国人、无国籍人、外国组织在中华人民共和国进行行政诉讼,委托律师代理诉讼的,应当委托中华人民共和国律师机构的律师。"也就是说,外国人、无国籍人、外国组织在我国进行行政诉讼,可以委托律师,也可以不委托律师。如果决定委托律师以律师身份代理诉讼的,则只能委托我国律师机构的律师;如果委托外国律师的话只能以该律师个人的名义代理行政诉讼,而不能以律师的身份进行代理。此外,外国人、无国籍人、外国组织还可以委托律师以外的其他人,如外国人的近亲属、社会团体、外国驻华使领馆官员等作为诉讼代理人。

外国人委托我国律师机构的律师代理行政诉讼的,如果该外国人、无国籍人、外国组织在国内没有住所,其委托书要通过域外寄交或托交的,应当经所在国公证机关证明,并且经我国驻外使领馆认证,或者在履行我国与该国订立的有关条约中规定的证明手续以后,该委托书在我国境内才具有效力。

律师在代理涉外行政诉讼中,应当注意一系列的具体诉讼制度。如在管辖制度问题上,我国《行政诉讼法》没有对涉外行政诉讼的管辖作专门规定,但是最高人民法院相关司法解释对涉外案件的行政诉讼管辖作了具体规定,律师对此应有所了解。在期间制度方面,由于外籍当事人大多在我国国内没有住所,而期间又直接涉及当事人的诉讼权利义务,且《行政诉讼法》没有涉及涉外期间制度,因此,律师在代理时可参照《民事诉讼法》以及《最高人民法院关于适用〈中华人民共和国民事诉讼法〉若干问题的意见》的有关规定。《行政诉讼法》对涉外送达问题也没有规定,可参照《民事诉讼法》的有关规定执行。另外,最高人民法院办公厅《关于向外国送达涉外行政案件司法文书的通知》规定,对于需要向海牙民商事送达公约成员送达涉外行政案件司法文书的,可参照1965年订立于海牙的《关于向国外送达民事或商事司法文书和司法外文书公约》和我国国内相关程序向有关国家提出司法协助请求,通过公约规定的途径送达。代理律师应就司法解释中规定的涉外送达方式与委托人协商并达成一致意见。[①] 涉外行政诉讼的法律适用,对我国缔结或者参加的国际条约与《行政诉讼法》有不同规定的,适用国际条约的规定,但我国声明保留的除外。

---

① 陈宜、王进喜主编:《律师公证制度与实务》,中国政法大学出版社2008年版,第243页。

第五节 案例分析

一、铁道部春运涨价案

【案情】

2006年1月21日,郝劲松购买了当日从北京南站驶往石景山南的7095次列车车票一张,发现票价由以前的1.5元上涨到2元,涨幅高达33%。郝劲松称,铁道部在调整列车票价时作出的《春运通知》应当报国务院批准,同时应向国务院有关部门申请召开价格听证会。而铁道部并没有按照这些规定办理,属于程序上违法,遂起诉至法院,请求认定铁道部《春运通知》在程序上违法,并判令铁道部赔偿其经济损失0.5元。北京市一中院判决郝劲松败诉。

在二审中,铁道部认为,自己只是价格的执行部门,并没有价格制定的权力和职能,也没有义务去申请听证。对于郝劲松要求的0.5元赔偿,铁道部也认为不存在损害郝劲松合法权益的事实。北京市高院认为,铁道部作出的《春运通知》并不具有价格制定的性质,仅仅是对《国家计委关于公布部分旅客列车票价实行政府指导价执行方案的通知》相关内容进一步明确。因此,被诉的《春运通知》并不需要满足履行批准及听证程序的条件,铁道部也不具有申请听证的法定义务。法院判决驳回上诉,维持一审判决。郝劲松表示:"我要继续向最高人民法院申诉。"

【评析】

律师在现代司法体制中的核心价值在于律师应当凭着裁判活动之协力及防止纠纷或诉讼的咨询意见而促进"法的实现与执行",实现社会正义。所谓促进"法的实现与执行"是指在现代司法体制中,人民同样对律师抱有促成法律政策的角色期待。其原因在于,由于律师在涉及或者代理某些特殊案件时认识到现有法律法规难以保障当事人的权益,而立法的疏漏或滞后加之行政体制的僵化以及司法体制的保守、被动难以纠正当事人利益受损的状况。置身僵化的行政官僚体制及保守被动的司法裁判体制中的律师群体对上述情况感受颇深。因此,在现实生活的类似情况下,某些有社会责任感的律师不再拘泥于具体的案件,而是瞄准了现行的法律及制度缺失,力图从根本上解决问题。当代社会的纠纷形态呈现出新的特点,由于环境问题、消费者权益保护问题、产品质量问题以及其他特殊问题的存在,律师看到企业和某些政府部门推诿责任、文过饰非,而受害者又无力实现权利,因此自告奋勇为受害人提起行政公益诉讼。律师积极为受害人代言,经过有效抗争,促使上述机关改弦更张,形成新的政策,实现社会正义。在本案中,郝劲松针对铁道部提出行政诉讼,其请求认定铁道部的行政行为违法。尽管最终郝劲松没有胜诉,但是该案本身就具有公益性,是公民对于行政权力进行监督的一种有效的方式,是律师价值实现的一种有益的形式。

总之,律师职业价值的核心正如日本司法制度改革审议会意见书所说:律师作为"可依赖的伸张正义者",无论在法庭内外,都是国民"可靠的权利保护者",因此,他们应该具有超出一般的业务活动、在"公共性空间"实现社会正义的社会责任感。

二、山东"公务员录用第一案"

【案情】

临沂市人事局、临沂市公安局联合发布招考简章,招用警察53人。2007年12月21日,录用人员名单公示,黄廷伟名落孙山,相关部门给出的解释是,黄廷伟中学学籍卡和入团申请书两份材料上填写的出生日期、父母姓名和家庭情况,均与他的其他档案有出入,他没有通过政审。

原来,1992年7月,14岁的黄廷伟初中毕业考中专失利,便借用了别人的学籍,到一个乡镇中学复读。第二年,黄廷伟考上了临沂一所中专。正是因为这个"污点",他在成年后考警察没有被录取。黄廷伟认为,当时借用学籍考学是迫于无奈,自己不应为此再承担责任。在申诉无果后,2008年2月,他将招考单位告上法庭。这也是山东首例公务员录用行政诉讼案,省高院裁定此案由莱芜市中级法院审理。莱芜市中级法院经审理,认为黄廷伟在升中专过程中,冒用他人学籍和姓名参加了考试,并一直沿用至今,确系弄虚作假,违反了报考公务员诚信承诺书,被告为此不予录用符合有关规定,是正确的。因此,驳回了黄廷伟的诉讼请求。黄廷伟不服,向省高院提起上诉。省高院的终审判决维持了一审法院关于招考机关不予录用黄廷伟符合法律规定的判决。

黄廷伟的代理律师认为,目前,国内就"未成年刑事污点消灭制度的构建"已有专门探讨和小范围法律实践。"未成年人犯罪"这样的污点都可以消灭的话,类似黄廷伟这类少年时期道德或民事"污点",涉及一个庞大的群体,也应该引起全社会的高度关注。

【评析】

律师办理行政诉讼案件,只能通过法律途径、就法律问题履行职责。律师介入行政诉讼案件,有助于政府、企业等相对方依法行事,有助于推动司法、立法活动和依法行政。律师办理行政诉讼案件,应着力于化解矛盾纠纷,帮助争议各方选择合法、适当、平和与稳妥的争议解决路径和方式,倡导调解解决纠纷;律师应注意处理好与当事人、司法机关、政府、媒体和公众等方面的关系。

在办理行政诉讼过程中,律师不鼓动、不参与案件当事人或其代表人、代理人的上访活动。不得参与或建议当事人以违反社会治安、干扰国家机关正常工作等手段促使案件的解决。律师应该正确处理与政府的关系,应通过正当渠道及时向政府相关部门反映情况,发现有可能激化矛盾、扩大事态的问题和苗头应当立即报告司法行政主管机关。律师也应注意处理与媒体的关系,恰当把握与媒体(包括网络媒体)的关系,实事求是,谨慎评论。不炒作新闻,不搞有偿新闻。

在山东首例公务员录用行政诉讼案中,依据现行法律规定,虽然法院最终没有支持当事人的诉讼请求,但是律师全程代理当事人提起行政诉讼,维护当事人的合法权益。

三、全国"专车第一案"

【案情】

2015年1月7日,济南专车司机陈超使用"滴滴打车"软件载客被抓,被罚款2万元。随后陈超向济南市市中区人民法院提起行政诉讼,要求济南市客运管理中心撤销处罚。2015年3月18日,济南市市中区法院正式受理该案,于同年4月15日开庭审理。该案先后四度延期,历时一年多,被媒体称为"专车第一案"。2016年12月30日,济南市市中区人民法院认为,陈超的行为构成未经许可擅自从事出租汽车客运经营,但是考虑到网约车这种共享经济新业态的特殊背景,社会危害性较小。根据现有证据,济南市客管中心作出的处罚幅度和数额畸重,存在明显不当,根据行政诉讼法相关规定,依法应当予以撤销。济南客管中心不服,上诉请求依法撤销原审判决。2017年2月,济南市中级人民法院经依法审理后,作出二审判决,驳回上诉,维持原判。①

判决作出后,《北京青年报》对本案当事人陈超的代理律师李文谦进行了采访,当被问及:"这个案子对自己的成长有哪些触动?"李文谦说:"在这个案子之后,会多关注一些公众话题的案子,希望自己更能切入社会。从我自身角度,这是我个人办理的为数不多的公益案件之一,感觉能够通过个别的案件,促进一些社会问题的思考和解决,具有很大的意义。"②

【评析】

专车与传统出租车的主要差别在于,前者是一个新技术条件下实施弹性竞价机制的约租车。自从专车这种商业模式于2010年在美国Uber开启以来,合法性争议就没有断过。"专车第一案"的发生正是这种争议的集中体现。该案所涉当事人虽然只有陈超一人,但是因为"专车服务"作为一种面向社会大众的服务,其走向不仅关系到专车服务的提供者,也关系到专车服务的购买者。基于

---

① 赵青:《专车第一案尘埃落地》,载《法人》2017年第3期。
② 王晓芳:《专车第一案:一场标杆性的胜诉》,载《北京青年报》2016年12月31日第A08版。

这样的原因,使得该案具有很强的公益性,也正因为如此,该案才在社会上引发了广泛的关注。

从该案的发展来看,我们也可以看出,政府在执法过程中的违法行为,是该案发生的直接原因。例如在对陈超的行政处罚决定书中,执法部门没有写明违法事实、违法地点等信息,更为重要的是罚款人民币2万元的法律依据何在。最终在当事人和代理律师的不懈努力下,案件经过一审、二审,获得胜诉,执法部门作出的行政处罚决定书被撤销。整个过程可以简化为:政府违法行政+行政相对人据理抗争+律师不懈努力=政府依法行政。

在依法治国的大背景下,政府依法行政成为一个重要的社会系统工程,它需要多方力量的参与。而律师作为一种特殊的社会群体,在政府依法行政的过程中扮演着重要的角色,主要体现以下几个方面:首先,律师在政府的依法决策中具有无可替代的顾问作用,依法决策是依法行政的首要环节,现实生活中,许多政府的决策行为都涉及大量的法律问题,由于地方保护主义或法律知识的欠缺,常常导致很多政策的出台违反法律的规定,侵害相对人的权利。律师作为法律顾问,可以为政府把好关,从源头上控制,防止政策走偏。其次,这些年来政府的普法工作还是初见成效,社会公众的维权意识在不断提高,"民告官"早已经变得稀松平常。但是在实践中,行政诉讼由于所涉法律法规庞杂,对于提起行政诉讼的行政相对人而言,需要具备一定的法律知识和必要的法律手段,才能实现与行政机关"武器平等",才能实现实质意义上的"法律面前人人平等"。经过专业训练的律师,具备法律专业知识,熟悉诉讼技能,可以在帮助行政相对人维权过程中发挥重要作用,作为行政相对人的"代言人",监督行政机关的行为,督促行政机关自我纠偏。最后,我国《宪法》规定,公民对国家机关享有监督权。我国《律师法》规定,律师应当维护当事人合法权益,维护法律正确实施,维护社会公平和正义。因此,关注公共利益问题,维护社会正义,理应成为律师的职业责任所在。律师作为熟悉法律的公民,更应该积极监督行政机关依法行政,维护法律正确实施。

第六节 问题与建议

《律师法》直接决定着律师的权利状况,关系着行政诉讼案件代理过程中的律师的权利义务状况。《律师法》的规定有利于保障律师在执业过程中的权利,有利于律师更好地履行职责、维护法律的正确实施以及维护委托人的合法权益。

一、律师在行政诉讼中的法律地位亟待完善

目前律师在行政诉讼中的地位主要存在着两个方面的问题:第一,在立法上,目前法律对于律师在行政诉讼中的地位的规定很不完善,《行政诉讼法》第31条、第32条虽然对我国律师参与行政诉讼时的地位作了一些规定,赋予了律师在行政诉讼活动中一定的法律地位,律师在行政诉讼中是受当事人委托而为其代理诉讼的委托代理人,具有相对独立的诉讼主体资格,但是,行政诉讼立法中对律师的地位问题的规定还不详尽,有许多问题有待研究。另外,在我国律师立法中对律师的业务范围的规定也显得过于狭窄,不适应行政诉讼法实施的需要。第二,在司法实践中,不重视律师地位的现象较普遍地存在,有些地方还相当严重,并且律师本身参与行政诉讼的畏难情绪也比较大,这些都必然影响到律师在行政诉讼中作用的充分发挥。

二、行政诉讼植入律师强制代理制度

法谚有云:"有权利必有救济",而所谓的救济,是指实质有效的救济。[①] 诉讼制度作为人民合法权益维护的重要途径,受到各国(地区)的重视。在诉讼制度的各类原则中,"当事人诉讼"与"律师强制代理"常常成为一组对立概念。当事人诉讼是指根据民法或行政程序法享有行为能力,而有诉讼能力的当事人(包括原告、被告以及诉讼参加人)能够亲自在诉讼中实施诉讼行为而进行诉讼,当然也可以委托律师作为诉讼代理人为其进行诉讼,而不用亲自进行。律师强制代理是指即使当事人按照民法或行政程序法享有行为能力,但对于诉讼程序,包括程序的开启和进行,除非另有规定,否则不允许当事人亲自起诉、上诉并出庭实施诉讼行为,当事人必须委托法院许可的律师作为诉讼代理人。[②] 实践中,我国台湾地区"民事诉讼法"规定,第三审法院进行言词辩论时,应该由两造委托律师代理为之。德国《联邦行政法院法》规定,在联邦行政法院以及联邦高等行政法院,若当事人提出申请,其必须委任律师或德国高校之法律教师作为诉讼代理人。由此可见,我国台湾地区和德国的诉讼制度中都有限度地植入了律师强制代理制度。

我国现行《行政诉讼法》实施以来,随着我国法治建设的加快与司法实践经验的积累,行政审判工作总的趋势是健康的、稳步前进的。行政案件数量稳中有升,新型案件不断出现,行政审判制度总体真实有效,并在我国民主政治中发挥着越来越重要的作用。然而随着时代背景与法律环境的变化,《行政诉讼法》在实施过程中也暴露了越来越多的问题。在律师代理行政诉讼案件过程中,老百姓"畏诉"心理严重。近年来,虽然行政诉讼案件数量逐步增多,但是人们的诉

---

① 参见蔡志方:《行政救济法新论》,台湾元照出版有限公司2001年版,第151页。
② 参见张文郁:《行政诉讼采取律师强制代理制度之研究》,载《台北大学法学论丛》2010年第72期。

讼意识仍然很淡薄。老百姓不敢告、不会告,告后怕报复,撤诉率高。面对上述这些问题,可以在行政诉讼中有限度地植入律师强制代理制度。按照我国台湾地区学者张文郁的研究,在行政诉讼中采取律师强制代理制度具有以下几点优势,在此概括言之:首先,"武器平等"。行政法的领域不但相当广阔,而且各法规之间的关系错综复杂,其所涉及的事项通常又极为繁琐。一般而言,不具有特殊专业知识的人对行政诉讼是难以把握的,而一般行政诉讼的一方当事人常常是公民,另一方当事人是行政机关。从诉讼资源对比来看,行政机关往往要强于一般公民。因此,采用律师强制代理主义,能够解决当事人"诉讼武器"不平等的问题。其次,可以提升诉讼效率,促进诉讼迅速推进。由具有法律专业知识的律师作为诉讼代理人进行诉讼可以有效地收集诉讼资料,并在适当的时间提交给法院,特别是能针对作为重要争议焦点的法律问题提出专业的"攻击"与"防御",如此可以大幅减轻法院负担,并促使诉讼程序进行顺畅,案件得以迅速终结。① 最后,避免滥诉。律师强制代理制度可以避免当事人提出无意义的诉讼或上诉,尤其是在当前我国实行立案登记制度的情况下,更具有现实意义。但是此项作用的发挥还需要一些辅助性制度,如把律师费列入诉讼费用中,由败诉方承担。②

从制度主义的视角来看,一项法律制度的建立,既需要理论上厘清相关概念,确立理论基础,同时也需要实践中积累经验,为制度建构提供"反馈"。行政诉讼中实行律师强制代理制度,从目前来看,虽然还不具备成熟的制度土壤,但是作为一种制度实验、一种理论探索是有必要的。因此,本书在此初步提出该项构想,希望引起理论界与实务界的关注,共同推进行政诉讼中律师代理制度的发展与完善。

【问题与思考】

请阅读以下案例,并根据相关案件信息,回答问题:

2018年8月14日下午5时,F省N市检察院干部任某和朋友庞某在某江上游游泳时,突然听到身后约四五米远处,有一名女子在拼命拍打水面,并多次呼叫"救命"。当时,她本能地抱住旁边的一名男子,两个人正渐渐地往下沉。见情况危急,任某迅速游过去想托住女子,但是反被她抓住手臂。经过几次努力,任某仰泳,最终和那个男子一起将女子带到了附近的浅水区。

---

① 参见蔡志方著:《行政救济与行政法学》(第二版),台湾三民书局股份有限公司1993年版,第367页。
② 参见张文郁:《行政诉讼采取律师强制代理制度之研究》,载《台北大学法学论丛》2010年第72期。

N市检察院在任某的一次工作汇报中知道他曾救起一名溺水女子,当时派人进行调查核实后,便向N市政法委有关部门要求确认表彰。但是,他们得到的答复却是,要先由公安机关调查核实后,才能确认并予以表彰。此后时间过去了近两年,而任某也没再提起此事。

2020年3月,任某从媒体获悉,F省政府规定见义勇为者子女可在"中考"或"高考"升学考试中享有加10—20分的待遇。这对于任某即将面临中考的儿子来说,意义非同小可。5月25日,任某向N市公安局Y分局见义勇为办公室正式提出申请,要求对其见义勇为的行为进行确认。

2021年3月2日,Y分局以"告知单"的形式"建议向Y区见义勇为工作协会提出申请"。此后任某了解到该协会尚未成立。于是,他向Y区政法委有关领导反映了这一情况,区政法委领导答复,见义勇为的行为应由公安机关负责调查核实并予确认。

3月8日,任某终于收到Y分局见义勇为办公室复函,认为他的行为"仅属于游泳中常见的互相帮助、互助友爱行为",对任某申报见义勇为的行为不予确认。

4月10日,他再次收到一份Y分局结论大致相同但却未盖公章的复函,不同的是,该复函中增加了得出结论的依据是被救人"不认为自己当时处在危险状态",并且她和她丈夫"都不认为该行为属于见义勇为行为,仅属于游泳中常见的互相帮助、互相友爱"。

5月26日,N市公安局做出见义勇为行为复核决定书,认为任某不符合《F省奖励和保护见义勇为人员条例》第6条规定的见义勇为情形之一,因此决定维持N市公安局Y分局不予确认的结论。在收到复核决定书之后,任某对这一结论不服,向N市Y区人民法院提起诉讼,要求确认其"见义勇为"行为。请回答以下两个问题:

1. 代理任某的案件是否有违律师的职业伦理,能否拒绝代理?
2. 如果你是任某的律师,你会怎么办?针对委托人你的权利和义务是什么?

第十一章　申诉和再审中的律师代理

【内容提要】

本章主要介绍了申诉和再审的概念,结合律师实务工作介绍律师代理申诉案件和再审案件的具体情况,并就审判监督程序中实行强制律师代理制度提出改革建议。

【关键词】　申诉　再审　审判监督　强制律师代理

第一节　基本理论

申诉制度在当代世界各国受到普遍重视,逐步发展为一种新型的非诉讼救济机制,并向多种行业和领域拓展,显示出新的社会治理模式对传统体制、理念、程序和技术等多方面的超越与发展。① 申诉有广义和狭义之分,广义上的申诉是指我国公民基本权利体系中的申诉权及具体行使申诉权的行为。我国《宪法》第 41 条第 1 款规定:"中华人民共和国公民对于任何国家机关和国家工作人员,有提出批评和建议的权利;对于任何国家机关和国家工作人员的违法失职行为,有向有关国家机关提出申诉、控告或者检举的权利,但是不得捏造或者歪曲事实进行诬告陷害。"公民行使《宪法》赋予其申诉权的行为即是广义上的申诉。广义上的申诉是公民对国家机关的申诉,其中又可以具体分为对国家权力机关、国家行政机关、国家司法机关和国家工作人员的申诉。如果公民申诉符合法定的期限、条件和程序,申诉受理机关则应当依法处理。例如在法定期限内向司法机关申诉,请求对已经生效的判决进行监督,如果符合法定条件,则司法机关应当启动审判监督程序,这就是再审,也即是狭义的申诉。我国三大诉讼法中都明确规定了狭义的申诉,即当事人对于已经生效的判决、裁定,如果认为确有错误,可以向法定机关申请启动审判监督程序。如《刑事诉讼法》第 252 条规定:"当事人及其法定代理人、近亲属,对已经发生法律效力的判决、裁定,可以向人民法院或者人民检察院提出申诉,但是不能停止判决、裁定的执行。"《民事诉讼法》第 206 条规定:"当事人对已经发生法律效力的判决、裁定,认为有错误的,可以向上一级人民法院申请再审;当事人一方人数众多或者当事人双方为公民的案件,也可以向原审人民法院申请再审。当事人申请再审的,不停止判决、

---

① 范愉:《申诉机制的救济功能与信访制度改革》,载《中国法学》2014 年第 4 期。

裁定的执行。"《行政诉讼法》第 90 条规定："当事人对已经发生法律效力的判决、裁定，认为确有错误的，可以向上一级人民法院申请再审，但判决、裁定不停止执行。"

申诉，是当事人及其法定代理人、近亲属对已经发生法律效力的刑事、民事、行政案件判决、裁定不服，向人民法院或者人民检察院提出重新审查和处理的一种诉讼请求。申诉不是诉权，不同于起诉、上诉，不受法定期间、主体、事由、管辖等条件限制。[①] 纵观我国三大诉讼法，启动再审程序的主体是人民法院与人民检察院。当事人虽然享有申请启动权，但申请并不必然会启动再审程序，再审的最终决定权仍然在人民法院与人民检察院。根据再审提出的主体不同，我国的再审案件可以分为职权再审、申诉再审和抗诉再审。可以看出，申诉和再审存在相互交叉的部分，狭义的申诉是再审启动的一个条件。本章所述的律师代理申诉和再审系指狭义的申诉和再审。

一、律师代理申诉概述

（一）申诉代理的概念和特征

《律师法》第 28 条第 1 款第 4 项规定：律师可以接受委托，代理各类诉讼案件的申诉。所谓申诉是指当事人或其法定代理人、近亲属，认为已经发生法律效力的判决、裁定有错误，向人民法院或者人民检察院提出请求要求重新处理的行为。申诉代理是指律师接受刑事、民事、行政诉讼案件当事人的委托，代理其进行申诉的活动。[②] 申诉代理主要具有以下几个特征：

1. 律师只能代理诉讼案件的申诉，而不包括非诉讼案件的申诉。根据我国法律的规定，诉讼案件分为刑事案件、民事案件、行政案件三类。在上述三类案件范围内，律师均可接受当事人的委托代理申诉。

2. 各类诉讼案件中当事人需要委托申诉的，只能委托律师代为申诉。根据我国《刑事诉讼法》《民事诉讼法》《行政诉讼法》的有关规定，诉讼案件的当事人需要委托他人代理诉讼的，既可以委托律师，也可以委托律师以外的人。但诉讼案件的当事人需要委托他人代理申诉的，则只能委托律师，而不能委托律师以外的人。

3. 律师必须是认为已经发生法律效力的判决和裁定确有错误才能代理申诉。无论是刑事案件，还是民事案件或行政案件，我国均实行两审终审制。地方各级人民法院作出一审判决或裁定后，在上诉期间，律师只能接受当事人的委托代理上诉。只有人民法院的判决和裁定发生法律效力后，律师认为确有错误的，

[①] 栾少湖：《实行律师代理申诉制度的思考与启示》，载《中国法律评论》2015 年第 1 期。
[②] 朱立恒、彭海青主编：《律师法教程》，中国人民公安大学出版社 2008 年版，第 213 页。

才能接受当事人的委托代理申诉。如果判决和裁定尚未生效,或者虽然生效但没有错误,律师不能接受当事人的委托代理申诉。

4. 律师代理申诉只能向人民法院或者人民检察院提出。根据《刑事诉讼法》《民事诉讼法》《行政诉讼法》的规定,人民法院的判决、裁定发生法律效力以后,只有本级人民法院、最高人民法院和上级人民法院有权决定再审,以及只有最高人民检察院和上级人民检察院有权按照审判监督程序提出抗诉从而引起再审。因此,律师接受当事人的委托代理申诉只能向上述人民法院或人民检察院提出,否则均无法引起审判监督程序的发生。

5. 律师代理申诉只能在判决、裁定发生法律效力后至审判监督程序开始之前进行。如果人民法院对原案件已决定进行再审或人民检察院已经按照审判监督程序提出抗诉,则该案件已经进入再审程序,那么律师所做的只能是接受当事人的委托进行辩护或代理诉讼,而不是接受委托进行申诉。

(二) 申诉代理的分类

依照不同的标准,律师的申诉代理存在不同的分类:

1. 依据代理的案件种类的不同,可以分为民事案件申诉代理、刑事案件申诉代理和行政案件申诉代理。一方面,由于不同诉讼调整的利益存在差异,律师参与代理不同诉讼种类的申诉案件,所享有的权利和义务及应承担的职责也存在差别。另一方面由于三大诉讼法对于申诉事由的规定存在差异,律师在接受代理之前需要审查的事由也并不相同。

2. 根据代理的当事人不同,可以分为原告方申诉代理和被告方申诉代理。我国三大诉讼法区分了原告与被告的申诉,如果诉讼当事人一方认为判决或裁定违反法律规定,就可以依法提起申诉。律师根据不同的当事人的委托,代理进行申诉,享有不同的权利并承担一定的义务。

二、律师代理再审概述

再审也有广义和狭义之分。广义上的再审程序,是指对已经生效的裁判的错误进行纠正的特殊救济程序,是再审发动、再审立案与复查、再审审理等一系列程序的总称。狭义上的再审程序,是指人民法院对自己发现的在认定事实或适用法律上确有错误但裁判已经发生法律效力的案件,或者对人民检察院提起抗诉的案件依法进行重新审理的程序。[①] 律师代理再审针对广义再审中的再审审理阶段或者是狭义的再审程序,具有以下几个特征:

1. 律师代理再审的期限只能在人民法院启动再审程序之后。律师代理再审有期限限制,只有在人民法院启动再审程序之后,才能成为真正意义上的再审

---

① 虞政平主编:《再审程序》,法律出版社2007年版,第3页。

代理律师。否则,只能属于申诉代理律师或者是提供再审法律咨询的律师。

2. 律师代理再审应当经过当事人的委托。律师参加再审程序需要经过当事人的聘请,取得当事人及其法定代理人、近亲属的授权委托。但是代理律师的权限根据案件性质的不同有所区别,在民事案件和行政案件的再审代理、刑事案件自诉人和附带民事诉讼当事人的代理中,再审代理律师只能在委托的授权范围内行使代理权,而刑事案件被告人(生效判决的被执行人)的再审辩护律师根据事实和法律,维护被告人的法定权益,具有独立的诉讼地位。

3. 再审代理律师享有广泛的诉讼权利和义务。再审代理律师享有获得出庭通知、参与法庭调查、法庭辩论、申请证人出庭、申请调查取证等权利,经当事人授权还可以申请回避、提出上诉等。对于上述权利,人民法院应当予以保障。

需要指出的是,申诉并不必然引起再审。律师接受当事人一方的委托代理申诉,并不必然进入到下一阶段的再审程序。只有人民法院启动再审程序,律师才能够作为代理人参与到再审程序之中。可以说,律师代理申诉是代理再审的一个前置环节,只有人民法院经过审查后认为符合再审立案的条件,才能启动再审程序。

第二节 立法背景

一、申诉和再审制度确立的指导思想

任何一种制度的建立和完善都有其指导思想,指导思想是制度建立的基础,也是制度完善的方向。

(一) 历史唯物主义

历史唯物主义要求我们要客观地看待这个世界,世界是由物质组成的,通过人的主观能动性,人们能够客观地认识和改造世界。历史唯物主义坚持认识能够实现,而且随着科技的发展,人的认识能够不断地深化。在历史唯物主义的指导下,我国司法实践坚持客观真实的裁判原则,在我国申诉和再审的制度设计中,有新的证据证明案件确有错误是必然启动再审的事由。无论是民事诉讼法、行政诉讼法还是刑事诉讼法,证据运用上的错误均是再审的必然要件。不仅如此,除了通过人民法院与人民检察院依据职权主动发现错案以外,群众的申诉也是发现案件错误的一个重要途径。因此,当事人的申诉是人民法院再审、人民检察院提起再审抗诉的一个重要来源。

(二) 辩证唯物主义

辩证唯物主义的认识论也是申诉和再审制度的理论基础。辩证唯物主义要求我们应当辩证地认识事物,任何事物都有其两面性,要全面地看问题。由于立

场或利益的原因,有时人们看待问题的角度会出现偏差,为达到全面、客观地认识世界,应当听取各个利益群体的不同看法。以辩证唯物主义为指导,要求在司法实践中人民法院不仅要听取人民检察院的意见,而且也应当积极听取当事人的观点,使双方在法庭上处于平等的地位,保障全面客观地发现案件真实。在审判结束后,虽然判决、裁定已经生效,立法者所追求的法律的效果已经实现,但是对于当事人自身而言,对于判决、裁定是否客观真实有自己的切身感受。当事人对已经生效的判决、裁定存有异议时应当允许其在法律规定的范围内向国家机关表达。只要这种表达符合法定的条件,人民法院就应当启动再审程序。申诉和再审制度正是辩证唯物主义在司法制度中的一个具体体现。

(三) 民主监督的思想

新中国成立后,中国共产党成为执政党,党制定的方针、政策正确与否,直接关系到社会主义事业的成败和国家的兴衰,非常需要听到来自各方面的意见和批评,接受监督。在对中国共产党的监督中,人民群众的监督是一个重要内容。而作为人民民主专政的司法机关,接受人民群众的监督,对于已经发生法律效力的判决、裁定由人民群众根据法定的条件和程序提出意见,也是民主监督的重要表现。可以说,申诉和再审制度的确立是民主监督思想在司法领域的一个具体体现。

但是,民主监督毕竟是政治制度的内容,司法虽然是政治制度的一个方面,但与其他制度相比又具有专业性,而且司法应当具有被动性、权威性。过度的监督和过于频繁的改判,不仅不能加强司法的作用,通过法律、司法加强党的领导,反而会使人们对法律的权威性产生怀疑。因此,群众对司法的监督必须在法律规定的条件和程序内实施,保持一定的限度。监督不能以牺牲法律的权威性为目的,而是为了更好地维护法律的权威,使法律更能得到群众的信任。申诉和再审制度正是对民主监督与法律权威关系的平衡。

二、申诉和再审制度的立法历程

1954年《宪法》第97条规定:"中华人民共和国公民对于任何违法失职的国家机关工作人员,有向各级国家机关提出书面控告或者口头控告的权利。由于国家机关工作人员侵犯公民权利而受到损失的人,有取得赔偿的权利。"这是我国《宪法》首次确立申诉制度。同年颁布的《人民法院组织法》与《人民检察院组织法》均规定纠正错案的再审制度。然而,上述规定只明确了最高人民法院、各级人民法院院长、最高人民检察院、上一级人民检察院的权限,并没有从当事人的角度提到申诉权利。

之后我国的申诉和再审制度在曲折中发展。1956年9月13日,最高人民法院为改进人民来信来访工作,向各级法院发出《关于改进处理申诉的工作和加强人民接待室工作的指示》,这个指示对各级人民法院审判庭和接待室的分工作了调整,规定对于当事人不服已经发生法律效力的判决、裁定而提出的申诉由审判庭处理。这个指示可以说是法院系统通过自身的调整进行申诉和再审的尝试。1979年《人民法院组织法》明文规定了当事人就法院生效裁判有申诉的权利,即各级人民法院对于当事人提出的对已经发生法律效力的判决和裁定的申诉,应当认真负责处理。至于能否引发案件再审,并未作出明确规定。1987年各级法院逐步设立了告诉申诉审判庭,并承担了申诉的审查立案工作和审判监督工作。1989年《行政诉讼法》同时规定了当事人的申诉权和再审制度。1991年《民事诉讼法》正式颁布施行,将之前"试行"中的"申诉"修改为"申请再审",即"当事人对已经发生法律效力的判决、裁定,认为有错误的,可以向原审人民法院或者上一级人民法院申请再审,但不停止判决、裁定的执行"。随后,2007年《民事诉讼法》重点修改了审判监督程序,2012年的再次修改中完善审判监督程序仍然是重点之一,并通过增加监督方式,强化法律监督。

第三节 热点前沿问题

一、律师代理申诉和再审的作用

实行律师代理申诉制度,是保障当事人依法行使申诉权利,实现申诉法治化,促进司法公正,提高司法公信,维护司法权威的重要途径。我国《律师法》规定,律师可以接受民事案件、行政案件当事人以及刑事自诉案件自诉人、公诉案件被害人或者其近亲属的委托,担任代理人参加诉讼。同时,又将律师接受各类诉讼案件当事人的委托代理申诉作为律师的一项业务单独加以规定,具有十分重要的意义。主要表现在:

(一)有利于切实维护法律的正确实施

我国人民法院审判案件实行两审终审制。虽然经过两级人民法院的审判,绝大多数案件的处理是正确的。但审判实践中,案件情况的复杂性和人类认识的局限性又不可避免地会导致人民法院在审查事实、适用法律时出现错误,从而使部分生效的判决、裁定缺乏合法性和公正性。有诉讼就有胜败,允许败诉方申诉是司法正义的基本要求。为了维护法律的权威性,我国三大诉讼法在一审、二审程序之后设立了一种纠正错误的补救程序即审判监督程序。生效判决、裁定中的错误,既可以由人民法院或者人民检察院自己发现,也可以由当事人或者曾经参加过一审、二审诉讼的辩护律师或者代理律师发现。在后一种情况下,律师在接受当事人的委托或者在征得当事人同意并授权的情况下代理申诉,无疑有助于引起人民法院或人民检察院的重视,促使人民法院启动审判监督程序,纠正原判决、裁定中的错误,从而贯彻实事求是、有错必纠的工作方针,切实维护法律的正确实施。

(二)有利于充分维护当事人的合法权益

某些生效判决、裁定确有错误,但当事人出于害怕心理、不懂法律或者患有疾病或生理缺陷等原因,不敢、不能或者不善于行使法律赋予的申诉权利。如果能获得精通法律、经验丰富的律师的帮助,则有助于当事人依法申诉,进而促使人民法院对原案重新审理,依法纠正判决、裁定中的错误,从而充分维护当事人的合法权益。另外,律师在代理申诉中,如果发现判决、裁定没有错误,经过向申诉人说明、解释,对其进行法制宣传教育,也有利于当事人服判息讼,主动履行生效判决,从而变消极因素为积极因素。

(三)有利于节约司法资源,维护法律权威

长期以来,受"信访不信法、信权不信法、信上不信下"错误观念的影响,申诉与信访混杂,定分止争机制失灵,案件终审不终结,终结不终局,无限上访申诉的现象突出。[①] 当事人因不满生效裁判而不断上访、申诉的现象时有发生。一个案件往往已经经过了多次再审,但是当事人仍不断上访、申诉,这不仅对当事人的家庭生活、工作造成严重的影响,也浪费了司法资源和社会公共服务资源。虽然我国《宪法》明确规定人民法院、人民检察院或者其他国家机关对于公民的申诉材料应当予以审查,但是,作为生效裁判作出主体的人民法院或起诉主体的人民检察院事实上已经难以获取当事人的信任,因此很难说服当事人遵守生效裁判。律师则相对中立,其职责是维护当事人的合法权利,对于确实存在错误的裁判,应当积极为当事人收集证据,代理申诉、再审。对于审查后认为案件没有错误,只是当事人认识上存在偏差的案件,则应当向当事人解释法律规定和继续上访、申诉可能产生的后果,使当事人对自己的行为有一个明确的预期,说服当事人息讼,遵守已经生效的裁判,维护法律的权威。

二、律师参与申诉、再审案件中的问题

当事人申诉的案件,一般都是重大、疑难、复杂案件。由于这类案件已经经过人民法院的审理。并且收集新证据也存在较大难度,再审胜诉的可能性往往比较小。况且对于竞争激烈的律师服务市场而言,胜诉或者胜诉率是律师业务能力的一个重要评价标准,也是获取当事人信任的关键要素。为此,律师代理申诉、再审案件的积极性就必然不足。对于裁判"适用法律存在错误"情形的申诉和再审,律师可以根据法律的具体规定,充分阐释法律的有关精神来达到维护当事人合法权利的目的。对于认定事实错误的案件,由于需要新的证据证明原裁判确有错误,而证据的保存、收集经过较长的时间后难以取得,这类案件则需要

---

① 栾少湖:《实行律师代理申诉制度的思考与启示》,载《中国法律评论》2015年第1期。

得到更专业的法律分析。但是,在实践中,律师往往不愿意代理这些难度较大的案件。这就导致一方面,当事人由于能力的限制需要专业律师的帮助,另一方面,律师基于自身因素和案件实际情况对于代理此类案件并不积极。因此,在申诉、再审案件中,往往更需要律师帮助的案件却较难请到合适的律师。这不仅与律师对于自身业务的考虑和当前我国申诉的现状有关,同时还与我国申诉业务律师收费缺乏规定有关。

在辩护实践中,根据辩护律师与被告人签订的委托协议,通常在承办案件的一审或二审终结之后,辩护律师的工作也随即结束。至于被告人或者其法定代理人、近亲属不服判决或裁定,意欲提出上诉或申诉的,则由他们自行处理或另行委托律师等处理。但在特殊情况下,如辩护律师认为判决或裁定不当,或被告人等要求辩护律师帮助时,辩护律师可以依法继续参与案件的上诉或申诉工作。在此过程中,辩护律师应注意两种误区:一是混淆不同主体的上诉权性质。按照法律规定,被告人享有独立的上诉权,其他任何人的意见均对其行使上诉权不构成影响。被告人的法定代理人,即未成年或患精神疾病的被告人的父母、养父母、监护人等也享有独立的上诉权,被告人的态度如何亦不影响其上诉权的行使。值得注意的是,被告人的辩护人和不属于法定代理人的近亲属享有的是附条件上诉权,即只有经被告人同意,才可以提出上诉。如果辩护律师混淆这几类人的上诉权性质,极有可能导致上诉无效,甚至因此而延误上诉的有效期限。二是混淆申诉活动和辩护活动的界限。按照我国现行法律规定,辩护律师参与刑事案件的申诉只限于提出申诉要求或者代写刑事申诉状的范围,无权在申诉阶段行使辩护人的权利。只有法院依照审判监督程序对案件重新审判时,辩护律师才能接受被告人的委托或法律援助机构的指派,参与刑事诉讼,行使法律赋予辩护人的权利。[①]

三、律师代理申诉制度的逐步完善

党的十八届四中全会通过的《中共中央关于全面推进依法治国若干重大问题的决定》(以下简称"四中全会《决定》")明确提出:"对不服司法机关生效裁判、决定的申诉,逐步实行由律师代理制度。"这为司法机关在申诉案件办理中探索建立律师代理制度提供了政策依据。在有些地区,行政机关、司法机关均被一些上访所困扰。在这些上访中,涉及刑事再审申诉的占相当高的比例。其中一些是应当到司法机关申诉,但选择直接上访的;一些是因申诉被驳回而上访;还有一些是既到司法机关申诉又同时上访的。为了引导群众按照法律程序进行申诉,通过法律途径解决问题,切实维护群众的合法利益,应当构建与完善刑事再审程序中的律师代理申诉制度。

---

① 陈光中主编:《律师学》,中国法制出版社 2008 年版,第 299 页。

刑事再审程序中的律师代理申诉制度,是指在刑事再审程序中,当事人及其法定代理人、近亲属的授权下,由律师为他们对已经发生法律效力的判决、裁定,向人民法院或者人民检察院进行申诉,请求启动刑事再审程序的制度。实行律师代理申诉,是保障当事人依法行使申诉权利,实现申诉法治化,促进司法公正,提高司法公信,维护司法权威的重要途径。中央政法委《关于建立律师参与化解和代理涉法涉诉信访案件制度的意见》,就建立律师参与化解和代理涉法涉诉信访案件制度进行了总体部署。2017年最高人民法院、最高人民检察院、司法部联合发布了《关于逐步实行律师代理申诉制度的意见》,对申诉实行律师代理制度作了具体规定。该《意见》确定了申诉"坚持平等、自愿原则"并要求探索建立律师驻点工作制度。人民法院、人民检察院可以在诉讼服务大厅等地点开辟专门场所,提供必要的办公设施,由律师协会派驻律师开展法律咨询等工作。对未委托律师的申诉人到人民法院、人民检察院反映诉求的,可以先行引导由驻点律师提供法律咨询。法律援助机构安排律师免费为申诉人就申诉事项提供法律咨询。《意见》还对于保障律师有效代理申诉作了具体规定,要求完善申诉立案审查程序,尊重代理申诉律师意见,依法保障代理申诉律师的阅卷权、会见权以及代理申诉律师人身安全。尤其是对于阅卷权,律师作为法治中国建设中的重要参与者,其权益得到越来越多的重视和保护。完善律师代理申诉案件的阅卷权,是保证律师有效辩护的基础,对实现申诉法治化也有极大的推动作用。① 此外,《意见》还要求探索建立律师代理申诉网上工作平台,建立多层次经费保障、申诉案件代理质量监管、律师代理申诉激励等机制,强化律师代理申诉执业的管理。

刑事申诉强制代理的义务主体是国家。司法机关未能履行该项义务的,属于程序瑕疵并产生程序上的否定性后果,上级机关可以依当事人申请或主动行使职权否定或撤销其作出的决定。②

第四节 法律实践

一、律师代理申诉案件实务

(一)刑事诉讼案件的申诉代理

1. 刑事案件申诉的概念、特点

我国法律就刑事错案的发现和纠正进行了制度设计,主要是刑事诉讼中的申诉制度和审判监督程序,可概括为"申诉再审制度"。③ 审判监督程序中的申

---

① 岳阳:《律师代理申诉案件中阅卷权问题研究》,载《海峡法学》2019年第2期。
② 宫鸣:《申诉案件律师代理制度探索》,载《人民检察》2016年第12期。
③ 何家弘、刘译矾:《刑事错案申诉再审制度实证研究》,载《国家检察官学院学报》2015年第6期。

诉,是指申诉权人对人民法院的生效裁判不服,以书状或口头形式向人民法院或者人民检察院提出该裁判在认定事实或者适用法律上的错误并要求重新审判的行为。① 《刑事诉讼法》第 252 条、第 253 条对申诉人的主体范围及申诉的效力、因申诉而重新审判的情形作了具体规定,2020 年 9 月 22 日最高人民检察院印发了《人民检察院办理刑事申诉案件规定》。刑事案件的申诉具有以下几个特点:

(1)申诉的主体:我国刑事案件的申诉只能由当事人及其法定代理人、近亲属提出。《人民检察院办理刑事申诉案件规定》第 10 条规定:"被害人及其法定代理人、近亲属不服人民检察院不起诉决定,在收到不起诉决定书后七日以内提出申诉的,由作出不起诉决定的人民检察院的上一级人民检察院管辖。"

(2)申诉的事由:法律未作明确规定,但符合《刑事诉讼法》第 253 条规定的情形之一,人民法院依法应当重新审判。《人民检察院办理刑事申诉案件规定》第 12 条规定:"人民检察院对符合下列条件的申诉,应当受理,本规定另有规定的除外:(一)属于本规定第二条规定的刑事申诉;(二)符合本规定第二章管辖规定;(三)申诉人是原案的当事人及其法定代理人、近亲属;(四)申诉材料符合受理要求。申诉人委托律师代理申诉,且符合上述条件的,应当受理。"

(3)申诉的受理主体:根据《刑事诉讼法》第 252 条规定,可以是人民法院,也可以是人民检察院。

(4)申诉的效力:需要经过审查,申诉不能停止判决、裁定的执行。《刑事诉讼法》第 257 条第 2 款规定,人民法院按照审判监督程序审判的案件,可以决定中止原判决、裁定的执行。因此,申诉并不必然引起审判监督程序。

2. 刑事案件申诉的条件

如前所述,法律并未规定申诉必须具备的条件,但规定了人民法院"应当重新审判"的法定情形。鉴于申诉的目的在于引起对案件的重新审判,可以认为《刑事诉讼法》第 253 条规定的情形就是申诉的条件。具体包括以下几个方面:

(1)有新的证据证明原判决、裁定认定的事实确有错误,可能影响定罪量刑的。新的证据,是指判决、裁定发生法律效力后,发现了原审判过程中没有掌握的证据。

(2)据以定罪的证据不确实、不充分、依法应当予以排除,或者证明案件事实的主要证据之间存在矛盾的。

(3)原判决、裁定适用法律确有错误的。这主要是指定罪上有错误和量刑上有错误两种情况。前者包括:引用法律条文错误或者适用失效的法律的,错误地认定了案件性质,将无罪作为有罪判处或者将有罪作为无罪判处,错定罪名,

---

① 陈光中主编:《刑事诉讼法》(第四版),北京大学出版社、高等教育出版社 2012 年版,第 368 页。

混淆了此罪与彼罪或一罪与数罪的界限,违反法律关于溯及力的规定等情形;后者则包括:量刑明显不当,畸轻畸重,轻罪重判或重罪轻判,如在没有法定加重情节的情况下判处的刑罚超出法定刑等情形。《人民检察院办理刑事申诉案件规定》第 20 条规定:"原判决、裁定或者处理决定是否存在错误可能,应当从以下方面进行审查:(一)原判决、裁定或者处理决定认定事实是否清楚、适用法律是否正确;(二)据以定案的证据是否确实、充分,是否存在矛盾或者可能是非法证据;(三)处理结论是否适当;(四)是否存在严重违反诉讼程序的情形;(五)申诉人是否提出了可能改变原处理结论的新的证据;(六)办案人员在办理该案件过程中是否存在贪污受贿、徇私舞弊、枉法裁判行为。"

(4)违反法律规定的诉讼程序,可能影响公正审判的。刑事诉讼程序的独立价值已经日益被人们所认识和理解,违反法定的诉讼程序,同样可能影响判决的公正。因而,法律对此作出特别规定,将其列为引起重新审判的法定情形之一。例如管辖、回避、合议庭的组成、强制措施的适用等程序中存在违法情形,都有可能引起再审。

(5)审判人员在审理该案件的时候,有贪污受贿、徇私舞弊、枉法裁判行为的。这种情况,是指参与原判决、裁定的审判人员在审理该案件时有贪污受贿、徇私舞弊、枉法裁判行为并且此种行为已经通过法定程序予以证明。

此外,根据《刑事诉讼法》第 254 条规定,人民检察院对人民法院已经发生法律效力的判决和裁定,"如果发现确有错误",有权提出抗诉,人民法院应当进行重新审理。也就是说,检察院的再审抗诉也可以直接启动审判监督程序。

3. 刑事案件申诉代理的律师

刑事申诉案件往往是经过一审、二审甚至是再审的案件,这些案件时过境迁,甚至历史久远,许多证据可能灭失,其疑难复杂程度是其他普通案件不可比拟的。律师更能捕捉和发现原案处理过程中的瑕疵,在从法律角度阐明申诉人的意愿、缓解当事人和检法机关的对立冲突、查清案件事实、纠正冤错案件、提高司法效率等方面起着积极的推动作用,因此实行律师代理申诉制度是解决"申诉难"的必经之路。[①] 2017 年最高人民法院、最高人民检察院、司法部发布《关于逐步实行律师代理申诉制度的意见》。该意见指出:"实行律师代理申诉制度,是保障当事人依法行使申诉权利,实现申诉法治化,促进司法公正,提高司法公信,维护司法权威的重要途径。为贯彻落实《中共中央关于全面推进依法治国重大问题的决定》和中央政法委《关于建立律师参与化解和代理涉法涉诉信访案件制度的意见》,对不服司法机关生效裁判和决定的申诉,逐步实行由律师代理制度。根据相关法律,结合人民司法工作实际,制定本意见。"

---

① 周新:《刑事申诉制度规范化研究》,载《政法论坛》2017 年第 2 期。

刑事案件申诉代理中的律师根据委托人的不同分为原审原告人的申诉代理律师、原审被告人的申诉代理律师和附带民事诉讼当事人的申诉代理律师。刑事案件申诉代理律师接受当事人的委托需要注意：

(1)《刑事诉讼法》第252条明确规定刑事案件的申诉主体只能是当事人及其法定代理人、近亲属。因此，律师代理申诉只能接受刑事案件当事人及其法定代理人、近亲属的委托，而不能接受除此以外其他人的委托。对于当事人及其法定代理人、近亲属的委托，律师一般无需进行实质性审查，只要查明判决、裁定已经发生法律效力即可。《关于逐步实行律师代理申诉制度的意见》第1条规定："坚持平等、自愿原则。当事人对人民法院、人民检察院作出的生效裁判、决定不服，提出申诉的，可以自行委托律师；人民法院、人民检察院可以引导申诉人、被申诉人委托律师代为进行。"

(2)根据最高人民法院《关于规范人民法院再审立案的若干意见(试行)》第10条的规定："人民法院对刑事案件的申诉人在刑罚执行完毕后两年内提出申诉的，应当受理；超过两年提出申诉，具有下列情形之一的，应当受理：(一)可能对原审被告人宣告无罪的；(二)原审被告人在本条规定的期限内向人民法院提出申诉，人民法院未受理的；(三)属于疑难、复杂、重大案件的。"因此，刑事案件申诉代理的律师应遵守法律的规定，在接受代理前审查委托案件是否符合法定期限。

(3)对于刑事附带民事案件当事人的委托，律师应向当事人说明下列情况，即人民法院对于刑事附带民事诉讼案件中仅就民事部分提出申诉的，一般不予再审立案，但有证据证明民事部分明显失当且原审被告人有赔偿能力的除外。

(4)律师决定接受当事人及其法定代理人、近亲属的委托代理申诉的，应与其签订委托代理合同，并由当事人等出具授权委托书，以明确代理事项、权限和期限，使律师能够据此向人民法院或者人民检察院提出申诉。

(5)律师代理申诉的主要任务是查明当事人及其法定代理人、近亲属的申诉是否符合法定条件。为此，代理律师应当进行调查工作，收集证据予以证明或进行分析研究予以判定。

(6)律师经审查认为当事人及其法定代理人、近亲属的申诉符合法定条件的，应代写申诉状，向有关的人民法院或者人民检察院提交并提供有关证据材料。律师经审查认为当事人及其法定代理人、近亲属的申诉不符合法定条件的，则应向其进行解释，当事人及其法定代理人、近亲属仍然坚持申诉的，律师应遵循以事实为根据、以法律为准绳的原则，不接受其申诉代理委托。

(7)代理律师代为提交申诉状后，应尽可能约见人民法院或者人民检察院的具体承办人员，向其说明申诉的事实和理由，必要时还应当补充有关证据材料。一旦人民法院决定再审或驳回申诉，或者人民检察院决定提出抗诉或不予抗诉,律师的代理任务即告完成。当事人及其法定代理人、近亲属若决定继续委托律师进行辩护或代理诉讼,则应另行办理辩护或代理委托手续。

(二)民事诉讼案件的申诉代理

"再审之诉"改革我国民事审判监督程序的观点,在我国理论界与实务界早已形成高度共识,并影响到制度改革与实践。按照再审之诉理论进行的程序设计经过两次《民事诉讼法》修改已经部分体现在立法上。①

1. 民事案件申诉的概念和特点

民事案件的申诉,是指当事人认为已经发生法律效力的民事判决、裁定有错误,而向人民法院申请重新审理的行为。《民事诉讼法》第200条、第207条、第208条对民事申诉的主体、效力及申诉的事由作了具体规定。民事案件的申诉具有如下特点:

(1)申诉的主体。申诉只能由当事人提出。

(2)申诉的受理主体是生效判决、裁定的上一级人民法院。但是,进行再审的法院可以包括作出生效裁判的法院本身,这也体现了我国再审程序的特点之一,法院可以本着实事求是、有错必纠的精神,对自身的错误进行纠正,或者根据最高人民法院、上级法院的指令进行再审。

(3)申诉的对象。包括已经发生法律效力的判决、裁定。对于调解书,因为是双方自愿达成,不应作为申诉的对象,但是,根据《民事诉讼法》第208条规定,当事人对已经发生法律效力的调解书,提出证据证明调解违反自愿原则或者调解协议的内容违反法律的,可以申请再审。经人民法院审查属实的,应当再审。此外,应当注意,调解书不能作为当事人申请再审的理由,但可以作为法院主动纠正错误的对象或者人民检察院提起抗诉的事由。

(4)申诉的原因和事由。申诉只需当事人"认为确有错误"便视为存在合理原因。至于申诉启动的具体事由法律并未作明确规定,但只要符合《民事诉讼法》第207条规定的情形或者第208条规定的"人民法院应当再审"情形即可。

(5)申诉的效力。申诉能否引起审判监督程序的进行需要经过审查。《民事诉讼法》第206条规定:"当事人申请再审的,不停止判决、裁定的执行。"只有人民法院认为符合《民事诉讼法》第207条规定的情形之一,或者第208条的规定,才能决定进行再审。根据《民事诉讼法》第213条的规定:"按照审判监督程序决定再审的案件,裁定中止原判决、裁定、调解书的执行,但追索赡养费、扶养费、抚育费、抚恤金、医疗费用、劳动报酬等案件,可以不中止执行。"因此,申诉

---

① 吴英姿:《"再审之诉"的理论悖论与实践困境——申请再审权性质重述》,载《法学家》2018年第3期。

对人民法院、人民检察院不具有约束力,只有符合法定条件的申诉人民法院才会启动审判监督程序,人民检察院才会提起再审抗诉。

(6)申诉的期限,根据《民事诉讼法》第212条规定,当事人申请再审,应当在判决、裁定发生法律效力后6个月内提出。符合《民事诉讼法》第207条第1项、第3项、第12项、第13项规定情形的,自知道或者应当知道之日起6个月内提出。

2. 民事案件再审的法定情形

根据《民事诉讼法》第206条、第207条和最高人民法院《关于规范人民法院再审立案的若干意见(试行)》第8条的规定,针对已经发生法律效力的判决、裁定,当事人认为有错误,可以向上一级人民法院申请再审,符合下列情形之一,人民法院应当再审:

(1)有新的证据,足以推翻原判决、裁定的;(2)原判决、裁定认定的基本事实缺乏证据证明的;(3)原判决、裁定认定事实的主要证据是伪造的;(4)原判决、裁定认定事实的主要证据未经质证的;(5)对审理案件需要的主要证据,当事人因客观原因不能自行收集,书面申请人民法院调查收集,人民法院未调查收集的;(6)原判决、裁定适用法律确有错误的;(7)审判组织的组成不合法或者依法应当回避的审判人员没有回避的;(8)无诉讼行为能力人未经法定代理人代为诉讼或者应当参加诉讼的当事人,因不能归责于本人或者其诉讼代理人的事由,未参加诉讼的;(9)违反法律规定,剥夺当事人辩论权利的;(10)未经传票传唤,缺席判决的;(11)原判决、裁定遗漏或者超出诉讼请求的;(12)据以作出原判决、裁定的法律文书被撤销或者变更的;(13)审判人员在审理该案件时有贪污受贿,徇私舞弊,枉法裁判行为的。

《民事诉讼法》第208条规定,当事人对已经发生法律效力的调解书,提出证据证明调解违反自愿原则或者调解协议的内容违反法律的,可以申请再审。经人民法院审查属实的,应当再审。《民事诉讼法》第209条规定,当事人对已经发生法律效力的解除婚姻关系的判决、调解书,不得申请再审。此外,根据《民事诉讼法》第215条规定,人民检察院对人民法院已经发生法律效力的判决、裁定有《民事诉讼法》第207条规定的情形之一,或者发现调解书损害国家利益、社会公共利益的,应当提出抗诉,人民法院应当进行重新审理。申诉依法可以向人民检察院提出,并应符合法定情形,才有利于达到申诉的目的。

3. 民事案件申诉的律师代理

代理民事案件申诉的律师应注意:

(1)代理民事案件申诉的律师应当事前明确有权进行民事申诉委托人的范围。相对于刑事案件申诉委托人的范围,代理民事案件申诉,律师只能接受当事人及其法定代理人的委托,而不能接受当事人近亲属和其他人的委托,委托人的

(2) 律师代理民事案件申诉,既可以根据《民事诉讼法》第 206 条向作出生效判决、裁定的人民法院的上一级人民法院提出,也可以根据《民事诉讼法》第 215 条向最高人民检察院或者作出生效裁判的人民法院的上级人民检察院提出,以期人民检察院按照审判监督程序提出抗诉。

(3) 申诉应当符合法定的时间期限。根据《民事诉讼法》第 212 条的规定,律师代理民事案件的申诉,应当在判决、裁定发生法律效力后 6 个月内提出。符合《民事诉讼法》第 207 条第 1 项、第 3 项、第 12 项、第 13 项规定情形的,律师也可以自当事人知道或者应当知道之日起 6 个月内提出。

(4) 根据《民事诉讼法》第 209 条的规定,当事人对已经发生法律效力的解除婚姻关系的判决,不得申请再审,因此律师亦不应接受其委托代理申诉。

(三) 行政案件的申诉代理

行政再审程序是行政诉讼制度中的一项终局性、非常规的救济程序,对于实现司法公正、纠正确有错误的裁判,具有重要作用。就救济制度而言,在不同时代自会受不同背景因素之制约,在救济制度的目的诸如司法公正与司法效率价值的追求上当然有所不同。①

1. 行政案件申诉的概念和特点

行政案件的申诉,是指当事人认为已经发生法律效力的行政判决、裁定确有错误,而向人民法院申请再审的行为。

行政案件的申诉具有如下特点:(1) 申诉的主体,只能是当事人;(2) 受理申诉的主体,既可以是作出生效判决的原审人民法院,也可以是上一级人民法院;(3) 申诉的事由特定,具体指《最高人民法院关于适用〈中华人民共和国行政诉讼法〉的解释》第 110 条违反法律、法规规定的情形;(4) 申诉的效力需要经过审查,申诉并不能确定地使已经发生法律效力的判决、裁定停止执行,只有经过审查由人民法院经过开庭审理,认为确有必要才能停止原判决、裁定的执行;(5) 申诉对人民法院、人民检察院不具有约束力,只有符合法定条件的申诉人民法院才会启动审判监督程序,人民检察院才会提起再审抗诉。

2. 行政案件申诉的条件

根据《行政诉讼法》第 90 条的规定,当事人对已经发生法律效力的判决、裁定,认为确有错误的,可以向上一级人民法院申请再审,但判决、裁定不停止执行。根据《最高人民法院关于适用〈中华人民共和国行政诉讼法〉的解释》和《最高人民法院关于规范人民法院再审立案的若干意见(试行)》的有关规定,行政

---

① 章志远、郝炜:《行政再审程序之改造——以行政诉权保障为分析视角》,载《苏州大学学报》(哲学社会科学版)2007 年第 4 期。

案件判决、裁定确有错误具体是指以下几种情况:(1)原判决、裁定认定事实不清或主要证据不充分或不具有证明力的;(2)适用法律法规有错误的,引用法律条文错误或者适用失效、尚未生效法律的,或者违反法律关于溯及力规定的;(3)原审人民法院违反法定程序,可能影响案件正确判决、裁定的;(4)审判人员在审理该案件时有贪污受贿、徇私舞弊、枉法裁判行为的;(5)依法应当受理而不予受理或驳回起诉的;(6)有新的证据可能改变原裁判的;(7)原裁判的主要事实依据被依法变更或者撤销的;(8)行政赔偿调解协议违反自愿原则,内容违反法律或者损害国家利益、公共利益和他人利益的。

3. 行政案件申诉代理的律师

律师代理行政案件申诉需要注意:

(1)行政申诉代理的律师只能接受当事人的委托进行申诉,当事人包括行政诉讼原告、被告和第三人,只有接受有权对已经生效的行政判决、裁定进行申诉的主体的委托,律师才能进行申诉活动。

(2)律师代理民事案件申诉,既可以向作出生效判决、裁定的人民法院的上一级人民法院提出,也可以向作出生效裁判的人民法院的上级人民检察院提出。因为根据《民事诉讼法》第215条的规定,最高人民检察院和上级人民检察院亦有权按照审判监督程序向法院提出抗诉。

(3)申诉应当符合法定的时间期限。当事人向上一级人民法院申请再审,应当在判决、裁定或者调解书发生法律效力后6个月内提出。有下列情形之一的,自知道或者应当知道之日起6个月内提出:① 有新的证据,足以推翻原判决、裁定的;② 原判决、裁定认定事实的主要证据是伪造的;③ 据以作出原判决、裁定的法律文书被撤销或者变更的;④ 审判人员审理该案件时有贪污受贿、徇私舞弊、枉法裁判行为的。

(4)律师接受当事人委托后的调查分析工作,应围绕行政诉讼法的具体规定进行。为此,代理律师必须注意审查原判决、裁定的合法性,更多地从法理、法律上分析研究原判决、裁定是否违反法律、法规。

二、律师代理再审案件实务

(一)律师代理刑事再审案件

1. 概念和特点

律师代理刑事再审案件是指律师接受当事人(原审被告人、原审上诉人)及其法定代理人、近亲属的委托,参加刑事再审案件,维护当事人合法权利的活动。根据委托人与案件性质的不同,代理律师既可以为原审自诉人的诉讼代理人,也可以为原审被告人的辩护人,还可以成为附带民事诉讼当事人的诉讼代理人。律师代理刑事再审案件有以下特点:(1)律师接受当事人(原审被告人、原审上诉人)及其法定代理人、近亲属的委托代为参加诉讼,只有在人民法院决定再审之后,才能成为再审案件的代理律师。在此之前接受委托只是当事人(原审被告人、原审上诉人)的申诉代理律师。(2)根据案件性质不同,再审代理律师的地位和享有的权利义务也存在差别。民事案件与行政案件的再审诉讼代理人只能在当事人(原审被告人、原审上诉人)的授权范围内进行诉讼活动,参加再审前应当向法院提交授权委托书。刑事案件的再审辩护律师则具有独立的诉讼地位,根据《刑事诉讼法》第37条的规定,辩护律师的责任是依据事实和法律,提出当事人(原审被告人、原审上诉人)无罪、罪轻、应当减轻或者免除刑事责任的材料和意见,维护其诉讼权利和其他合法权益。

2. 刑事再审案件中的律师

刑事申诉作为宪法和法律赋予公民的基本权利,是目前刑事冤错案件当事人获得救济的主要方式,同时也是司法机关纠正错判,实现司法公正的重要路径。[①] 审判监督程序启动之后,律师的辩护活动应当根据法律的规定和相关的司法解释进行,无具体规定的则参照普通程序的规定。目前依据最高人民法院2001年颁布的《关于刑事再审案件开庭审理程序的具体规定(试行)》,我国刑事再审案件审理方式分为开庭审理和不开庭审理。因此,刑事再审代理律师应根据代理的再审案件的不同情况提出律师意见,以维护当事人的合法权益。代理律师应当明确如果存在下列情况,人民法院将开庭审理再审刑事案件:(1)依照第一审程序审理的;(2)依照第二审程序需要对事实或者证据进行审理的;(3)人民检察院按照审判监督程序提出抗诉的;(4)其他应当开庭审理的情形。如果再审代理律师代理的案件存在上述开庭情形,应当积极做好出庭的准备,认真查阅卷宗,充分准备相关证据材料,熟悉案件情况,并在人民法院通知开庭之日前,向人民法院提交新的证据。在开庭审理过程中,代理律师同样享有广泛的权利和应当承担一定的义务,如获得通知的权利、参加法庭调查、法庭辩论的权利等,对于案件涉及的国家秘密、商业秘密、个人隐私有保密的义务等。对于不开庭审理的案件,代理律师也应当在人民法院决定再审后,认真查阅卷宗,审查案件证据是否确实充分,适用法律有无错误,量刑是否适当等,并按照法定期限及时将代理律师意见提交法庭。

(二)律师代理民事再审案件

1. 概念和特点

对于民事申诉是否聘用律师,我国一直以来实行的都是当事人自愿原则,逐步实行申诉律师代理实质是要在申诉案件中实行律师强制代理。[②] 律师代理民

[①] 周新:《刑事申诉制度规范化研究》,载《政法论坛》2017年第2期。
[②] 苏志强:《民事申诉律师强制代理制度构建探索》,载《山东社会科学》2019年第6期。

事再审案件是指律师接受当事人的委托,参加人民法院对已经生效的民事案件的重新审判,维护当事人合法权益的活动。根据委托人的不同,再审代理律师分为再审案件原告代理律师和再审案件被告代理律师。因民事诉讼中原被告双方的诉讼地位平等,双方代理律师的权利义务也是对等的,但代理律师具体的权限来源于当事人的委托授权。

律师代理民事再审案件有以下特点:(1)民事再审代理律师只能接受当事人的委托,而且只有在人民法院已经决定再审之后,才能成为再审案件的代理律师;(2)民事案件再审代理律师的代理权限来源于委托人的授权,对于代为承认、放弃、变更诉讼请求,进行和解,提起反诉或者上诉等事项,代理律师需要得到委托人的特别授权;(3)代理律师可以调查收集证据,查阅案件的有关材料。民事诉讼实行"谁主张谁举证"的证明原则,因此,对于诉讼主张需要提出证据予以证明,否则将承担举证不能的后果。代理律师参与民事再审案件,将大大提高当事人收集、提出证据的能力,维护其合法权益。

2. 民事再审案件中的律师

根据我国《民事诉讼法》的规定,依审判监督程序提起再审的案件,依据原生效判决作出的程序不同,以及是否属于上级人民法院提审,分别适用第一审民事诉讼程序或者第二审民事诉讼程序。所以,此处仅阐述再审程序中律师代理的特殊部分,其他内容可以参照前述第一审程序或第二审程序的代理。

律师可以以委托人的名义,代表委托人的合法意志,依据案件的事实和有关法律,代委托人书写再审申请书。但当事人委托律师申请再审时,代理律师一定要掌握以下原则:(1)审查是否属于可以申请再审的范围;(2)审查申请再审的主体是否合法;(3)审查申请再审的对象是否合法;(4)审查申请再审是否具有法定的事实和理由;(5)审查调解是否违反自愿原则或调解协议内容是否违法;(6)审查申请再审是否超出法定期限。

根据《民事诉讼法》第205条的规定,再审案件分为自行再审案件、指令再审案件和上级法院提审的案件。因再审案件的类型不同,根据《民事诉讼法》第214条规定,所适用的诉讼程序也有所不同。

1. 自行再审案件依原审判程序进行,但是应当另行组成合议庭,曾经参加此案审理的法官不能参加再审。按一审程序进行的再审,当事人可对再审的判决、裁定提起上诉,律师经特别授权后也可代为提出上诉;按二审程序进行的再审,所作的判决、裁定是发生法律效力的判决、裁定,当事人不能上诉,律师应劝说当事人服判息讼。

2. 指令再审案件,如系指令一审法院再审的,适用一审程序,对再审的判决、裁定,可由经当事人特别授权的律师代为上诉;如系指令二审法院再审,适用二审程序,所作的判决、裁定为发生法律效力的判决、裁定,不能上诉。

3. 上级人民法院提审的再审案件,适用二审程序,由合议庭进行审理,所作的判决、裁定为发生法律效力的判决、裁定,不能上诉。

（三）律师代理行政再审案件

律师代理行政再审案件是指律师接受行政诉讼当事人的委托,参加人民法院已经决定重新审理的行政案件,在再审过程中维护当事人合法权利的活动。律师可以根据原审当事人的委托,代其撰写并向有管辖权的人民法院或人民检察院递交申诉状。

律师接受申诉委托,应当着重审核是否具备下列情形:(1)发现了新的重要证据,使原判决、裁定的基础丧失。(2)原判决、裁定认定事实的主要证据不足。(3)原判决、裁定适用法律、法规有错误。(4)原审的审判人员、书记员应当回避而未回避,依法应当开庭审理而未经开庭即作出判决,未经合法传唤当事人而缺席判决,遗漏必须参加诉讼的当事人,对与本案有关的诉讼请求未予裁判以及其他违反法定程序可能影响案件正确裁判的情形。(5)有足够证据证明行政赔偿调解违反自愿原则或者调解协议的内容违反法律规定。

律师代理当事人递交申诉状或再审申请书的同时,可以向人民法院提出中止执行的申请。

第五节 案 例 评 析

一、山东省安丘市检察院实行"律师代理申诉"制度[①]

【案情】

"全国模范检察院"——山东省安丘市人民检察院近年来大胆创新民事行政检察工作,针对群众法律知识缺乏、取证难、服判息诉难的突出问题,不断探索申诉模式,积极推行"律师代理申诉"制度,有力地提高了抗诉质量。

无论对案件的认识,还是对案件的证据链条把握上,群众自己取证与律师相比尚有一定的难度。针对这一难点,该院一方面积极与司法局联系,让律师帮助群众取证;另一方面开展法律送下乡活动,让群众了解为什么要打官司、证据在打官司中的地位与作用,较好地弥补了群众有理但不会取证的"盲点"。

【评析】

律师代理申诉、再审的作用在于为缺乏专业法律知识的当事人解决法律认识的不足,解决申诉、再审案件中突出的取证难、服判息讼难的问题,能够提高申

---

① 案例来源:《山东:司法行政工作整体突破(7)——律师代理申诉赢得群众信任》,http://sft.shandong.gov.cn/articles/ch04159/201710/32816a6d-a973-4165-8b40-06ab67fda223.shtml,访问日期:2020年1月5日。

诉、再审的效率,节约当事人的财力和精力,同时也有利于节约有限的司法资源。律师介入申诉、再审不仅是当事人的代理人,同时也为人民检察院、人民法院发现案件真实提供一双眼睛,使社会正义得到最终实现。

二、最高法第四巡回法庭试点律师代理申诉制度①

【案情】

2018年年初,最高法第四巡回法庭在山西省启动律师代理申诉试点项目。最高法第四巡回法庭辖区包括河南、山西、安徽、湖北四省。

对于申诉理由不充分的案件,代理律师向申诉人阐明法理,帮助申诉人理解判决的法律依据。"作为律师,我们能和申诉人进行更加顺畅的感情交流,促进矛盾纠纷化解。"

第四巡回法庭主审法官表示,事实证明律师和申诉人之间的沟通十分有效。"有了律师的专业解释,申诉人可以更好地理解自己的案件,解开心结,回归正常生活。"

【评析】

所谓律师代理申诉制度,是指律师(包括法律工作者)在代理民事、经济、行政诉讼案件过程中,对人民法院已经生效的判决、裁定,认为其认定事实的主要证据不足,或适用法律确有错误,或违反法定程序,影响案件正确裁判的,可向当事人说明检察机关有法律监督权,经当事人授权,向检察机关民事行政部门申诉并配合检察机关审查的制度。实行律师代理申诉制度,其有利之处在于:第一,律师是绝大多数民事、经济、行政案件的参与者,实行代理制度后,可以将确有问题的判决、裁定向检察机关提出申诉,大大扩大检察机关民行工作的案源。第二,律师的法律素质较高,他们提供的申诉案件线索质量较高,提请、建议提请或提出抗诉的成案率也较高。第三,律师熟悉他所代理的案件的整个过程,能够讲明案件发生的前因后果,能够从案件的事实、适用法律和法定程序等方面指出错误所在,对检察机关正确办理案件有参考意义,有助于提高检察人员的工作效率。第四,对于法院的判决、裁定基本正确,当事人又不能接受的,由律师做好当事人心理转化工作,让其服判息诉,维护法院的正确的判决、裁定。此外,还要让当事人知道,申诉并不必然引起抗诉,抗诉也不必然导致法院改判,以避免无休止的申诉,减少讼累,维护社会稳定。

---

① 《加强司法人权保障 最高法四巡开展律师代理刑事申诉试点》,http://baijiahao.baidu.com/s?id=1652714050355058043&wfr=spider&for=pc,访问日期:2020年1月5日。

第六节 问题与建议

党的十八届四中全会《决定》提出:"对不服司法机关生效裁判、决定的申诉,逐步实行由律师代理制度。"目前,该制度试点在全国一些省份正在进行。该制度在实践过程中对于提升国家社会治理能力等方面具有深远意义,但对于一些具体问题没有统一的规定,需要法律规定进一步加以明确。

一、存在问题

(一) 代理案件范围需要明确

四中全会《决定》明确"不服司法机关生效裁判、决定的申诉"才适用律师代理申诉制度。所以,必须明确律师代理申诉制度的案件范围,并非所有的涉法涉诉信访案件都属于律师代理申诉的案件范围。实践中,仅对刑事申诉案件规定了律师申诉代理,民事、行政案件申诉数量远多于刑事案件,民事、行政申诉案件到检察机关申诉缺乏律师代理造成缠访闹访、久诉不息的现象,试图通过律师代理申诉制度促进社会矛盾纠纷化解的功能发挥受限,该项制度的优越性难以体现。

(二) 代理方式需要法定

实践中,代理律师的选派途径有四种:一是申诉人自行委托律师代理申诉;二是申诉人申请法律援助;三是如果申诉人不愿自行委托律师,又不符合法律援助条件,检察机关函告律师协会,由律师协会及时向申诉人推荐律师或者申诉人在涉法涉诉信访案件律师库中自行选择律师;四是从值班律师中选择。对于检察机关是否必须要求申诉人委托律师代理无明确规定,如果一律实行强制律师代理,一定程度会造成司法资源浪费;如果有必要委托律师,而因没有相关条款规定,不能借助律师的力量来化解矛盾隔阂,实现息诉罢访。

(三) 代理申诉律师的权利规定不明确

在申诉案件代理中律师到底有何权利,现行法律规定不明确,申诉代理律师在申诉过程中到底能开展哪些工作,需要检察机关作出哪些配合,需要遵循哪些规定,都需要立法加以明确。

二、对策建议

(一) 立法应明确律师代理申诉案件的范围

案件范围应当包括四个方面:一是不服检察院作出的不起诉决定、撤销案件决定以及不服检察院因犯罪嫌疑人没有犯罪事实,或者符合《刑事诉讼法》第15条规定情形作出的不批准逮捕决定,向检察院提出申诉的;二是不服法院已经生效的刑事、民事、行政判决、裁定,向检察院提出申诉的;三是不服法院赔偿委员会作出的刑事赔偿决定或者民事、行政诉讼赔偿决定,请求检察院进行监督的;四是不服检察院作出的其他终结性处理决定,向检察院提出申诉的。

(二)立法应明确律师在代理申诉过程中的权利

根据三大诉讼法及律师法的相关规定,在诉讼程序中律师应当享有相应的诉讼权利,代理申诉律师的权利应包括知情权、阅卷权、申请回避权、申请调取证据权、发表意见权以及其他法律法规规定的基本权利。

还需要重点强调的是,实事求是、有错必纠是我国法律规范中坚持的重要理念之一,为此,各诉讼法中都明确规定了审判监督程序,对人民法院已经发生法律效力的判决、裁定等,如果认为或者发现有错误,允许通过法定程序由当事人申请或者由人民法院、人民检察院主动依照职权启动再审,予以纠正,这是具有重要意义的程序,是保证司法权威,尊重和保障人权的体现。近年进行的《刑事诉讼法》《民事诉讼法》的修改,始终将审判监督程序的完善列为重要的部分。但是,对于律师如何在这一特殊程序中发挥作用缺少更有针对性的回应。

如前所述,申诉与代理制度是相互存在部分交集又不完全相同的制度,角度不同,但都是审判监督程序法律规范的组成部分,本节就二者统一讨论,结合我们的思考,提出对立法的有关完善建议,即在各诉讼法中明确规定再审程序中的律师代理制度。具体理由有:

第一,我国《律师法》第28条第4项将"接受委托,代理各类诉讼案件的申诉"确定为律师的业务之一,而申诉的目的正是为了纠正人民法院已经发生法律效力的判决、裁定中的错误,启动审判监督程序,所以,应当将律师在审判监督程序中的参与更明确地规定在各诉讼法中。

第二,审判监督程序的启动针对的是人民法院已经发生法律效力的判决、裁定中可能存在的错误,为了保证立法纠正错误、维护司法权威的目标得以实现,它的启动必须具有严格的条件和程序,因此,需要司法机关以外具有专业能力的人帮助相关权利人即法律规定的申诉权人行使权利,提高效率,也防止申诉的随意性和司法资源的浪费。律师是完成此项任务的上佳人选。

第三,我国的律师队伍总体综合素质是比较高的,有严格的执业资格考试和考核,有行业协会的监督管理,有所在律师事务所的日常督促,对于有关需要是有能力胜任的。

第四,进入再审程序审理的案件数量是有限的,如果说目前我国尚不能完全满足诉讼中对律师服务的全部需求,至少,除了目前法律规定必须有律师帮助的案件之外,对于申诉的代理是必要的,尤其对于已经启动再审程序的案件及时担任代理,给予必要的法律帮助,是有可行性的。

第五,我国的法律援助制度近年受到高度重视,有了长足的发展,法律援助机构的建立和健全,为人们通过法律援助方式获得诉讼中的律师帮助提供了极好的平台,所以,再审程序中的律师作用完全有必要也有可能得以更好地发挥,进而体现我国法制建设的发展成果。

2017 年,最高人民法院与司法部联合出台了《关于开展刑事案件律师辩护全覆盖试点工作的办法》,规定按照审判监督程序审理的案件中,被告人没有委托辩护人的,人民法院应当通知法律援助机构指派律师为其提供辩护。在 2019 年,该试点工作扩展至全国 31 个省(自治区、直辖市)和新疆生产建设兵团。

【问题与思考】

1. 在申诉与再审中是否应当推行强制律师代理?律师在代理申诉与再审中具有哪些优势?

2. 《法律援助法》将申请再审的经济困难的当事人纳入到法律援助范围之内,那么律师应当如何具体参与再审法律援助?与其他普通程序是否存在区别?

第十二章 仲裁中的律师代理

【内容提要】
本章主要介绍律师代理仲裁的概念、基本原则,我国律师代理仲裁制度的立法历程,分析律师代理国内、国际仲裁的步骤和程序,并就完善律师代理仲裁提出建议。

【关键词】 仲裁 律师代理 自愿原则

第一节 基 本 理 论

一、仲裁制度概述

"仲裁是指发生争议的双方当事人,根据其在争议发生前或者争议发生后所达成的协议,自愿将该争议提交中立的第三者进行裁判的争议解决制度和方式。"[①]我国《仲裁法》第2条规定:平等主体的公民、法人和其他组织之间发生的合同纠纷和其他财产权益纠纷,可以仲裁。根据上述法律规定,仲裁制度是解决平等主体之间的合同纠纷或者其他财产纠纷的一种方式,其与诉讼制度、调解制度、和解制度等共同构成了我国多元化的纠纷解决机制。与其他法律制度相比较,仲裁制度主要有以下特点[②]:

1. 民间性

从仲裁机构的性质看,受理仲裁的机构均属于非官方的民间机构,通常附设于民间的商会组织或者其他民间社会团体,不按照行政区划设立,也不隶属于任何行政机关。这样的组织机构设置,避免了国家行政机关对仲裁的干预。从仲裁机构的仲裁员看,仲裁委员会中的仲裁员大多数是律师、高校教授或者各行业的专家等民间人士,只有很少量的政府官员任职。因此,仲裁制度的民间性非常突出。

2. 保密性

保密性是仲裁制度与诉讼制度相比较为突出的特点。仲裁案件以不公开审理为原则,具有保密性,对于案件的整个审理情况均不对外公开,可以维护当

[①] 江伟主编:《仲裁法》,中国人民大学出版社2009年版,第12页。
[②] 田文昌主编、刘金华副主编:《律师制度》,中国政法大学出版社2007年版,第258页。

事人的隐私、商业秘密和自身声誉。诉讼制度以公开审理为原则,不公开审理为例外,除了涉及国家秘密、个人隐私等法定不公开审理的案件外,均应当公开审理。

3. 终局性

仲裁制度不同于诉讼制度的两审终审制,采取一裁终局制度。仲裁庭作出的裁决具有终局效力,当一方当事人不履行仲裁裁决时,另一方当事人即可以申请法院强制执行。仲裁制度的这一特点,避免了诉讼制度繁琐复杂的程序设计,有助于使市场主体能够便捷迅速地解决纠纷,在快速发展的经济环境中节省了时间和精力成本。

4. 自治性

仲裁制度遵循当事人意思自治的原则,当事人在仲裁程序中拥有充分的自主权。当事人有权选择仲裁的形式,是机构仲裁还是临时仲裁,有权自行选择审理本次案件的仲裁员,还可以选择仲裁的地点、仲裁的规则,以及仲裁适用的法律等。

仲裁制度作为一项从域外引入我国的纠纷解决制度,在具体施行中,主要具有以下几方面的作用:第一,通过仲裁解决民商事纠纷,增加了当事人在面临纠纷时获得法律救济的渠道,赋予了当事人自主选择纠纷解决方式的权利。第二,通过仲裁方式解决民商事纠纷,极大地缓解了法院处理民商事案件的繁重压力,丰富了我国的多元化纠纷解决机制。第三,仲裁制度与诉讼制度相比较,具有自治性、保密性、便捷性、终局性、民间性等独有的特点和优势,当事人能够参照自身情况选择最佳的纠纷解决方案,有利于市场主体妥善地处理纠纷。[1]

二、律师代理仲裁制度概述

律师代理仲裁与代理诉讼,是律师工作中两项非常重要的业务。律师代理仲裁,是指在仲裁案件的审理中,律师接受当事人的委托,担任仲裁申请人或者被申请人的代理人,代理当事人参与仲裁的活动。律师代理仲裁案件对于律师业务的开拓和发展具有重要意义。

律师代理仲裁与代理诉讼的区别,主要在于代理事项的法律性质不同。在仲裁代理中,律师代理当事人进行的是仲裁活动,在诉讼代理中,律师代理当事人进行的是诉讼活动。因此,这两种代理所依据的法律规范也不相同。仲裁活动主要依据的是仲裁法,以及各个仲裁委员会的仲裁规则。诉讼代理活动主要依据的是诉讼法,以及其他法律规定。[2]

---

[1] 张品泽主编:《律师学》,中国人民公安大学出版社2015年版,第173页。
[2] 田文昌主编、刘金华副主编:《律师制度》,中国政法大学出版社2007年版,第258页。

律师代理仲裁与非诉讼代理的区别,除了代理活动的性质不同外,还在于代理活动中的权限不同。在仲裁代理中,律师进行的代理活动,并不仅限于委托人的授权范围。律师在代理仲裁活动时有权查阅卷宗材料等,不需要委托人的授权。律师在代理其他非诉讼活动时,所能从事的活动必须以委托人的授权范围为限,不能超越委托人的授权。此外,律师在代理其他非诉讼业务时,不受专门的法律规范约束,只要符合国家法律规定即可。

从律师代理仲裁的种类看,律师代理仲裁活动可以划分为国内仲裁代理、涉外仲裁代理和劳动争议仲裁代理。其中,国内仲裁代理与涉外仲裁代理的区别在于代理对象。涉外仲裁代理中的仲裁对象,具有涉外因素或者国际因素,主要表现是:涉外仲裁代理的当事人一方或者双方是外国自然人或者法人,或者争议本身具有涉外因素,是发生在涉外经贸或者海事活动中。国内仲裁代理的仲裁对象均不具有涉外性,仲裁审理的是国内平等主体的公民、法人或者其他组织之间的合同纠纷和其他财产权益纠纷。目前,我国的仲裁机构多是综合性的仲裁机构,均可受理国内或者涉外的仲裁案件。我国国际经济贸易委员会也扩大了自身的受案范围,可以受理国内的仲裁案件。

劳动争议仲裁代理不同于国内仲裁代理,是一种特殊类型的仲裁活动。我国《劳动法》第77条规定:用人单位与劳动者发生劳动争议,当事人可以依法申请调解、仲裁或者提起诉讼,也可以协商解决。劳动争议仲裁受理的是作为争议主体的劳动者与用人者之间的劳动纠纷,双方主体之间不是平等的法律地位。此外,劳动争议仲裁在案件管辖范围,仲裁机构的设置,以及是否需要以仲裁协议为前提,裁决的终局效力等方面都与国内仲裁代理不同。

第二节 立法背景

有关律师代理仲裁的法律条文,主要见于《仲裁法》《律师法》和《民事诉讼法》,这三部法律,是律师代理仲裁活动的法律依据。因此,这三部法律的公布、实施与推动,都与律师代理仲裁活动的发展紧密相关。我国法律制度的发展,曾先后经历了法律制度的初期建设阶段、"文化大革命"时期法制的混乱停滞阶段,以及改革开放后法律制度的重建阶段。仲裁制度作为我国从域外引进的舶来品,其基于自身特点带有突破性的完善,发生在我国改革开放,特别是1994年《仲裁法》公布之后。因此,可以说律师代理仲裁制度,是在我国改革开放之后,随着我国法律系统化的建立健全,以及仲裁制度自身的建立健全而发展完善起来的。

一、我国律师代理仲裁制度的立法历程

我国律师代理仲裁制度，伴随着仲裁制度的发展完善，主要经历了以下发展历程：

1. 新中国成立前仲裁制度的发展

在我国历史传统上，仲裁被称为公断。学界比较一致的看法是，我国现代意义上的仲裁形成于1912年北洋政府时期，主要体现是司法、工商两部颁行的《商事公断处章程》和《商事公断处办事细则》。商事公断处虽按规定附设于所在地的各商会，但实际上只相当于一个调解机构，其裁决必须由双方当事人同意才发生法律效力，当事人不同意时再诉至法院解决。1921年，北洋政府颁布的《民事公断暂行条例》规定，仲裁可适用于一般民事争议。1930年，国民党政府颁布了《劳动争议处理法》，经修改也规定了仲裁程序，其调整对象是雇主与工人团体，或者15名以上工人发生的纠纷。颁布于1933年10月15日的《中华苏维埃共和国劳动法》，也有关于仲裁的规定；1943年2月4日，晋察冀边区颁布的《租佃债息条例》及其实施条例，与同年4月9日晋察冀边区行政委员会颁布的《关于仲裁委员会工作指示》，都对仲裁及仲裁机构的性质、任务和权限作了比较明确的规定。1949年3月15日天津市人民政府公布的《调解仲裁委员会暂行组织条例》，1949年8月19日上海军管会颁布的《关于私营企业劳资争议调处暂行办法》，也都有关于仲裁的规定。[①]

2. 新中国成立后我国仲裁制度的发展

新中国成立后，我国建立了涉外仲裁和国内仲裁两套制度。其中，涉外仲裁始于20世纪50年代中期，当时根据政务院1954年和国务院1958年的相关决定，中国国际贸易促进委员会先后于1956年设立了对外贸易仲裁委员会、1959年设立了海事仲裁委员会，并制定了相应的仲裁规则。以这两个涉外仲裁机构的设立为标志，我国开始了国内的涉外仲裁事业。我国涉外仲裁从一开始就遵循国际通行的民间仲裁、自愿仲裁、一裁终局的原则。相对于涉外仲裁，我国国内仲裁的发展历程要复杂得多。总的来看，大致经历了以下几个时期：

（1）计划经济背景下的行政干预仲裁。1955年至1966年，与计划经济体制相适应，以苏联的行政仲裁为模式，我国建立了行政仲裁制度，对经济合同纠纷，当事人只能通过经济仲裁委员会进行仲裁和处理，人民法院不能受理，当事人不服一审裁决的，可申请上一级行政机关复审。这一时期我国受计划经济的影响，对于合同的仲裁带有明显的行政干预色彩，仲裁制度并没有实现制度自身的真正价值。

[①] 陈劲：《从仲裁的历史沿革展望我国仲裁协议的发展》，载《今日湖北旬刊》2012年第4期。

(2)"文化大革命"期间,全面停止仲裁事业。"文化大革命"期间,我国的法制受到了严重的践踏,仲裁法律建设和仲裁工作也处于停滞状态。1966年至1977年,国内仲裁全面停止。

(3)"文化大革命"结束后,对仲裁制度的重建。"文化大革命"结束后,仲裁制度作为国家的法律制度之一,也开始了恢复和重建。1978年至1982年,我国恢复了经济合同仲裁制度,但很不规范,不但多头管理、体制混乱,而且机构分散,程序也不统一。

(4)经济合同仲裁制度的确立。随着1981年《经济合同法》和1983年国务院《经济合同仲裁条例》的颁行,我国才正式成立了经济合同仲裁机关,确立了经济合同仲裁制度。但是,直到1991年《民事诉讼法》、1993年修正后的《经济合同法》颁布,才确立了以仲裁协议为前提的协议仲裁制度。

(5)《仲裁法》颁布,仲裁制度真正形成体系。经济合同仲裁制度虽然确立,但是其仍然带有浓厚的行政色彩,仲裁机构附设于各级政府行政主管部门的内部,未实现独立自主,与真正意义上的仲裁制度相差甚远。因而在众多法学家以及法律工作者的积极倡导下,我国仲裁制度进行了根本性的完善和改革。1994年《仲裁法》的颁布,使得我国仲裁程序和仲裁制度能够真正形成体系。根据《仲裁法》和国务院的相关规定,仲裁法施行前,在直辖市和省、自治区人民政府所在地的市,以及其他设区的市设立的仲裁机构,必须依法重新组建;未重新组建的,自《仲裁法》施行之日起届满一年终止。

(6)1996年颁布的《律师法》,正式规定了律师代理仲裁业务。1996年,《律师法》由八届全国人大常委会第十九次会议通过,自1997年1月1日起施行。国家颁布《律师法》的立法目的,是为了完善律师制度,规范律师执业行为,保障律师依法执业。在《律师法》中规定了律师代理仲裁业务。《仲裁法》和《律师法》的施行,为我国律师参与仲裁活动,确立了法律依据。此后,我国《仲裁法》和《律师法》多次进行修改,但是涉及律师仲裁业务的法律规定没有改变。

二、我国有关律师代理仲裁的法律规定

我国现行法律规定中,有关律师代理仲裁制度的规定,主要散见于《律师法》和《仲裁法》《民事诉讼法》。此外,在《最高人民法院关于适用〈中华人民共和国仲裁法〉若干问题的司法解释》以及《律师和律师事务所违法行为处罚办法》等文件中也有规定。

《仲裁法》第29条和《律师法》第28条,为律师从事仲裁代理业务提供了法律依据。《律师法》第28条第5项规定:律师可以从事下列业务:接受委托,参加调解、仲裁活动。《仲裁法》第29条规定:当事人、法定代理人可以委托律师和其他代理人进行仲裁活动。委托律师和其他代理人进行仲裁活动的,应当向仲裁委员会提交授权委托书。上述法律规定，从总体上看，规定了律师可以从事仲裁代理业务。

我国《律师法》第四章，对律师在执业过程中所享有的权利和应当履行的义务等作出的规定，同样适用于代理仲裁业务的律师。例如，《律师法》第 32 条规定，律师接受委托后，无正当理由的，不得拒绝辩护或者代理，但是，委托事项违法、委托人利用律师提供的服务从事违法活动或者委托人故意隐瞒与案件有关的重要事实的，律师有权拒绝辩护或者代理等。该法第 37 条规定了律师在执业活动中的人身权利不受侵犯；第 38 条规定了律师在执业活动中应当保守秘密。

同时，我国《律师法》第六章，以及国务院颁布的《律师和律师事务所违法行为处罚办法》中，还规定了律师在执业活动中的违法行为，以及从事违法行为所需要承担的法律责任。例如，《律师法》第 47 条规定：律师有下列行为之一的，由设区的市级或者直辖市的区人民政府司法行政部门给予警告，可以处 5000 元以下的罚款；有违法所得的，没收违法所得；情节严重的，给予停止执业 3 个月以下的处罚：(1) 同时在两个以上律师事务所执业的；(2) 以不正当手段承揽业务的；(3) 在同一案件中为双方当事人担任代理人，或者代理与本人及其近亲属有利益冲突的法律事务的；(4) 从人民法院、人民检察院离任后 2 年内担任诉讼代理人或者辩护人的；(5) 拒绝履行法律援助义务的。

关于仲裁代理律师可以代理的仲裁业务的具体内容，在《仲裁法》和《民事诉讼法》中，也有明确的规定。依据《仲裁法》的规定，律师代理仲裁活动包括：对于仲裁案件的审查受案，代理申请仲裁或者代理进行仲裁答辩，调查收集并提交证据，代理参加仲裁庭审活动，进行法庭调查、质证、辩论，以及代理当事人申请和参加仲裁调解，代理申请仲裁执行等。在《最高人民法院关于适用〈中华人民共和国仲裁法〉若干问题的司法解释》中，进一步详细规定了仲裁活动中的程序规范，为律师代理仲裁活动规定了更为具体的规范，也是代理律师所必须掌握的。

三、我国律师代理仲裁制度的发展瓶颈

虽然我国已经对律师代理仲裁有了明确的法律规定。但是，由于立法背景的限制，我国现行的仲裁制度仍然存在很多的缺陷。例如，由于对仲裁制度的理念缺乏深入的理解和认知，导致我国仲裁法中有许多规定仍然保留着诉讼制度的特征，未能与国际商事仲裁的通行做法接轨。此外，行政干预始终都是阻碍仲裁制度发展的难以突破的藩篱，使得仲裁制度难以发挥自身民间性纠纷解决方式的独特优势，不能满足市场主体从事市场经济活动的需要。这些缺陷不仅制约了仲裁制度的发展，同时也阻碍了律师代理仲裁制度的完善。具体主要体现在以下几个方面：

(一) 行政异化扭曲了仲裁的民间本性

在《仲裁法》公布前,我国仲裁制度的行政性质相当明显,在仲裁管理体制方面主要体现为,仲裁机构是按行政区域和行政管理隶属关系设立的,是行政系统的一个职能机关,由隶属的行政管理部门进行管理。仲裁机构的管理体制与国家行政机关的管理体制混杂一体,改变了仲裁的性质,从而使仲裁成为一种行政手段,不能正常发挥其应有的作用。尽管现行仲裁法明文规定,仲裁委员会独立于行政机关,与行政机关没有隶属关系,但仲裁行政化不会因为仲裁法的颁布就立刻得到妥善解决。正相反,去行政化将是中国仲裁将要长期面临的重大课题。唯有去行政化,才能促进仲裁ADR本性的回归,使仲裁行业成为完全的市场竞争主体,发挥自身的优势和竞争力。[①]

行政异化扭曲了仲裁的民间本性主要表现在以下几个方面:一是人事任免方面。仲裁机构大部分人员属于行政人员或者具有行政编制,目前半数以上的仲裁委都有相当数量的党政机关领导任职。二是财政方面。仲裁机构的收支被纳入行政收费系列。随着仲裁案件的增加,仲裁委所收费用及其剩余也被定性为行政性收费。行政系统内的个别人士发表言论认为,主张实行仲裁民间化的仲裁委是翅膀硬了就过河拆桥。三是仲裁的运作逻辑方面。地方政府运用行政手段进行市场分割,有的地方政府甚至以市政府名义,或者由市政府某个部门牵头,若干有关部门联合发文,用红头文件作出明确规定,要求与自己有隶属关系或者管辖关系的民商事当事人要首选仲裁解决纠纷,其实质是用行政手段来保证仲裁案件来源。

社会主义市场经济体制要求政府职能必须从传统的"管制"型转变为宏观调控型,从管不了、管不好的事务中退出来,放权、还权于企业和社会,实现政企分开、政社分开。[②] 政府职能转变的关键,就是要厘清政府与市场、与社会的关系。界定好政府的权力和市场、社会的分界线,放权给市场和社会。凡是市场能够有效调节的就交给市场,发挥市场机制作用,凡是社会能够有效治理的就交给社会,形成社会组织自律自治的有效规范。

(二) 未能充分贯彻当事人意思自治原则

当事人意思自治原则是仲裁制度的首要原则。赋予当事人充分的自主权,是仲裁制度的独特优势,也是其生命力之所在。当事人意思自治原则,是指要尊重当事人的私法权益,允许当事人在法律规定的范围内,根据自己的利益需要,自主地作出各种判断和选择,仲裁机构和仲裁员应当尊重当事人对自身合法权

[①] 刘思琪、马正河、胡利方、唐志强、秦瑶:《论我国商事仲裁机构的民间化和去行政化》,载《楚天法治》2015年第3期。

[②] 林一飞:《中国仲裁协会与仲裁机构的改革》,载《北京仲裁》2007年第2期。

益的追求。① 我国1994年颁布了《仲裁法》，对我国的仲裁制度作出了突破性的改革，基本上肯定了仲裁中当事人意思自治原则，但是对于该原则进行了诸多限制，当事人所享有的自主权程度仍然与国际通行的仲裁实践存在着较大的差距，使得仲裁难以发挥自身的优势。当事人自主权益的完全实现还有赖于《仲裁法》的进一步修改和完善。具体主要体现在以下几个方面：

1. 仲裁程序规定缺少灵活性。仲裁程序不同于诉讼程序的一个重要方面，就在于它充分尊重当事人的程序自主权，赋予当事人自主选择仲裁程序以及仲裁程序法的权利，审理方式具有简便、灵活、快捷的特点。相较于国际仲裁的通行做法，我国《仲裁法》对仲裁程序的规定过于严格和强制，仍然留有诉讼制度的痕迹，并未充分体现仲裁程序灵活性的特点。例如，《仲裁法》第45条关于"证据应当在开庭时出示，当事人可以质证"的规定，就过于死板，它不仅在仲裁活动中排斥了其他质证方式，而且为采用书面方式审理案件设置了障碍。仲裁制度中的意思自治，不仅表现为当事人在实体问题上享有充分的意思自由，在程序问题上也应当有充分的自主权。因此，在修订仲裁法时，应当考虑赋予仲裁当事人选择仲裁程序的自由，同时减少开庭审理程序的强制性规定。②

2. 仲裁协议的生效条件过于严苛。在国际仲裁实践中，生效的仲裁协议一般最注重的是，当事人在仲裁协议中表达了希望通过仲裁途径解决双方纠纷的意愿。只要在仲裁协议中能够体现双方申请仲裁的意思表示，一般根据当事人的意愿不依据其他因素轻易否认仲裁协议的效力。根据我国《仲裁法》的规定，有效的仲裁协议必须同时具备三个要件，即请求仲裁的意思表示，仲裁事项和选定的仲裁机构。其中，选定的仲裁机构必须明确具体，或者当事人事后达成补充仲裁协议约定了明确唯一的仲裁机构。但是，申请仲裁的当事人未必具有专业的法律知识，能够在约定仲裁协议时选择明确的仲裁机构。在纠纷发生后，双方当事人之间的对立情绪严重，更难以坐下来心平气和地签订补充协议。因此，即使双方当事人之间在裁决发生前，存在着仲裁的共同意思表示，也会因为仲裁协议的无效使得无法进行仲裁。我国应当参照国际通行的做法，充分尊重当事人选择仲裁方式的意愿，不轻易否定仲裁协议的效力。

3. 选择仲裁员强制在仲裁员名册范围内。我国仲裁法赋予了仲裁当事人可以自主选择仲裁员的权利，但是仅仅允许当事人在仲裁机构提供的仲裁员名册范围内选择仲裁员，在很大程度上限制了当事人的意思自治的实现。仲裁机构的仲裁员名册中记录的只是该仲裁机构依照一定标准所聘请的仲裁员，具有一定的范围限制。而且在仲裁机构送达的仲裁员名册中，只记载了仲

---

① 谷振龙：《关于仲裁中当事人意思自治的几点思考》，载中国法院网，2012年11月14日。
② 宋朝武、张晓霞：《论仲裁制度中的意思自治原则》，载《仲裁研究》2005年第1期。

裁员的专业等基本信息，无法为当事人提供充分的信息供选择。现行有关仲裁的国际公约和西方一些国家的仲裁立法中的推荐仲裁员名册制度值得我国借鉴，即允许双方当事人在仲裁员名册之外选择仲裁员，实现真正的意思自治原则。

(三) 现行仲裁司法监督制度存在弊端

仲裁活动作为具有法律强制效力的民间性纠纷解决方式，应当受到合理程度的司法监督以维护其公正性。我国对于仲裁制度的司法监督，规定了不予执行仲裁裁决和撤销仲裁裁决两种制度。这两种制度一方面为当事人提供了对仲裁裁决进行救济的渠道，保障当事人的权利，另一方面也通过司法途径对仲裁庭的审理活动进行监督，限制仲裁庭滥用权力，维护社会的公平正义。然而，这种双重司法监督制度的设置并非完全合理，在实践操作中存在着许多问题，影响了仲裁效果的实现。具体体现在以下几个方面：

1. 对国内仲裁与涉外仲裁的司法审查实行双重标准。我国对于涉外仲裁裁决的撤销裁决和不予执行制度，规定了相同的程序性审查标准：即《民事诉讼法》第281条规定：对中华人民共和国涉外仲裁机构作出的裁决，被申请人提出证据证明仲裁裁决有下列情形之一的，经人民法院组成合议庭审查核实，裁定不予执行：(1) 当事人在合同中没有订立仲裁条款或者事后没有达成书面仲裁协议的；(2) 被申请人没有得到指定仲裁员或者进行仲裁程序的通知，或者由于其他不属于被申请人负责的原因未能陈述意见的；(3) 仲裁庭的组成或者仲裁的程序与仲裁规则不符的；(4) 裁决的事项不属于仲裁协议的范围或者仲裁机构无权仲裁的。从上述法律规定看，我国对于涉外仲裁裁决一般只进行程序性的审查，不审查裁决的实体内容。而在撤销和不予执行国内仲裁裁决时，法院可以在法律规定的范围内审查裁决的程序事项和实体事项。这与国际上对于国内和涉外仲裁裁决均适用统一的程序审查标准的发展趋势不符，不利于我国建立统一的仲裁制度，同时也导致了对于国内仲裁裁决的过度审查干预。

2. 对双方当事人的利益保护不平等。可以申请法院撤销国内仲裁裁决和不予执行国内仲裁裁决的当事人不同。有权提出撤销仲裁裁决申请的当事人可以是仲裁案件中的任何一方当事人，不论其是仲裁裁决确定的权利人还是义务人；而有权提出不予执行仲裁裁决的当事人只能是被申请执行仲裁裁决的一方当事人。这种双重制度的设置，为仲裁中的债务人提供了双重救济手段，而对于仲裁中的申请执行仲裁裁决的当事人，只规定了一种救济手段，过分地保护了被申请人的利益，损害了申请执行人的利益，是一种利益保护的失衡。

3. 制度的重复设置损害了仲裁的终局性价值。撤销国内仲裁裁决制度与不予执行国内仲裁裁决制度的审查内容基本相同①,而且两种救济方式存在一定的重合,两种程序未实现良好的衔接。制度的重复设置造成诉讼的拖延,一方面使得仲裁裁决的效力长期处于不确定的状态,可能给了仲裁当事人恶意拖延裁决进程的机会,不利于实现仲裁制度所追求的快捷性、终局性的价值目标。另一方面,在实践操作中,可能出现由同一法院针对同一仲裁裁决分别先后进行撤销仲裁裁决审查和不予执行仲裁裁决审查的情形,不仅浪费了法院的司法资源,而且同一法院针对同一仲裁裁决有可能得出前后完全不同的两种结果,将会损害法院的司法权威。

4. 对仲裁裁决的实体审查造成了司法对于仲裁的过度干预。我国撤销国内仲裁裁决和不予执行国内仲裁裁决制度的审查内容中,都有关于实体审查的规定。撤销仲裁裁决制度的审查内容中规定,当事人既可以基于程序性问题,如没有仲裁协议、仲裁庭的组成或者仲裁的程序违反法定程序等问题,向有管辖权的人民法院申请撤销仲裁裁决;同时,也可以基于实体性问题,如裁决所依据的证据是伪造的、对方当事人隐瞒了足以影响公正裁决的证据等问题,向有管辖权的人民法院申请撤销仲裁裁决。不予执行仲裁裁决制度也对实体审查问题进行了相同的规定,都是法院可以对仲裁裁决进行审查的内容。

第三节 热点与前沿问题

律师仲裁代理业务纷繁复杂,在律师开展仲裁代理业务活动中,有一些热点问题与前沿问题值得代理律师密切关注和思考。

一、律师能否在自己担任仲裁员的仲裁委员会中作为案件代理人

自司法部下发的《律师和律师事务所违法行为处罚办法》(以下简称《处罚办法》)于 2010 年 4 月 7 日审议通过,2010 年 6 月 1 日开始施行以来,其对《律师法》中相关问题的解释,即《处罚办法》第 7 条第 5 项规定,曾经担任仲裁员或

---

① 《民事诉讼法》第 244 条第 2、3 款规定:被申请人提出证据证明仲裁裁决有下列情形之一的,经人民法院组成合议庭审查核实,裁定不予执行:(1) 当事人在合同中没有订有仲裁条款或者事后没有达成书面仲裁协议的;(2) 裁决的事项不属于仲裁协议的范围或者仲裁机构无权仲裁的;(3) 仲裁庭的组成或者仲裁的程序违反法定程序的;(4) 裁决所根据的证据是伪造的;(5) 对方当事人向仲裁机构隐瞒了足以影响公正裁决的证据的;(6) 仲裁员在仲裁该案时有贪污受贿、徇私舞弊、枉法裁决行为的。人民法院认定执行该裁决违背社会公共利益的,裁定不予执行。
《仲裁法》第 58 条规定:当事人提出证据证明裁决有下列情形之一的,可以向仲裁委员会所在地的中级人民法院申请撤销裁决:(1) 没有仲裁协议的;(2) 裁决的事项不属于仲裁协议的范围或者仲裁委员会无权仲裁的;(3) 仲裁庭的组成或者仲裁程序违反法定程序的;(4) 裁决所根据的证据是伪造的;(5) 对方当事人隐瞒了足以影响公正裁决的证据的;(6) 仲裁员在仲裁该案时有索贿受贿、徇私舞弊、枉法裁决行为的。人民法院组成合议庭审查核实裁决有前款规定情形之一的,应当裁定撤销。

者仍在担任仲裁员的律师,以代理人身份承办本人原任职或者现任职的仲裁机构办理的案件的,属于违法行为,使得"律师能否在自己担任仲裁员的仲裁委员会中担任案件代理人"这一问题成为仲裁界讨论的热点。上述法律规定,在实践适用过程中至今一直饱受争议,对其充满疑问甚至呼吁废止此项条文的呼声始终未曾停止。对于律师违法行为的界定是否合理,不仅影响了律师从事仲裁代理工作以及担任仲裁员的执业工作,同时也会影响到整个仲裁行业的发展。因此,这一问题值得广大律师工作者加以关注与思考。

我国《律师法》第47条第3项规定:在同一案件中为双方当事人担任代理人,或者代理与本人及其近亲属有利益冲突的法律事务的,由设区的市级或者直辖市的区人民政府司法行政部门给予警告,可处以5000元以下的罚款;有违法所得的,没收违法所得;情节严重的,给予停止执业3个月以下的处罚。根据这一法律规定,若律师在案件中担任双方当事人的代理人,或者代理与本人或者本人近亲属有利益冲突的法律事务的,属于律师的违法行为,应当视情况分别予以警告、罚款等行政处罚。

在司法部《处罚办法》第7条中,规定了律师的五种行为属于《律师法》第47条第3项规定的律师"在同一案件中为双方当事人担任代理人,或者代理与本人及其近亲属有利益冲突的法律事务的"违法行为。其中前述第5项的法律规定,涉及律师仲裁代理。根据这一规定,律师在原任职或者现任职的仲裁机构担任案件的代理人,也属于上述《律师法》中第47条第3项规定的违法行为。《处罚办法》将上述行为规定为违法行为,是出于对律师作为仲裁代理人和案件所属仲裁机构仲裁员的双重身份影响仲裁公正性、独立性的担心。在实践操作中,也有很多案件当事人在取得仲裁裁决后,根据这一法律规定,基于对方当事人的代理律师曾经或者现在正在该仲裁机构任职的事实,对该案件仲裁庭的公正性以及独立性产生怀疑,以该案件审理违反正当法律程序为理由,向法院申请撤销该仲裁裁决。在实践中,法院对此所作的裁定及其理由也不尽相同。对于此问题,本书主要从以下三个方面进行分析研究:

1. 《处罚办法》是否有权对《律师法》进行解释。这主要涉及二者的性质问题。《律师法》是由全国人大常委会制定,其性质属于法律。该法律的设立宗旨,是为了"完善律师制度,规范律师执业行为,保障律师依法执业,发挥律师在社会主义法制建设中的作用"。根据《律师法》的规定,"司法行政部门依照本法对律师、律师事务所和律师协会进行监督、指导"。《处罚办法》是由国务院司法部制定的,其性质属于部门规章,《律师法》《行政处罚法》是其制定依据。1981年6月10日,全国人大常委会颁布的《关于加强法律解释工作的决议》规定:"凡属于法院审判过程中具体应用法律、法令的问题,由最高人民法院进行解释。凡属于检察院检察工作中具体应用法律、法令的问题,由最高人民检察院进行解释。"另外,《人民法院组织法》和《人民检察院组织法》也作了类似的规定,将司法解释的主体由最高人民法院的审判委员会进一步扩大到最高人民法院和最高人民检察院。据此,有权对全国人大常委会制定的法律进行解释的机关只有最高人民法院和最高人民检察院。《处罚办法》作为国务院司法部下发的部门规章,有权对律师和律师事务所的行为进行规范,但是无权对《律师法》进行解释。

2.《处罚办法》对于《律师法》的解释是否合理。首先,《律师法》中规定的律师担任同一案件双方当事人的代理人,或者代理与本人及其近亲属有利益冲突的法律事务的行为,显然属于具有明显的利益冲突,会影响到仲裁案件的公正审理的违法行为。而"律师在自己担任仲裁员的仲裁委员会中作为案件代理人"这一行为既不属于"担任同一案件双方当事人的代理人"的行为,也不属于"代理与本人及其近亲属有利益冲突的法律事务"的行为。因此,这一规定应当属于类比推理,不是有效的解释。

其次,律师在仲裁机构担任仲裁员与代理该仲裁机构的仲裁案件这一双重身份不会构成明显的利益冲突,不会影响到案件的公正审理。仲裁员与仲裁机构之间的任职关系与普通的任职关系不同,二者之间不存在隶属关系,仲裁员的身份更贴近于一种资格,而不是一种职务。接受仲裁机构聘任的仲裁员只是登记在仲裁机构的名册中,是一种可以仲裁案件的资格。在没有仲裁案件发生时,仲裁员有自身的本职工作。只有在仲裁案件发生,被案件当事人选定或者指定为仲裁员时,这种身份才成为一种真正意义上的职务,具有相应的权限,仲裁员才真正地与仲裁机构产生联系,与仲裁行业产生联系。因此,仲裁员身份的这种特殊性,使得其与所任职的仲裁机构之间的关系并不密切,即使代理律师曾经或者现在正在该仲裁机构任职,也无法通过与仲裁机构的特殊关系间接干预其他仲裁员作出公正的裁决。①

中国经济贸易仲裁委员会《仲裁员行为考察规定》第 7 条第 3 款中规定,"仲裁员与当事人、当事人的主要管理人员或代理人在同一社会组织担任专职工作,有经常性的工作接触的"属于仲裁员应当披露的情形。这一规定中,要求仲裁员与代理人"在同一社会组织担任专职工作""有经常性的工作接触",这也与《处罚办法》第 7 条中的规定不同。律师担任仲裁机构的仲裁员属于律师的一种兼职工作,而非一种专职工作,而且只是在被选定或者指定时,才到仲裁机构参与案件的审理,也无法与其他仲裁员产生经常性的工作接触。因此,作为仲

---

① 《论限制担任仲裁员的律师代理仲裁案件规定的存废》,首发于 ASIAN-MENA COUNSEL 杂志 2013 年第 3 期,载于金杜律师事务所网站,http://www.kwm.com/zh/cn/knowledge/insights/lawyer-or-arbitrator-a-problem-in-china-should-the-restriction-be-revoked-20130703,最后访问时间 2017 年 3 月 17 日。

裁员的代理律师,与所代理案件中的仲裁员,并非一般性的同事关系,并不必然地具有相互关联的利益,以致影响审理案件的仲裁员公正与独立地审理案件。而且,这一规定也不符合国际仲裁的规定。在《国际律师协会关于国际仲裁中利益冲突问题指南》(简称为 IBA 指南)①中,将国际仲裁中的利益冲突分为三大类目录:红色目录、橙色目录、绿色目录(不需要披露的情形)。其中,与该《处罚办法》相同的规定,见于绿色目录属于不需要披露的情形的第 4.4.1 条以及第 4.4.2 条中。其中第 4.4.1 条规定:因是同一职业协会的社会组织的成员,仲裁员与另一仲裁员或者当事人一方的代理人有关系。第 4.4.2 条规定:仲裁员与另一仲裁员或者当事人一方的代理人在先前曾是另一案件的合伙仲裁员或者共同代理人。这两条都属于绿色目录,是仲裁员不需要披露的情形,在此情况下,仲裁员在案件审理过程中不需要回避,不必有影响到公正性审理的担忧。

3. 《处罚办法》在实践中的适用。在目前的实践操作中,关于仲裁员的披露问题,主要规定在各仲裁机构的仲裁规则,以及类似于中国国际贸易仲裁委员会的《仲裁员行为考察规定》之类的文件中。这些文件对于仲裁员具有法律约束力,应当作为审查仲裁员与当事人、代理人之间是否存在利益关联、需要回避的情形的依据。北京市中级人民法院在一份判决中②认为,该《处罚办法》中的规定,不属于强制性效力规范,如果一方代理人曾经或者现在在该仲裁机构任职,在该《处罚办法》规定现行有效的前提下,只是属于相关行政机关是否应给予行政处罚的问题。因此,该行为的存在不能构成法院据以撤销仲裁裁决的情形。学界主流观点也认为,《处罚办法》作为部门规章,对仲裁机构仅具有参考价值,不具有任何约束力。在实践中,只有当仲裁机构吸取该规则成为自身的仲裁规则,成为仲裁员需要披露的事实时,才对仲裁具有约束力。

二、外国律师是否可以在我国代理仲裁案件

2001 年,国务院发布的《外国律师事务所驻华代表机构管理条例》第 15 条规定,外国律师事务所驻华代表机构及其代表,不得从事中国法律事务。近年来,有案例中当事人以对方当事人聘请的代理人为外国律师身份的理由,主张裁决有程序瑕疵,向法院申请撤销该仲裁裁决。对此,涉及以下两个问题:一是外国律师是否可以以律师身份在我国代理仲裁案件;二是外国律师在我国代理仲裁案件是否有权限上的限制。

1. 外国律师是否可以以律师身份在我国代理仲裁案件。仲裁中的代理与诉讼代理的不同之处在于,充分尊重当事人的意思自治,可以由当事人自由选择

---

① 初丛艳:《国际律师协会关于国际仲裁中利益冲突指导原则》,载《北京仲裁》2004 年第 1 期。
② 北京市第二中级人民法院(2014)二中民特字第 09403 号案件。

仲裁代理人。当事人可以委托外国公民作为仲裁代理人,该外国公民既可以是公民身份,也可以具有执业资格的律师的身份参加仲裁程序。当事人在仲裁中委托的代理人,一般没有国籍、人数、职业资格的限制。这一原则,在境内外各大仲裁机构的仲裁规则以及各国立法中均有体现。1954 年 5 月 6 日,政务院第 215 次政务会议通过的《中央人民政府政务院关于在中国国际贸易促进委员会内设立对外贸易仲裁委员会的决定》第 7 条规定:"双方当事人在仲裁委员会审理争议案件时,得委派代理人保护自己之利益。前项代理人得由中华人民共和国公民或外国公民充任之。"2014 年修订后的《中国国际经济贸易仲裁委员会仲裁规则》第 22 条规定:当事人可以授权中国及/或外国的仲裁代理人办理有关仲裁事项。当事人或其仲裁代理人应向仲裁委员会仲裁院提交授权委托书。

2. 外国律师在我国代理仲裁案件的权限限制。国务院发布的《外国律师事务所驻华代表机构管理条例》第 15 条规定,外国律师事务所驻华代表机构及其代表,不得从事中国法律事务。2002 年 7 月 4 日,司法部发布了《关于执行〈外国律师事务所驻华代表机构管理条例〉的规定》(以下简称《执行规定》),是司法部作为司法行政部门对中国境内的外国法律服务活动进行管理的重要措施。该《执行规定》第 32 条第 4 项规定,外国律师事务所驻华代表律师在仲裁活动中,以代理人身份对中国法律的适用以及涉及中国法律的事实发表代理意见或者评论的,属于《管理条例》第 15 条规定的禁止外国律师从事的"中国法律事务"。

对于此种对外国律师在中国从事仲裁代理工作的限制,中国国际经济贸易仲裁委员会曾经于 2002 年 9 月 30 日致函司法部,建议删除《关于〈执行外国律师事务所驻华代表机构管理条例〉的规定》第 32 条规定的"下列行为,应当认定为《条例》中第 15 条规定的中国法律事务:……(四)在仲裁活动中,以代理人身份对中国法律的适用以及涉及到中国法律的事实发表代理意见或者评论"。对此,在司法部办公厅对中国经济贸易仲裁委员会的函复中明确认为[①],司法部的上述规定,并未禁止和否定外国律师事务所驻华代表处以及其代表以代理人身份参与在华国际仲裁活动,也并不禁止其代理涉及中国法律的仲裁案件。

综上所述,这两部规范并未禁止外国律师在我国代理仲裁案件,只是对外国律师在中国境内从事仲裁代理活动的权限进行了限制。该规定只是限制了外国律师事务所驻华代表处及其代表以代理人身份,在仲裁活动中对中国法律的适用,以及涉及中国法律的事实发表代理意见或者评论的行为。但是,并不影响外国律师事务所驻华代表处及其代表对整个仲裁案件的代理。外国律师在代理涉

---

① 司法部办公厅关于对中国国际经济贸易仲裁委员会就《司法部关于执行〈外国律师事务所驻华代表机构管理条例〉的规定》所提建议回复意见的函,2003 年 1 月 6 日,司办函〔2003〕第 10 号。

及适用中国法律的仲裁案件中,有关中国法律的解释与判断,可以在与中国律师的业务合作下解决。合作的方式具有灵活性,例如可以预先请求中国律师出具法律意见书,可以聘请中国律师提出意见。

2004年9月2日,司法部颁布了关于修改《司法部关于执行〈外国律师事务所驻华代表机构管理条例〉的规定》的决定,将原《执行规定》中第32条修改为"在仲裁活动中,以代理人身份对中国法律的适用发表代理意见"。这一修改将原来"中国法律的适用以及涉及中国法律的事实"修改为"中国法律的适用",将"发表代理意见或者评论"修改为"发表代理意见",将对外国律师从事仲裁代理活动的限制范围进一步缩小到,只是禁止其对中国的法律适用问题发表意见,赋予了外国律师在代理活动中更多的权限。

此外,中华全国律师协会WTO专门委员会于2004年召开的年会中,也对此问题发表了意见。① 全国律协在分析了《中华人民共和国加入世界贸易组织议定书》,以及附件九《中华人民共和国服务贸易具体承诺减让表》后,同样认为,就中国目前的法律服务市场环境而言,尚且不能删除《实施细则》中的该项规定。如果删除了该项规定,则意味着允许外国律师事务所驻华代表机构在仲裁活动中对我国的法律适用以及法律事实进行解释和评论,即对禁止外国律师事务所驻华代表机构解释我国法律的规定放开了一个口子,这种放开可能会造成对法律服务领域管理的失控,造成对我国法律服务市场的规范与发展的不利影响。

三、仲裁员的选定

在诉讼过程中,审理案件的法官都是由法院指派审理某一案件的,而在仲裁审理过程中,当事人可以相对自由地在仲裁机构的仲裁员名册中,选择审理仲裁案件的仲裁员。这是仲裁制度中当事人意思自治原则的体现,也是仲裁制度区别于诉讼制度的一大优势所在。选择专业的公正的仲裁员,对于及时公正地处理案件非常重要。因此,帮助当事人根据一定的因素选择适当的仲裁员,也是仲裁代理律师的一项重要的工作内容。仲裁代理律师在仲裁代理中,主要需要注意以下几个问题:

1. 注意仲裁员的选择时间和程序。《北京仲裁委员会仲裁规则》中规定,双方当事人应当自收到仲裁通知之日起15日内,分别选定或者委托主任指定一名仲裁员。当事人未在上述期限内选定或者委托主任指定仲裁员的,由主任指定;

---

① 《关于"是否允许外国律师事务所驻华代表机构在仲裁活动中以代理人身份对中国法律的适用以及涉及到中国法律的事实发表代理意见和评论问题"的一点意见》,载《中华全国律师协会会议论文集》,中华全国律师协会WTO专门委员会2004年年会论文集。

双方当事人应当自被申请人收到仲裁通知之日起15日内,共同选定或者共同委托主任指定首席仲裁员。双方当事人也可以在上述期限内,各自推荐一至三名仲裁员作为首席仲裁员人选;仲裁员拒绝接受当事人的选定或者因疾病以及其他可能影响正常履行仲裁员职责的原因,不能参加案件审理的,当事人应当自收到重新选定仲裁员通知之日起5日内重新选定仲裁员。未能在该期限内重新选定仲裁员的,由主任指定。

2. 了解争议的性质和内容,选择擅长而且经常处理与该案件相同纠纷类型的的仲裁员。在选择仲裁员时,仲裁员所擅长和经常从事的案件领域是否与本案相适应,是代理律师应当首先考虑的问题。商事纠纷的特点是专业性强,争议的内容复杂且涉及面广泛,一般涉及较强的专业知识和经验。与此相适应,仲裁中采用专家办案的方式,受到聘任担任仲裁员的人,往往是来自于各个行业的专业人士,或者拥有商事活动的背景经验,熟悉行业的惯例、规范、技术标准。拥有相应专业知识的仲裁员,对于案件涉及的专业事实的掌握更加准确和快速,而且更容易与案件当事人、代理人进行专业知识的沟通交流,不仅省去了当事人、代理人为仲裁员讲解案件专业背景和专业名词等的时间精力,而且更有助于仲裁员理解双方当事人的需求,准确适当地审理案件,取得更符合当事人预期和利益需要的结果。因此,在选择仲裁员时,代理律师应当帮助当事人充分利用仲裁中的专家办案的特点,不只考虑仲裁员的名气和熟悉程度,更要考虑仲裁员的专业背景。

3. 除了专业背景之外,律师在选择仲裁员时,还应注意仲裁员的年龄、健康状况、时间、住所,以及过往的良好声誉等因素。一些仲裁员虽然可能记录在册,但是年龄较大或者有健康状况的问题,无法按时充分地准备开庭。也有的仲裁员可能忙于教学或者律师的本职工作,没有充足的时间和精力了解案件情况,参与案件的审理。此外,还有些仲裁员可能居住地点离仲裁开庭地点较远,选择其还需要支付额外的费用,为当事人增加了更多的负担。例如,《北京仲裁委员会仲裁规则》规定:"当事人选择居住在北京以外地区的仲裁员的,应当承担仲裁员因审理案件必需的差旅费。如果未在本会规定的期限内预交的,视为未选定仲裁员。主任可以根据本规则的规定代为指定仲裁员。"此外,还要注意务必选择善于表达且能够掌握庭审节奏的仲裁员,考虑仲裁员在过往的案件审理时是否具有良好的声誉,仲裁员的能力和品德也是关键的因素。

4. 代理律师在选择仲裁员时,应注意是否存在利益冲突。仲裁员应当在裁决纠纷的过程中,扮演公正不偏私的角色。律师要提醒当事人不要选定与己方有近亲属关系、有利害关系或其他关系可能影响公正仲裁的仲裁员,不要与仲裁员有私下接触。此外,当发现对方当事人所选择的仲裁员行为有失公正时,代理律师就有权利要求更换仲裁员。因此,如何判断仲裁员存在利益冲突,就是代理律师需要了解的内容。①

四、审查当事人之间的仲裁协议

涉及对当事人之间仲裁协议的审查,代理律师主要需注意以下几个问题:

1. 双方当事人之间是否存在仲裁协议。仲裁协议,是指双方当事人之间达成的,表达愿意将争议事项交给仲裁机构进行裁决的意思表示的法律文书。有效的仲裁协议是仲裁机构有权审理仲裁案件的管辖权基础。仲裁协议的作用主要体现在以下几个方面:一是排除法院的管辖权。凡是当事人订立了有效仲裁协议的案件,即意味着当事人自愿受到仲裁协议的约束,双方当事人之间的争议只能通过仲裁予以解决,法院不得强制管辖。二是仲裁机构或者仲裁庭审理案件的依据。当事人的仲裁协议赋予协议中确定的仲裁机构或者仲裁庭对争议案件的管辖权。三是仲裁裁决可以强制执行的依据。律师审查仲裁协议,首先审查仲裁协议是否存在,若双方当事人之间不存在仲裁协议,律师应当建议当事人向人民法院提起民事诉讼。

2. 双方当事人之间的仲裁协议形式是否合法。我国《仲裁法》第16条第1款规定:仲裁协议包括合同中订立的仲裁条款和以其他书面方式在纠纷发生前或者纠纷发生后达成的请求仲裁的协议。根据上述法律规定,仲裁协议的订立时间,可以是纠纷发生前或者纠纷发生后。仲裁协议的形式应当是书面形式,可以是双方当事人订立的合同中的仲裁条款或者独立的仲裁协议,口头的仲裁协议无效。"其他的书面形式",主要包括以合同书、信件和数据电文(包括电报、电传、传真、电子数据交换和电子邮件)达成的请求仲裁的协议。

3. 双方当事人之间的仲裁协议是否具备法律规定的内容。我国《仲裁法》

---

① 以下是北京仲裁委员会仲裁规则中,关于仲裁员需要披露或者回避事项的情形的规定。《北京仲裁委员会仲裁规则》第22条规定:仲裁员信息披露:(1)仲裁员任职后,应当签署保证独立、公正仲裁的声明书,声明书由秘书转交各方当事人。(2)仲裁员知悉与案件当事人或者代理人存在可能导致当事人对其独立性、公正性产生合理怀疑的情形的,应当书面披露。(3)当事人应当自收到仲裁员书面披露之日起10日内就是否申请回避提出书面意见。(4)当事人以仲裁员披露的事项为由申请仲裁员回避的,适用本规则第23条第(1)、(2)、(4)、(5)、(6)款的规定。(5)当事人在上述第(3)款规定的期限内没有申请回避的,不得再以仲裁员曾经披露的事项为由申请回避。第23条规定:仲裁员回避:(1)当事人对仲裁员的独立性、公正性产生合理怀疑时,有权提出回避申请。(2)当事人应当通过书面方式提出回避申请,说明理由,并提供相应证据。(3)对仲裁员的回避申请应当在首次开庭前提出。回避事由在首次开庭后知道的,可以在最后一次开庭终结前提出;不再开庭或者书面审理的案件,应当在得知回避事由后10日内提出。但本规则第22条第(3)款规定的情形除外。(4)秘书应当及时将回避申请转送其他当事人和仲裁庭全体成员。(5)一方当事人申请仲裁员回避,其他当事人表示同意,或者被申请回避的仲裁员获知后主动退出,则该仲裁员不再参加案件审理。但上述任何情形均不意味着当事人提出回避的理由成立。(6)除上述第(5)款规定情形外,仲裁员是否回避,由主任决定。主任的决定是终局的,并有权根据具体情况决定是否说明理由。(7)当事人在获知仲裁庭组成情况后聘请的代理人与仲裁员形成应予回避情形的,视为该当事人放弃就此申请回避的权利,但其他当事人就此申请回避的权利不受影响。因此导致仲裁程序拖延的,造成回避情形的当事人承担由此发生的费用。

第 16 条第 2 款规定:仲裁协议应当具有下列内容:(1) 请求仲裁的意思表示。(2) 仲裁事项。(3) 选定的仲裁委员会。律师在审查仲裁协议时,应当审查双方订立的仲裁协议是否包含上述三项必备内容,缺乏任何一项都会导致仲裁协议的无效。具体而言,当事人订立仲裁协议或者仲裁条款时,必须规定以下三项内容:一是请求仲裁的意思表示,即双方当事人在仲裁协议中明确表述了,愿意将将未来可能发生或者已经发生的纠纷提交仲裁委员会进行裁判的意思表示。二是仲裁事项,即双方当事人在仲裁协议中约定的,提交仲裁机构进行裁决的纠纷范围。一般来讲,仲裁事项应当尽可能订立得广泛,因为在仲裁机构按照仲裁协议进行仲裁时,将严格按照仲裁协议中约定的仲裁事项的范围。若双方当事人概括地约定仲裁事项为合同争议的,则基于合同成立、合同效力、变更、转让、履行、违约责任、解释、解除等产生的纠纷,都可以认定为仲裁事项提交仲裁。通常用"凡因执行本合同或与本合同有关的一切争议,均应提交仲裁机构解决"来表示当事人约定的仲裁事项的范围。三是选定的仲裁委员会,即双方当事人选定的仲裁委员会应当具备明确的仲裁机构的名称,并且该仲裁机构应当唯一确定。

4. 双方当事人之间约定的仲裁协议是否有效。代理律师主要应当审查以下事项:一是双方当事人的行为能力;二是当事人的意思表示;三是仲裁事项的可仲裁性。我国《仲裁法》第 17 条第 1 款规定:有下列情形之一的,仲裁协议无效:(1) 约定的仲裁事项超出法律规定的仲裁范围的。(2) 无民事行为能力人或者限制民事行为能力人订立的仲裁协议。(3) 一方采取胁迫手段,迫使对方订立仲裁协议的。根据上述规定,律师在审查仲裁协议时,应当重点审查仲裁协议的订立双方是否存在无民事行为能力或者限制行为能力、或者协议订立时是否存在胁迫的情形。

此外,还要审查仲裁机构的约定是否明确。《仲裁法》第 18 条规定:仲裁协议对仲裁事项或者仲裁委员会没有约定或者约定不明确的,当事人可以补充协议;达不成补充协议的,仲裁协议无效。对于当事人在仲裁协议中对仲裁事项或者仲裁委员会约定不明确的情形,为了促使纠纷的解决,法律采取尽量承认仲裁协议有效的原则,学界和仲裁实务界的普遍看法是,只要仲裁协议对仲裁机构的表述在文字和逻辑上不发生歧义,并能够从文字和逻辑上确定仲裁机构,法院应当对仲裁协议的效力予以确认。① 当无法根据仲裁协议的表述确定明确的仲裁机构时,只要双方当事人之间可以就约定不明确的内容达成补充协议,仲裁协议仍然有效。因此,律师代理人应当在此时尽量说服当事人与对方当事人达成补充协议,使得纠纷能够通过仲裁的途径解决。对此,最高人民法院颁布了一系列

---

① 张清涛:《仲裁机构约定不明确的几种认定方式》,载《律师文集》2013 年 10 月。

司法解释,对"选定的仲裁委员会"从宽解释,而不是简单地以仲裁机构约定不明确否定仲裁协议的效力。①

第四节 法律实践

在律师代理仲裁的法律实践中,主要需要注意以下几个问题:

一、律师代理仲裁的职责:维护当事人的合法权益

律师作为掌握专业知识的法律工作者,应当穷尽一切合法手段,维护当事人的合法权益。代理律师在民商事纠纷案件中接受当事人的委托,作为一方当事人的代理人,其最重要的价值在于运用自己的专业法律知识,代理具有法律诉求、希望通过仲裁途径解决纠纷,维护自己权益的委托人,参加需要专业技巧的庭审活动。通过提交证据材料、与对方当事人质证等一系列活动,使得仲裁员对自己的主张形成内心确信,从而支持己方的主张,维护应有的权益。在这一过程中,从制作仲裁申请书申请仲裁,搜集证据向仲裁庭提交证据材料,在庭审活动中围绕自己的主张进行举证质证辩论,以及参与调解与仲裁裁决的执行等,所有的一系列的仲裁活动,都是由律师代理委托人进行的。因此,律师在代理活动中的行为,直接影响到委托人在仲裁纠纷中最终权益的实现。委托人之所以会授权代理律师代理自己参与案件审理,也是出于对律师能够运用专业知识维护自己的合法利益的信任和期待。这也是整个律师行业所赖以存在的根基。因此,在严格按照法律规定进行代理活动的前提下,代理律师应该始终做到,以一切行为为维护委托人的合法利益为最基本的出发点,在行为时不能出于懈怠或者故意损害己方当事人的利益,律师应当认真做好代理工作。国内仲裁实行一裁终局制度,即裁决作出后,当事人就同一纠纷既不能再向仲裁委员会申请仲裁,也不能向人民法院提起诉讼。律师应尽力尽职地做好代理仲裁工作,最大可能地维护当事人的合法权益。具体主要需要注意以下几点:

1. 认真对待代理工作,准备充分。律师一旦接受委托成为当事人的仲裁代

---

① 《最高人民法院关于适用〈中华人民共和国仲裁法〉若干问题的解释》(2005 年 12 月 26 日最高人民法院审判委员会第 1375 次会议通过)第 3 条规定:仲裁协议约定的仲裁机构名称不准确,但能够确定具体的仲裁机构的,应当认定选定了仲裁机构。第 4 条规定:仲裁协议仅约定纠纷适用的仲裁规则的,视为未约定仲裁机构,但当事人达成补充协议或者按照约定的仲裁规则能够确定仲裁机构的除外。第 5 条规定:仲裁协议约定两个以上仲裁机构的,当事人可以协议选择其中的一个仲裁机构申请仲裁;当事人不能就仲裁机构选择达成一致的,仲裁协议无效。第 6 条规定:仲裁协议约定由某地的仲裁机构仲裁且该地仅有一个仲裁机构的,该仲裁机构视为约定的仲裁机构。该地有两个以上仲裁机构的,当事人可以协议选择其中的一个仲裁机构申请仲裁;当事人不能就仲裁机构选择达成一致的,仲裁协议无效。第 7 条规定:当事人约定争议可以向仲裁机构申请仲裁也可以向人民法院起诉的,仲裁协议无效。但一方向仲裁机构申请仲裁,另一方未在《仲裁法》第 20 条第 2 款规定期间内提出异议的除外。

理人,即应该认真负责地对待自己的代理工作,对自己的委托人负责。除了庭审活动的每一个环节,代理律师还应当在庭前对案件进行深入的研究和分析,包括双方当事人的仲裁请求,案件涉及的法律关系,案件的争议焦点,以及如何最大化地搜集需要的证据材料,支持己方的主张等,都是应该在参与庭审活动前认真准备的问题。此外,还有诸如变更仲裁请求,申请进行鉴定,申请仲裁庭调取证据等小的细节,如果不认真对待也容易被忽视。实践中,有些律师在代理工作中未能认真处理上述问题,导致未能或者未及时地运用合法手段和正当权利,损害了当事人的利益,造成难以弥补的损失。例如,有的律师在案件审理中为了表达自己的不满、愤怒等情绪,未经仲裁庭允许擅自离开,最终导致案件只能缺席裁决,使得己方丧失了在庭审过程中对另一方主张进行对抗的机会,严重损害了当事人的利益。虽然律师本人的情绪得到了发泄,但是却是以损害委托人的利益为代价。还有一些律师在代理活动中,虽然提出了己方的主张,但是却在举证环节有所失误,对于赔偿损失的主张未能够提出证据证明造成该损失的原因以及损失的数额。而且,在自己不能取得证据时,也没有申请仲裁庭调取证据,导致最终己方没有能够充分举证,己方的主张虽然合情合理,却也得不到法庭的支持。此外,还有一些律师在庭审开始之前,对于己方将要提出的证据、观点、请求等都不甚清楚,在庭审开始时仓促上阵,言辞模糊,表述混乱,不仅损害了当事人的合法权益,也对律师的专业形象造成了影响。

2. 提升诉讼技巧,灵活调整策略。律师代理仲裁活动,除了应该做到认真对待代理工作,充分准备庭审细节之外,还应当在执业活动中具有一定的进取意识,不断提升自己的代理技巧,运用合适的策略为当事人争取合法利益。例如,增加、放弃、变更仲裁请求是当事人的正当权利,及时合法地行使,可以为当事人减少损失或者争取更多的合法权益。因此,代理律师在案件审理过程中,应该思维灵活,在分析现有证据的前提下,及时运用变更、放弃、增加仲裁请求的权利,避免出现诸如当事人的仲裁请求少于现有证据能够证明的损失的情况(因为仲裁庭是不能超出当事人的请求进行裁判的),最终导致当事人本应享有的权益不能实现。

二、转变仲裁观念

仲裁制度与诉讼制度同为我国解决民商事纠纷的一种有效方式。虽然它作为一种舶来品,在我国开始实行的时间不长。但是,随着我国市场经济的发展,以及其自身区别于诉讼的特有的快捷、专业、灵活、保密等优势,日渐得到了市场主体对其的广泛认可,仲裁行业在我国得到了长足的发展。需要注意的是,仲裁制度毕竟是一种从域外引进的制度,其与诉讼制度相比仍然缺乏深入研究和理解。尤其是部分仲裁员和仲裁代理律师,仍然对不同于诉讼制度的仲裁理念和仲裁原则等不是非常了解,或者并未形成坚实的观念,使得在从事仲裁活动的过程中,仍然有意或者无意地照搬诉讼的模式经验,不但导致不能真正充分地维护己方当事人的利益,而且造成了仲裁程序的拖延、周折,违背了当事人当初选择仲裁制度力求尽早解决纠纷的初衷,使得仲裁制度失去了自身赖以存在的独特活力。因此,对于仲裁代理律师而言,充分理解仲裁制度的理念,摆脱固有的诉讼制度观念,是从事仲裁代理业务所必需的,也是仲裁代理律师专业素质的体现。以下两点是律师代理仲裁制度时,所应当树立的最基本观念。

1. 简便、快捷地解决纠纷

简便、快捷、经济地解决纠纷,是仲裁制度区别于诉讼制度的一个巨大的优势,也是仲裁制度的价值所在。对于选择仲裁制度解决纠纷的商事活动当事人来说,时间成本也是非常宝贵、不可浪费的,有时甚至比获得最为有利的裁决更为重要。仲裁制度简便快捷的观念,能够与当今社会快速发展的市场经济相适应,满足市场主体希望快速经济地解决在商事活动中所发生的纠纷的需求,避免当事人耗费启动诉讼程序所需要的冗长时间成本,而因此丧失了经济活动运作中的机会与先机。

一裁终局制度是仲裁程序简便迅速的集中体现,充分发挥了仲裁制度在解决争议时,所具有的节约时间成本的优势。一裁终局制度,是指仲裁机构的仲裁裁决一经作出即发生法律效力,对双方当事人具有约束力。对于同一争议,既不允许当事人向仲裁机构再次申请仲裁,也不允许当事人向法院就同一争议提起诉讼。如果一方当事人不履行仲裁裁决,另一方可直接申请法院强制执行。这与我国的两审终审制的诉讼制度不同,除了法律另有规定外,任何一方当事人如果对第一审裁判不服,均可在法定期限内按照法定程序提起上诉,从而引起第二审程序。按照民事诉讼法的规定,国内案件普通程序的审理期限,一审6个月,二审3个月,加上上诉期共9个月。而北京仲裁委截至2021年,累计结案36247件。立案到结案平均时间161.43天,组庭到结案平均时间94.81天。[①] 相比之下,仲裁制度大大节省了当事人的时间。

律师在代理仲裁活动时,要时刻把握简便快捷地解决纠纷的观念。在代理仲裁案件的过程中,代理律师应当结合己方情况,积极与当事人沟通交流,充分考虑当事人对于节约时间的需求。对于仲裁规则中规定可以自主选择的程序,可以充分行使程序选择权,以达到迅速解决纠纷的目的。有些情况下,对于虽然争议金额很大,但是案情较为清楚,双方争议不大的案件,可以协调双方当事人选择简易程序审理案件,选择独任仲裁员,甚至不开庭审理案件,并取消一些程序,以求尽快作出裁决。如果存在双方和解、调解的可能情况,在维护己方合法

---

① 数据来源于北京市司法局网站:《北仲十年成就:不忘初心 追求优质的仲裁服务》,http://sfj.beijing.gov.cn/sfj/sfdt/ywdt82/flfw93/325978379/index.html,访问日期:2021年10月1日。

权益的前提下,可以把握时机进行和解、调解,以求迅速解决纠纷。

2. 充分发挥当事人意思自治原则

仲裁制度的原则之一,是当事人意思自治。当事人意思自治原则是整个仲裁制度的核心和基础,也是仲裁制度与诉讼制度最为根本的区别。当事人意思自治原则,是指仲裁制度充分尊重当事人的自主意愿,在很多方面赋予了当事人充分的自主选择权。这也是同诉讼相比,仲裁所具有的一大优势。诉讼程序全部由法律规定,比较僵硬,缺乏弹性,而仲裁程序更为灵活,当事人在仲裁程序中有更多的自主权和选择权,具体体现在以下几个方面:一是当事人可以自主选择是否签订仲裁协议,约定将双方当事人发生的争议通过仲裁的途径解决。二是当事人可以自主选择审理仲裁程序所需要的程序规则和实体规范。三是可以选择仲裁程序中的一些事项,例如双方当事人可以协商选定仲裁机构;当事人自愿选择仲裁员;当事人可以约定仲裁程序中依法可以约定的事项等。

基于仲裁程序强调当事人意思自治的理念,以及仲裁行业所特有的服务性质,在仲裁审理过程中,仲裁庭更加民主,仲裁员等对于当事人和代理律师的陈述和需求更为尊重,更加愿意倾听代理律师对于案件审理的意见。因此,代理律师在仲裁活动中,应当充分把握和利用仲裁制度的这一理念,为己方当事人争取最大化的合法权益。对于仲裁程序中规定的可以由双方作出协商,自主决定的事项,可以结合自身情况,充分利用仲裁制度中的程序选择权。例如,一些仲裁委员会仲裁规则规定,允许当事人自主选择审理案件的仲裁员,代理律师应当帮助当事人充分把握这一机会,选择公正专业的仲裁员。选择合适的仲裁员,是仲裁案件取得胜利的关键。此外,关于仲裁地点、仲裁程序、审理形式以及是否根据和解协议制作裁决书等可以当事人自主决定的问题,都需要代理律师认真把握并帮助当事人作出决定。

三、熟悉和掌握仲裁规则

在当事人申请仲裁或者收到仲裁答辩书之后,秘书处工作人员会按照规定向当事人送达受理或者答辩通知书、仲裁规则、仲裁庭组成方式以及仲裁员选定书、仲裁员名册等。仲裁代理律师在收到上述文件后,应该仔细阅读研究,尤其是受理本案件的仲裁委员会的仲裁规则。仲裁规则是除了《仲裁法》之外进行仲裁活动的依据。大部分律师非常熟悉民事诉讼程序,但是对于仲裁规则相对陌生。商事仲裁的规则与《民事诉讼法》和《最高人民法院关于民事诉讼证据的若干规定》有很多相同的地方,但是也有很多完全不同的规定。而且按照国际仲裁惯例,仲裁规则应由中国仲裁协会依照《仲裁法》和《民事诉讼法》的规定制定。但是目前我国还没有仲裁协会,因此也没有制定统一的适用于全国范围的仲裁规则,各个仲裁机构可以制定自己的仲裁规则,而且不同仲裁机构的仲裁规则也有许多细节上的不同。在仲裁实务中,代理律师经常在参与仲裁审理程序的过程中出现各种失误,都是因为对仲裁规则太过陌生,甚至与诉讼程序中的规定相混淆的缘故。因此,数量繁杂而又相对陌生的仲裁规则,要求代理律师在代理过程中,认真掌握和了解受理案件的仲裁机构现行有效的仲裁规则,便于参与案件的代理工作,避免在代理过程中出现程序参与上的失误。

《北京仲裁委员会仲裁规则》规定,仲裁庭可以规定当事人提交证据的期限。当事人应在规定的期限内提交证据。逾期提交的,仲裁庭可以不予接受。当事人在举证期限内提交证据材料确有困难的,可以在期限届满前申请延长举证期限;被申请人如有反请求,应当自收到仲裁通知后15天内以书面形式提交;申请人和被申请人应各自在收到仲裁通知后15天内,选定或者委托仲裁委员会主任指定一名仲裁员。对仲裁员的回避请求,应在首次开庭前以书面形式提出。回避事由在首次开庭后知道的,可以在最后一次开庭终结前提出。

代理律师首先要掌握仲裁规则对于一些细节的要求,例如对于申请文书的特定形式要求,举证期限的规定,反请求提出的时间限制,仲裁员应当回避或者应当披露的事项,证据提交的要求,仲裁庭的组成等,可能与民事诉讼不同的规定。这些不同的规定,应当在仲裁过程中注意,以免受到民事诉讼固有经验的影响,在仲裁过程中发生程序参与上的错误。例如,错过举证期限而未能举证等失误行为,会严重影响到已方当事人的利益。在仲裁实务中,经常会有律师代理人超过举证期限向仲裁庭提交证据,却问为什么不给他们送达举证通知;有的律师向仲裁庭申请延长举证期限后,误以为选定仲裁员的期限也相应延长;也有的律师在庭审过程中,当庭口头提出要变更仲裁请求或当庭口头要求提出仲裁反请求等。

其次,对于仲裁规则中规定的可以由双方协商,自主决定的事项,可以结合自身情况,以实现快速合理地解决纠纷为前提,充分利用仲裁制度中的程序选择权。例如,某仲裁委员会仲裁规则规定,允许当事人对于仲裁地点、仲裁程序、审理形式,以及是否根据和解协议制作裁决书等问题进行协商。那么,对于仲裁地点,可以建议选择距离双方当事人都较近且便利的地点开庭,以节省双方当事人的人力、物力和时间;对于案情简单、债权债务关系明确的案件,可以建议选择简易程序进行审理;对于事实清楚没有必要开庭的案件,可以要求仲裁庭只进行书面审理。这些操作可以帮助当事人大量地节省时间、劳力等成本,具有良好的效果。

此外,一般仲裁协议约定在哪个仲裁机构仲裁,就适用该机构的仲裁规则。但是有的仲裁机构允许当事人选择其他的仲裁规则。这时,代理律师应该帮助当事人选择最为适合的仲裁规则,因为在一个仲裁机构审理案件适用其他仲裁机构的仲裁规则可能产生很多问题。比如《国际商会仲裁院仲裁规则》规定,仲裁庭审理的范围及程序必须经过它批准,裁决作出前也要由其审核,此外还有很多为当事人增加麻烦和负担的规定。因此在哪个机构仲裁,是否选择其他机构的规则,代理律师应当与当事人充分沟通后权衡利弊,谨慎选择。

第五节 案例评析

一、约定"或裁或诉"管辖条款的效力问题

【案例】①邯郸亿泰种猪有限公司与江苏安佑科技饲料有限公司分期付款买卖合同纠纷案

本案中,当事人双方在签订的《合同书》第 7 条约定:"合同发生纠纷,当事人应当及时协商解决。协商不成,任何一方均可向乙方所在地的仲裁机构申请仲裁或向乙方所在地的人民法院起诉。"

对于上述约定中仲裁管辖以及协议管辖的效力问题,受理案件的江苏省淮安市中级人民法院认为:《最高人民法院关于适用<中华人民共和国仲裁法>若干问题的解释》第 7 条规定:"当事人约定争议可以向仲裁机构申请仲裁也可以向人民法院起诉的,仲裁协议无效。但一方向仲裁机构申请仲裁,另一方未在仲裁法第二十条第二款规定期间内提出异议的除外。"根据审查协议的公正性原则,判定协议内容效力的尺度应当是统一的,在当事人既选择仲裁又选择诉讼的情况下,当事人之间实际上是达成了两个合意,一个是关于仲裁的合意,一个是关于诉讼的合意。当两个合意发生冲突时,既然关于仲裁的合意由于约定不明而无效,那么双方关于诉讼管辖合意的效力也应同样无效。就诉讼而言,双方当事人约定的管辖条款,应具有单一性、排他性,"或审或裁"的约定,属当事人约定了两个互相排斥的纠纷解决方式,故应认定该条款整体无效,应根据法定管辖原则来确定管辖法院。《中华人民共和国民事诉讼法》第 24 条规定:因合同纠纷提起的诉讼,由被告住所地或者合同履行地人民法院管辖。本案合同中未明确合同履行地,亦无法确定实际履行地,故应由被告住所地法院管辖。上诉人上诉理由成立,本院予以采纳,一审裁定认为仲裁约定无效而管辖法院约定有效属适用法律错误,应予纠正。

二、关于涉案合同的协议选择管辖法院条款的效力

(合同)约定:"凡因执行本协议所发生的一切争执,……或者向合同签订地

---

① 案例来源:江苏省淮安市中级人民法院(2014)淮中民辖终字第 0008 号民事裁定书,摘自张兴:《合同中"可仲裁、可诉讼"对案件诉讼管辖的影响》,载《公司法与创投讲堂》,转引自 360dac 个人图书馆(贾旭生律师)2016 年 5 月 13 日。

的人民法院通过诉讼解决",即双方当事人协议选择由合同签订地法院管辖。根据《中华人民共和国民事诉讼法》第 35 条的规定,本案双方当事人在合同中协议选择签订地法院管辖本案,符合上述法律规定,该管辖条款应认定有效。同时,本案两份买卖合同的签订地均写明是昆明,根据《最高人民法院关于适用〈中华人民共和国合同法〉若干问题的解释(二)》第 4 条关于"采用书面形式订立合同,合同约定的签订地与实际签字或者盖章地点不符的,人民法院应当认定约定的签订地为合同签订地;合同没有约定签订地,双方当事人签字或者盖章不在同一地点的,人民法院应当认定最后签字或者盖章的地点为合同签订地"的规定,合同签订地法院即云南省的人民法院对本案买卖合同纠纷有管辖权。……关于两份买卖合同的实际签订地点并不是在昆明,而是在广东省江门市,以及合同履行地在广东省的上诉理由,不符合上述法律规定,本院不予采信。

【案例评析】

《最高人民法院关于适用〈中华人民共和国仲裁法〉若干问题的解释》第 7 条规定:当事人约定争议可以向仲裁机构申请仲裁也可以向人民法院起诉的,仲裁协议无效。但一方向仲裁机构申请仲裁,另一方未在《仲裁法》第 20 条第 2 款规定期间内提出异议的除外。例如,合同中约定对于纠纷如果协商不能获得解决,则可选择仲裁,或者向合同签订地的人民法院通过诉讼解决。按照上述司法解释,仲裁协议无效。但是仲裁协议无效后,合同中对于诉讼协议管辖的约定是否仍然有效,还是整个约定条款全部无效,对此法律没有明确规定,各地法院在各自的判决中也未能实现统一的裁判立场。

一种观点认为,"或裁或审",即当事人既约定法院诉讼又约定仲裁裁决的约定整体无效。即约定的仲裁管辖和协议管辖均属无效,该纠纷应当按照法定地域管辖确定诉讼的管辖法院。例如,上述案例 1 中,江苏省淮安市中级人民法院的观点,仲裁和诉讼是两种互相排斥的争议解决方式,当事人只能在约定时选择其一。① 当事人既选择仲裁管辖又约定了协议管辖,是达成了两种互相冲突的合意,该约定整体无效。根据法律规定,仲裁因为约定不明而无效,则对于诉讼的约定也应该因为不是单一的排他的约定而无效。

另一种观点认为,"或裁或诉"的条款是可分割的条款,对于仲裁管辖的约定无效,但是对于诉讼管辖的约定仍然有效,纠纷应该由当事人约定的管辖地法院管辖。例如,上述案例 2 中,最高人民法院的观点,只要或裁或审的约定中,关于协议管辖的约定符合法律规定,未违反级别管辖和专属管辖的规定,协议管辖仍然有效,对于双方当事人具有拘束力,法院应当按照当事人关于诉讼管辖的约

---

① 王晓艳:《约定仲裁与协议管辖的效力辨析》,载中国法院网,https://www.chinacourt.org/article/detail/2014/06/id/1307368.shtml,访问日期:2022 年 5 月 1 日。

定确定管辖。

本书认为,上述问题最主要的争议是"或裁或审"的约定条款,是否是可分割的条款。对于这一问题法律没有明确规定。但是在原《合同法》中规定了合同部分条款无效,不影响其他条款的效力。在"或裁或审"的约定是可分割条款的前提下,依据协议管辖充分尊重当事人意思自治的原则,同时约定了仲裁管辖且仲裁管辖无效的情形,不影响当事人协议选择管辖法院的合意。只要该协议管辖部分的约定符合法律的规定就仍然有效,对双方当事人有拘束力,纠纷仍然应该由当事人协议选择的法院管辖。

三、超出举证期限提交证据的处理

【案例】[①]**北京甲运输培训中心申请撤销仲裁裁决案**

在本案中,原仲裁被申请人北京甲运输培训中心向法院申请撤销其与原仲裁申请人北京乙研修学院之间的仲裁协议。理由是仲裁庭故意剥夺培训中心依法举证的权利,无理不接受培训中心提交的补充证据,仲裁程序违法。

申请人甲所主张的事实是:2010年4月8日案件开庭审理,庭审结束时仲裁庭要求双方在一周内提交补充证据。4月14日下午,培训中心的委托代理人给办案秘书打电话,提出因为有些证据的经手人不在,一周内提交补充证据确有困难,要求延迟几天提交。秘书表示马上将培训中心的要求向首席仲裁员报告,并强调让培训中心的人放心,仲裁庭绝对不会在程序上为难当事人。4月16日秘书给培训中心的委托代理人打电话,通知可以在4月20日前提交补充证据。所以培训中心于4月20日提交了补充证据。上述事实说明,培训中心在4月20日提交补充证据是经过仲裁庭同意并认可的,并未违反仲裁规则和程序。但是,仲裁庭在仲裁裁决中却置上述客观事实于不顾,在未向培训中心作出任何答复和说明的情况下,直接以培训中心提交的证据超出提交时间为由,对该证据不予接受,无理剥夺了培训中心依法举证的权利。

对于甲所主张的理由,被申请人乙答辩认为仲裁程序没有违法。仲裁庭不接受培训中心的补充证据是符合法律规定的,因为举证期限已经超过了。

【案例评析】

2010年4月8日,仲裁庭庭审结束时,要求庭审双方在一周内提交补充证据。培训中心最终于4月20日提交了补充证据,性质上属于逾期提交证据的行为。本案中,争议的焦点是,仲裁庭未采纳甲培训中心逾期提交的证据是否属于程序违法。

[①] 案例来源:朱宣烨著:《仲裁法实务精要与案例指引》,中国法制出版社2015年版,第133页。

《北京仲裁委员会仲裁规则》规定:仲裁庭有权要求当事人在一定期限内提交证据材料。当事人应当在约定的期限内提交。逾期提交的,仲裁庭有权拒绝接受。当事人另有约定或者仲裁庭认为有必要接受的除外。根据上述规定,对于当事人逾期提交的证据材料,仲裁庭拥有自由裁量权,有权决定是否接受。这与民事诉讼法中对于逾期提交的证据根据当事人的主观状态决定是否采纳不同。我国现行的民事诉讼程序对于逾期提交的证据如果能够说明正当理由一般不会导致证据失权的结果。当事人存在轻微过失、一般过失时,对于证据一般予以采纳,只有在当事人存在故意或者重大过失时,才产生证据失权的后果。而在大多数仲裁机构的仲裁规则中,都规定了仲裁庭对于逾期证据可以自由决定是否采纳的权利,与当事人是否存在轻微过失或者是否有正当理由不存在必然联系。例如,《中国国际经济贸易仲裁委员会仲裁规则》中规定:仲裁庭可以规定当事人提交证据的期限。当事人应在规定的期限内提交证据。逾期提交的,仲裁庭可以不予接受。当事人在举证期限内提交证据材料确有困难的,可以在期限届满前申请延长举证期限。是否延长,由仲裁庭决定。

在本案中,代理律师因为无法在举证期限内提交补充证据与办案秘书通电话,申请延长几天时间。办案秘书于两天内打电话给代理律师,通知可以提交补充证据。但是对于这一事实,代理律师没有证据证明其真实性,导致在申请撤销仲裁裁决的过程中,没有证据证明仲裁庭的程序违法。因此,本书认为,在仲裁代理过程中,对于提交证据的期限,代理律师应当谨慎对待。为了确保案件中所需要的重要证据能够被仲裁庭认定其效力,代理律师应当尽最大可能在举证期限内提交证据材料,不应超过仲裁庭所要求的举证期限。在确实无法按期提交证据时,代理律师应当向仲裁庭申请延长举证期限,征得仲裁庭的同意。代理律师在仲裁审理申请延长举证期限时,如果征得仲裁庭的同意,应当尽量取得相关的书面证明文件或者口头录音材料,作为仲裁庭同意的证据材料。

第六节 问题与建议

一、仲裁中证据的收集与整理

我国《仲裁法》第43条第1款规定:当事人应当对自己的主张提供证据。证据的调查、收集、整理、提交、出示在整个仲裁活动中具有重要的意义。律师代理仲裁活动,无论是代理案件的申请人一方还是被申请人一方,都有责任向仲裁庭提交真实充分的证据,以证明己方的主张。根据证明责任的规定,没有证据或者证据不足以证明当事人所主张的待证事实的,由负有举证责任的当事人承担不利的后果。在代理仲裁的过程中,代理律师可以以独立的身份进行调查取证。

这一过程中,需要代理律师更加勤勉和专业,避免出现不认真不专业导致的失误。

在仲裁代理的实务中,经常有代理律师因为取证遇到困难,而向仲裁庭调取相关证据。但是,在提交书面取证申请后,遭到仲裁庭"冷落"和消极对待。仲裁庭消极对待当事人的取证申请,已经成为一个普遍性的问题。在诉讼过程中,代理律师有权向法院申请调取证据,那么在仲裁过程中,代理律师是否有权向仲裁庭申请调取证据?代理律师在实践中运用申请调查取证权有哪些困难,该如何应对?

1. 代理律师是否可以向仲裁庭申请调取证据

我国《仲裁法》第 43 条规定,仲裁庭认为有必要收集的证据,可以自行采集。它从原则上赋予了仲裁庭调查取证权。根据这一法律规定,代理律师在取证遇到困难时,有权向仲裁庭申请调取证据。仲裁庭代为取证的条件有两个:一是代理律师向仲裁庭提交调取证据的申请;二是仲裁庭认为有必要代为收集该项证据。在以上两个条件下,仲裁庭"可以"帮助代理律师调查事实,收集证据。但是,该规定太过笼统、可执行性差,导致该条在实践中运用出现了很多问题,甚至形同虚设。

2015 年《中国国际经济贸易仲裁委员会仲裁规则》第 43 条规定:仲裁庭调查取证:(1) 仲裁庭认为必要时,可以调查事实,收集证据。(2) 仲裁庭调查事实、收集证据时,可以通知当事人到场。经通知,一方或双方当事人不到场的,不影响仲裁庭调查事实和收集证据。(3) 仲裁庭调查收集的证据,应转交当事人,给予当事人提出意见的机会。

2019 年《北京仲裁委员会仲裁规则》第 34 条规定:(1) 当事人申请且仲裁庭认为必要,或者当事人虽未申请,但仲裁庭根据案件审理情况认为必要时,仲裁庭可以自行调查事实、收集证据。仲裁庭调查事实、收集证据时,认为有必要通知当事人到场的,应当及时通知。经通知,当事人未到场,不影响仲裁庭调查事实和收集证据。(2) 仲裁庭自行收集的证据应当转交当事人,由当事人发表质证意见。

2. 代理律师在实践中申请仲裁庭调取证据的困难

(1) 法律规定上的缺陷,未规定仲裁庭代为取证的义务。依照《民事诉讼法》第 64 条及相关司法解释的规定,对于当事人因客观原因不能自行收集的证据,或者人民法院认为审理案件需要的证据,人民法院"应当"调查收集。分析这一法律规定,对于当事人因为客观原因不能自行收集的证据,向人民法院提交申请后,人民法院必须启动取证程序。人民法院在接到当事人的取证申请后,必须有类似于"申请调取的证据和案件没有关联性"的正当理由,才能对申请予以驳回。如果没有正当理由而拒绝了当事人的申请,从而影响判决结果的,可能会构成违反法定程序的瑕疵,成为能够撤销生效判决的理由。而依据上述现行有效的仲裁规则,在当事人申请且仲裁庭认为必要时,"可以"自行调查事实、收集证据。通过对比可以看出,在仲裁中,仲裁庭自行取证与在诉讼中人民法院自行取证不同。法律规定赋予了仲裁庭是否启动取证程序的自由裁量权,它完全是仲裁庭的一项权利而非义务。首先,面对当事人的调取证据申请,仲裁庭有权认定调取该证据"是否有必要";其次,即使仲裁庭认为当事人申请调取的证据对裁决案件"有必要",其仍然有权拒绝自行收集与案件有关的证据材料。因为法律规定仲裁庭可以自行收集证据而不是应当收集证据。而且,这在案件仲裁程序中,并不构成审理瑕疵。①

(2) 仲裁庭自身性质的影响。仲裁庭对于调查取证申请的消极态度,除了缘于法律并未规定仲裁庭必须调查取证的义务外,仲裁庭自身性质的影响,也使得在实践中即使仲裁庭想要为当事人调取证据,效果也不理想。

仲裁庭与代表国家公权力行使司法权的人民法院不同,其性质上只是解决纠纷的民间机构,不是国家公权力的行使机关,其行为没有国家公权力作为支持。因此,其没有权力到各个单位进行调查取证。而且,取证对象也没有配合仲裁委员会调查的法定义务。导致仲裁规则虽然赋予了仲裁庭调查取证的权利,但是在实践中并没有对于取证对象调查取证的权力。这种公权力后盾的缺失,使得不少仲裁员在取证过程中遭遇到很多困难。即使仲裁庭希望帮助当事人调取证据,但是自身没有权力加之取证对象的不配合,使得取证效果也十分不理想。这种不理想的实践效果,反过来又从某种程度上加剧了仲裁庭对待当事人取证申请的消极性。

3. 代理律师如何应对仲裁庭消极调取证据

(1) 对于收集存在困难的证据,不要完全寄希望于仲裁庭代为收集调取,而自己怠于作为,律师应当尽自己最大可能收集重要的证据证明自己的主张。

(2) 充分利用证据规则中的推定规则。在仲裁法律实务中,确实存在着部分证据是依靠代理律师自己的努力是无法得到的,比如对方当事人拥有而故意隐匿的证据。这些证据可能对于认定案件事实非常重要,甚至其是否存在直接决定了案件的输赢结果。在这种情况下,代理律师可以充分利用证据规则中"有证据证明一方当事人持有证据无正当理由拒不提供,如果对方当事人主张该证据的内容不利于证据持有人,可以推定该主张成立"的推定规则,另辟蹊径收集一些其他证据,能够证明该证据对对方当事人不利,且当事人持有证据而无正当理由拒不提供。这时若对方当事人仍然拒不提供该项证据,仲裁庭即可以

---

① 董海锋:《仲裁委员会缘何"消极"对待当事人的调取证据申请?》,http://blog.sina.com.cn/s/blog_4e4177940100n6bz.html,最后访问日期 2017 年 3 月 31 日。

推定该项主张成立,避免了向对方当事人调取证据的困难。

(3) 条件满足时申请证据保全。仲裁中的证据保全,是指仲裁当事人为使证据保持其客观性与真实性,防止因为种种原因而使得固有的证据丧失、损坏或者以后难以取得,而申请保全。仲裁委员会依法将该证据保全的申请提交相关的人民法院,人民法院根据当事人的申请对仲裁案件的证据采取证据保全措施。《仲裁法》第 46 条规定,在证据可能灭失或者以后难以取得的情况下,当事人可以申请证据保全。当事人申请证据保全的,仲裁委员会应当将当事人的申请提交证据所在地的基层人民法院。根据这一法律规定,对于当事人的证据保全申请,及时处理并提交给相关的人民法院属于仲裁庭的义务,具备实现证据收集的可能性。在实务中,对于何种证据以及可以何种方式进行证据保全,我国民事诉讼法没有进行明确的规定。在代理仲裁案件过程中,对于以后可能难以收集到的证据,代理律师可以通过向仲裁庭证明存在"如不采取保全措施,该证据可能灭失或事后难以取得"的前提条件,并向仲裁庭提供该证据的存放地点,来争取部分证据的获取。

4. 对于仲裁庭调查取证问题的完善建议

(1) 完善仲裁法立法规定,通过立法规定仲裁庭应当受理调查取证申请的义务。

(2) 有些学者建议,应当赋予仲裁委员会调查取证的公权力。但是,仲裁委员会从性质上只是民间性的纠纷裁决机构,其民间性特征是仲裁制度得以存续的根基和制度价值所在。如果赋予了仲裁机构国家公权力,允许国家公权力介入到仲裁活动中,则会使得仲裁制度失去其民间性的特征,成为另一种诉讼程序,违背了仲裁制度的基本宗旨。因此应当慎重考虑。

(3) 规定法院的协助义务。我国台湾地区"仲裁法"第 26 条规定:"仲裁庭得通知证人或鉴定人到场应询,但不得令其具结。证人无正当理由而不到场者,仲裁庭得声请法院命其到场。"第 28 条规定:"仲裁庭为进行仲裁,必要时得请求法院或其他机关协助。受请求之法院,关于调查证据,有受诉法院之权。"有些学者建议,应当仿效我国台湾地区仲裁法的规定,赋予仲裁庭向法院申请"调查令"的权利和法院在受理申请后立即审查并毫不迟延地对该项申请给予答复的义务,以此来保障仲裁庭调查取证的权利。本书认为,这是一项可行的完善举措。向调查对象收集证据的国家公权力仍然交给人民法院行使,但是,赋予仲裁庭可以向法院申请"调查令"的权利,以及人民法院必须协助仲裁庭进行调查的义务,既避免了仲裁制度的民间本性受到公权力的损害,又能保证仲裁活动中及时收集到关键证据。

二、律师参与仲裁调解

调解是我国除了诉讼制度与仲裁制度之外的解决纠纷的重要方式。选择仲裁而非诉讼方式解决纠纷的当事人，很多时候是为了以后能够继续合作，而选择对抗性不强、双方都能接受的仲裁方式解决纠纷，希望取得双方都满意的结果，实现仲裁裁决的互利共赢。调解制度作为与仲裁制度相类似的、以充分尊重当事人意愿为前提的自主解决纠纷方式，更便于取得双方当事人都满意的结果。因此，我国仲裁制度规定了仲裁与调解相结合的理念，在仲裁过程中，积极引入调解程序的启动。代理律师在代理仲裁的过程中，应当充分运用调解的方式，实现良好的仲裁效果。调解过程离不开律师的参与，案件调解的效果如何，能否调解成功，律师的意见起着至关重要的作用。因此，仲裁代理律师应当注意仲裁调解中的工作方法和工作重点，维护当事人的合法权益。

(1) 调解工作中应当注意的程序问题。在仲裁庭作出裁决前，当事人可以申请调解，仲裁庭也可以先行调解。律师代理申请和参加调解，都必须根据委托人的意愿进行，不能超越代理权限与对方当事人或者其代理人达成有损于委托人合法权益的调解协议，更不能与对方达成违反法律、损害国家和社会以及第三人利益的调解协议。调解协议达成后，对于仲裁庭制作的调解书，原则上应由委托人亲自签收，因为调解书一经双方当事人签收，立即发生法律效力。尤其是委托人是个人的案件和授权委托书中未明确载明代理律师有权签收各种法律文书的，代理律师更应注意由当事人亲自签收。

调解达成协议的，当事人可以撤回仲裁申请，撤销仲裁案件，也可以申请仲裁庭根据协议的内容制作调解书或者裁决书。达成协议后，若当事人申请撤销仲裁案件，则双方当事人之间达成的协议不具有调解书或裁决书的强制执行效力，当一方当事人不履行义务时，不能申请法院强制执行。

调解不成的，任何一方当事人均不得在之后的仲裁程序、司法程序和其他任何程序中，援引对方当事人或仲裁庭在调解过程中的任何陈述、意见、观点或建议作为其请求、答辩或者反请求的依据。

(2) 调解工作的目的。在调解过程中，代理律师应当审时度势，尽可能在力所能及的最大范围内，最大限度地保护当事人的利益。代理律师应当把握案件情况和当事人的意见，判断出在该案件中对当事人最有利的结果。而且最有利的结果不一定是一方当事人获得利益最多的结果，代理律师应当不仅是从具体个案输赢来把握，还应当更多地从当事人整体利益和长远利益上来把握。有时为了日后的继续合作，虽然己方利益作出了让步，但是能让双方当事人都满意接受的结果才是最有利的。

(3) 调解工作的启动。在仲裁实践中，调解程序的启动需要征得双方当事人的同意。代理律师在选择是否进行调解程序时,应当充分考虑自身的情况。有时候己方的主张合情合理,但是缺少证据的支持或者证据不占优势不足以支持自己主张的,可能仍然会得到不利的结果。因此,这时代理律师应当及时选择调解,来取得对当事人利益的最大保护,不能为一味争取个案的输赢,或者与对方当事人的抵触对立情绪,而损害当事人的利益。如果己方想要进行调解,而对方当事人不同意进行调解,此时己方一味地主张调解可能难以达到调解的目的。这时能够顺利启动调解工作的关键,在于提出大量有力的证据证明对方的主张难以成立。是非不明的情况下,双方当事人谁也不愿意让步,只有查清了案件事实,双方当事人逐渐明白了自己的优势或者劣势,守约或者违约的程度,才有达成协议的基础,对方当事人可能不得不与己方达成调解。①

(4)调解工作的重点。在仲裁代理过程中,代理律师的工作重点在于,多与当事人进行沟通说服。关于是否进行调解,以及调解的预期结果,应当根据法律和事实,客观地向当事人讲解,帮助当事人分析案件事实、证据和己方证据优势或者劣势,使当事人对于己方的地位和情况具有清醒的认识。同时,代理律师应当在充分分析、综合考虑各种情况的前提下,向当事人实事求是地说明,讲清楚各种方案的得失与利弊以及其可执行性,同时选择一种最佳的方案。至于具体给付或者赔偿数额多少的问题,律师则不必干预过细,尽量由当事人自己掌握。②

(5)调解不成后的处理。案件调解不成作出裁决后,当事人可能会对裁决结果存在意见,这时律师就应该客观地向当事人讲解,分析裁决的要点,帮助当事人理解仲裁庭的裁决意见,认为合理的就实事求是地向当事人讲清楚,而不能为了逃避责任等混淆客观事实。当事人如果不能理解,仍要求解决其认为的裁判不公问题,可建议通过法定途径解决,作为申请人的一方可向仲裁委员会所在地中级人民法院申请撤销裁决,作为被申请人的一方可申请撤销或申请不予执行裁决。

三、律师参与仲裁执行

仲裁庭审理仲裁案件作出仲裁裁决后,并未意味着当事人的权益已经得到实现,还存在着对于仲裁裁决的执行问题。只有当仲裁结果得到双方当事人的执行时,当事人的权益才真正得到了实现。因此,保证仲裁裁决的顺利执行,也是仲裁工作中非常重要的一个问题。接受当事人的委托,代为向法院申请仲裁执行的律师,在代理过程中,仍然应当谨慎操作,促成仲裁裁决的执行,维护当事

---

① 马宏俊著:《律师办案思路与技巧》,时事出版社 2002 年版,第 254 页。
② 同上。

人的合法权益。此外,还有一些当事人认为,仲裁裁决不公,此时仲裁代理律师应帮助委托人向法院申请撤销仲裁裁决或者不予执行仲裁裁决。

1. 代理申请执行仲裁裁决。《律师办理民事诉讼案件规范》中规定:律师应审查申请执行的案件是否符合下列条件:(1)申请执行的法律文书已经生效;(2)申请执行的法律文书有给付内容,且执行标的和被执行人明确;(3)申请执行人是生效法律文书的权利人或其继承人、权利承受人;(4)义务人在生效法律文书确定的期限内未履行义务;(5)申请执行人的申请未超过法定期限。

律师接受有关仲裁裁决执行的委托,应与委托人签订委托代理协议,审查仲裁裁决的效力和有关请求的时效,并在委托人的配合下准备有关法律文件。申请执行的期限从裁决书规定的履行期间的最后一日起计算。申请执行的期间为二年。申请执行时效的中止、中断,适用法律有关诉讼时效中止、中断的规定。

律师接受申请执行方委托后,应依法确定该案的执行管辖法院。代理律师应当注意,必须向被执行人住所地或者被执行人财产所在地的中级人民法院申请执行。在申请执行前,代理律师应当帮助当事人查清被申请人是否有偿还能力,以及财产状况如何,这是最为关键的。如果被申请人没有财产或者很少,即使法院决定执行裁决,结果也可能是所获甚微,甚至一无所获,并且还得为强制执行额外支付大笔支付费、差旅费等费用,这是很不划算的。此时对于当事人来说申请强制执行是不明智的。

2. 申请不予执行或者撤销仲裁裁决。撤销仲裁裁决与不予执行裁决都是纠正仲裁错误的一种司法监督制度,同时也是为当事人提供的对于仲裁的救济制度。代理申请撤销仲裁裁决,是指代理律师发现已经生效的仲裁裁决确有错误,依法代理被执行人申请撤销该仲裁裁决书。代理申请不予执行,是指代理律师发现已经生效的仲裁裁决确有错误,依法申请不予执行仲裁裁决。律师接受被申请执行方委托后,经审查发现有《民事诉讼法》第244条规定之情形的,应及时写出书面材料,申请法院不予执行。律师接受被申请执行方委托后,经审查发现有《仲裁法》第58条规定之情形的,应及时写出书面材料,申请法院撤销仲裁裁决(劳动仲裁除外)。

我国对于国内仲裁裁决和涉外仲裁裁决规定了不同的审查标准。其中对于涉外仲裁裁决,当事人向法院申请撤销仲裁裁决与当事人向法院申请不予执行仲裁裁决的条件是一致的,都只包含程序性的审查条件:一是当事人在合同中没有订立仲裁条款或者事后没有达成书面仲裁协议的;二是被申请人没有得到指定仲裁员或者进行仲裁程序的通知,或者由于其他不属于被申请人负责的原因未能陈述意见的;三是仲裁庭的组成或者仲裁的程序与仲裁规则不符的;四是裁决的事项不属于仲裁协议的范围或者仲裁机构无权仲裁的。

我国仲裁法对于不予执行国内仲裁裁决与不予执行涉外仲裁裁决的法定情

形分别出了规定。其中审查条件基本相同,都有实体性的审查条件且审查内容相同。根据《民事诉讼法》的规定,被申请人提出证据证明仲裁裁决有下列情形之一的,经人民法院组成合议庭审查核实,裁定不予执行:一是当事人在合同中没有订立仲裁条款或者事后没有达成书面仲裁协议的;二是裁决的事项不属于仲裁协议的范围或者仲裁机构无权仲裁的;三是仲裁庭的组成或者仲裁的程序违反法定程序的;四是裁决所根据的证据是伪造的;五是对方当事人向仲裁机构隐瞒了足以影响公正裁决的证据的;六是仲裁员在仲裁该案时有贪污受贿、徇私舞弊、枉法裁决行为的。我国《仲裁法》规定,当事人提出证据证明仲裁裁决有下列情形之一的,可以向仲裁委员会所在地的中级人民法院申请撤销裁决:一是没有仲裁协议的;二是裁决的事项不属于仲裁协议的范围或者仲裁委员会无权仲裁的;三是仲裁庭的组成或者仲裁程序违反法定程序的;四是裁决所根据的证据是伪造的;五是对方当事人隐瞒了足以影响公正裁决的证据的;六是仲裁员在仲裁该案时有索贿、徇私舞弊、枉法裁判行为的。

代理律师应当注意,撤销裁决的后果与不予执行裁决的后果不同。裁决一旦被撤销,该裁决就成为无效裁决,在世界上几乎任何一个地方都无法再得到强制执行。但是裁决被判不予执行则不同,在一个国家不予执行的裁决在另外的国家仍然可能得到执行。

此外,仲裁裁决被裁定撤销或者不予执行后,当事人之间的纠纷仍未得到解决。根据《民事诉讼法》的规定,当事人可以根据双方达成的书面仲裁协议重新申请仲裁,也可以向人民法院起诉。对于人民法院作出的不予执行或者撤销仲裁裁决的裁定,当事人无权上诉或者申请再审。

3. 申请重新仲裁。重新仲裁,是指法院在受理了当事人撤销仲裁裁决的申请以后,认为仲裁裁决虽然具有法律规定的撤销情形,但可以通过仲裁庭重新进行仲裁加以纠正的,则裁定中止撤销程序,并通知仲裁庭在一定期限内重新仲裁,如果仲裁庭拒绝重新仲裁,法院再裁定恢复撤销程序。法院裁定撤销仲裁裁决或不予执行仲裁裁决书或调解书后,双方当事人重新达成仲裁协议,或者经人民法院通知仲裁庭重新仲裁的,同一律师如果继续接受委托代理仲裁活动,应与委托人重新办理委托手续。

对于重新仲裁,代理律师应当注意的是,重新仲裁中仲裁庭的组成问题。对于撤销程序中的重新仲裁,应当由原仲裁庭重新仲裁还是另行组成仲裁庭进行仲裁的问题,仲裁法中没有明确规定。在实践中,不同仲裁委员会的做法也不相同。若是从尊重当事人意思自治的原则出发,则应当遵从当事人的意愿,选择是否由原仲裁庭进行仲裁。

此外,代理律师还应当注意重新仲裁的范围问题。重新仲裁的客观范围只能限于当事人申请撤销仲裁裁决的事由。如果在当事人未申请的情况下,仲裁庭主动重新仲裁,那么仲裁庭就会因无正当授权而不具有仲裁权;如果当事人提出原仲裁裁决之外的新请求要求仲裁,由于没有相关仲裁协议,仲裁庭亦无仲裁权;若当事人就该请求另行达成仲裁协议,则成立一个新仲裁,不属于重新仲裁。另外,如果仲裁裁决违反了公共利益或法律强制性规定,属于特殊性质的严重违法行为,已超出一般错误的范围,仲裁庭没有能力自行纠正,则不适用重新仲裁,而应由法院直接撤销裁决。

【问题与思考】

请阅读以下案例,并根据相关案件信息,回答问题:

- 2019年9月20日,申请人与被申请人签订《设备采购合同》(以下称"本案合同"),约定被申请人向申请人购买设备16台,含税单价186125元,含税总价2978000元。
- 本案合同第三条"付款条款",其中第3.1条约定,申请人将合同设备交付到被申请人指定工厂后次月15日对账,对账完成后被申请人当月通知申请人开票,被申请人收到申请人开具的合法有效且税率为13%的增值税专用发票之日起60日内完成付款。
- 本案合同第五条为"合同设备的检验验收",约定了设备的检验验收包括设备出厂验收、设备开箱验收和安装调试完毕后的验收,并分项列明了具体的验收流程。
- 2019年10月31日,申请人向被申请人交付设备11台。2019年11月11日,申请人向被申请人交付设备5台。被申请人对设备已接收的事实不持异议。
- 申请人于2021年4月31日向被申请人开具了四份税率为13%的增值税专用发票,金额合计2978000元。被申请人于2021年5月26日签收。
- 本案设备未完成安装调试后的验收,未制作设备验收报告。
- 申请人就本案向法院申请了财产保全,并向法院支付了保全费5000元。

问题:

1. 如果你是申请人的委托代理人,接到申请人的委托后,需要做哪些庭前准备工作?并简要说明理由。

2. 如果你是被申请人的代理律师,希望通过调解解决本案争议,请问调解方案将如何设计?并简要说明理由。

北大法学·教材书目·21世纪系列

"教材书目·21世纪系列"是北京大学出版社出版的法学全系列教材,包括"大白皮""博雅""博雅应用型"等精品法学系列教材。教材品质精良,皆由国内各大法学院优秀学者撰写,既有理论深度又贴合教学实践,是国内法学专业开展全系列课程教学的最佳选择。

教师反馈及教材、课件申请表

尊敬的老师:

您好!感谢您一直以来对北大出版社图书的关爱。北京大学出版社以"教材优先、学术为本"为宗旨,主要为广大高等院校师生服务。为了更有针对性地为广大教师服务,满足教师的教学需要、提升教学质量,在您确认将本书作为教学用书后,请您识别下方二维码,填写相关信息并提交,我们将为您提供相关的教材、思考练习题答案及教学课件。在您教学过程中,若有任何建议也都可以和我们联系。

我们的联系方式:
北京大学出版社法律事业部
地　　址:北京市海淀区成府路205号　　　联系人:孙嘉阳
电　　话:010-62757961　　　　　　　　　传　真:010-62256201
电子邮件:bjdxcbs1979@163.com
网　　址:http://www.pup.cn
北大出版社市场营销中心网站:www.pupbook.com